U0733960

卓越学术文库 ■

大学组织管理：
结构、环境与文化

DAXUE ZUZHI GUAN LI JIEGOU HUANJING YU WENHUA

河南省高等学校哲学社会科学优秀著作资助项目

宋 伟　韩梦洁 著

郑州大学出版社
郑 州

图书在版编目(CIP)数据

大学组织管理:结构、环境与文化/宋伟,韩梦洁著. —郑州:
郑州大学出版社,2013.12
ISBN 978-7-5645-1654-3

Ⅰ.①大⋯　Ⅱ.①宋⋯　②韩⋯　Ⅲ.①高等学校-学校管理-
研究　Ⅳ.①G647

中国版本图书馆 CIP 数据核字(2013)第 299813 号

郑州大学出版社出版发行
郑州市大学路 40 号　　　　　　　　　邮政编码:450052
出版人:王　锋　　　　　　　　　　　发行电话:0371-66966070
全国新华书店经销
郑州文华印务有限公司印制
开本:710 mm×1 010 mm　1/16
印张:22.75
字数:422 千字
版次:2013 年 12 月第 1 版　　　　　　印次:2013 年 12 月第 1 次印刷

书号:ISBN 978-7-5645-1654-3　　　　定价:45.00 元
本书如有印装质量问题,请向本社调换

序 一

改革开放以来,中国高等教育事业得到了快速发展,目前中国拥有2000多所高等学校,几千万在校大学生。那么对于大学的发展与管理,就势必成为重要的社会管理行为,具有很强的实践性。从学科建制上考量,大学组织管理也是一门逐渐成熟的学科,可隶属于教育学一级学科下的高等教育学所属的高等教育管理,也可以隶属于管理学下自主设置教育管理二级学科,具有学科的交叉属性。那么对于大学组织管理的研究,主要有两类人员:一是专门从事理论研究的一支队伍,针对高等教育管理行为进行理论探索。从数量上说,这反而是研究力量相对薄弱的环节。另外一类是广大的高等教育机构的行政管理人员针对工作展开的探讨和思考,包括大学的高层管理者,这是一只庞大的高等教育管理研究队伍。两类研究人员各有优长。大学组织管理人员,从实践的角度讲,涉及大学组织的方方面面,各个大学的管理者们,尤其是中层管理者,往往习惯于经验管理,一般缺乏管理学、高等教育管理理论的知识积累和学科基础,发表的大量的文章学理性不强,类似于工作总结。而从事高等教育管理理论研究的人员,又往往过度追求理论的完美与科学,那些泛化的高等教育理论,又往往是移植西方高等教育管理理论,但是和中国大学的社会与文化环境的差异,使得这些理论难以和中国大学组织管理的实际有机结合起来,造成了美好的理论与具体实践的脱节,难以对大学管理的具体实践给以科学的理论指导和理论提升。目前高等教育管理研究的基本状况就是这样。

中国大学的管理者,尤其是中层管理者,知识结构的差异和对于大学组织内在规律认识的不同,受所从事工作岗位的限制,绝大多数是出于经验的考虑,按照习惯行为从事一些机械的、多年重复不变的简单劳动,没有理论基础和知识含量的所谓管理,这样的管理者,在具体的实践当中,难有创新性思维,更缺乏创新型管理了。这样的高等教育管理的行为,无疑也难以促进大学的快速发展、科学发展,容易把大学当作一个行政机构来对待。我们期望中国大学的办学者,不仅仅是政治家,也应该是教育家。而大量的管理者,不仅仅是行政职位的从业人员,更应该是高等教育管理的业务专家。在大学里,我们一直提倡多一些专家型的管理者,少一些事务性的行政人员。

不可否认的是,中国大学的组织特性,不仅具有一般大学的基本特征和普遍规律,也具有不同于西方大学的本土化组织特性,具有很强的时代特征和特殊规律性。对于中国大学组织的管理,既要尊重其作为高等教育机构所拥有的基本规律,又要充分考虑其特殊性。这样才能不迷失于纯粹理论的探索,又能和中国大学的实际情况结合起来,在管理过程中就会有所创新和积极探索。既能丰富高等教育管理的理论研究成果,又能促进高等教育管理水平的提升。我们提倡这样的研究,我们也希望中国大学的具体管理者,尤其是大学的那些中层管理者,能够紧密结合自己的工作实践,在占有一定的管理学、高等教育学的理论知识的基础上,开展卓有成效的理论探索。

宋伟、韩梦洁近年来针对大学组织管理结构系统中的若干重要问题,展开了一系列的探索和思考,在此基础上,完成了《大学组织管理:结构、组织与文化》一书,由"河南省高等学校哲学社会科学优秀著作资助项目"经费支持,即将在郑州大学出版社出版,这是值得庆贺的事情。该书针对大学组织管理的很多具体实践问题、理论问题,进行了深刻的思考和认真的探索,比如大学区域结构布局问题、大学组织结构与环境、文化问题的探索,所涉及的领域很宽泛,所探讨的问题大都具有很强的针对性,提出了很多有建设性的理论观点,通篇具有内在的逻辑系统性,对于从事大学的管理者和从事高等教育的研究者,都会有一定的启发和借鉴意义。这是高等教育管理领域的一项重要成果。

我作为作者的导师,乐意为之作序。

大连理工大学党委书记　张德祥

序 二

中国大学的发展,往往不是自身所能决定的,同时受到大学组织的外部环境、文化、结构、国家政策等影响,尤其是地方大学的发展,更是如此。撇开大学所处的历史时期、区域地理位置和外部经济文化环境,单独地谋划大学发展,会面临很多现实的困境。所以,大学组织的管理者,尤其是一大批中层管理者,在从事具体的管理行为时,应该清楚大学自身的历史、大学所处的时代、外部政策环境、文化环境和经济发展实力;更应该清楚自身的组织文化和内在运行的特殊性,既要把大学组织的管理与社会发展的大环境、大趋势有机结合起来,也要把握大学组织内在的文化特征和组织特性,确立科学的发展战略目标,寻求科学发展的路径,营造适宜于大学组织发展的内外部环境,集中一切积极因素,调动一切可以利用的优势资源,创新管理模式,尊重大学组织发展规律,在日益激烈的竞争中,有效推进大学的发展,提高大学组织管理效率,促使大学上水平、上台阶,使大学在区域经济社会发展和创新型国家建设进程中,在高等教育强国建设中,做出应有的独到贡献。

什么是大学组织的发展规律? 简而言之,大学是学术组织和教学组织,学科是其基本的单元,无论是教学、科研,或者是教师、学生,都会依附在一个学科的平台上,学科是大学组织发展的基础。没有学科,就谈不上学系、学院,也无望谈到大学。大学内部的管理架构,都是以学科派生出来的。提高教育质量,提升办学水平,树立以人为本理念,最终的落脚点必然都在学科上。因此,尊重大学组织发展规律,就是要尊重学科的生长规律。按照学科的发展,做好相关的事务性管理,以此确保大学培养人才的质量,提高服务区域社会、经济、文化、科技、教育的能力。

因此,我们历来主张大学的管理者都要进行院校研究,和自己的工作紧密结合起来,开展大学组织管理的理论研究与实践探索,既可以促进工作的科学化、规范化,又可以促进高等教育学学科的发展和建设。宋伟、韩梦洁合著的《大学组织管理:结构、环境与文化》一书,对于大学与外部环境的关

1

系、大学的区域结构和制度安排、大学的内外部文化对于大学发展产生的影响、大学发展与外部政策带来的影响之间的博弈，以及大学发展中面临的其他诸多问题，进行了一系列积极的探索，具有理论创新和实践指导作用。值得一提的是，书中的一些章节内容，是以河南大学的发展为研究对象，在此基础上进而提出了一些规律性的理论观点和认识，不仅对河南大学在建设高水平大学的进程中带来促进作用，对其他大学的发展，相信也具有一定的借鉴意义。

10 年前，宋伟出版《科技教育经济协调发展研究》一书时，我曾为之作序。10 多年来，他坚持不懈地进行高等教育管理的研究与探索，取得了一系列的成果，为河南大学高等教育学学科的建立与发展做出了很大的贡献。从长远的角度考虑，现代大学组织的管理者，都应该具有一定的高等教育的理论基础和理论水平，应该把工作实践与理论思考紧密结合起来，这样才能与国内外高水平大学开展对等的交流与对话。今天，在他与韩梦洁合著的这部高等教育管理新作即将出版之际，他再次邀请我为之作序，我欣然同意。我期望这种理论与实践紧密结合的探索能够继续下去。我们提倡在工作中思考，在思考中推动管理工作的科学化，不断把思考的成果学理化，这是我们加快建设高水平大学进程的必然要求，也是建设高等教育强国的基本内涵之一。同时，这种研究也可以丰富高等教育理论，带动河南大学高等教育学学科建设的成熟与发展。把河南大学建设成为河南高等教育研究的领军者，并依此平台为河南省高等教育事业的发展做出河南大学应有的贡献，也是我们一直追求的目标。经过多年的学科积累，我们相信这一目标一定会实现。

期望更多的大学管理者能够加入高等教育研究的行列。

河南大学党委书记　关爱和

前 言

　　改革开放以来,中国高等教育的发展取得了巨大成绩,这是不容置疑的。然而,也存在一些问题。面对这些问题,依靠什么来解决,制度还是管理? 问题的症结在哪里? 这是在大学里工作的每一位教授,尤其是管理人员应该经常思考的问题。当然,很多时候,思考也许解决不了根本问题,但是,思考与探索,总会逐渐接近解决问题的答案。面对高等教育管理的系统工程和复杂问题,也许没有一个标准答案。但在一点一滴的探索进程中,我们就会获得解决问题的方法。我们考察美国、澳大利亚的大学组织,发现与我国大学组织不同的地方太多了,根本点就在于大学发展的外部环境以及外部政治制度不同,那么大学的治理与运行机制就不一样。然而,我们认为,中国高等教育的主要问题不在这里,或者说原因并不在这里,而是对大学的基本认知的差异。比如,大学区域布局均衡问题,本来应该是中国现有政治制度下最好解决的问题,然而这个问题却恰恰是当前我国大学组织中最为突出的问题。优质高等教育资源区域合理科学布局,成为当前中国社会普遍关心的社会问题,而很多其他问题,比如高考移民、农民工子女高考等,都和高等教育资源的区域布局紧密相关。再比如,大学的行政化,到底要不要行政化,如何看待行政化? 无论是在管理层面,还是在学术层面,都有不同意见。在大学内部,大学制度设计也成为关注焦点。然而,真正解决这些问题,并非易事,也许很难找到一个明晰的答案。这就给高等教育研究带来挑战,提出了要求。

　　高等教育研究已成为今天学术界的热点领域。当前,高等教育研究队伍庞大,主要由三支力量组成。一是高等教育学的专业研究人员。近30年来,高等教育学学科作为教育学一级学科的二级学科,得到了学界的认可,发展速度喜人。一批重点大学设置了高等教育学的二级学科博士点,培养了一大批高水平的专业研究人员,同时这些学科点也成为高等教育研究的重要平台,吸引了一大批专业研究人员,为学科的发展做出了重要贡献。这支队伍是重要的理论研究队伍,研究高等教育也是他们赖以生存的根本。

1

第二支队伍是高等教育领域的一批管理人员。从事高等教育管理的一大批人员，其学科背景不一定是高等教育学，甚至也不具有教育学学科背景。但是他们长期在高等教育领域工作，积累了大量的实践经验，具有敏锐的观察问题的能力，也具有扎实的科学研究的基本素养，掌握基本的科学研究的方法，而且用其他学科知识背景，结合自身从事高等教育管理的实践经验，来观察分析高等教育领域的一些具体问题，提出一些新颖的观点和方法，其研究成果不容忽视。这支队伍人数庞大，成果也很多。这些成果往往和实践经验紧密结合，学理性也许不那么强，但是现实问题性比较强。这支队伍对于学科的建设与发展，也发挥着巨大的促进作用。第三支队伍，就是社会上其他学科的著名专家学者，也包括一些名人、社会活动家，他们关于大学发展、关于高等教育建设有自己的独到的看法和认识，对出现的高等教育社会热点问题进行有价值的思考和探索，也有很多成果出现。他们也是非常重要的高等教育研究队伍。他们往往自发地在高等教育研究领域里，在社会上就高等教育诸多问题发出自己的声音。

如何开展高等教育研究，也是需要思考的问题。完全从学理上进行研究，构建高等教育学重要的理论框架和理论体系固然重要；但是，教育学科的哲学属性非常明显，在西方的学术界，并不把教育学当作一门学科来对待，而是哲学学科下的教育哲学领域。在我国之所以把教育学作为一级学科来对待，就是因为关于教育的哲学研究往往被教育领域的诸多实践问题的研究成果泛化，于是就出现了教育学学科问题。而事实上，观察教育学的那些所谓的研究内容，目前从学科建制上划分的二级学科，除去哲学层面的研究之外，大多数就是实践层面的问题。那么作为二级学科存在的高等教育学，理论的架构并没有实践层面的问题显得更为迫切和重要。我们认为，高等教育研究，应该和高等教育发展的实践紧密结合起来，否则纯理论的探讨完全可以归结为哲学问题。因此，高等教育学学科的实践性更强。其理论研究也应该围绕实践中的具体问题展开，那样才更具有存在的价值，不要为理论而理论，而应是实践的理论升华。这也许是高等教育研究具有生命力的根源所在。而开展这样的研究，高等教育管理人员是一支不容忽视的力量。

对于高等教育管理者开展高等教育研究，存在着不同认识。有人认为，管理者不应该从事科学研究工作，也因此反对针对高等教育问题的研究。这其实是不正确的。我们主张，从事高等教育研究的专家学者，要和高等教育实践问题紧密结合起来，而从事高等教育管理的人员，应该和管理实践密切结合，进行探索和思考，开展有针对性的高等教育研究。大学组织不同于企业组织。大学是一种学术组织，对于学术的管理，必须尊重高等教育管理,尊重学术,按照学术发展规律、人才成长规律管理大学。

管理不是一种命令式的粗暴管制,尤其在高等教育领域,面对那些大学教授和思想开放的大学生,简单粗暴的管制只能是低级的管理,那些高水平的管理,必然是有理论做支撑的以人为本、尊重教育规律的服务。我们提倡,管理者应该是高等教育领域的专家学者,而不单单是纯粹的管理人员。如果大学的管理人员,尤其是高水平大学内部的行政业务主管部门的管理人员,能够对大学组织运行的有关实践问题进行有价值的探讨,必将对于管理产生积极推动和促进作用。从事管理实践的工作人员,如果只凭经验或者感觉开展自己的管理工作,而没有理论上的思考与探索,就很难有超越和提升,其管理效能也很难有突破和发展。不善于在实践中总结经验和理论研究的人,是很难做好管理工作的,也很难说是一个称职的管理者。有人会认为,这些管理者如果在管理的过程中,开展与实践紧密结合的理论研究,会影响管理,甚至有人还会认为是不务正业,显然这种观点是不正确的。理论研究的提升,理论研究成果的出现,会大大提高高等教育管理水平和管理效率。对于高水平大学的行政业务主管部门的主要管理者来说,如果没有经过系统的科学研究训练,没有掌握扎实的科学研究的方法,没有获得突出的科学研究成果,那么他对于大学的内在精神的准确把握就无从谈起;对于教授、对于学术的态度,也很难从内心中产生尊重;对高水平大学的管理,也将会用粗暴的行政手段代替科学的决策。如果长期下去,必然会对高水平大学的发展带来负面影响,并最终伤害大学的尊严,伤害教授的尊严,伤害学术的尊严。

我参加工作以来,一直从事大学的行政管理工作,先后在河南大学科研处、河南大学发展规划中心、校长办公室、党委研究生工作部、省部共建办公室、研究生院、学科建设办公室等部门工作,历任科研处科员、计划科副科长、科研处办公室主任、发展规划中心副主任、校长办公室副主任(分管文秘)、党委研究生工作部部长、"211"工程与省部共建办公室主任、研究生院副院长、学科建设(省部共建)办公室主任。在复杂琐碎、繁忙的行政工作的同时,利用节假日和闲暇时间,一直坚持结合行政工作的实践,从事相关领域的高等教育管理的理论研究,走过了一条特殊的学术之路。从科研管理入手,研读了多学科的理论专著,从高校科研管理、科学学与科学技术管理、科技政策等领域着手,实践结合理论,积少成多、集腋成裘,一点点积累,坚持不懈,目前发表了80多篇学术研究成果,出版了3部学术专著、教育随笔集。总体上,这些都属于高等教育管理的内容,其学科归属于高等教育学和管理学的两大范畴,为后来转向高等教育研究奠定了学术基础。1999年我破格、单列(不占省指标)晋升副教授,2002年被评为硕士研究生导师,2006

年破格晋升教授,2012年被评为高等教育学博士研究生导师。

关于高等教育研究的对象,我历来主张针对现实问题进行实证或者案例研究,解决发展中遇到的难题,不主张那种泛泛的理论空谈。在指导研究生做毕业论文的选题时,也是这样要求的。2008年,我们针对河南高等教育发展的历史、现状及其未来发展的对策建议撰写的长篇调研报告,呈送省委书记,得到省委书记的重视,省委书记批转给主管教育的副省长和教育厅厅长,指出:"进一步加快我省高等教育事业的发展,时不我待!"2009年11月,我主要执笔撰写的《河南大学百年名校振兴计划》呈送省委主要领导,再次获得省委书记的长篇批示:"《百年名校河南大学振兴计划》是一份有奋斗目标、有雄心壮志、有工作举措、有发展基础的好计划,省委、省政府将协调教育部予以支持。省教育行政部门要为此创造条件。请庚茂(郭庚茂、河南省人民政府省长,作者注)、全国(陈全国、河南省委副书记)、李克(河南省人民政府常务副省长)、济超(徐济超、河南省人民政府主管教育副省长)并笃运(蒋笃运、河南省教育厅厅长)同志阅示。如无不同意见,可以省委、省政府两办名义予以批转推动实施。"该计划也得到了省长、省委副书记、常务副省长、主管教育的副省长的批示,予以肯定。该计划明确地提出了河南大学未来一个时期发展总的思路——坚持一条主线、实现两大突破,就是坚持建设高水平大学这条主线,实现综合办学实力的突破,实现服务社会发展的能力的突破。

20多年来,凭借自己的科研成果,先后为河南大学科技哲学、高等教育学、教育经济与管理硕士学位点的获得做出了贡献。在科技哲学学科,主要是以自己关于大学科研管理研究领域的成果作为科技政策与管理的一个方向,参与2002年科技哲学硕士学位点的申报并获批。同时,自己的研究成果又可归属在高等教育管理研究方向,为高等教育学、教育经济与管理学科的发展奠定一定基础。2010年我作为高等教育学二级学科方向的牵头人,参与河南大学申报教育学一级学科博士学位授权点并获批。2011年我作为高等教育学的二级学科方向的牵头人,经过河南大学学术委员会投票和教育部公示,获得自主设置目录内高等教育学二级学科点。2012年我作为高等教育学二级学科方向的牵头人,参与教育学一级学科申报省重点学科并获批。自己的学术研究为河南大学高等教育学科的建设与发展,做出了贡献。就我个人的经验而言,研究与管理应该是相辅相成的。

展现在大家面前的这部书稿,就是10年来我们在管理实践中对一些问题进行系统思考和研究的成果。10年来,我们坚持在工作中进行思考和总结,不断提高自己的高等教育研究理论水平,同时也不断促进管理水平的提高。我们期待,河南大学高等教育学学科的理论研究能够为河南省高等教育事业的发展提供一定的理论支撑,也期望能够把河南大学建设成为河南省高等教育学学科研究的领军者。而本书的出版,正是我们为了实现这一梦想所做出的学术积累。

大连理工大学党委书记张德祥教授,是国内高等教育管理研究领域的著名学者,高等教育管理专家,也是我攻读博士学位的导师。张先生多年来一直关注、关心我们的学术研究,在百忙之中给予耐心指导。在本书出版之际,承蒙先生作序,给我们热情鼓励和鞭策,在此深表感谢。

河南大学党委书记关爱和教授,长期从事大学的管理实践和理论研究,多年来关于大学发展与管理的思考与探索成果丰硕,是高等教育管理的著名专家,也是河南大学高等教育学学科的带头人。他多年来对于我的学术研究一直给以大力支持和悉心指导,是我学术道路上的导师,10多年前我出版《科技教育经济协调发展研究》一书的时候,曾欣然作序鼓励。今天这本书出版之际,又愿意为之作序。这是对我们研究工作的最大支持,在此一并深表感谢。

我们期望在高等教育学的研究道路上,能不断地坚持理论联系实际,继续推出新成果,为打造河南高等教育研究的重要基地而努力。

目录

第一章

大学区域结构:历史与现实的困惑

现代中国高等教育地域非均衡布局考察

"历史的叙述帮助我们触及基础,接触系统的基本特性以及它们的原因和后果。历史成为与变革和稳定有关系的事情,特别是那种不被人承认和未见到的事情。"①目前,高等教育地域布局非均衡问题成为社会关注的焦点,也是招致公众批评的主要原因。然而,这一问题是有历史根源的。考察现代中国高等教育地域布局的历史演变轨迹将给我们很多启示,也有助于我们对中国高等教育地域布局非均衡的现状有一个科学的认识,进而为促进这一问题尽快得到解决提供历史参考。

一、中国高等教育创办初期至北洋政府时期的地域布局

(一)中国高等教育在创办初期的地域布局(1862—1911年)

晚清时期,脱胎于中国传统高等教育、借鉴西方现代大学理念的中国现代高等教育开始萌芽并艰难地起步。可以说,中国大学是在同西方文化的接触中孕育出来的,然而这种文化接触,却是伴随着西方列强对中国的侵略被动地出现在中国历史上的。洋务派从19世纪60年代到90年代,相继开设了北京同文馆(1862年)、上海广方言馆(1863年)、广州同文馆(1864年)等各科类高等学堂。后来,在维新运动的影响下,清政府的一些官员开始积极筹办新式学堂。其中具有近代高等教育性质的有北洋大学堂(1895年)、京师大学堂(1898年)、山西大学堂(1902年)等。1907—1909年我国高等学堂布局情况如表1-1所示。当时,高等学堂的地域布局相对来说是比较

---

① [美]伯顿·克拉克.高等教育新论[M].王承绪等译.杭州:浙江教育出版社,2001:8.

1

均衡的。京师、陕西、河南、江苏等地区稍微多一点，但并不突出。

表 1-1   1907—1909 年高等学堂概况统计①

区域	年份	学堂数	学生数	备　　注
京师	1907	2	461	
	1908	3	746	
	1909	3	740	
直隶	1907	1	296	学生数系与北洋大学堂合并
	1908	1	264	
	1909	1		
山东	1907	1	398	尚遗漏一校
	1908	1	357	尚遗漏一校
	1909	1	435	尚遗漏一校
陕西	1907	2	449	
	1908	2	441	
	1909	2	359	
河南	1907	2	357	
	1908	2	313	
	1909	2	298	
江宁	1907	1	29	
	1908	1	83	
	1909	1	98	
江苏	1907	1	82	
	1908	1	90	
	1909	3	146	
安徽	1907	1	280	
	1908	1	277	
	1909	1	226	

① 潘懋元,刘海峰.中国近代教育史资料汇编:高等教育[M].上海:上海教育出版社,2007:97-99.

续表 1-1

区域	年份	学堂数	学生数	备 注
浙江	1907	1	268	
	1908	1	248	
	1909	1	174	
江西	1907	1	218	
	1908	1	201	
	1909	1	94	
湖南	1907	—	—	
	1908	1	307	
	1909	1	184	
新疆	1907	1	—	学生数无报告
	1908	1	—	学生数无报告
	1909	1	—	学生数无报告
四川	1907	—	—	
	1908	1	189	
	1909	1	246	
广东	1907	—	—	
	1908	1	273	
	1909	1	258	
福建	1907	—	—	
	1908	1	563	
	1909	1	401	
甘肃	1907	—	—	
	1908	1	140	
	1909	1	107	
奉天	1907	—	—	
	1908	—	—	
	1909	1	149	

续表 1-1

区域	年份	学堂数	学生数	备　注
云南	1907	—	—	
	1908	—	—	
	1909	1	107	
合计	1907	14	2,838	
	1908	20	4,492	
	1909	24	4,127	

　　世界著名中国高等教育研究专家许美德博士（Ruth Hayhoe）对此问题的认识有些出入。她在引证很多材料的基础上，认为中国高等教育在创办初期就呈现出地域布局的非均衡性，这一时期各地大学堂的发展主要集中在政治地位重要、经济发展迅速、交通便利、思想较为开放的省市。她依据的资料表明：截至 1909 年，中国总共创办了 3 所国立大学，有学生 749 人，24所省立大学，学生 4,203 人，101 所专业学院，学生 6,431 人[①]。在地区分布上，这些高校主要分布在东部沿海地区，而黑龙江、新疆、贵州、广西等内陆省份则只有一些小型的政法学院，连一所大学也没有。同时，江苏、安徽、福建、湖南和广东等省总共有 6 ~ 8 所大学，每省的在校大学生人数都超过了1,000 人。当时，直隶（包括京师）共有高校 18 所，在校学生 4,028 人，占国立院校总数的 37%[②]。

（二）北洋政府时期中国大学的地域布局（1912—1927 年）

　　1911 年的辛亥革命不仅是中国历史上的重大政治事件，而且也注定是中国高等教育发展的转折点。民国时期，中国高等教育的地域布局情况发生了新的变化。"在高等学校的地理分布上，这一时期由于政治上的混乱状态以及军阀割据等原因，使得中国高等教育的发展缺乏统一的规划，各地区的发展很不平衡。各省由于其经济状况、统治者的兴趣和积极性以及教育观点的不同，各地高等教育的发展也就带有很大的随意性。早在 1911 年前后，中国高等教育的发展重点就已经偏向于沿海地区，后来随着大学向北

---

① 周予同. 中国现代教育史[M]. 上海：良友出版社，1934：223-224.
② [加]许美德. 中国大学 1895—1995，一个文化冲突的世纪[M]. 许洁英主译. 北京：教育科学出版社，2000：65.

京、上海等地的集中,这种不平衡更加突出了①。"1922 年中国大学分布情况见表 1-2。

表 1-2　1922 年中国大学分布情况②　　　　　　　　　　单位:所

院校	分类	北京	上海	天津	广州	南京	武汉	福州	其他地区
1. 国立大学	5								
国立北京大学		×							
交通大学(三个校园)		×	×						唐山
东南大学 (后为国立中央大学)						×			
北洋大学				×					
上海商科大学			×						
2. 省立大学	2								
山西大学									太原
鄂州大学预科							×		
3. 私立大学	13								
民国大学		×							
中国大学		×							
朝阳大学		×							
平民大学		×							
南开学校大学部				×					
河北大学									清苑
复旦大学			×						
大同大学			×						
南通大学农科									南通
仓圣明智大学			×						

---

①　[加]许美德. 中国大学 1895—1995,一个文化冲突的世纪[M]. 许洁英主译. 北京:教育科学出版社,2000:72.

②　[美]费正清,费维恺. 剑桥中华民国史 1912—1949 年(下卷)[M]. 刘敬坤等译. 北京:中国社会科学出版社,2006:376.

续表 1-2

院校	分类	北京	上海	天津	广州	南京	武汉	福州	其他地区
厦门大学									厦门
中华大学							×		
明德大学							×		
4.教会大学	17								
燕京大学		×							
齐鲁大学									济南
圣约翰大学			×						
东吴大学校本部									苏州
东吴大学法律科			×						
金陵大学						×			
金陵女子文理学院						×			
震旦大学			×						
沪江大学			×						
三育大学			×						
福建协和大学								×	
之江大学									杭州
华南女子文理学院								×	
文华大学							×		
雅礼大学									长沙
华西协和大学									成都
岭南大学					×				
夏噶医科大学①					×				
合计	37	7	10	2	2	3	4	2	10

注：①30 年代并入岭南大学医学院。

　　依据哈佛大学终身教授、著名历史学家、美国最负盛名的中国问题观察家费正清先生（John King Fairbank）对这一时期中国高等教育的研究，1922年的大学分布情况如表 1-2 所示：北京 7 所，上海 10 所，武汉 4 所，南京 3 所，天津、广州、福州各有 2 所，成都、长沙、杭州、苏州、济南、厦门、南通、清苑、太原、唐山各有 1 所。如果按照现在的中国行政区，把这些城市划归到各省（直辖市）中，大学的分布结果是：上海 10 所，北京 7 所，江苏 5 所，湖北 4 所，福建 3 所，天津、广东、河北各 2 所，山东、浙江、湖南、四川、山西各 1 所。如果按照区域划分，沿海地区共有 19 所（上海 10、福建 3、天津 2、广东 2、河

北2），长江流域有 20 所（上海 10、江苏 5、湖北 4、四川 1）。这样就可以清晰地看出，中国高等教育在这一时期的发展主要集中于沿海地区并沿长江流域发展，当时没有大桥阻挡长江的航运，为沿江内地的对外交流、经济发展，以及新思想和新文化的传播提供了便利条件，因此也促进了高等教育的快速发展。武汉三镇凭借自身交通枢纽的优势在这一时期已经成为高等教育相对发达地区。相比之下，同处于内陆的河南、江西、安徽等省区的高等教育则发展相当缓慢。这反映了学校西方大学制度，在中国创办现代高等教育，是以开放程度为基础的。但值得注意的是，同样地处内陆的山西得以拥有 1 所大学，这在当时是了不起的。

大学地域布局非均衡问题很快引起北洋政府的重视。他们试图通过采取一定的措施来解决这个问题。"为了解决中国高等教育这种地区分布日益不均衡的状况，许多政府官员都提出，中国高等教育应该按照法国的模式建立大学区制"。在袁世凯时期，"民国"三年（1914 年）五月，袁世凯制定《教育纲要》，拟分全国为 4 个大学区域。袁世凯死后，时任教育总长汤化龙又提出在全国建立 6 个大学区的计划，"民国"五年（1916 年），时任教育总长的范源廉又提出在全国建立 7 个大学区的计划。"但因政局常常变动，掌管人员不能久于其位，所以只有计划而未曾施行。"①

"在军阀时期的 12 年间，北京的中央政府始终动荡不定，变动无常，前后共有 7 人任国家总统或临时执政，其中 1 人是两次出任，实际上有 8 位国家首脑。除此之外，有 4 个摄政内阁，在短暂的过渡期管理政务，还有一次满族皇帝短命的 12 日复辟。学者们共列举出 24 届内阁，5 届议会或国会，至少 4 部宪法或基本法。在此时期内，人物、机关，以及法律上和政治上的变化，更是数不胜数，令人眼花缭乱"②。所以，尽管北洋政府意识到高等学校地域分布不均衡的严重性，不过由于那一时期政局混乱，军阀混战，中国实际上处于四分五裂的状况，教育问题不可能成为军阀关注的主要问题，更何况军阀的统治，在走马灯似的变换中，根本无暇顾及类似教育这样的问题，也没有充足的经费投向教育事业。高等教育地域非均衡布局问题无法得到有效解决。

二、国民党国民政府时期高等教育地域布局考察

（一）抗日战争前 10 年的高等教育地域布局状况（1927—1937 年）

1928—1937 年高等教育（含专科）的统计见表 1-3。

---

① 陈青之.中国教育史［M］.北京：商务出版社，1936：552.

② ［美］费正清，费维恺.剑桥中华民国史 1912—1949 年（下卷）［M］.刘敬坤等译.北京：中国社会科学出版社，2006：301.

1927—1937 年间,是国民党建立的国民政府时期,也是一个较以前军阀混战相对稳定的时期。由于政权相对统一,经济与社会得到了一定程度的发展,这一时期的高等教育明显获得了新的进展。"大学分成了文、理、法、教育、农、工、商、医 8 学院,设有 3 所学院以上并有理或农、工、医之一者为大学,不满 3 学院者为独立学院。截至 1930 年,中国共有大学 39 所,学院 17 所,专业学校 23 所。在大学和学院中,有 15 所是国立院校,18 所是省立院校,23 所是私立院校"①。1931 年,全国 103 所专科以上高校共 187 个学院,学生总数 44,167 人②。依据《第二次中国教育年鉴》统计,1928 年全国公私高等学校有 74 所,学生 25,198 人。1936 年大学达到 108 所,学生增至 41,922 人③。而到了 1937 年,由于"七七事变",中国抗日战争爆发,大学迅速减少到 91 所。

表 1-3 1928—1937 年高等教育(含专科)统计④、⑤

学年度	学校数	学生数
1928	74	25,198
1929	76	29,123
1930	85	37,566
1931	103	44,167
1932	103	42,710
1933	108	42,936
1934	110	41,768
1935	108	41,128
1936	108	41,922
1937	91	31,188

这一时期中国高等教育的地域布局仍然非常不均衡,大部分高校仍然

---

① 周予同. 中国现代教育史[M]. 上海:良友出版社,1934:229-234.
② 李兴华. 民国教育史[M]. 上海:上海教育出版社,1997:604.
③ 教育部教育年鉴编纂委员会. 第二次中国教育年鉴[M]. 上海:商务印刷馆,1948:1400.
④ 教育部. 第一次中国教育年鉴(丁编)[M]. 上海:开明书店,1934:30-31.
⑤ 教育部教育年鉴编纂委员会. 第二次中国教育年鉴[M]. 上海:商务印刷馆,1948:1400.

集中在东南沿海各省:上海 22 所,北平 15 所,广东和河北各 8 所,湖北和山东各 6 所,江苏 5 所,浙江、江西、福建各 4 所,湖南、广西、云南、河南和辽宁各 2 所,安徽、四川、新疆、甘肃、吉林、察哈尔各 1 所;而陕西、绥远、贵州、青海、宁夏、西康、西藏、黑龙江等几个省则连一所大学都没有。此外,60% 的大学在校生都集中在北平和上海两地①。

如果按照人均计算,当时中国高等教育的发展还较为落后。以 1932—1933 年为例,全国大中专院校学生注册人数有 42,710 人,1933—1934 年增加到 46,785 人。1933 年大学毕业生总数是 7,311 人,1934 年为 7,552 人。1934 年每万人中只有 0.88 名大学程度的学生。而土耳其在 1928 年每万人中就有 3 名大学生。在 1932 年,美国每万人中有 73 名大学生,位居世界第一,日本每万人中有 9 名大学生,居于世界第 22 位②。

与许美德教授观点相同,费正清先生在他的《剑桥中华民国史》中,也很关注这一时期中国高等教育的地域布局不均衡问题。只是,费正清先生引证的材料是 1934 年中国高等教育地理分布情况。从两位不同时期海外学者的研究中可以看出,在这两个时期中国高等教育的发展速度较快。然而这种发展大部分出现在少数地区,主要集中在东部沿海城市和省份。截至 1934 年,上海有 24 所高校,在全国 110 所高校中占 21%,居于首位。北平 17 所,占 15.5%,位居其次。在省立高等学校中,河北的高校数最多,以 9 所居于首位(占 8.2%);广东以 8 所位居第二(占 7.2%)。四川有高校 4 所,湖南、广西各 2 所,新疆、陕西、甘肃和云南等边远省份,各省只有各类学校一所,通常是一所省立大学或技术专科学校,而贵州竟一所也没有③。显然,这些地区只是刚开始发展高等教育。

值得注意的是,现在作为高等教育重镇的陕西省西安市、四川省成都市乃至甘肃省兰州市在 20 世纪 30 年代高等教育发展还处于起步阶段,在全国较为落后。可见,地理位置与经济发展水平依然是制约高等教育发展的主要因素。这一时期中国各省市区高等教育的地域分布如表1-4所示。

---

① [加]许美德.中国大学 1895—1995,一个文化冲突的世纪[M].许洁英主译.北京:教育科学出版社,2000:78.

② [美]费正清,费维恺.剑桥中华民国史 1912—1949 年(下卷)[M].刘敬坤等译.北京:中国社会科学出版社,2006:392.

③ [美]费正清,费维恺.剑桥中华民国史 1912—1949 年(下卷)[M].刘敬坤等译.北京:中国社会科学出版社,2006:390.

表 1-4　1934—1935 年中国大学分布情况① 　　　　　　　单位:所

省份	院校数	国立	公立技术	省立	市立	私立
上海	24	7	2	—	—	15
北京	17	6	1	1	1	8
河北	9	1	—	6	—	2
广东	8	2	—	1	—	5
湖北	6	1	—	1	—	4
江苏	6	—	—	1	—	5
南京	5	1	2	—	—	2
山西	5	—	—	4	—	1
浙江	4	2	—	1	—	1
福建	4	—	—	—	—	4
四川	4	1	—	2	—	1
河南	3	—	—	2	—	1
山东	3	1	—	1	—	1
江西	3	—	—	3	—	
湖南	2	—	—	1	—	1
广西	2	—	—	2	—	
安徽	1	—	—	1	—	
云南	1	—	—	1	—	
甘肃	1	—	—	1	—	
陕西	1	1	—	—	—	
新疆	1	—	—	1	—	
合计	110	23	5	30	1	51

当时,在中部六省中,湖北高等教育已处于领先地位,山西也表现不俗,河南、江西位居中间位置,安徽最后。安徽高等教育发展滞后的奇怪现象曾引起美国宾夕法尼亚州立大学中国史研究专家孙任以都教授的关注。他认

---

① [美]费正清,费维恺. 剑桥中华民国史 1912—1949 年(下卷) [M]. 刘敬坤等译. 北京:中国社会科学出版社, 2006:391.

为,作为总是积极从事进步运动的长江下游省份安徽,在高等教育发展进程中表现之差,令人惊讶。他经过研究分析,认为安徽高等教育落后的原因可以归纳为如下几点:第一,安徽资源贫乏,自然灾害不断,经济落后,阻碍高等教育发展。第二,安徽省内派系斗争激烈,内部政治混乱,在1929—1930年间,省主席换了6任。第三,高等教育在省城地位低下,大学仅领到预算经费的一半左右。第四,中央政府企图实现在安徽的真正权威,把省立安徽大学与国家的权力机构结合起来,使形势更为复杂。第五,深层次的原因是,当地优秀的学生到外地大学就读,当地优秀人才到外省优秀大学谋取教职,限制了本省高等教育的发展①。他的分析为我们寻求高等教育布局不均衡的成因提供了一些借鉴,也为我们对后来高等教育布局的非均衡现象进行分析提供了指导。

战前十年,高等教育地理分布区域非均衡问题依然是国民党时期中国高等教育所面临的最大难题②。1979年台湾省台北私立中国文化学院、历史学研究所博士研究生庄焜明在其博士论文中谈到,在抗日战争爆发前,尽管中央政府做了很多努力,但是中国高等教育地区分布非均衡的问题基本上没有得到改善③。

(二)八年抗日战争时期中国大学的地域布局(1937—1945年)

1937年的"七七事变",标志着日本侵华战争全面开始,中国进入八年抗日战争时期。抗日战争爆发前,我国的大学布局十分不合理。不论是公立、私立,还是教会主办的大学,绝大部分都集中在东南沿海和平、津等几个主要城市。据统计,战前全国共有高等院校108所,仅平、津、沪三市就占了46所,在校学生占全国总数的2/3左右。我国易受敌人攻击之区,多为教育文化中心。全国大学的这种不合理布局,对大规模的战争是十分不适应的④。八年间,中国的大学教育备受敌人侵略摧残,国民党国民政府面临高等教育机构灾难性的内迁,损失巨大,如表1-5所示。

---

① [美]费正清,费维恺. 剑桥中华民国史1912—1949年(下卷)[M]. 刘敬坤等译. 北京:中国社会科学出版社,2006:390.

② [加]许美德. 中国大学1895—1995,一个文化冲突的世纪[M]. 许洁英主译. 北京:教育科学出版社,2000:81.

③ 庄焜明. 抗日时期中国高等教育[Z]. 未经发表的博士论文,私立中国文化学院,历史研究所,1979:145.

④ 金以林. 近代中国大学研究[M]. 北京:中央文献出版社,2001:226.

表 1-5　中国抗战初期中国大学损失情况①

学院和大学	高校损失数量（所）	经济损失（元）
国立大学	23	37,003,467
省立大学	16	8,045,919
私立大学（包括教会大学）	38	44,171,005
合计	77	89,220,391

但在此期间，学校规模却不断扩大，1945 年高校数与战前相比增加 33 所，上升 30.5%，学生数增加 41,576 人，几乎翻了一番，见表 1-6。然而，战争却迅速改变了中国高等教育地域分布格局，沿海几十所高等教育机构在一年之内完成了向西部、西北、西南地区的大迁移。战争把中国高等教育推向不发达的内地。作为战时首都的重庆必然成为当时的政治、军事、文化中心。国立中央大学搬迁到重庆郊区办学使高等教育得以在重庆生根发芽、继而发展壮大起来。伴随着西南地区逐渐成为政治中心，昆明、成都的高等教育也获得较快发展。浙江大学搬迁到贵州遵义办学。西安、兰州等地区的高等教育也由于搬迁来的大学而获得发展。"当时，北平大学、北平师范大学、北洋工学院迁到西安组成西北联合大学。……不久，这所大学又被分解成几所独立的农业学院和工程技术学院，在陕西南部另选校址办学，另一部分则于 1939 年迁到兰州，后来便发展成为西北师范大学。"②③祖国的大西南、大西北成为高等教育的中心地区。

令人称奇的是，在那种极端艰难困苦的条件下，搬迁到大西南、大西北的高等学校不仅没有失去大学的精神，反而在中国高等教育的发展上取得了最耀眼的成就。西南联合大学的成功案例为以后中国高等教育的发展提供了取之不尽的精神财富，也形成了高等教育价值判断的标准。无疑，这些大学为中国西南、西北地区的高等教育发展起到了示范引领作用。尽管战后这些学校又纷纷迁回原址办学，但是，在整个抗战时期，这些大学为西南、西北地区培养的大量人才，以及带去的先进思想和文化，为这些地区未来高

---

① ［美］费正清，费维恺. 剑桥中华民国史 1912—1949 年（下卷）［M］. 刘敬坤等译. 北京：中国社会科学出版社，2006：409.

② 庄焜明. 抗日时期中国高等教育［M］. 未经发表的博士论文，私立中国文化学院，历史研究所，1979：145.

③ 参见：西北大学校史稿［M］. 西安：西北大学出版社，1987；西北农业大学校史［M］. 西安：陕西人民出版社，1986；西北师范大学校史［M］. 西宁：青海人民出版社，1989.

等教育的发展奠定了一个良好的基础。

表 1-6 1937—1946 年大学专科以上学校统计表①

学年	学校数	学生数
1937	91	31,188
1938	97	36,180
1939	101	44,422
1940	113	52,376
1941	129	59,454
1942	132	64,097
1943	133	73,699
1944	141	78,909
1945	145	83,498
1946	185	129,326

就全国而言,高等教育在战争期间也得到了发展。虽然,在抗战开始的第一年,全国院校总数减少到 91 所,但是在 1940 年又增加到 113 所,1945 年战争结束时已经达到 145 所。同年,注册学生人数增加到 83,498 名,达到战前高等教育发展高峰时的一半以上②。1947 年,中国拥有高等学校 207 所,入学人数增加到 154,612 名③。这还不包括陕甘宁边区政府在延安创办的高等学校。共产党领导的延安陕甘宁边区政府先后创办了抗日军政大学、陕北公学、中国女子大学(1939)、鲁迅艺术学院(1938)、中国医科大学(1940)。1941 年陕北公学、中国女子大学和一所干部学校合并成立延安大学,1943 年由鲁迅艺术学院与延安自然科学院合并组建了一所新的综合性大学。1944 年,这两所大学共招生 1,302 人④。可以看出,高等教育发展在

---

① 教育部教育年鉴编纂委员会.第二次中国教育年鉴[M].上海:商务印刷馆,1948:1400.

② [美]费正清,费维恺.剑桥中华民国史 1912—1949 年(下卷)[M].刘敬坤等译.北京:中国社会科学出版社,2006:410.

③ 中华人民共和国教育部计划财务司.中国教育成就(1949—1983 统计资料)[M].北京:人民教育出版社,1984:40.

④ Patricia Stranahan. Yan'a Women and Communist Party. Berkeley: Center for Chinese Studies, Institute of East Asian Studies, 1983:98-101.

抗战时期主要集中在西南、西北地区。

（三）抗日战争胜利后4年的中国高等教育地域布局（1945—1949年）

抗战胜利后，高校开展了大规模的复员工作，并在一定程度上弥补了近代中国高等院校的不合理分布。由于抗战爆发前，西部内陆省份相对于东部沿海和平津地区而言，高等教育是非常落后的，1945年9月20日，国民政府教育部召开全国教育善后复员会议，教育部非常重视改变原有高等院校在区域上的不合理分布。指出："复员"绝不是简单地"复原"，"我人（们）对于战后专科以上学校之分布即其院系科别之增减，必须先有通盘计划，方足谋日后之合理发展。①"到1947年，当内迁高校均已回原地"复员"时，内地边远省份的高校数目亦有较大的增加②。全国31所国立大学的地域分布如下：上海4所，江苏（南京）2所，北平2所，四川2所，天津2所，浙江2所，广东、陕西、安徽、江西、湖南、湖北、山东、河南、山西、甘肃、福建、广西、贵州、云南、辽宁、吉林、台湾各1所。在这一时期，上海有各类学校35所，国立大学4所，依然处于全国高等教育的领先地位。由于四川在抗战8年期间成为政治、军事、文化中心，因此其高等教育得到很大发展，拥有各类大学22所，国立大学2所。作为战前、战后的首都，南京的高等教育发展继续位居前列，有各类大学22所，国立大学2所，居于全国第二位。湖北有各类大学11所，仅为四川、江苏的一半，国立大学仅有1所，失去了高等教育位居全国前列的地位。综合考察中部六省的高等教育情况，湖北仍然居于中部六省第一位。江西次之，有各类学校8所，国立大学1所；湖南有各类学校6所，国立大学1所；山西有各类大学3所，国立大学1所；安徽、河南各有各类学校2所，国立大学1所。这时国立大学在各省区的分布是相当公平的，这和当地整体的高等教育规模并没有直接联系。考虑到各省高等教育的均衡分布，河南、安徽虽然仅有2所各类学校，但是和拥有16所各类学校的广东、11所各类学校的湖北一样也布局有1所国立大学。

---

① 王聿，孙斌.教育行政工作之回顾.朱家骅先生言论集[M].台北：中央研究院近代史研究所，1977：190.

② 教育部教育年鉴编纂委员会.第二次中国教育年鉴[M].上海：商务印刷馆，1948：1401.

新中国成立以来高等教育地域布局:历史演变与制度安排

目前,国家优质高等教育资源地域布局非均衡问题成为社会关注的焦点,也不断招致公众舆论的批评。然而,这一问题是有历史根源的。中华人民共和国成立以来的60多年,中央人民政府一直致力于解决这一问题,尽管受各地政治、经济、文化诸因素的制约,尚难以从根本上解决布局平衡问题,但回顾这一历程,仍然有很大意义,也有助于我们对中国高等教育地域布局非均衡现状有一个科学、全面的认识,进而促进这一问题尽快得到科学、合理的解决。

一、新中国成立之初(1949—1952年)中国高等教育地域布局状况

近代中国(1860—1949年)高等教育地域布局一直存在非均衡发展问题。尽管不同时期的中央政府都曾试图解决地域布局不均衡问题,但由于受战乱、政治腐败、经济落后等各种原因制约,一直没有从根本上得到解决[①]。

新中国成立之初,从国民党腐败政府手中接管的属于正规的高等院校共223所。通过表1-7可以清楚地看出,按新中国成立之初的行政区划分,中国大学的布局情况很不均衡。华东区共有高校数为96所,位居第1。西南区共有高校42所,位居第2。中南区33所,位居第3。华北区26所,位居第4。东北区为18所,位居第5。而西北区最少,只有8所高校,仅是华东区的1/12[②]。

从表1-7中可以看出,华东区历来是中国现代高等教育的主要集聚地,西南区因为抗战八年成为国民党中央政府的政治经济文化中心,国民党中央政府将当时大多数高校西迁,形成了中国高等教育相对的集中区[③]。

[①] 关于这一问题,请参阅宋伟,韩梦洁.近代中国高等教育地域非均衡布局考察[J].史学月刊,2009(4);人大复印资料《中国近代史》,2009年第6期。

[②] 季啸风.中国高等学校变迁[M].上海:华东师范大学出版社,1992:1128-1131.

[③] 关于这个问题的论述,请参考宋伟,韩梦洁.近代中国高等教育地域非均衡布局考察[J].史学月刊,2009(4);人大复印资料《中国近代史》,2009年第6期。

表1-7　1949年全国高等院校的地域分布概况

行政区		华北	东北	华东	中南	西南	西北	合计
大学	国立	7	7	13	6	4	2	39
	省立	—	—	—	—	—	—	
	私立	5	—	12	7	3		27
独立专门学院	国立	2	5		4	4		24
	省立	4		8	7	1	1	21
	私立	5	—	15	2	19	—	41
专科学校	国立	2	5	10		4	1	22
	省立	1	1	15	4	3		24
	私立	—		17	4	4	—	25
合计		26	18	96	33	42	8	223

注:1. 本表列入的学校包括1949年9月中国共产党控制的东北区和各根据地实有学校。

2. 凡在1949年9月前已改建的,按改建后的学校列入,在1949年10月以后改建的,仍按改建前的学校列入。

3. 各地区在新中国成立前不久才成立的高等学校(多数是私立的),由于建校时间短、规模小、学生少,有的学校甚至没有学生。这类学校在该地区解放时已自行停办或解散,因而均未列入。

根据郝维谦、龙正中的《中国高等教育史》记载数据,我们制作了表1-8,从中充分反映了新中国成立初期,部分省市高等学校基本分布情况。

表1-8　新中国成立初期部分省市高等学校基本数据①

省市	高等学校数(所)	在校本专科学生数(人)	每十万人在校学生数(人)
北京	15	14,700	722
河北	11	5,300	103
上海	37	20,900	386.3
江苏	15	7,200	21.6
四川	36	14,100	28.5
广东	12	5,800	20.6
河南	2		—

注:表中河北包含天津的数据。

---

① 郝维谦,龙正中.中国高等教育史[M].海口:海南出版社,2000:82.

而内地和边远地区高等学校数量少,在校生人数也很少,内蒙古、西藏、青海、宁夏等省区没有大学,山西、河南、新疆等省区也只有 1 ~ 2 所大学,且学校规模较小。但是,国立大学的地域布局,尽可能做到了每个省区一所。河南在只有两所大学的情况下,仍有一所国立大学①。由此可以看出,新中国接收、接管、接办的旧中国高等教育的整体地域布局非常不均衡。这种状况,不利于新中国建设对各类高层次人才的需求,不利于新经济社会迅速发展的需要,为新中国高等教育发展与调整,提出了一个严重的课题。

二、20 世纪 50 年代院系调整后高等教育地域布局发生很大变化

新中国成立之初,我国面临国际上的严重封锁、国民党败逃台湾后对大陆的暗中破坏等一系列严重挑战,加之从战争转向经济建设的现实需要及国防建设的战略需求,我国必须加强内地工业建设和经济社会发展,进而对旧中国遗留下来的高等教育的结构、地域布局进行调整和改造。

为适应新中国经济社会发展的需要,也为了适应内地、边远地区省份迫切需要发展高等教育的需要,20 世纪 50 年代开始了全国高等学校大规模的院系调整。经过多年的调整,国民党时期的高等教育制度和布局彻底被打破,高等教育课程体系也随之发生改变,地域布局得到有效改善。1950 年 6 月上旬,教育部在北京召开第一次全国高等教育会议,确定了新中国大学制度改革的基本方针与方向:"以理论和实际一致的方法,培养具有高度文化水平的、掌握现代科学和技术成就的、全心全意为人民服务的、高级的国家建设人才。应该准备和开始吸收工农干部和工农青年进高等学校,以培养工农出身的新型知识分子。"②1952 年,在全国范围内按照如下方针开始院系调整,"以培养工业建设人才和师资为重点,发展专门学院与专科学校,整顿和加强综合性大学,逐步创办函授学校和夜大学,并在机构上为大量吸收工农成分入高等学校准备条件。按照这个方针,原有的高等学校经过调整后,分别称为综合性大学、专门学院与专科学校,今后即可按照各校的性质与任务,朝着确定的方向发展。这就改变了原有大学一般化与盲目设置的不合理现象"③。

20 世纪 50 年代高等学校院系调整的方式是,合并专业、院系,撤销学

---

①　宋伟,韩梦洁.近代中国高等教育地域非均衡布局考察[J].史学月刊,2009(4);人大复印资料《中国近代史》,2009 年第 6 期。

②　高等教育部办公厅.高等教育文献法令汇编(1949—1952)[M].北京:高等教育办公厅,1958:18.

③　做好院系调整工作,有效地培养国家建设干部.新华月报[N].1952(9):197.

校,建立新的专业学院,保留一小部分文理学科为主的综合性大学。高等学校院系调整具有如下几个突出特点。第一,涉及面广、时间长,几乎涉及所有的高等学校。各地从新中国成立之后就开始进行调整,直至 1957 年结束。第二,从体制上学习借鉴苏联高等教育的经验,甚至可以说是照搬苏联的模式;从地域分布上,以六大行政区为单位进行调整,力求做到六大区之间高等教育布局的均衡。但与此同时造成了影响至今的各省区之间高等教育布局的严重不均衡性。第三,通过合并逐渐取消私立大学、教会大学。1949年,全国有私立高校 84 所,1950 年减至 56 所,1951 年为 28 所,1952 年仅剩2 所,到 1953 年高等学校院系调整之前,私立大学全部消失。第四,取消多科性综合性大学,建立以文理学科为主的综合性大学,重点发展单科性学院,以适应快速培养国民经济发展与建设所需要的人才需求。第五,重视师范、农业、工业院校的发展,新建一批大学,尤其是新增国家建设迫切需要的系科,如采矿、冶金等专业和学院。50 年代的高等学校院系调整,促使新中国高等教育得到了较大改变和发展。

在"院系调整"的过程中,特别强调了新兴工科大学的发展。这些工科大学包括各种理工大学和一些专科院校。坐落在武汉的华中理工大学,就是当年中央在中南地区重点建设的工科大学,它是以武汉大学、湖南大学、南昌大学和广西大学的工程系为基础,搬迁至武汉于 1952 年建立起来的。那些曾经在各个地区的优秀院校被要求将它们在国民党时期作为地方性综合大学的一部分而建立起来的工程系科贡献出来,以成立坐落在武汉的这所中心大学①。这个案例充分体现了 50 年代院系调整的主要原则,即确保在某些中心地区集中最好的大学,由这些大学负责整个地区的高层次人才培训②。

20 世纪 50 年代始终处于高等学校院系调整状态,但是大的调整主要是在 1952—1953 年、1957 年进行的。1952 年院系调整的原则是:按照大学、专门学校及专科学校三类分别调整充实,各大行政区至少有 1 所培养科学研究人才及培养师资的大学;工学院为这次调整的重点,以少办或不办多科性的工学院,多办专业性工学院为原则;农学院以集中合并为主,每一大行政区办好 1～3 所;师范学院每一大行政区办好 1～3 所③。经过一年的调整,全国高校由 211 所减少到 201 所。1953 年继续进行院系调整,"仍着重于改组

---

① 校史编写组.华中理工大学[M].武汉:华中理工大学出版社,1993.
② [加]许美德.中国大学 1895—1995,一个文化冲突的世纪[M].许洁英主译.北京:教育科学出版社,2000:112.
③ 金一鸣.中国教育类别与结构的研究[M].上海:上海教育出版社,1999:217.

旧的庞杂的大学,加强和增设工业高等学校并适当地增设高等师范学校;对政法、财经各院系采取适当集中、大力整顿及加强培养与改造师资的办法,为今后发展做准备。今年院系调整工作主要以中南区为重点。华北、东北、华东三区因去年已基本完成了院系调整工作,今年主要是进行专业调整。西南、西北两区今年进行局部的院系和专业调整"①。

从表1-9可以看出,经过1953年的院系调整,全国高等学校数由205所减少到181所。高等学校增加的地区:华北地区增加12所成为39所;东北地区增加5所成为25所;西北地区增加4所,达到12所。负增长的地区:华东地区减少24所;西南地区减少23所。中南地区高等学校数量没有发生变化(调整后,华东地区所占全国高等学校的比率由36.0%降低到27.6%,但是仍然居于首位;华北地区所占全国高校的比率由13.2%增加到21.5%,由原来的第4位上升到第2位;中南地区仍然位居第3,占18.9%;东北地区所占全国高校的比率由原来第5位的9.8%上升到13.8%,位居第4;西南地区由原来第2位的20.5%下降到10.5%,位居第5;西北地区由原来第6位的3.9%上升到6.6%,仍然位居第6。)

表1-9　1953年院系调整后高等教育在不同地区分布的变化②

		全国	华北	东北	华东	中南	西南	西北
机构数（所）	1949年(A)	205	27	20	74	34	42	8
	%	100.0	13.2	9.8	36.0	16.6	20.5	3.9
	1953年(B)	181	39	25	50	34	19	12
	%	100.0	21.5	13.8	27.6	18.9	10.5	6.6
学生数（人）	1949年(A)	116,504	20,936	16,562	42,452	15,471	16,716	4,367
	%	100.0	18.0	14.2	36.5	13.3	14.3	3.7
	1953年(B)	212,181	50,905	35,809	58,019	35,989	19,798	10,889
	%	100.0	24.0	16.9	27.3	17.0	9.3	5.1

注:因为各地区高校数占总数的百分比为约数,所以会出现百分比相加不为100%的情况。

① 上海市高等教育局研究室,华东师范大学高校干部进修班,教育科学研究所合编.中华人民共和国建国以来高等教育重要文献选编(上)[C].上海:上海市高等教育局研究室,1979:39.
② [日]大塚丰.现代中国高等教育的形成[M].黄福涛译.北京:北京师范大学出版社,1998:109.

如果考察学生的变化情况,从全国范围来看,学生数增加 182.1%,由116,504 人增加到 212,181 人。虽然各个地区的高等学校数量有增有减,但是各个地区的在校学生数都有不同程度的增加,由此说明高等教育的办学效率大大提高。增幅最大的地区是西北地区,由 4,367 人增加到 10,889 人;其次是华北地区,在校学生数达 50,905 人;再次是中南地区,学生数达35,989 人;第 4 位为东北地区,在校学生达 35,809 人;第 5 位为华东地区,学生达 58,019 人;西南地区增幅最小,学生达 19,798 人。各个地区学生占全国的比重如下,华东地区为 27.3%;华北地区为 24.0%;中南地区为17.0%;东北地区为 16.9%;西南地区为 9.3%;西北地区为 5.1%。

日本广岛大学大学院教授、国际知名亚洲高等教育比较研究学者大塚丰(Yutaka Otsuka)对此评论说,院系调整的一个主要目标是改变新中国成立前长期存在的高等学校地理分布不合理的状态。具体是将集中在沿海大城市的高等学校分散到内地办学,以促进内地高等教育的发展。西南地区由于在抗战时期是国民党政府的政治、军事、学术、文化中心,在此期间高等教育机构的数量得到较大幅度增加,因此在这次调整中西南地区的高等学校减少最多。但是,随着战后高等学校的大量回迁,剩下的高等学校由于受师资力量和办学等条件的限制,教育质量无法得到保证,理应进行适度精简和调整。当然这里有政治因素在起作用。华东地区,尤其是上海,一直是全国高等教育的中心,高等学校数量一直处于国内领先地位。由于这一地区高等学校数量较多,水平参差不齐,外国资助的教会学校也多集中于此,所以成为高等学校调整的主要对象。北京是新中国的首都,成为全国的政治、经济、文化、军事、学术中心,理所应当需要大力发展高等教育。东北地区是当时新中国的主要工业基地,也是解放最早的地区,与苏联交通方便,是整个国家巩固的大后方,还是朝鲜战争的直接后方,快速发展高等教育是适应这一地区政治、经济、军事地位的需要的[①]。

经历 20 世纪 50 年代院系调整之后形成的高等教育格局,对后来直至今天的全国高等教育布局产生着重要影响。新中国成立之初,中国的行政管理体制是在中央政府与各省之间有东北、华北、华东、中南、西南、西北六大行政区军事政治委员会(以下简称军政委员会),也即国家实行大区制行政编制。1952 年,各大行政区机构一律改为行政委员会,大区行政委员会是代

---

① [日]大塚丰. 现代中国高等教育的形成[M]. 黄福涛译. 北京:北京师范大学出版社,1998:110-111.

表中央人民政府对各区实行领导与监督地方(省、市)人民政府的机关。1954年,各大行政区委员会撤销①。华东区军政委员会所在地为上海,东北区军政委员会所在地为沈阳,中南区军政委员会所在地为武汉,西南区军政委员会所在地为成都,西北地区军政委员会所在地为西安,华北区军政委员会所在地为北京。这些政治、军事、经济、文化中心城市,以及交通枢纽城市成为这次高等学校院系调整中最大的受益者,高等学校布局相对集中于此,这些城市的高等教育在短时间内获得迅猛发展,成为全国高等教育中心城市。同时,每一军政行政区又有一座次中心城市,华北区的天津,东北区的哈尔滨,西北区的兰州,中南区的广州,西南区的重庆,华东区的南京,也都发展成为全国高等教育重要城市。在当时,中央政府将高等教育布局均衡问题放在大的行政区域内考虑,力争做到大区之间高等学校布局的相对均衡,而没有、实际上也很难顾及个别省区之间布局的均衡性。应该说,这种均衡布局取得了明显成效。遗憾的是,院系调整之后的1954年,大的行政区划建制取消,各大区之间均衡布局问题不复存在,各个省市之间的布局不均衡问题日益凸显,且在以后相当长时间内一直没有得到根本解决,直至今天,这一问题更加突出。

1953年的院校调整使高校分布不合理的状况得到很大改善,见表1-10。但是,这种合理性仅体现在6个行政区之间的合理性,而在每一个行政区内部各省区的高等教育布局却存在着极度的非均衡问题。大多研究者都意识到这一问题。许美德先生曾评论:高等院校在全国各地分布的合理化所取得的成功,本应该与人们对全国高等学校地区分布不平衡的长期关心有密切关系。但是,这种再分配方式却过于人为性和机械性。从6个地区的角度来看,高等教育的地区再分配,确实有效。事实上直到20世纪80年代中国内陆的一些区域仍能保持相对其人口密度而言相当高比例的入学率。然而,在每个大行政区之内,仍普遍存在着高校集中在一两个中心城市的情况。

以中部4省为例,虽然广东的高校数量得到压缩,湖南、河南的高校数量有所增加,但与湖北、广东的差距依然很大,这种差距直至今天依然严重存在。同时,中南地区把武汉作为地区中心城市的行政决定,导致本区其他省

---

① 靳德行. 中华人民共和国史[M]. 开封:河南大学出版社,1989:23.

的大批高校,如工程学和技术学领域的高校,都从河南、湖南、广西等地迁到了武汉①。这次高等院校专业、学科的调整、迁移直到今天对这些省区高等教育的发展所造成的消极影响依然存在。以西北区为例,这个地理面积巨大的区域,高等教育资源主要集中于此地区的主要中心城市西安和次要中心城市兰州。而幅员辽阔的新疆、青海和宁夏等地区的高等教育,在相当长时期,没有得到快速发展。

表 1-10　中部 4 省 1953 年院系调整前后大学变化情况②　　　单位:所

省份	1949 年院校数	1953 年院校数	增减情况
湖北	10	11	+1
广东	12	7	-5
湖南	2	5	+3
河南	2	4	+2
合计	26	27	+1

尤其是六大行政区的建制被取消后,如果站在各个省份的视角考察高等教育地域分布,就会发现非均衡性问题更加凸显出来。"苏联模式造成了新的等级不平衡,6 个行政大区中都有一个中心,由此向四周辐射,这是集权制在地方上的反映"③。这种非均衡性问题引起中央的重视,1955 年 7 月 30 日,高等教育部发出《关于 1955—1957 年高等学校院系调整有关事项的通知》,指出:"高等教育建设必须和国民经济的发展计划相配合,学校的设置分布必须避免过于集中,学校的发展规模一般不宜过大;高等工业学校应逐步地和工业基地相结合。"按照这一精神,1955—1957 年全国继续进行院系调整,以改变高等学校过于集中在少数大城市尤其是沿海城市的状况,并将

① 关于这个问题,1953 年河南大学的调整是一个典型案例。调整前的河南大学是一所国立综合重点大学,在调整中学科、专业受到了重创。1953 年河南大学水利系调往武汉大学水利系,财经系调往在武汉的中原大学财经学院,畜牧兽医系调往江西农学院,无病虫害系调往武汉的华中农学院,行政学院搬迁到郑州单独设置为河南省政法干部管理学校。此前的 1952 年,河南大学的农学院搬迁到郑州独立设置河南农学院,医学院搬迁到郑州独立设置河南医学院。河南大学校史对此有详细记载。
② 根据日本学者大塚丰的《现代中国高等教育的形成》一书中第 111 页的描述绘制。因中南地区还包括江西、广西,所以与表 1-7 中的中南地区高等学校数量不一致。
③ [加]许美德.中国大学 1895—1995,一个文化冲突的世纪[M].许洁英主译.北京:教育科学出版社,2000:126.

沿海地区的一些高等学校的同类专业、系迁至中西部地区,组建新校或加强中西部地区原有学校,或将一些学校全部或部分迁往中西部地区建校,扩大中西部地区高校规模,增设新专业①。其中将上海交通大学整建制搬迁到西安,正是作为对 1953 年院系调整时曾经忽视的西北地区高等教育的重要补充,这对于地区均衡发展具有重大意义。

高等学校的管理体制和隶属关系,也在院系调整中得到明确,并不断发生变化。1953 年,高等教育部确定了 148 所高等学校的隶属关系,高教部管理 8 所,中央业务部门管理 30 所,大行政区管理 72 所,委托省市自治区管理 38 所。1954 年,国家撤销大行政区,原大行政区直接领导的 72 所院校绝大多数移交高教部和中央业务部门管理。1954 年全国 188 所高等学校,由省市自治区代管的学校只有 17 所,仅占全国高等学校总数的 9.5%;1955 年,全国高等学校 227 所,全部由高教部和主要业务主管部门管理;1956 年,全国 229 所高等学校中,有 129 所由地方管理,调动了地方办学的积极性②。

三、"大跃进"时期至改革开放之前(1958—1977 年)中国大学地域布局的变迁

1958—1959 年间的"大跃进"标志着中国在政治和经济发展方面坚决地脱离了苏联模式③。在 50 年代早期,深受苏联的影响,中国曾建立了一种具有等级特征的高校体制,这种体制被过细的专业划分分割成许多条块,并完全由某一高层中心所控制。1958 年,随着高等教育部的撤销和一大批省属院校的建立,中国高等教育开始走向非集权化。

在 20 世纪 50 年代后期,中国高等教育的重点转向了在各地自己建立一批有地方特色的院校。中医学院的建立是一个标志性的开端。在 1956—1960 年,几乎各个省和自治区都建立了一所中医学院。同时,各个地区都做出巨大的努力,开始创建自己的高等教育中心。甚至像青海、内蒙古和宁夏这些从未有过高等学校的省和自治区都建立起了自己的高等学校。

从 1957—1960 年,高等学校的数量及其入学人数的增长幅度是惊人的。高校数量从 1957 年的 229 所增加到 1960 年的 1,289 所,学生数由 1957 年

---

① 王保华.高等学校设置理论与实践[M].武汉:华中师范大学出版社,2000:21-22.

② 王保华.高等学校设置理论与实践[M].武汉:华中师范大学出版社,2000:23.

③ Suzanne Pepper. New Directions in Education. Cambridge History of China [M]. The Cambridge University Press. 1999:398-399.

的 441,000 名增加到 1960 年的 961,000 名①。值得一提的是，在此期间，成人高等教育发展迅速，一种渠道是在正规大学中进行函授或夜大教育，另一种渠道是在国有企业和人民公社附设的业余大学开展成人教育②。在早些时候，这类学生数量几乎可以忽略不计，但 50 年代以后则发展很快，其人数从 1955 年的 1.6 万名迅速增加到 1956 年的 6.4 万名，1958 年保持在 40 万名以上。这样，高等学校入学人数的膨胀就被转移到了这种国家很少拨款的非正规业余高等教育体系中③。

在此期间，中国高等教育正式确立了建设重点大学的指导思想，并把有限的资金集中用于很少几所重点大学，以此作为促进这些大学提高教育质量的手段④。关于重点大学的地域布局情况将在下面一部分详述。由于三年自然灾害及"大跃进"时期经济衰退所造成的不良影响，在高等教育体系改革方面的努力所取得的成果在这一时期也遭到了破坏，到 1965 年，高校只剩下 434 所，入学人数也只有 674,436 名⑤。

1966—1976 年的"文化大革命"，使我国高等教育发展出现了前所未有的逆转和变革，大学入学人数与"大跃进"时期的 96.1 万相比有了大幅下降。1966—1969 年，正规大学没有招生。从 1967 年起，高等学校的入学考试曾几度中断。直到 1970 年，正规院校招生工作才得以恢复，其人数为 47,815 名，到 1976 年逐渐增加到 564,715 名，他们在那个时代被称之为工农兵学员。

中国当时的大气候是忧虑忡忡和"知识无用"，受"左"倾思想的影响，整个社会一改几千年传承下来的"万般皆下品，唯有读书高"的观念，到处泛滥着"读书无用"的论调。这从中国科技大学搬迁的经历可见一斑。当该所大学于 1970 年准备从首都北京迁到其他地方时，受到了人们的排斥，难以找到立足之地。首先考虑到的迁移地点是河南省省会——郑州市，可是该省当时思想保守的领导把它的迁入当作一种难题，加以拒绝。如今，在工程教育

① 中华人民共和国教育部计划财务司. 中国教育成就（1949—1983 统计资料）[M]. 北京：人民教育出版社，1984：50.

② Jonathan Unger. Education Under Mao [M]. New York：Columbia University Press，1982：50.

③ [加]许美德. 中国大学 1895—1995，一个文化冲突的世纪[M]. 许洁英主译. 北京：教育科学出版社，2000：130.

④ 毛礼瑞，沈冠群. 中国教育通史（第 5 卷）[M]. 济南：山东教育出版社，1988：126.

⑤ 潘懋元，刘海峰. 中国近代教育史资料汇编：高等教育[M]. 上海：上海教育出版社，2007：97-99.

方面一直很薄弱的该省对当时的这一行为追悔莫及。然而,只要考虑到20世纪70年代早期人们"左"的情绪以及当时地方政府对于知识分子和大学的普遍态度,我们便可以完全理解这一行为。最后,在万里同志的帮助下,中国科技大学被迁到了安徽的省会城市——合肥,随后发展为一所重点科技大学,为提高该省的学术地位起了很大的作用。

"文革"时期,高等学校地区分布问题,既不像20世纪50年代早期那样机械地制订大规模发展计划,也不像50年代后期那样积极发动各地自办大学和夜大学。这一时期,矛头指向大学及教育等级制度的政治斗争,把知识分子折磨得斯文扫地、神经兮兮、筋疲力尽。地方部门也十分谨慎,不积极支持以科学研究、培养社会精英为主的高等教育①。值得引起我们注意的是,"文革"时期,各地倾向于积极创办职业性质的业余大学。各地高度重视工厂办车间大学、公社办田间大学,它们被称之为"七二一"大学。社办、厂办的"七二一"大学,实际是成功的职业教育模式,以培养掌握技术的工人和农民,提高生产效率。以科学研究为导向的现代理工科大学,在"文革"时期遭受到了严重破坏。可以说,这一时期的高等教育,其突出特点就是形成了特定历史时期的特殊的中国式的高等职业教育。然而,"文化大革命"结束以后,党的十一届三中全会开始新的时期,高等教育事业经过拨乱反正,在迅速得到恢复发展并开始迈出健康发展步伐的同时,成功的高等职业教育模式却被我们无情地抛弃了。

四、新中国成立后重点大学设置的地域分布

新中国成立之后,集中力量建设重点大学就成为高校设置的一个重要特点。新中国成立之初,首选6所高校为重点大学;随后在1959年、1960年、1963年,多次调整重点大学设置。"文革"结束后,时任南京大学校长的匡亚明致信邓小平,呼吁重点建设一批大学,得到邓小平的支持。1977年8月8日,邓小平在科学和教育工作座谈会上发表讲话,指出:"在大专院校中先集中力量办好一批重点院校。重点院校除了教育部要有以外,各省、市、自治区和各个业务部门也要有一点。"②1977年9月19日,邓小平在同教育部主要负责同志谈话中又指出:"重点大学搞多少,谁管,体制怎么定?我看,重点大学教育部要管起来……抓好几个学校,搞点示范。"③在这一思想

---

① [加]许美德. 中国大学1895—1995,一个文化冲突的世纪[M].许洁英主译. 北京:教育科学出版社,2000:139.

② 邓小平. 邓小平文选(第二卷)[M]. 北京:人民教育出版社,2004:54.

③ 邓小平. 邓小平文选(第二卷)[M]. 北京:人民教育出版社,2004:69.

指导下,1978 年国家又设立了 88 所重点大学①。

1947 年国立大学地域分布情况见表 1-11,中国不同时期重点大学地理分布见表 1-12。

从表 1-11、表 1-12 中可以看出重点大学设置的变化轨迹,也是高等教育地域分布非均衡问题日益彰显的轨迹,这种非均衡伴随重点大学的日益强化而不断突出。尽管重点大学的地域布局从高度集中向全国分散的趋势发展,但是效果并不是很明显。直至 1978 年,中国 88 所重点大学中,河南、贵州、山西、河北、广西、青海、宁夏、西藏等省区仍然没有一所重点大学。这种地域布局的非均衡现象与 1947 年 31 所国立大学的地域布局相对均衡形成了鲜明的对比。1947 年的 31 所国立大学分布在 23 个省,而 1978 年的 88 所重点大学仅分布在 20 个省区,可见后者更趋于集中,非均衡问题更加突出。

---

① 1954 年 12 月,教育部在《关于重点高等学校和专家工作范围的决议》中,指定以下 6 所学校为全国性重点大学:中国人民大学、北京大学、清华大学、北京农业大学、北京医学院、哈尔滨工业大学。1959 年 3 月 22 日,中共中央发出《关于在高等学校中指定一批重点学校的决定》,指定以下 16 所高校为全国重点大学:北京大学、中国人民大学、清华大学、中国科技大学、北京工业学院(北京理工大学)、北京航空学院(北京航空航天大学)、北京农业大学、北京医学院(北京医科大学)、北京师范大学、天津大学、哈尔滨工业大学、复旦大学、上海交通大学、华东师范大学、上海第一医学院、西安交通大学。1959 年 8 月 28 日又增加 4 所重点大学:协和医科大学、哈尔滨军事工程学院、第四军医大学、军事通讯工程学院。1960 年 10 月 22 日,中央决定在原来 20 所(16+4)重点大学的基础上,再增加 44 所重点大学:1. 文理(苏式综合大学):吉林大学、南开大学、南京大学、武汉大学、中山大学、四川大学、山东大学、山东海洋学院(理科)、兰州大学;2. 工科:大连工学院、东北工学院、南京工学院、华南工学院、华中工学院、重庆大学、西北工业大学、合肥工业大学;3. 专门性大学:北京石油学院、北京地质学院、北京邮电学院、北京钢铁学院、北京矿业学院、北京铁道学院、北京化工学院、唐山铁道学院、吉林工业大学、大连海运学院、华东水利学院、华东化工学院、华东纺织工学院、同济大学、武汉水电学院、中南矿冶学院、成都电讯工程学院、北京农机化学院、北京林学院、北京中医学院、中山医学院、北京外国语学院、国际关系学院、北京政法学院、北京对外贸易学院、中央音乐学院、北京体育学院。1963 年 9 月 12 日,教育部通知增加 3 所重点大学:浙江大学、厦门大学、上海外国语学院。1963 年 10 月 24 日,教育部通知增加 1 所重点大学:南京农学院。至此,全国重点高校共 68 所。1978 年全国有 88 所重点大学:1978 年国务院确定了北京大学、清华大学等 88 所院校为全国性重点大学,因数量太多,在此不予列举。

表 1-11　1947 年各类高校地域分布一览表①　　　　　　单位：所

所在地	国立大学	私立大学	国立独立学院	省立独立学院	私立独立学院	国立专科学校	省市立专科学校	私立专科学校	合计
上海	4	7	—	—	7	2	4	9	35
江苏	2	2	2	2	3	5	2	4	22
四川	2	2	2	—	6	5	3	3	23
广东	1	4	—	2	3	—	4	2	16
北平	2	3	2	—	4	1	1	—	13
湖北	1	2	2	2	—	—	—	2	11
福建	1	1	—	2	2	2	1	—	9
江西	1	—	1	—	—	—	5	1	8
陕西	1	—	—	—	—	—	3	2	7
湖南	1	1	2	1	—	—	—	—	6
广西	1	—	1	2	—	—	1	1	6
天津	2	—	—	—	2	1	1	—	6
河北	—	—	—	4	—	—	—	—	5
甘肃	1	—	3	—	—	1	—	—	5
辽宁	1	1	1	—	1	1	—	—	5
浙江	2	—	—	—	1	1	1	—	5
山东	1	1	—	—	—	—	2	—	4
台湾	1	—	—	3	—	—	—	—	4
山西	1	—	—	—	—	—	2	—	3
贵州	1	—	2	—	—	—	—	—	3
云南	1	1	—	—	—	—	1	—	3
安徽	1	—	—	1	—	—	—	—	2
河南	1	—	—	1	—	—	—	—	2
吉林	1	—	—	—	—	—	1	—	2
新疆	—	—	—	1	—	—	—	—	1
香港	—	—	—	—	1	—	—	—	1
合计	31	24	23	20	31	21	33	24	207

　　河南、贵州、山西、河北、广西这几个省区在 1947 年都有国立大学分布。极端的案例是河南，地处黄河中下游的中原，作为中华文化的主要发祥地之一，历史悠久，文化灿烂，交通便利，中国历史上的八大古都有 4 个都在河南。然而，新中国成立后，河南高等教育发展滞后的状况一直没有得到根本的改

　　①　霍益萍. 近代中国的高等教育[M]. 上海：华东师范大学出版社，1999：295-296.

变，在 1978 年全国有 88 所重点大学的时候，竟然没有一所高等学校进入重点大学行列。而内蒙古、新疆、云南、甘肃、福建等地都有一所高校进入重点大学的行列。与河南相邻的同属中部六省的安徽，包括搬迁过去的中国科技大学，有 2 所大学进入重点大学行列。对此，除了河南省自身认识不到位之外，国家政策的天平失衡是主要因素，这是值得反思的地方。而这还仅仅是从重点大学在各省区布局的绝对数量角度进行分析的，如若考虑到人口因素，按照每千万人口拥有的重点大学数进行比较，则显示出高等教育地域布局的非均衡问题更加严重，见图 1-1。

表 1-12　中国不同时期重点大学地理分布　　　　　单位：所

时间　类别　省份	1954		1959.3		1959.8		1960		1963.9		1963.10		1978	
	数量	所占百分比	数量	所占百分比	数量	所占百分比	数量	所占百分比	数量	所占百分比	数量	所占百分比	数量	所占百分比
北京	5	83.3%	9	56.6%	10	50.0%	26	40.6%	26	38.8%	26	38.2%	15	17.0%
上海			4	25%	4	20.0%	7	10.9%	8	11.9%	8	11.8%	9	10.2%
江苏							3	4.69%	3	4.48%	4	5.88%	9	10.2%
四川							3	4.69%	3	4.48%	3	4.41%	8	9.09%
陕西			1	6.25%	2	10.0%	3	4.69%	3	4.48%	3	4.41%	7	7.95%
湖北							3	4.69%	3	4.48%	3	4.41%	7	7.95%
辽宁							3	4.69%	3	4.48%	3	4.41%	5	5.68%
广东							3	4.69%	3	4.48%	3	4.41%	4	4.55%
黑龙江	1	16.7%	1	6.25%	3	15.0%	3	4.69%	3	4.48%	3	4.41%	4	4.55%
湖南							1	1.56%	1	1.49%	1	1.47%	3	3.41%
吉林							2	3.13%	2	2.98%	2	2.94%	3	3.41%
山东							2	3.13%	2	2.98%	2	2.94%	3	3.41%
安徽							1	1.56%	1	1.49%	1	1.47%	2	2.27%
天津			1	6.25%	1	5.00%	2	3.13%	2	2.98%	2	2.94%	2	2.27%
福建									1	1.49%	1	1.47%	1	1.13%
河北							1	1.56%	1	1.49%	1	1.47%	1	1.13%
甘肃							1	1.56%	1	1.49%	1	1.47%	1	1.13%
浙江									1	1.49%	1	1.47%	1	1.13%
新疆													1	1.13%
内蒙古													1	1.13%
云南													1	1.13%
合计	6	100%	16	100%	20	100%	64	100%	67	100%	68	100%	88	100%

注：河南、山西、江西、贵州、广西、青海、宁夏、西藏 8 个省区在各个时期都没有一所重点大学。

	京	沪	苏	川	陕	鄂	辽	粤	黑	湘	吉	鲁	皖	津	闽	冀	甘	浙	疆	蒙	滇
1954	5								1												
1959.3	9	4			1				1					1							
1959.8	10	4			2				3					1							
1960	26	7	3	3	3	3	3	3	1	2	2	1	2			1	1				
1963.9	26	8	3	3	3	3	3	3	1	2	2	1	2	1	1	1	1				
1963.10	26	8	4	3	3	3	3	3	1	2	2	1	2	1	1	1	1				
1978	15	9	9	8	7	7	4	3	3	3	3	2	2	2	1	1	1	1	1	1	1

省、市、区

→1954 →1959,3 →1959,8 →1960 →1963,9 →1963,10 →1978

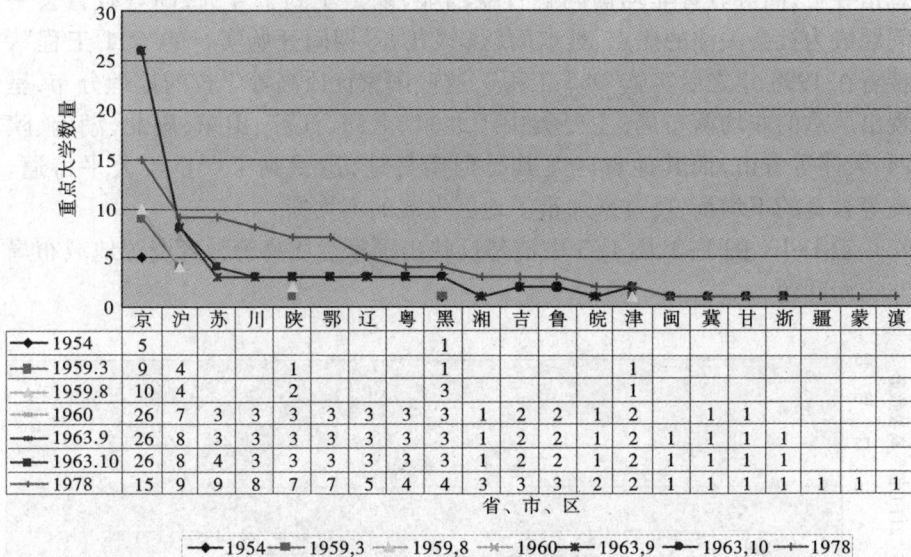

图 1-1　1954—1978 年重点大学地域分布变迁图

五、改革开放以来高等教育管理体制变革后的大学地域布局

1977 年以恢复高考制度的改革为标志,掀开了中国高等教育的新篇章。在恢复高考之后,各省区陆续复建、新建一批新的大学、专科学校。各地高等教育的规模与数量都在发展之中。虽然发展规模并不平衡,但是,这一时期高等教育的公平问题,一直纠结在关于录取分数是否全国一致的争论中,而没有从根本上找到问题症结所在。民间更多的诉求是,追求全国高考录取分数线的一致,以保证高考制度的公平。这一时期的一些地方的录取分数线比另外一些省区的高考录取分数线低 100 多分,造成了高考中的严重不公。然而这一问题并没有得到有效解决,高考改革逐渐演变成不同地区的考试试卷不一样,从而把全国一张试卷导致的录取分数线相差 100 多分的现象掩盖。各省市区仍在关注这一问题时,高等学校数量也在继续拉大距离。

从 20 世纪 90 年代以来,中国大学管理体制一直进行着与 20 世纪 50 年代恰恰相反的变革,其目的不是为了缓和地域布局非均衡问题,而是在"效率优先,兼顾公平"理论指导下,追求高等教育的效率,虽然照顾到了公平发展,但调整的结果导致不均衡问题更加突出。当时,非均衡发展理论盛行,在高等教育领域也产生较大影响。一些研究者认为,在资源相对紧张的情

29

况下,高等教育领域的发展,为了提高效率,应坚持非均衡发展。在这一思想指导下,高等教育非均衡问题日益凸显,以至于到了今天,高等教育公平问题成为社会关注的焦点、难点问题。"九五"期间开始实行的"211工程",接着在1998年之后实施"985工程",这些国家优质高等学校的地理分布,呈现出严重的非均衡布局,主要集中于北京、上海、江苏、山东、湖北、湖南、陕西、天津等省市,而其他省区尤其是河南等地,遭受到了严重不公平待遇。高等教育的不均衡,反过来加重了地区发展的不均衡。

表1-13、图1-2、图1-3中清楚反映出国家优质高等教育资源地域布局非均衡问题。

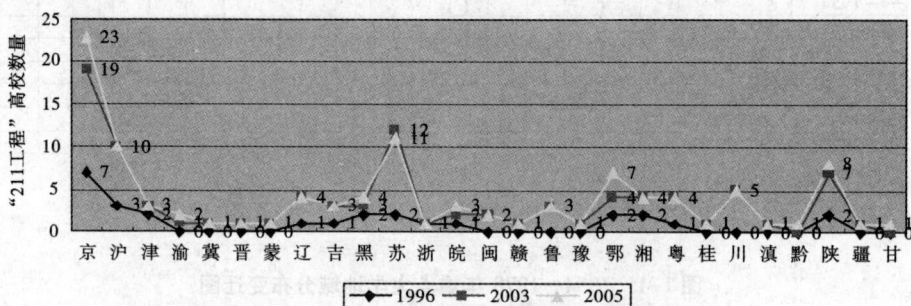

图1-2 "211工程"三期各省市区211高校数量变化图

注:截至2008年8月,青、藏、琼、宁等地还没有"211工程"高校。

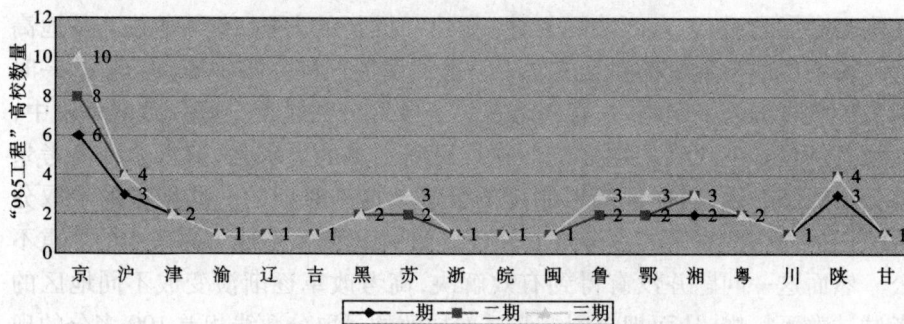

图1-3 "985工程"三期各省市区高校数量变化图

注:截至2013年底,豫、赣、冀、晋、滇、黔、蒙、疆、青、桂、藏、琼、宁等地都还没有一所"985工程"高校。

表1-13　中国"211"大学、"985"大学不同时期的地域分布一览表　单位：所

省、市、区	"211"大学							"985"大学						
	1996年名单		2003年名单		2005年名单			一期名单		二期名单		三期名单		
	数量	所占百分比	数量	所占百分比	数量	所占百分比	排名	数量	所占百分比	数量	所占百分比	数量	所占百分比	排名
京	7	25.9%	19	20.0%	23	21.5%	1	6	17.7%	8	20.5%	10	22.7%	1
沪	3	11.1%	10	10.5%	10	9.35%		3	8.82%	4	10.3%	4	9.09%	3
津	2	7.41%	3	3.16%	3	2.80%	8	2	5.88%	2	5.13%	2	4.55%	5
渝	—	—	1	1.05%	2	1.87%	9	1	2.94%	1	2.56%	1	2.27%	6
冀	—	—	1	1.05%	1	0.94%	10	—						
晋	—	—	1	1.05%	1	0.94%	10							
蒙	—	—	1	1.05%	1	0.94%	10							
辽	1	3.70%	4	4.21%	4	3.74%	7	1	2.94%	1	2.56%	1	2.27%	6
吉	1	3.70%	3	3.16%	3	2.80%		1	2.94%	1	2.56%	1	2.27%	6
黑	2	7.41%	3	3.16%	4	3.74%	7	2	5.88%	2	5.13%	2	4.55%	5
苏	2	7.41%	12	12.6%	11	10.3%		2	5.88%	2	5.13%	3	6.82%	4
浙	1	3.70%	1	1.05%	1	0.94%		1	2.94%	1	2.56%	1	2.27%	6
皖	1	3.70%	2	2.11%	3	2.80%	8	—						
闽	—	—	2	2.11%	2	1.87%		1	2.94%	1	2.56%	1	2.27%	6
赣	—	—	1	1.05%	1	0.94%	10							
鲁	—	—	3	3.16%	3	2.80%		2	5.88%	2	5.13%	3	6.82%	4
豫	—	—	1	1.05%	1	0.94%	10							
鄂	2	7.41%	4	4.21%	7	6.54%	5	2	5.88%	2	5.13%	3	6.82%	4
湘	2	7.41%	4	4.21%	4	3.74%		2	5.88%	3	7.69%	3	6.82%	4
粤	1	3.70%	4	4.21%	4	3.74%		2	5.88%	2	5.13%	2	4.55%	5
桂	—	—	1	1.05%	1	0.94%	10							
川	—	—	5	5.26%	5	4.67%	6	1	2.94%	1	2.56%	1	2.27%	6
滇	—	—	1	1.05%	1	0.94%	10							
黔					1	0.94%	10							
陕	2	7.41%	7	7.37%	8	7.48%	4	4	11.8%	5	12.8%	5	11.4%	2
疆			1	1.05%	1	0.94%	10							
甘	—	—	—	—	1	0.94%	10	1	2.94%	1	2.56%	1	2.27%	6
合计	27	100%	95	100%	107	100%	—	34	100%	39	100%	44	100%	—

注：中国矿业大学、中国石油大学与中国地质大学3所大学以校本部所在地来划分，分别属江苏、山东与湖北省区，北京分校没有算入，否则，北京又将增加3所"211"大学而达到26所。另外，华北电力大学因校本部在北京而属北京，否则，河北则增加1所"211"大学而达到2所。

六、省部共建地方大学缓解了国家优质高等教育资源地域布局非均衡性问题

高等教育优质教育资源地域布局不均衡的现象，在日益追求社会公平的大背景下，遭到批评的声音越来越多。为了改变这一现状，认真落实科学发展观，缩小东西部高等教育的差距，促进高等教育的健康、协调和可持续发展，最终实现高等教育的区域协调发展，2004年，教育部党组决定与中西部无教育部直属高校的省（自治区、兵团）共建一所地方高校。2004年2月23日，河南省人民政府同教育部共建郑州大学协议的签署，拉开了省部共建地方高校工作的历史进程。迄今为止，在各方的不懈努力下，教育部已同中西部14个省（自治区、兵团）签署共建郑州大学、新疆大学、云南大学、广西大学、内蒙古大学、石河子大学、西藏大学、宁夏大学、青海大学、南昌大学、贵州大学、山西大学、河北大学、海南大学、河南大学、西北大学、西北师范大学、浙江工业大学等18所高校的协议；同时，为支持革命老区和少数民族地区高等教育事业的发展，教育部还同陕西省、湖南省、吉林省和江西省分别签署了省部共同重点支持延安大学、湘潭大学、延边大学、井冈山大学4所省属地方高校的协议。全国22所省部共建高校情况见表1-14。

表1-14　全国22所省部共建高校情况

共建省区	共建学校	共建省区	共建学校
新疆	新疆大学	新疆建设兵团	石河子大学
河南	郑州大学	宁夏	宁夏大学
内蒙古	内蒙古大学	西藏	西藏大学
江西	南昌大学	青海	青海大学
贵州	贵州大学	山西	山西大学
广西	广西大学	河北	河北大学
云南	云南大学	海南	海南大学
吉林	延边大学	湖南	湘潭大学
陕西	延安大学	江西	井冈山大学
河南	河南大学	甘肃	西北师范大学
陕西	西北大学	浙江	浙江工业大学

省部共建地方高校工作的开展，是国家为了改变优质高等教育资源地域分布不均衡现象的具体措施，反映出在科学发展观指导下，国家正积极采取有力措施，努力追求高等教育的地区分布合理公平的目标，真正体现"教育公平是社会公平的基石"的理论。实践证明，省部共建地方综合性大学有力地促进了共建高校的快速发展，成为调整我国高等教育结构布局，引领带动区域高等教育水平提高，促进地方经济建设和社会发展的一项意义深远的战略举措，也是对我国高等教育管理体制改革的进一步巩固、完善和深化。它对于促进我国高等教育事业的协调发展，推进西部大开发、促进中部崛起战略的实施，带动中西部地区的经济腾飞，构建社会主义和谐社会，建设人力资源强国都具有十分重要的战略意义，被赞誉为"中西部发展的基础工程"和"亿万人受益的民心工程"。2008 年部分省部共建高校情况见表 1-15。

表 1-15 2008 年部分省部共建高校情况

院校	性质	建校时间	学科门类	本专科学生数	研究生数	研究生比例（%）	博士点	硕士点	国家重点学科	部级以上科研基地
郑州大学	211	1956	11	29,423	6,639	18.41	72	218	2	5
新疆大学	211	1924	9	19,000	2,318	10.87	12	77	2	5
云南大学	211	1922	9	22,000	5,610	20.32	50	151	2	3
广西大学	211	1928	8	19,879	4,326	17.87	6	80	2	4
内蒙古大学	211	1957	9	11,796	2,233	15.92	19	92	2	3
石河子大学		1949	10	18,209	1,049	5.4	3	31	0	3
西藏大学		1952	8	3,345	29	0.86	0	8	0	2
宁夏大学		1958	9	17,800	1,000	5.32	3	48	0	4
青海大学		1958	5	10,616	144	1.34	0	13	0	1
南昌大学	211	1940	10	37,000	5,000	11.90	25	174	2	4
贵州大学	211	1902	11	42,144	3,030	6.71	5	132	0	3
山西大学		1902	11	15,683	4,000	20.32	48	137	2	5
河北大学		1921	10	39,551	3,501	8.13	12	127	0	1

七、结论与思考

（一）中国高等教育的发展与政治、经济紧密相关，并深受历史上重大政治变革的影响

依据美国著名高等教育学者约翰·S. 布鲁贝克（John S. Brubacher）所论述的内容，高等教育哲学有两种：政治论的和认识论的。强调认识论的人，

在他们的高等教育哲学中趋向于把以"闲逸的好奇"精神追求知识作为目的。强调政治论者认为,人们探讨深奥的知识不仅出于"闲逸的好奇",而且还因为它对国家有着深远影响。探讨高深学问的认识论方法想方设法摆脱价值影响;而政治论方法则必须考虑价值问题①。西方大学有独立与自治的传统,以纯粹理性为追求,大学是一个"按照自身规律发展的独立的有机体",19世纪的法国作家圣伯夫称大学为"象牙塔"。因此,大学主要是基于认识论发展起来的。直至20世纪,大学服务社会的功能逐渐有所加强。这时,我国的现代大学才刚刚设立,缺乏大学自治的传统,当时社会服务功能理论盛行,而我国传统上又是一个集权制国家,以及后来所实行的计划经济体制,都促使我国的大学基于政治论发展起来。政府决策作为强势的指挥棒,在我国高等教育发展过程中起着决定性的作用。

高等教育的发展与政治、经济紧密相关,高校不是处于政治中心城市,就是位于经济发达地区。这一点,是毋庸置疑的。中国高等教育的布局规律是:经济发达地区(诸如沿海、沿长江的上海、广州、南京、武汉、成都、天津等省市)、全国政治中心城市(诸如曾为国家首都的北平、南京、重庆、北京等地)以及区域政治中心城市(如西安、武汉、广州、成都、兰州等地)的高等教育往往能够得到国家政策的有力支持,因此能够发展迅速。高等学校如果不是处在国家、区域政治中心城市或者经济发达、交通便利的城市,则往往得不到国家政策的有力支持,又难以获取更多公共资源,因此在发展过程中不仅存在很多障碍,而且举步维艰,发展往往会遇到很多困难、陷入困境,沦落到社会的边缘。

从中国高等教育发展的历史上看,高等教育发展的非均衡是地区(城市)经济发展的不平衡、政治中心地位的高低、地理位置的便利与否以及领导者对高等教育发展的重视程度等因素映射在高等教育领域的必然结果。高等教育与当地经济发展和政治地位往往交互发生作用。而高等教育并非是仅仅单向地依赖于当地的经济发展、政治地位,反过来,高等教育又因为自身能够提供大量高水平人才,为当地的政治、经济、文化、教育发展服务,并提供先进的思想,对地方现代化水平起着不断强化的作用。地区政治地位重要、经济发达,则能够为高等教育发展提供良好的条件,高等教育反过来进一步促进政治地位的巩固与经济的发展,形成良性循环。反之,政治、经济落后,高等教育则发展艰难,那么,疲软的高等教育也就无法为地方经济发展提供强有力的支撑,于是政治、经济愈加落后,从而形成恶性循环。

---

① [美]约翰·S.布鲁贝克.高等教育哲学[M].王承绪等译.杭州:浙江教育出版社,1987:13-18.

有些人也许会说，欧美国家的大学，诸如哈佛大学、牛津大学、剑桥大学等，它们恰恰因为位于可以躲开喧嚣大都市的小城镇，反而能够成为世界著名大学，于是就认为中国大学不应受政治、经济、地理等条件的影响，即使位于较偏远的地方也一样能办好。但是这显然不符合中国高等教育发展的历史规律和中国特有的国情。中国高等教育与沿袭中世纪大学"大学自治"的"象牙塔"式的西方大学的发展模式是截然不同的。

同时，重大的历史变革势必成为高等教育发展变迁的外在动因。近百年来，辛亥革命、北伐战争、抗日战争、新中国的成立、"文化大革命"、改革开放，这些重大政治事件的出现必然带来高等教育布局随政治中心的转移而发生变化。一所大学的办学者，必须清楚地认识到这一问题，高等教育在重大政治事件中不是面临发展的机遇，就是面临发展的困境。

（二）高等教育地域布局非均衡主要表现在中部一些省份高等教育的落后

从发展的轨迹考察，中国现代大学自诞生起，直至近日，一直存在着地域布局非均衡问题。不同历史时期因为政治、经济地位的变迁，导致高等教育分布的地域差异。新中国成立后，教育如同社会经济发展一样，地区差异成为具有"中国特色"的现象。长期以来，我国在城乡二元结构以及后来高度集中的计划经济体制下，形成了一种忽视地区差别和城乡差别的"城市中心"价值取向，而城市当中又以区域重要中心城市为主。国家的公共政策优先满足甚至反映和体现城市居民尤其是区域重要中心城市的利益。规则（政策，作者注）的不公导致了高等教育机会"起点的不公"[①]。20 世纪 50 年代之后，60 多年来，国家在确保东部沿海乃至重要区域政治中心城市高等教育发展的同时，也长期关注西部落后地区高等教育的发展，却忽略了中部地区。突出问题是，在国家重点大学多次调整布局中，河南、江西、山西、贵州等内陆省区乃至广西竟一直没有 1 所重点大学。

大多研究者往往认为，高等教育布局的非均衡性主要表现在诸如西藏、青海、宁夏、新疆等西部地区高等教育的落后。事实上，如果考虑到人口因素，西部地区的人口与高等学校数量之比是比较高的，同时在重点大学招生指标分配上，又享受到国家政策的倾斜支持，从而弥补了其高等教育貌似落后的问题，真正深受高等教育地域布局非均衡之害的是高等教育资源严重匮乏的中部地区，而作为人口大省的河南尤为突出。

河南的高等学校总数与全国各省市区相比并不算落后，然而河南作为人口第一大省，人口占全国的 1/13。若按每千万人均高等学校数，河南则排

---

① 杨东平. 对建国以来我国教育公平问题的回顾与反思[J]. 北京理工大学学报（社会科学版），2000(4):68—71.

名倒数第一，河南的人均高等学校数根本无法和北京、江苏、上海、天津、湖北等省市相比，甚至远远低于青海、宁夏、西藏、新疆。若对"985"大学、"211"大学、省部共建高校在内的优质高等教育资源进行比较，河南实力则更低，仅有一所"211"大学并同时为省部共建。重点大学招生指标严重的地域非均衡分配问题也成为社会关注的焦点，招致社会的广泛批评。教育部哲学社会科学研究重大攻关项目"中国现阶段高等教育大众化过程中的重大问题与对策研究"课题的考察结果显示：尽管从部属院校入学机会的实际情况看，上海、北京和天津等省份最有优势，但如果相对于人口分布状况而言，部属高校入学机会最为有利的是西藏、青海、宁夏和海南等省区，而最为不利的是河南、山东、河北、四川、安徽和广西等省区。这种分布状况与高考移民走向基本吻合[1]。各省市区每千万人均本科高校差异见图1-4，各省市区普通高校机构数量差异见图1-5。

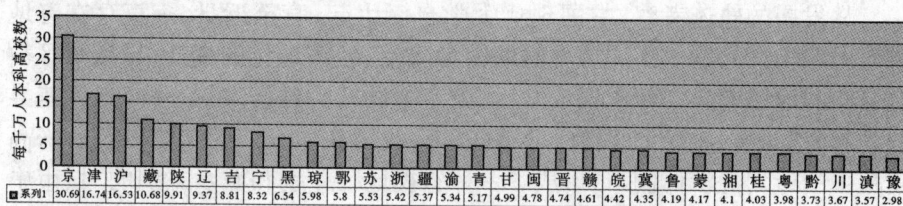

	京	津	沪	藏	陕	辽	吉	宁	黑	琼	鄂	苏	浙	疆	渝	青	甘	闽	晋	赣	皖	冀	鲁	蒙	湘	桂	粤	黔	川	滇	豫
系列1	30.69	16.74	16.53	10.68	9.91	9.37	8.81	8.32	6.54	5.98	5.8	5.53	5.42	5.37	5.34	5.17	4.99	4.78	4.74	4.61	4.42	4.35	4.19	4.17	4.1	4.03	3.98	3.73	3.67	3.57	2.98

图1-4　各省市区每千万人均本科高校差异图

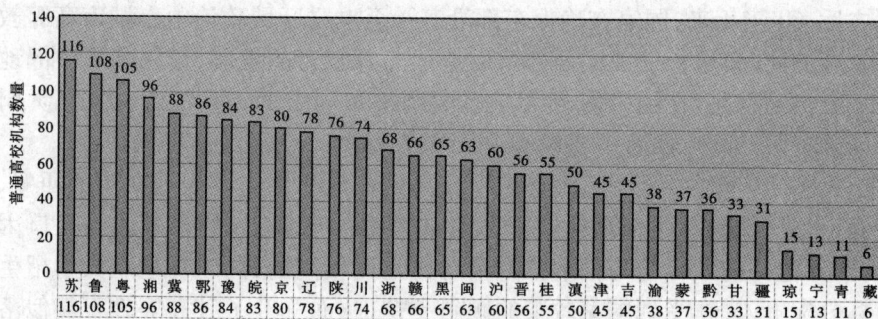

苏	鲁	粤	湘	冀	鄂	豫	皖	京	辽	陕	川	浙	赣	黑	闽	沪	晋	桂	滇	津	吉	渝	蒙	黔	甘	疆	琼	宁	青	藏
116	108	105	96	88	86	84	83	80	78	76	74	68	66	65	63	60	56	55	50	45	45	38	37	36	33	31	15	13	11	6

图1-5　各省市区普通高校机构数量差异图

① 乔锦忠.优质高等教育入学机会分布的区域差异[J].北京师范大学学报（社会科学版），2007，（1）：23-28.

（三）中央政府一直致力于解决高等教育地域分布的不均衡问题，并取得很大成效

当前，适度扩大"211 工程"建设规模，把省部共建地方综合性大学上升为如同"211 工程"一样的国家重点建设工程，设立国家建设专项予以支持，是实现高等教育优质资源合理布局的战略选择。

新中国成立以来，中央政府一直致力于解决高等教育地域布局的不均衡问题。然而，由于各种各样的原因，这种治理在历史上不断发生逆转。在贫富差别不断扩大和高等教育公平问题日益凸显的当今社会，我们更需要关注高等教育实现均衡发展所面临的挑战：中国的高等教育到底能在多大程度上行使"社会平衡器"的作用？只有国家所采取的政策与措施能够真正地确保高等教育机会的公正，慎重地使用政府财力相对均衡地发展高等教育，才能使未来社会更加富裕、和谐，而不是更加贫穷、失衡。

国家实施"211 工程"之初，就充分考虑和照顾优质高等教育资源在全国的合理布局，强调"一省一校"和"一个部门一校"的原则。但是由于历史上部门高校地域分布的不均衡，导致实际上地域分布的不均衡。而我们又受"100"所的数字的束缚，不敢有大的突破，结果造成国家高等教育资源投放的不公平。这里有一个问题值得反思，为什么必须是 100 所左右？而不是 120 所？或者 150 所？在中国，国家到底重点建设多少所大学才最为合理？按照管理学上的"二八定律"，中国现有本科高校 720 所，那么设置重点建设高校 140 所最为合理。按照美国的经验，美国人口不足 3 亿。根据卡内基基金会 2000 年的分析数据，在美国授予学位的院校中，授予大学本科以上学位的院校共 3,941 所，其中公立院校 1,643 所，占 41.7%，私立非营利性院校 1,681 所，占 42.7%，私立营利性院校 617 所，占 15.7%。研究型大学 125 所，文理学院 218 所，二者之和为 343 所[①]。而我国 13 亿人口，"985"大学 44 所，"211"大学 107 所，而且所有的"985"大学都是"211"大学。如果中国的"211"大学数量和美国的研究型大学数量一样，还需要增加 18 所。现有的 107 所"211"大学，另加上 18 所省部共建大学（其中 7 所既是"211"大学也是省部共建大学）中的 11 所，那么还应该增加 7 所大学为"211 工程"重点建设高校。建设高等教育强国的远大理想目标，要求我们必须解放思想，继续扩大"211 工程"重点建设的规模。快速发展的经济实力，为我们继续加大"211"重点建设力度提供了有力支撑。

发展高等教育是整个社会的责任，社会各级政府都应该高度重视高等教育的发展。所以，国家从 2004 年开始实施的省部共建地方综合性大学的

---

① 　王定华.走进美国教育[M].北京:人民教育出版社,2004:138,113,116.

决策,正是在充分发挥政府发展高等教育积极性的同时,从国家层面再给予一定的政策关照和经费投入,实现中央政府和当地省级政府共同推动当地高等教育快速发展的有利局面。而财政机制是高等教育系统的中心稳定器和改革与变化的重要杠杆,它们使国家权力的表现成为现实。国家对高等教育投入了大量教育资源,享有高等教育机会均等就意味着能够享有更多的国家教育资源。因此,发挥财政政策的杠杆作用,把当前由教育部实施的部门工程——省部共建地方大学,提升成为如"211""985"一样的国家工程,加大国家财政的专项投入力度,是落实科学发展观,改变中部地区高等教育落后、优质高等教育资源稀缺现状,实现高等教育在全国地域合理布局的必然选择。

值得高兴的是,即将颁布的《国家中长期教育改革发展规划纲要》,为落实党的十七大精神,坚持科学发展观,提出了"实施中西部高等教育振兴计划"的伟大设想。我们期待着,中国共产党人执政60年以后,必将在各个领域、包括高等教育领域,实现更大的公平合理科学发展,从而真正让人们过上有尊严的生活。

河南高等教育在国家区域布局中的战略选择

19世纪法国著名哲学家皮埃尔·勒鲁(Pierre Leroux,1838)说过:"每个人,作为人应拥有的种种权利,可以确切地说,都潜在地拥有跟其他人同等的权利。"①"平等被认为是一切人都可以享受的权利和正义"②。在西方资产阶级革命中,平等、自由、博爱是人们的神圣追求。在社会现代化的进程中,伴随着消除歧视和不平等,保障教育权利平等和争取教育机会均等是一种独立的社会政治诉求、一个独立的社会发展目标。……教育公平的理念是政治、经济领域的自由和平等权利在教育领域的延伸。在超越了身份制、等级制等将教育视为少数人的特权的历史阶段之后,平等接受教育的权利作为基本人权,成为现代社会的普世价值③。法国著名学者莫里斯·迪韦尔(Maurice Duverger,1973)认为,社会结构的第一个要素是不平等。作为社会结构和功能的有机组成部分,人们都希望高等教育实现从入学、教育过程到教育结果全方位的平等。在高等教育资源还没有充分到可以平均分配到每个公民身上、高等教育依然承担为社会培养精英人才的任务时,向所有具有相应才能的人提供教育机会是实现高等教育的社会公正性的第一步④。

理论界从20世纪80年代末期开始研究教育公平问题。近年来,随着我国高等教育规模的迅速扩张与大众化进程的加快,高等教育公平问题日渐凸显,愈益受到人们的广泛重视,成为当今研究的热点。关于高等教育公平理论,西方学者诸如霍普金斯大学詹姆斯·科尔曼教授(James S. Coleman, 1966)、瑞典教育家胡森(Torsten Husen,1972、1991)等大多从教育机会均等角度来研究教育公平⑤。1998年8月,联合国教科文组织在巴黎召开的首次高等教育大会上通过的《21世纪的高等教育:展望与行动》和《高等教育改革与发展的优先行动框架》中提出,高等教育公平的原则指高等教育机会均等,"高等教育应根据个人成绩对一切人平等开放,使更多的人接受高等教育"。我国学者杨德广与杨东平也认为教育公平主要包括教育权利平等和教育机会均等两个方面⑥。胡森又将教育机会均等分为教育起点的平等、教

①　皮埃尔·勒鲁.论平等[M].王允道译.北京:商务印书馆.1994:66.
②　皮埃尔·勒鲁.论平等[M].王允道译.北京:商务印书馆.1994:273.
③　杨东平.中国教育公平的理想与现实[M].北京:北京大学出版社,2006:7-8.
④　侯定凯.高等教育社会学[M].桂林:广西师范大学出版社,2004:31-32.
⑤　张人杰.国外教育社会学基本文选[C].上海:华东师范大学出版社,1989:179-217.
⑥　杨德广,张兴.关于高等教育公平与效率的思考[J].北京大学教育评论,2003,(1):63-69;杨东平.对建国以来我国教育公平问题的回顾与反思[J].北京理工大学学报,2000,(4):68-71.

育过程的平等和教育结果的平等①。美国学者斯蒂芬·海纳曼（Stephen P. Heyneman，1996）认为，教育机会均等的实质可以归纳为公平地享有使用教育资源的机会②。持此观点的有我国学者刘复兴和陈玉琨③。张应强教授等认为，教育公平实质上反映的是人们对既存利益（教育资源、教育机会等）分配平等与否及其产生原因、标准等的价值评价和判断的主观概念④。

高等教育公平涉及政治、经济、文化、法律、道德等诸多领域，但目前研究主要限于教育经济学角度，从多学科角度进行多元研究的成果还较少，这样很难从理论和实践层面解决高等教育公平问题。而且对高等教育公平的理论研究居多，对实践研究相对较少；对受教育者公平问题关注较多，对不同地区间高等教育事业发展公平问题的研究不多。关于河南高等教育公平发展问题，则是民间关注多，理论研究少，尤其是全面、客观地评价河南高等教育发展状况，从历史和现实政策的角度出发，寻求形成这种局面的原因，紧紧抓住当前继续解放思想的契机，在科学发展观指导下，提出科学发展对策，力求改变在国内的落后局面，实现与全国其他各省区高等教育协调发展的研究成果，尚难从文献中检索到。笔者正是基于此分析，尝试在教育公平理论下为河南高等教育寻求公平发展的路径，建构河南高等教育实现公平发展的定位、目标和措施等一系列理论框架。

一、河南高等教育在全国布局中的现状

（一）全面分析河南高等教育在全国布局中的现状

1.河南高等学校数量分析

在地区总人口确定的情况下，高等学校越多，其为社会提供接受高等教育的机会也就越多。河南的高等学校总数在全国各省中并不算落后，然而，若按每千万人均高等学校数，河南则排名倒数第一。河南的高等学校人均数根本无法和北京、江苏、上海、天津、湖北等省市相比，甚至远远低于青海、宁夏、西藏、新疆。若依据"985"大学、"211"大学、省部共建高校在内的优质高等教育资源进行比较，河南实力则更低，仅有一所211大学并同时为省部共建。全国各省普通高等教育机构数及千万人均比较见表1-16。

---

① 张人杰.国外教育社会学基本文选[C].上海：华东师范大学出版社,1989:179-217.

② 翁文艳.教育公平与学校选择制度[M].北京：北京师范大学出版社,2003:26.

③ 刘复兴.我国教育政策的公平性与公平机制[J].教育研究,2002,(10):45-50;陈玉琨.试论高等教育的公平与效率问题[J].上海高教研究,1998,(12):20-23.

④ 张应强,马廷奇.高等教育公平与高等教育制度创新[J].教育研究,2002,(12):39-43.

表1-16 全国各省普通高等教育机构数及千万人均比较 单位:所

	普通高校		本科高校		专科高校		"985"高校		"211"高校		中央部委	
	A	B	A	B	A	B	A	B	A	B	A	B
北京	80	50.60	58	30.69	22	13.92	10	6.33	23	14.55	34	21.51
天津	45	41.86	18	16.74	27	25.12	2	1.86	3	2.79	3	2.79
河北	88	12.76	30	4.35	58	8.41	0	0	1	0.15	4	0.58
山西	56	16.59	16	4.74	40	11.85	0	0	1	0.30	0	0
内蒙古	37	15.44	10	4.17	27	11.26	0	0	1	0.42	0	0
辽宁	78	18.26	40	9.37	38	8.90	2	0.23	4	0.94	5	1.17
吉林	45	16.53	24	8.81	21	7.71	1	0.37	3	1.10	2	0.73
黑龙江	65	17.00	25	6.54	40	10.46	2	0.52	4	1.05	3	0.79
上海	60	33.06	30	16.53	30	16.53	4	2.20	10	5.51	9	4.96
江苏	116	15.36	44	5.53	72	9.54	2	0.40	11	1.46	10	1.33
浙江	68	13.66	27	5.42	41	8.23	1	0.20	1	0.20	2	0.40
安徽	83	13.58	27	4.42	56	9.17	1	0.16	3	0.49	2	0.33
福建	63	17.71	17	4.78	46	12.93	1	0.28	2	0.56	2	0.56
江西	66	15.21	20	4.61	46	10.60	0	0	1	0.23	0	0
山东	108	11.60	39	4.19	69	7.41	3	0.32	3	0.32	2	0.22
河南	84	8.94	28	2.98	56	5.96	0	0	1	0.11	1	0.11
湖北	86	15.11	33	5.80	53	9.31	3	0.53	7	1.23	8	1.41
湖南	96	15.14	26	4.10	70	11.04	3	0.47	4	0.63	3	0.47
广东	105	11.29	37	3.98	68	7.31	2	0.22	4	0.43	4	0.43
广西	55	11.66	19	4.03	36	7.63	0	0	1	0.21	0	0
海南	15	17.94	5	5.98	10	11.96	0	0	0	0	0	0
重庆	38	13.53	15	5.34	23	8.19	1	0.36	2	0.71	2	0.71
四川	74	9.06	30	3.67	44	5.39	1	0.12	5	0.61	6	0.74
贵州	36	9.58	14	3.73	22	5.86	0	0	1	0.27	0	0
云南	50	10.35	16	3.57	34	7.58	0	0	1	0.22	0	0
西藏	6	21.35	3	10.68	3	10.68	0	0	0	0	0	0
陕西	76	20.35	37	9.91	39	10.44	4	1.07	8	2.14	6	1.61
甘肃	33	12.66	13	4.99	20	7.68	1	0.38	1	0.38	2	0.77
青海	11	20.07	3	5.17	8	13.79	0	0	0	0	0	0
宁夏	13	21.52	5	8.32	8	13.25	0	0	0	0	1	1.66
新疆	31	15.12	11	5.37	20	9.76	0	0	1	1.83	0	0
全国	1867	14.22	720	5.48	1147	8.73	44	0.34	107	0.81	111	0.84

注:1. 表中,A表示高校数;B表示每千万人均高校数。

2. 普通、本科、专科、中央部委高校数据资料来源:《2006年中国教育统计年鉴》,第191页。

3. 依据教育部公布的"211工程"高校数量为107所,其中中国矿业大学(北京)校本部在江苏、中国石油大学(北京)校本部在山东、中国地质大学(北京)校本部在湖北、华北电力大学(保定)校本部在北京。作为分校,这些高校以校本部计数,不再另列。反之,如若这些分校也算入所在地区的话,则北京增加3所为26所,河北增加1所为2所。

大多研究者往往认为,高等教育布局的不均衡性主要表现在诸如西藏、青海、宁夏、新疆等西部地区高等教育的落后。事实上,西部地区的人口与高等学校数量之比是较高的,同时在重点大学招生指标分配上,又享受到国家政策的倾斜支持,从而弥补了其高等教育貌似非均衡的问题,真正深受高等教育布局不均衡之害的是像河南这样的人口大省,而河南尤为突出。"走在中部崛起前列"不仅是中央对河南的寄托,也是河南自身的期盼。然而,就目前现状来看,河南高等教育要实现这一目标还有很大一段距离,见表1-17。

表1-17　河南与部分省区现有各类高校数量的差距　　单位:所

	"985"高校	"211"高校	普通本科高校	普通专科高校
安徽	1.6	3.8	14	37
湖南	4.7	5	13	50
湖北	5.3	11	27	50
江西	0	1	16	45
山西	0	2	17	58
西藏	0	0	70	40
青海	0	0	20	50
宁夏	0	0	53	70
新疆	0	0	23	47
全国平均	3.4	8.1	25	17.7

2.重点大学在豫招生指标现状分析

虽然在2007年河南高等教育毛入学率达到19.68%,但是其中被本科高校录取的比率较低。2008年全国高校在河南招收一本31,837人(包括后来扩招的1,240人),仅占当年录取51.3万人的0.62%;二本94,317人[①]。一本、二本合计占招生总额的24.6%。也就是说,河南考生能够获得的优质高等教育资源的比例是很小的。教育部哲学社会科学研究重大攻关项目"中国现阶段高等教育大众化过程中的重大问题与对策研究"课题的考察结果显示:尽管从部属院校入学机会的实际情况看,上海、北京和天津等省份

① 赵媛.我省高招本科二批明日开始录取,计划录取94,317人[N].东方今报,2008-07-19.

最有优势,但如果相对于人口分布状况而言,部属高校入学机会最为有利的是西藏、青海、宁夏和海南等省区,而最为不利的是河南、广东、山东、河北、四川、安徽、湖南和广西等省区。这种分布状况与高考移民走向基本吻合①。重点大学招生指标严重的地域非均衡分配问题已成为社会关注的焦点,也招致社会的广泛批评。

据报道:②2005年,复旦大学本科招生计划总数3,400人,外地生源总数1,253人,占36.9%,而上海本地生源比例达63.1%。同样,浙江大学本科招生计划总数5,500人,在浙江投放招生计划3,715人,本地生源比例达67.5%;中山大学本科招生7,210人,在广东地区招收4,500人,本地生源占62.4%……而地处中部的武汉大学,湖北生源也超过了50%;南京大学的江苏生源达到40%。(这些)全国名牌大学如今成了"聚本地生源而育之"的"地方名牌大学"了。

在舆论压力下,教育部最近明确规定,各重点大学在分配招生指标时要逐渐减少在当地招生的份额,并最终控制在30%以内。中国政法大学主动挑战招生指标地域分配不均衡问题,从2006年开始在全国按照各省人口数量平均分配招生指标。这对于河南来说,无疑是最好的消息。然而,中国政法大学的做法,并没有引起其他大学的重视,也没有其他大学跟进效仿。从最近教育部把在当地的招生份额控制在30%以内来分析,教育部对此问题在一定程度上也是认同的,只不过对于在当地投放过多的比例有所限制罢了。河南指责重点大学招生指标不按照各省区人口来分配,尽管可以引起某些重点大学和教育部的同情,每年高考招生为河南多追加一些指标,以搪塞人们的批评。可是,河南却没有反思为什么自己没有一所国家重点大学这一根本问题。泱泱一亿人口大省,在为每年增加的那么几个北大、清华的招生指标而欣喜之余,总让人心痛地发问,河南为什么没有一所"985"大学?河南为什么没有一所教育部直属高校?假如河南有一所"985"大学,你还会指责"985"大学在当地投放指标太多的现象吗?问题本质不在于给河南投放多少指标,而在于河南没有一所重点大学,没有一所"985"大学。恢复高考的30多年来,总共有多少河南优秀考生因为河南没有一所重点大学而失去接受重点大学教育的机会,这对河南乃至国家来说,是很大的人才损失。而考上重点大学的河南考生,又有多少能够回到河南建功立业? 也许有人

---

① 乔锦忠.优质高等教育入学机会分布的区域差异[J].北京师范大学学报(社会科学版), 2007,(1):23-28.

② 李新玲.本地生源过半,地方全国重点大学要地方化[N].中国青年报,2005-07-19.

会说,西部一些省区诸如宁夏、青海、西藏、新疆等地,也没有"985"大学。可是国家历来在政策上重视重点大学招生指标向西部省区倾斜,这些省区获得的重点大学的招生指标,按照与当地人口之比,远远高于河南。

3. 河南研究生招生能力分析

大学的研究生教育,尤其是博士研究生教育,是当代国际公认的正规高等教育的最高层次。研究生教育尤其是博士研究生教育质量和数量是衡量一个国家、地区高等教育发达程度和文化科学发展水平及其潜力与前景的一个重要标志①,也反映了大学办学层次、大学培养高层次创新人才的水平和大学的创新能力。世界一流大学的研究生招生数量一般高于本校本科生招生数量,国内"985"大学的研究生在校人数也基本与本科生在校人数持平。然而,河南高等学校研究生招生却远低于本科生招生数量,且在全国处于落后水平。首先,从学位点数量的绝对值,也就是不按照人均值来看,河南高等学校研究生招生能力处于落后状态。河南共有11个国家一级学科博士点。2006年,河南招生博士总数238人,在国内排名18位,仅占全国当年博士招生总量50,078人的0.48%,是江苏招生的5.26%,湖北的5.66%。国内博士培养能力居前五位的省市分别是北京、江苏、上海、湖北、陕西5个高等教育强省,其中任何一个省每年招收博士研究生的能力都是河南的十几倍。上述是按照绝对值核算的,如果考虑到河南有近一亿的人口,按照每千万人均培养博士研究生能力分析,河南博士研究生培养能力之低是难以想象的。此外,河南硕士研究生培养能力在全国位居第11位。通过表1-17及图1-6至图1-10,可以看出全国各省市区的研究生招生情况。

表1-18 2006年各省区研究生招生数量　　　　　　　　　单位:个

	博士招生数	研究生(含博士)招生数
北京	10,338	56,207
天津	1,740	10,880
河北	427	7,685
山西	314	5,588

---

① 陈学飞等.西方怎样培养博士[M].北京:教育科学出版社,2002.

续表1-18

	博士招生数	研究生(含博士)招生数
内蒙古	166	3,281
辽宁	2,208	20,998
吉林	2,007	13,347
黑龙江	2,016	14,694
上海	5,024	28,250
江苏	4,521	31,393
浙江	1,687	10,920
安徽	1,005	9,146
福建	897	8,023
江西	144	4,863
山东	1,614	14,713
河南	238	7,291
湖北	4,202	27,239
湖南	1,697	13,185
广东	2,695	18,076
广西	107	5,168
海南	25	637
重庆	953	10,457
四川	2,262	18,677
贵州	38	2,755
云南	301	5,926
西藏	0	146
陕西	2,742	21,594
甘肃	575	6,328
青海	0	380
宁夏	3	696
新疆	132	3,024
全国	50,078	381,567

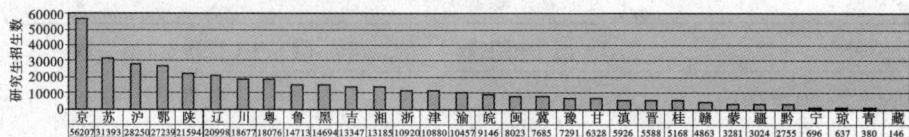

图1-6　2006 年各省市区研究生招生能力

京	苏	沪	鄂	陕	辽	川	粤	鲁	黑	吉	湘	浙	津	渝	皖	闽	冀	豫	甘	滇	晋	桂	赣	蒙	疆	黔	宁	琼	青	藏
56207	31393	28250	27239	21594	20998	18677	18076	14713	14694	13347	13185	10920	10880	10457	9146	8023	7685	7291	6328	5926	5588	5168	4863	3281	3024	2755	696	637	380	146

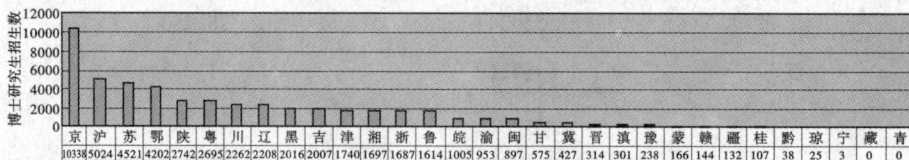

图1-7　2006 年各省市区博士研究生招生能力

京	沪	苏	鄂	陕	粤	川	辽	黑	吉	津	湘	浙	鲁	皖	渝	闽	甘	冀	晋	滇	豫	蒙	赣	疆	桂	黔	琼	宁	藏	青
10338	5024	4521	4202	2742	2695	2262	2208	2016	2007	1740	1697	1687	1614	1005	953	897	575	427	314	301	238	166	144	132	107	38	25	3	0	0

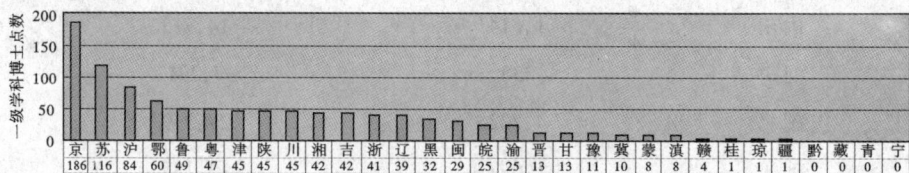

图1-8　2006 年各省市区一级学科博士点分布

京	苏	沪	鄂	鲁	粤	津	陕	川	湘	吉	浙	辽	黑	闽	皖	渝	晋	甘	豫	冀	蒙	滇	赣	桂	琼	疆	黔	藏	青	宁
186	116	84	60	49	47	45	45	45	42	42	41	39	32	29	25	25	13	13	13					1	1	1	0	0	0	0

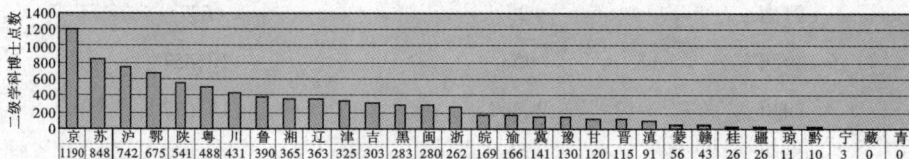

图1-9　2006 年各省市区二级学科博士点分布

京	苏	沪	鄂	陕	粤	川	鲁	湘	辽	津	吉	黑	闽	浙	皖	渝	冀	豫	甘	晋	滇	蒙	赣	桂	疆	琼	黔	宁	藏	青
1190	848	742	675	541	488	431	390	365	363	325	303	283	280	262	169	166	141	130	115	91	56	43	26	26	11	10	3	0	0	

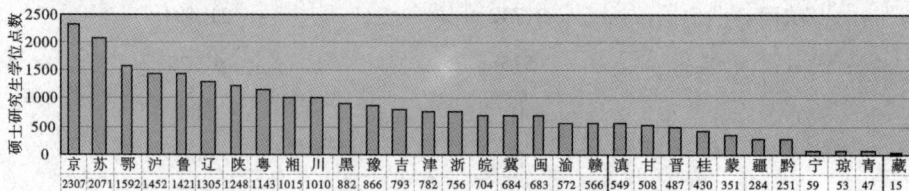

图1-10　2006 年各省市区硕士研究生学位点分布

京	苏	鄂	沪	鲁	辽	陕	粤	湘	川	黑	豫	吉	津	浙	皖	冀	闽	渝	赣	滇	甘	晋	桂	蒙	疆	黔	宁	琼	青	藏
2307	2071	1592	1452	1421	1305	1248	1143	1015	1010	882	866	793	782	756	704	684	683	572	566	549	508	487	430	351	284	251	59	53	47	15

4. 河南高等学校国家级重点学科数量分析

大学孕育了现代学科制度,现代学科制度的建构又对大学的发展与完善产生了深远影响。今天,学科已经是大学组织的基本元素,是大学组织结构的细胞。大学制度安排是紧紧围绕学科进行的。正如伯顿·R.克拉克(Burton R. Clark)认为的那样:"主宰学者生活的力量是学科而不是所在院校。"大学教师对学科的忠诚远胜于对所在组织的忠诚,"如果让学术人员在学科和单位之间进行选择,学术人员一般都会选择离开单位而不是学科"①。学科对于研究人员和大学一样,具有极端重要性。国家强力推行的"211工程",就是重点建设100所左右的高等学校和一批重点学科,而且在"211工程"三期建设项目中,尤其侧重于重点学科的建设。国家对每一个国家级重点学科都会投入大量资金,以此为平台,不仅涵养一大批优秀拔尖人才,而且孕育产生新的博士学科点以及大量的创新成果,并影响和带动相近学科、相邻学科的发展,形成强大的学科群,进而提升学校的社会影响力和办学水平。所以,曾任美国加州大学伯克利分校校长的田长霖就认为,所谓世界一流大学,也就是有那么一两个学科处于世界一流就行了,并不是、也不可能所有的学科都处于世界一流②。伴随"211工程"的实施和高水平大学的建设,高等教育主管部门和各个高校都充分认识到学科建设在现代大学发展中的重要作用,无不把学科建设放在首位,以此引领大学的发展,参与国际或国内的竞争。

河南高等学校重点学科建设到底如何呢? 河南有2个国家一级重点学科:河南农业大学的作物学,解放军信息工程大学的测绘科学与技术。国家二级重点学科共有5个:解放军外国语学院的英语语言文学、俄语语言文学;郑州大学的材料加工工程、凝聚态物理;解放军信息工程大学的通信与信息系统③。值得注意的是,在河南为数不多的国家重点学科中,军事高校所属的重点学科占据一半以上,省属高校却仅有1个国家一级重点学科、2个国家二级重点学科。而军队高校完全划归部队管理,其面向地方、服务地方的能力远逊于其他重点大学。所以,除去军事高校,河南高等教育的重点学科

---

① 伯顿·R.克拉克. 高等教育系统——学术组织的跨国研究[M]. 王承绪译. 杭州:杭州大学出版社,1994:34.

② 宋晓梦. 田长霖教授谈21世纪如何创新重组研究型大学[N]. 光明日报,2000-01-12.

③ 参考教育部公布的2007年全国高校国家重点学科名单.[EB/OL]. http://www.eol.cn/nrmb_5213/20071220/t20071220_272152.shtml.

更显力量单薄，处于非常落后的状态。如果按照每千万人均核算，会更低①。图1-11、图1-12及表1-19显示了全国各省区重点学科、实验室及硕博学科点、博士后流动站的情况，说明河南占有的高等教育资源严重不足。

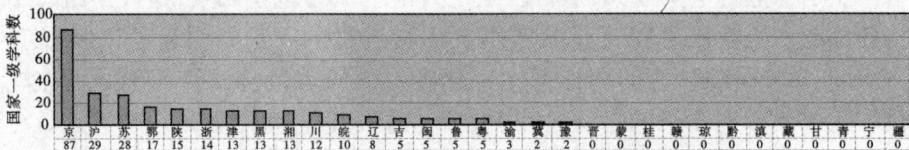

图1-11　各省市区国家一级重点学科分布

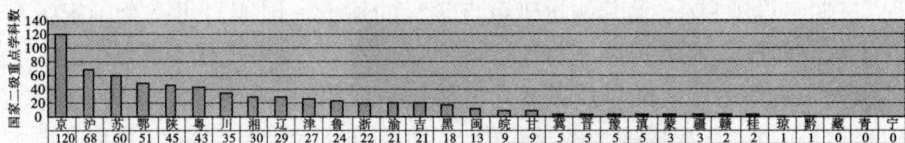

图1-12　各省市区国家二级重点学科分布

表1-19　各省重点学科、实验室及硕博学科点、博士后流动站数量之比较

单位：个

	重点学科		重点实验室		博士点		硕士点	博士后流动站
	国家一级	国家二级	国家级	省部级	一级学科	二级学科		
北京	87	120	63	154	186	1,190	2,307	188
天津	13	27	4	51	45	325	782	44
河北	2	5	1	81	10	141	684	20
山西	0	5	2	24	13	115	487	11
内蒙古	0	3	0	23	8	56	351	5
辽宁	8	29	9	111	39	363	1,305	44
吉林	5	21	8	49	42	303	793	37
黑龙江	13	18	2	70	32	283	882	51
上海	29	68	27	69	84	742	1,452	103

① 国家重点学科地域分布主要集中在"985"大学，任何一所"985"大学的国家重点学科数都超过河南省的总数。

48

续表1-19

	重点学科		重点实验室		博士点		硕士点	博士后流动站
	国家一级	国家二级	国家级	省部级	一级学科	二级学科		
江苏	28	60	12	95	116	848	2,071	115
浙江	14	22	8	36	41	262	756	40
安徽	10	9	2	72	25	169	704	25
福建	5	13	3	19	29	280	683	21
江西	0	2	0	19	4	43	566	6
山东	5	24	2	195	49	390	1,421	39
河南	2	5	0	41	11	130	866	12
湖北	17	51	14	114	60	675	1,592	70
湖南	13	30	4	54	42	365	1,015	42
广东	5	43	6	112	47	488	1,143	48
广西	0	2	0	23	1	26	430	5
海南	0	1	0	13	1	11	53	1
重庆	3	21	2	101	25	166	572	28
四川	12	35	7	172	45	431	1,010	49
贵州	0	1	2	16	0	10	251	0
云南	0	5	1	14	8	91	549	4
西藏	0	0	0	2	0	0	15	0
陕西	15	45	11	136	45	541	1,248	67
甘肃	0	9	5	11	13	120	508	15
青海	0	0	0	18	0	0	47	0
宁夏	0	0	0	0	0	3	59	0
新疆	0	3	0	12	1	26	284	7
全国	286	677	195	1,915	1,022	8,593	24,886	1,097

注:1. 重点学科参考教育部公布的2007年全国高校国家重点学科名单。数据来源:http://www.eol. cn/nrmb_5213/20071220/t20071220_272152. shtml。

2. 国家重点实验室参考《国家重点实验室2006年度报告》。数据来源:http://appweblogic. most. gov. cn/was40/search? channelid。

3. 本表其他数据参考《中国研究生教育评价报告2007—2008》。中国科学评价研究中心研发. 邱均平等著. 北京:科学出版社,2007,P187-396.

5.河南高校专任教师中高级职称所占比例分析

教师队伍是大学发展的关键。没有一支高水平师资队伍，尤其是没有优秀学科带头人和学术骨干，学科建设将成为空谈，大学发展也难以为继。河南高等学校师资队伍总量不低，但具有正高级职称比例较低。截至2005年年底，河南普通高校有教职工75,782人，其中专任教师有46,309人，占教职工总数的61.1%，在专任教师中具有正高职称的有2,805人，占专任教师的6.06%，在中部六省中该比例位居最后[①]。2006年年底，河南省高等学校专任教师总数有明显上升，达到52,928人，在总量上在全国各省区位居第5，见图1-13；然而，具有正高职称的3,419人占专任教师总数比仅有6.46%，在全国仅高于新疆、西藏，位居倒数第3，见图1-14[②]。河南如果要达到全国平均值10.12%，还要增加3.66个百分点，从绝对值来看，52,928名专任教师中，应该有5,356人具有正高职称，还需要增加1,939人。

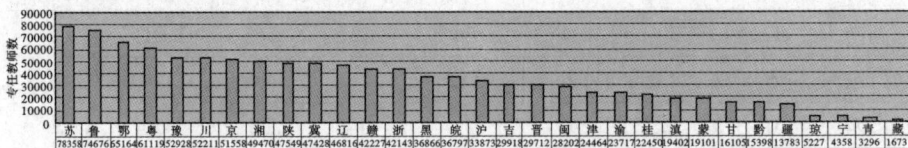

图 1-13 各省市区普通高校专任教师总数比较

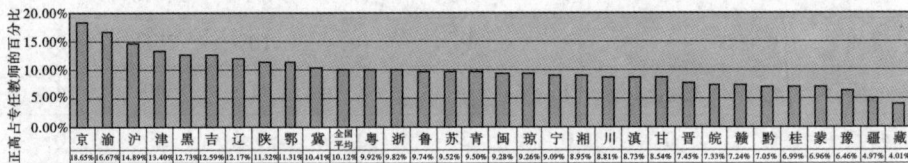

苏	鲁	鄂	粤	豫	川	京	湘	陕	冀	江	赣	浙	黑	皖	沪	吉	晋	津	渝	桂	滇	蒙	甘	黔	疆	琼	宁	青	藏
78358	74676	65116	61119	52928	55221	51558	49470	47549	47428	46816	42143	36866	36797	33873	29918	29712	28202	24464	22371	22450	19101	16105	15398	13783	5227	4358	3296	1673	

图 1-14 各省市区普通高校正高占专任教师比赛

京	渝	沪	津	黑	吉	辽	陕	鄂	冀	全国平均	粤	浙	鲁	苏	青	闽	琼	宁	湘	川	滇	甘	晋	皖	赣	黔	桂	蒙	豫	疆	藏
18.65%	16.67%	14.89%	13.40%	12.73%	12.59%	12.17%	11.32%	11.31%	10.41%	10.12%	9.92%	9.82%	9.74%	9.52%	9.50%	9.28%	9.26%	9.09%	8.95%	8.81%	8.73%	8.54%	7.45%	7.33%	7.24%	7.05%	6.99%	6.96%	6.46%	4.97%	4.01%

河南重点建设的郑州大学和河南大学的正高职称比例不到专任教师的15%，远不如兄弟省份同类大学高，如河北省属高校正高职称占专任教师比例达到50%以上。河南高等学校职称结构比远低于其他省份，造成河南高等学校大量优秀教师难以晋升高级职称。其危害之一，河南高等学校在参与国家层面的激烈竞争中明显处于劣势。如果正高级教师人数不足，或者

---

① 于向英.和谐中原建设背景下河南省高等教育发展研究[J].中国高教研究，2007(2)：76-77.
② 韩进.中国教育统计年鉴[M].北京：人民教育出版社，2007：260-263.

具有正高职称水平的教师因为指标限制不能晋升,则很难申报国家级重大科研课题、申请国家重点学科、争取重点实验室以及申报学位点尤其是博士学位点。危害之二,河南正高职称教师比例过低,造成河南整体创新能力不强,对国家创新体系建设贡献不足,也影响到河南整体高等教育的发展。危害之三,因为高级职称结构比太低,河南高等学校每年都有一批优秀教师无法晋升高一级职称,不得不忍痛调离河南,远走他乡谋职。这些优秀教师到其他省份不仅可以顺利评上教授,而且还可以很容易地成为博士生导师,反衬出河南因为正高职称比例不高而难以提供更多创业发展平台的困境。另外,由于教授职称的评审竞争非常激烈,一些非学术因素掺杂其间,给业务素质优秀但不善于人际交往的学术人才带来心理的伤害,使他们评上教授之后,就调离河南,造成河南优秀拔尖人才的大量流失。而正高职称结构比的设定由省内自己确定,因为决策者的思想不解放,所设置的结构比较低,给河南高等教育发展和原始创新能力的提升带来很大负面影响。即便在目前河南专任教师中,绝对值增加 1,000 名教授指标,省财政对于这些教授的工资投入又能增加多少呢? 如果因为不愿意增加这一部分投入而减少正高职称比例,正如前所述,对于河南的损失将是不可估量的。

6. 河南高校自主创新能力分析

党的十七大报告指出,"提高自主创新能力,建设创新型国家"是国家发展战略的核心和提高综合国力的关键,在促进国民经济又好又快的发展中具有突出重要位置。我国人均能源、水资源、土地资源供应严重不足,生态环境十分脆弱,对经济发展构成日益严峻和紧迫的瓶颈约束。这要求我们必须坚持走中国特色自主创新道路、提高自主创新能力。科技创新环境的一个重要条件是科技人员的大量储备[①]。高等学校已经成为基础研究的主力军、高新技术研究的重要方面军和科技成果转化的强大生力军,是国家创新体系的重要组成部分。目前,国家重点实验室有 63% 建在高校,国家工程研究中心有 36% 建在高校;正在进行试点的 10 个国家实验室,多数是依托高校进行建设的。"十五"期间,全国高校共获国家自然科学奖 75 项,技术发明奖 64 项,科技进步奖 433 项,分别占全国总数的 55.1%、64.4% 和 53.6%[②]。特别是在原始性创新和高技术研究前沿领域取得了许多具有标志性的成果。哲学社会科学领域里,全国的研究成果有 80% 以上集中在高校。国家重点实验室也大都依靠高等学校建设,而河南高等教育整体水平

---

① [美]曼纽尔·卡斯泰尔.信息化城市[M].崔保国等译.南京:江苏人民出版社,2001:90.
② 倪迅.变人力资源"大国"为"强国"[N].光明日报.2007-10.

不强,加上河南没有一所国家重点实验室,见图1-15,这就造成了河南自主创新能力不足。而就省部级实验室来说,河南仅有41个,远低于与其人口水平相近的山东,见图1-16。科研人员的不足造成科技创新环境的恶化,使河南在自主创新能力上低于全国平均水平。

图1-15　各省市区国家级重点实验室分布

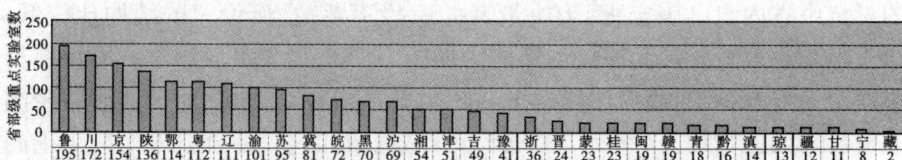

图1-16　各省市区省部级重点实验室分布

(二)落后的河南省高等教育成为中原崛起的障碍

高等教育作为人才培养尤其是大批高层次创新人才培养的基地,作为创新型社会建设的主要动力源、科技辐射源,已成为社会发展、经济建设、文化建设、政治建设的催化剂。高等教育的落后,必然会引起其他方面的落后,制约中原崛起和河南整体的发展。

1.河南高等教育的落后,导致河南人力资源的匮乏

这主要表现在两个方面:其一,高等教育薄弱,使很多具有培养、雕塑潜质的潜在人才因为无法接受高等教育,在知识经济时代,只能沦为原始的农民和普通的城市自谋职业者,或者外出到经济发达地区打工,依靠出卖简单的劳动力赚取基本的生活费,不仅自身难入主流社会,被主流社会淘汰,而且对河南经济社会发展贡献率也不高,造成河南巨大的人力资源的浪费,实际上也是国家人力资源的浪费。河南也因此难以将巨大的人口压力转换为人力资源优势,带来巨大的就业压力。

如果河南具有江苏高等教育的发展水平,那么自从恢复高考之后30多年来,河南至少可以增加3万考生接受国家重点大学的优质教育,增加20万人可以接受不同程度的高中后教育(本科、专科、中专教育,不包括成人教育)。但是,由于河南高等教育落后,如今这么大的一支人力资源队伍,只能

以高中毕业生的身份，或外出打工，或在当地设法谋取生活之道。尽管这些人仍可创业，但是在极其看重毕业文凭的中国社会，这些人中的绝大多数注定只能成为简单劳动者，其整体创业能力绝不会很高。一个大学生的行为方式、知识水平、思维习惯可以影响或改变整个家庭，而这20多万人失去接受高等教育的机会，对河南经济社会、文化发展带来的损失，又能用什么来衡量？

其二，因为高等教育落后，没有足够的创业平台，难以吸引大批优秀海外人才和国内其他地区优秀人才来河南创业发展。一些优秀人才在河南缺少如博士点、重点学科、重点实验室等建功立业的平台，难以施展理想和抱负，也不得不流失到发达地区工作。反过来，河南又因为没有足够的人才，高等教育、创新能力都受到严重限制。这形成了一个恶性循环。

2. 河南高等教育的落后，导致河南创新能力不足

基础研究是科技进步的先导，是自主创新的源泉，高等学校尤其是研究型大学是基础研究的重要力量。美国 Milken 研究院的一项"美国的高科技经济"的研究项目分析了全美315个地区，发现这些地区有65%的经济增长归功于高科技产业。《财富》1998年第11期中的一篇文章列举了美国五大商业城市的崛起都归功于高科技公司。而这些科技城的成功要素中都包括具有优势的研究机构和研究型大学。研究型大学对地区经济的发展的基本贡献是集科研、提供劳动力和市场于一体，而更深层次的作用在于：研究型大学也培植并参与了新工业发展至关重要的强调创新的企业文化。当然这种企业文化的创设是企业和大学相互促进和借鉴的过程[①]。河南高等教育落后，如国家重点实验室、重点研究基地、重点学科等科技创新基地等平台较少，难以吸引足够的优秀人才，造成河南整体科技创新能力较低，在国家创新体系中难以发挥更大的作用，难有更大的作为。因为高等教育落后，国际上最尖端的科技产业公司如通信、IT产业公司等，也不愿意落户河南，继续凸显河南创新能力的不足。

3. 河南高等教育的落后，导致河南社会形象较差

高等教育对于社会公正的功能不仅仅体现在教育机会的均等上。从长远看，高等教育培养的人才对社会具有一些"放大功能"——或者用经济学的术语，称之为高等教育的"社会溢出效应"，这使得原先的教育机会不均等得到一定的补偿（纠正）。教育部分正面的社会溢出效应常常被归纳为以下几个方面：公民文化水平提高，民主制度运行得更好；公民更文明，使得社会更适宜生活；政府对社会的服务；更快的技术进步；社会医疗卫生技术和设

---

① C. D. Mote. 研究型大学在知识经济中的作用[J]. 国际高等教育研究,2001(3).

施的改善;犯罪率的降低;等等①。长期以来,为什么河南人在许多地方形象比较差? 这只不过是表面现象,其根本原因之一就是河南高等教育落后所造成的。河南高等教育落后,河南接受高等教育的人口比重偏低,加上人口基数大,河南大量没有受过高等教育的外出打工者,遍布中国各地,他们知识水平低,文化层次低,思维习惯、行为方式落后,使当地人以为河南人的形象就是如此。这些打工者只能靠出卖简单劳动力到经济发达地区、沿海地区谋生,其谋生环境之差、条件之苦,实难想象。而有些时候辛辛苦苦干了一年,还有可能拿不到工钱,这些务工者为了生存,也有个别人不得不选择非法手段,使河南人的整体形象受到严重损害。

4. 河南高等教育的落后,导致社会心理、思想观念的保守、僵化和行为的故步自封

现代大学已经走出书斋,走出象牙塔,从社会的边缘走向社会的中心,成为社会发展的思想库,社会发展新观念的策源地。世界银行和联合国教科文组织的一个工作组在一份报告中指出,受过教育的人将来会成为企业家和社会活动的倡导者,他们的活动会对他们所生活的社区的经济和社会生活产生深远的影响。他们还能营造一种环境,这种环境使经济发展成为可能……良好的管理、严格的制度以及先进的基础设施对于任何一个国家的繁荣都是必需的,而这一切如果缺少受过高等教育的人将成为空谈②。对于一个社区同样如此。因为大量知识分子和独立人格的学生,造就了大学独特的精神品质,进而可以改变影响周边社区,引领社会思潮的变化发展。尤其是在开放的今天,一个社区更需要具有独立精神的大学文化的浸润和熏陶。河南落后的高等教育造成河南社会思想保守,开放程度不高,解放思想的任务艰巨。

5. 河南高等教育的落后,最终导致河南经济发展后劲不足,影响中原崛起战略的实施

河南经济发展迅速,经济总量增长很快,然而依靠原始创新、自主创新带来的经济增长因素却不高,可持续发展的能力不足。河南省委书记徐光春在省委八届八次全会上的讲话中指出:"目前,我省万元 GDP 能耗是国内先进水平的 1.8 倍,能源利用率比发达国家低 10 多个百分点,工业万元增加值用水量是发达国家的 3 ~ 5 倍。"解决这些问题需要解放思想,大力发展高等教育,提高科技支撑经济的水平,提高原始创新能力。

---

① [美]夏普·雷吉斯特,格里米斯. 社会问题经济学[M]. 郭庆旺,应惟伟译. 北京:中国人民大学出版社,2000:54.

② 侯定凯. 高等教育社会学[M]. 桂林:广西师范大学出版社,2004:33-34.

徐光春书记还指出："中原崛起是全省人民共同的事业，是近亿中原儿女的热切期盼和福祉所在，其显著标志就是基本实现工业化、人均生产总值等主要指标超过全国平均水平、走在中部地区崛起的前列。实现中原崛起说到底就是如何富民强省的问题，就是如何化农民为市民、化人口压力为人力资源优势的问题。"①落后的河南高等教育与河南实现中原崛起战略部署的要求显然不相适应，与河南快速发展的经济不相适应，与河南要走在中部崛起的前列的战略构想不相适应，与河南的悠久文化历史不相适应，在一定程度上，已经成为制约河南经济进一步发展的瓶颈，也成为我们建设人力资源强省，实现两大跨越，推动两大建设，推进中原崛起战略实施的障碍性因素。

二、河南高等教育现状的历史原因

从纵向比较，河南高等教育比过去取得了巨大进步，而从横向比较，河南高等教育在全国仍然处于落后水平。这主要是由于历史和现实政策障碍所造成的。

（一）河南高等教育发展史上有很多历史教训值得反思

历史的叙述帮助我们触及基础，接触系统的基本特性以及它们的原因和后果。历史成为与变革和稳定有关系的事情，特别是那种不被人承认和未见到的事情②。河南高等教育起点低、基础弱是有历史根源的。简要回顾一下河南高等教育发展进程，可以清楚地看到河南在高等教育发展中有很多教训值得反思。早在1947年全国高等教育布局中，河南就处于落后局面。当时，河南、安徽仅有2所高校。不过，与共有16所各类高等学校的广东、11所各类高等学校的湖北一样，河南也拥有1所国立大学。这反映了当时国立大学在全国的分布具有相对均衡性。

美国著名高等教育研究专家伯顿·克拉克指出，高等教育的发展是以众多的新政策和新改革为特征的③。我国高等教育的现有地理分布形成于20世纪50年代的院系调整，其后虽然历经多次变动，但本质并没有发生太大变化。按照此次调整的原则，将高校密集的沿海地区的大学迁往内地，在

---

① 徐光春. 解放思想改革开放科学发展为加快中原崛起而努力奋斗[N]. 河南日报,2008-7-22.

② [美]伯顿·R. 克拉克. 高等教育新论(第2版)[M]. 王承绪等译. 杭州:浙江教育出版社,2001:8-9.

③ [美]伯顿·R. 克拉克. 高等教育新论(第2版)[M]. 王承绪等译. 杭州:浙江教育出版社,2001:242-243.

全国按照六大行政区的中心城市布局高等学校，追求各大行政区之间的平衡，而在大行政区内部各省区之间则处于不平衡状态。西北区高校主要布局在中心城市西安与次中心城市兰州；西南区高等学校主要布局在中心城市成都与次中心城市重庆；华东区高等学校主要布局在中心城市上海与次中心城市南京；华北区高校主要布局在中心城市北京与次中心城市天津；东北区主要布局在中心城市沈阳与次中心城市哈尔滨。

河南位于中南区，当时中南区军政委员会所在地武汉和次中心城市广州都布局有很多高校，其他省的高等学校都要支援武汉市高等教育的发展。这也反映了一直以来我国高等教育与政治的紧密联系。河南省唯一的国立综合性大学——河南大学——历经多次分解，1952年，河南大学农学院搬迁到郑州独立设置为河南农学院，后发展成为河南农业大学；医学院搬迁到郑州独立设置为河南医学院，后发展成为河南医科大学，2000年与郑州大学合并。1953年，河南大学水利系调往武汉大学水利系，财经系调往地处武汉的中原大学财经学院，畜牧兽医系调往江西农学院，植物病虫害系调往地处武汉的华中农学院。行政学院搬迁到郑州单独设置为河南省政法干部管理学校，2010年与河南财经学院合并成立河南财经政法大学。结果是原河南大学校址上仅剩下几个文科专业，学校易名为河南师范学院。

1953年，高教部考虑到河南省没有一所综合性大学，计划将在青岛办学的山东大学迁往郑州办学。而河南省政府所在地刚刚由古都开封迁往郑州，当时的郑州城市规模小，经济、文化等方面都很不发达，难以承载现代大学的发展。山东大学师生来到河南新省会郑州，面对落后的市政建设和艰苦的生活条件，正一筹莫展之际，山东省委、省人民政府意识到失去一所大学将会带来的巨大损失，积极呼吁山东大学搬迁到济南办学，并为搬迁做了大量工作。河南省委尚未意识到问题的重要性，还没有做任何争取，高教部考虑到实际情况，已批准了山东大学迁回济南办学。河南于是失去一次建设重点大学的良机①。

1956年，国家在郑州市创办综合性大学——郑州大学，从而改变了河南省没有综合性大学的现状。但由于创建时间短，办学实力不强，而国家重点大学和部属高校设置主要从综合性大学中遴选，所以河南一直没有高等学校进入国家重点行列。直到70年代初，中国科技大学曾主动提出从北京搬迁到河南办学，这种局面可望有机会得到改变，但是河南自己丢弃了这一机会，反而被安徽省领导抓住机遇，主动邀请中国科技大学搬迁到合肥办学。

---

① ［加］许美德.中国大学1895—1995，一个文化冲突的世纪［M］.许洁英主译.北京：教育科学出版社，2000：209.

加拿大学者许美德对此问题曾进行过分析。河南省主要领导人王全书对这一问题表示出极大的遗憾:在有些地方,高等教育已成为拉动经济的重要增长点,在经济发展中占举足轻重的地位,这就是那些眼光远大的领导极力争取高校到他们那里兴办的原因之一。这方面发达地区给我们树立了很好的榜样。相反,我省在这方面有过教训。当年中国科技大学有意迁到河南,当时的河南主要领导以粮食、副食品供应紧张为由拒之门外,结果迁到了安徽,使我们痛失了一次大好的机会①。

新中国成立后,国立河南大学的肢解,山东大学在郑州选址后很快迁走,中国科技大学与河南失之交臂,对河南高等教育的发展带来的教训是深刻的。从此之后,重点大学彻底无缘于河南。

（二）现实僵化政策成为河南高等教育发展的障碍

20世纪90年代,中国开始实施"211工程",这是全国高等学校布局的一次重新洗牌,在这次大学重新布局中,经过将原郑州大学、郑州工业大学、河南医科大学三所实力较强的大学合并组建新的郑州大学后,河南终于有一所高校得以进入"211"大学建设行列。

在国家启动"211工程"之时,正是效率优先、兼顾公平理论盛行之时,非均衡发展理论备受推崇。在高等教育领域也是如此,相当多研究者认为,高等教育在整体资源稀缺的情况下,应该采取非均衡发展战略,地域分布非均衡性问题在这一理论背景掩盖下被认为是符合"效率优先"理论的。改革开放30多年后的今天,我们再次认识到,不能仅仅追求效率,更应该关注公平。无论从人口数量、历史地位、还是从地理位置、经济发展等方面考虑,仅有一所"211"大学对于人口第一大省的河南来说,都显得那样不协调、不公平、不合理。然而,当时的决策者却认为这是正常的。十七大明确提出,教育公平是社会公平的基石。在这种理论指导下,河南有理由追求高等教育发展的公平待遇,追求与兄弟省份高等教育的均衡发展。2008年两会期间,全国人大河南省代表团呼吁将郑州大学纳入到"985"大学行列,将河南大学纳入到"211工程"建设行列,赢得河南人民的广泛赞誉。可是受"一省一校"现实政策的限制,至今仍没有任何结果。

三、河南高等教育发展的对策建议

河南高等教育整体水平在全国的落后局面是历经很长时期造成的。必须抢抓继续解放思想的历史机遇,创新发展,制订超常规的发展思路,在短

---

① 王全书.感悟中原(下)[Z].北京:中央文献出版社,2006(11):601.

时间内从根本上改变河南高等教育的落后局面,不是没有可能。

(一)把河南建成高等教育大省,把郑州建成高等教育中心城市

自从迈入高等教育大众化阶段之后,我国已成为世界上第一高等教育大国,2006 年在校大学生规模达到 2,500 万人,位居世界第 1。在此基础上,我国适时提出了建设高等教育强国的发展目标。如果把各省高等教育划分为强、大、弱 3 个层次的话,河南高等教育目前尚处于弱势地位。河南有悠久灿烂的历史文明,在中国 5,000 多年历史上,有 3,000 多年的时间处于全国政治、经济、文化中心地位;河南地处黄河中下游,华北平原的中心地带,交通便利,地理位置重要,自古有"得中原者得天下"之称;河南经济快速发展,多年来在全国处于前 5 名;河南人口占全国 1/13,是我国第一大省。无论从哪个角度讲,努力建设高等教育大省的目标都是河南落实科学发展观、继续解放思想的科学的必然选择。

郑州是一座古城,这里曾是商代都城;又是一座现代化新兴商业城市、旅游城市、交通枢纽。以郑州为核心的中原城市群,在全国 15 个城市群中,竞争力位居第 7,在中部地区位居首位①。然而,郑州高等教育和西安、南京、武汉等高等教育中心城市相差甚远,也无法与成都、重庆、济南等高等教育发达城市相比。所以,我们必须明确定位,努力将郑州建设成高等教育重镇,这是提升中原城市群核心竞争力的必要措施。

(二)力争实现高层次突破,重点建设一批高水平本科大学

第一,高度重视,积极呼吁,努力争取,措施有力,争取在"十二五"期间,把郑州大学建设成为"985"大学,把河南大学建设成为"211"大学。目前制约郑州大学进入"985"大学的主要障碍是自身定位问题,郑州大学在本科教学评估中,自己定位为"教学研究型大学"②。这一定位显然使其难以迈进以研究型大学为标志的"985"大学行列。不过,目前尚没有明确的"985"大学地域政策障碍。因此,只要解放思想,坚定信心,准确定位,"集中力量,加快研究型大学建设步伐",就有希望及早实现突破,进入"985"大学行列。

阻碍河南大学进入"211 工程"的障碍却是僵化的、冠冕堂皇的所谓"一省一校"政策,即一个省只能有一所省属高校进入"211 工程"。而事实上,"211 工程"从最初遴选之时,就没有严格按照"一省一校"的原则设置。这个不可逾越的政策障碍好像仅仅针对河南,却对别的省份根本没有任何限

---

① 徐光春.解放思想 改革开放 科学发展 为加快中原崛起而努力奋斗[N].河南日报,2008-07-22.

② 参考郑州大学本科教学工作水平评估自评报告。

制。这些例子俯拾皆是，在第一批进入"211"的大学中，有两所上海市属"211"大学：上海大学和上海第二医科大学（后来上海第二医科大学与上海交通大学合并）。而在江苏布局了9所"211"大学（含3所"985"大学）的情况下又增加2所省属高校进入"211工程"：苏州大学、南京师范大学。目前，江苏省有11所"211"大学。广东省有两所"985"大学，4所"211"大学，其中2所省属高校进入"211工程"①。我们不仅叩问："一省一校"政策怎么就对拥有一亿人口的河南有这么强的约束力？在河南大学进入"211工程"的问题上，怎么就无法突破这一政策限制呢？

第二，与农业部共建或者与教育部、农业部联合共建河南农业大学。粮食危机将因为耕地和播种面积锐减、水资源匮乏、消费快速增长等几个不可逆转的因素，加上气候条件不稳定、农业基础设施老化失修、农业规模小、劳动力素质低原因而成为今后最主要的国家安全问题②。河南作为产粮大省，在国家粮食安全问题上的重要地位日益突出。河南应紧紧抓住作为全国农业大省、粮食大省现实的突出战略地位，抓住当今全球面临粮食危机、国家把粮食安全当作第一安全的有利机遇，积极与农业部联合共建，或者与农业部、教育部共同联合共建河南农业大学，使之最终成为部属高等学校。

第三，采取与当地市政府共建的方式，重点建设河南科技大学、河南理工大学、河南师范大学、河南中医学院、河南财经政法大学等一批多科性大学，使之逐渐具备参与国家竞争的能力，在"十二五"期间，力争有新的大学成为国家重点建设的高水平大学。参与建设的市政府要在资金、政策、高层次人才待遇等方面制订出具体措施，为所在地的高等学校发展提供有力支持。

（三）紧紧抓住河南经济快速增长的历史机遇，继续保持高等学校数量的大幅度增加

目前，河南经济实力强大，河南不再是穷省办大教育，发展高等教育不是不能为，而是想不想有所作为。对教育尤其是高等教育加大投入力度，在未来十年之内，河南至少需要计划新增25所普通本科高等学校才能达到目前全国各省区高等教育的中等水平。如果考虑到各省市区同时也在积极发展高等教育事业，保守地估计，未来十年也应增加30~35所普通本科高等学校才能使河南高等教育处于国内中等以上水平。即便这些目标都难以实现，也应新增15~20所普通本科高等学校。否则，河南高等教育落后的现状将难以改变。

---

① 周川. 211工程与地方高校的发展[J]. 江苏高教,2008(1):33-35.
② 万宝瑞. 深化对粮食安全问题的认识[N]. 人民日报,2008-04-18.

新增 15～20 所普通本科高等学校的意义重大。一是为社会提供 15 万～20 万的高等教育机会，将会极大地满足河南人民对高等教育的强烈需求。二是拉动河南经济的发展，新建高校基本建设总规模将如同高速公路建设一样拉动经济增长。而 15 万～20 万大学生的学习、消费、生活，将成为河南经济新的增长点，成为经济发展新的巨大动力。三是涵养一大批优秀人才。一批本科高校将会给一大批高层次人才提供建功立业的平台和机会，既可以吸引一大批人才，又可以留住一大批人才，提高河南社会的整体素质与人才水平。四是为社会提供大量新的就业岗位。新增 15～20 所本科高等学校，按照每所大学提供 1,500 人的行政事业编制，可以增加 22,500～30,000 人的事业编制，同时每所学校还会提供数千个餐饮、服务行业的就业岗位，总计可以提供近 10 万个就业岗位。五是通过人才培养，科技创新将成为中原崛起的强大推动力。

如何才能新增 15～20 所普通本科高等学校呢？这里尝试提出一些建议。

升格。将现有一些办学历史较长、办学实力雄厚的专科学校升格为本科高等学校。目前可以考虑郑州牧业专科学校、河南商业专科学校、河南黄河水利专科学校等一批专科学校升格为本科学校①。

剥离。将现有的大学独立学院如西亚斯、升达学院、民生学院、成功学院、万达学院等从母体高校中剥离出来，独立为私立大学或者公办民助大学。

组建。现代管理学认为，拆分是调动人力资源积极性的最好方式，而合并则有可能降低积极性。20 世纪 90 年代以来全国高等教育管理体制变革以合并为主。反观河南省高等教育合并之路，有值得反思之处。如果说合并是为了进入"211"，那么在一省一校原则下，不合并也会有一所大学进入"211"，假如不合并组建新的郑州大学，那么郑州大学仍然会进入"211"，与河南医科大学、郑州工业大学 3 所大学各自办学，在扩招背景下，3 所大学总在校生学生数达到 10 万人规模而不显大（目前，郑州大学、河南大学在校生规模均超过 4 万人），可是 3 校合并之后，新郑州大学也不过 4 万人规模。这样对于河南省来说，整整减少 6 万在校大学生的规模。3 校合并时，3 所大学都是博士授权单位，可是合并之后，河南高等学校博士授权单位减少两个，后来要新增 1 所大学为博士授权单位就难乎其难了。我们认为，当前应该在继续解放思想指引下，依靠郑州大学、河南大学组建新的高等学校。在

---

① 这一建议是在 2008 年提出的。2013 年，河南牧业专科学校与河南商业专科学校合并，成功升为本科院校。

原郑州大学、河南医科大学校园的基础上，恢复组建新的河南医科大学，在原郑州工业大学校园的基础上组建新的大学，迅速增加2所具有博士学位授权大学。

（四）进一步加强高校教师队伍建设

大学的地位、影响，主要通过教师的水平，特别是大师级学者的数量和水平来体现[①]。加强高等学校师资队伍建设，是发展高等教育的关键。一要提高待遇。河南地理位置没有沿海省区优越，经济也难以与沿海高度发达地区相比，缺乏吸引优秀人才的基础条件。如果不提高优秀人才待遇，不要说引进高层次人才，就是留住一批高层次人才也很困难。二要提供优势平台，加大海内外尤其是祖籍河南的海内外优秀人才的引进力度，让他们在河南创业发展，为家乡做贡献。三要提高正高职称在专任教师中的比重，稳定人才队伍，提高整体竞争力。如果河南高校专任教师中增加教授1,000人，每人由副高职称晋升教授按照一年增加工资6,000元核算，全年增加600万的财政投入，那么这些人将通过国家课题的申请、博士学位点、博士后流动站、重点学科、重点实验室建设等渠道，从国家层面为河南争取的资源将远远超过600万。此外，这些学者原创成果的增加为河南创新能力提升所做出的贡献是金钱所无法衡量的。

四、实现河南高等教育跨越发展应处理的几个关系

（一）正确处理高等学校与所在地政府部门的关系

高等学校必须得到当地政府部门的大力支持，做到与当地科技、经济、政治、文化协调发展。高等学校是一个高度社会化的组织，服务社会是它的必然功能，得到社会的支持尤其是所在地各级政府部门的大力支持也是它生存和发展的基本要求。经过几年的调整，目前河南17个省辖市都拥有了高等学校，那么处理好高等学校与所在地政府部门的关系是河南高等教育事业健康发展的重要前提。高等学校需要在周边环境整治、社会治安、土地使用、校园建设、教职工家属就业、子女上学、高校后勤社会化等方面得到当地政府部门的有力支持。否则，所在地高等学校的发展就会出现许多困难，生存就会出现问题，发展速度就会受到影响。当地政府部门应该认识到，高等学校不仅是当地高层次人才、智力库，科技创新的摇篮，城市高度文明、发达的象征，提升当地整体文化素质的重要力量，而且还是当地巨大的没有任何污染的经济产业，新的经济增长点。有研究表明，假如一所万人学生规模

---

① 刘献君.大学之思与大学之治[M].武汉:华中理工大学出版社,2000:44-45.

的大学,教职工生一年的各种消费就会为当地带来至少5,000万元以上的第三产业的消费额,直接或者间接为社会带来近10,000个就业岗位。各地市政府部门的领导都要像抓经济工作那样,把所在地大学的健康发展当作自己的重要任务,积极为所在地的大学办实事,解决发展中的困难,提供多方面的优惠条件。鼓励各地市政府在当地大学发展进程中,在土地使用等方面给以政策倾斜与优惠。要按照邓小平同志要求的那样,今后对各地市政府部门的领导的考核要把是否积极支持所在地大学以及教育的发展作为一个必不可少的评价指标和提升条件。

(二)正确处理好重点建设与全面发展的关系

加强重点院校、重点学科和重点实验室建设。并再次强调要把郑州大学、河南大学建成全国一流高校。为了全面建设小康社会,实现中原的崛起,河南高等教育事业必须全面发展。然而现有的财政压力使得我们必须坚持有所为有所不为的方针,必须实行有所侧重、有主有次、分层次推进的战略。这就是为什么我们长期以来一直坚持要重点建设好郑州大学、河南大学,要尽快把这两所大学建成全国一流高校的原因。重点建设两所大学,是历史形成的必然结果,是两所高校现实实力的必然选择,是两所高校的地位与对国家的历史贡献所决定的,是我们今后长期仍然要坚持的一个原则。全省在学科、专业和重点实验室建设方面,各个高等院校在发展建设自己的专业、学科和实验室的时候,也要坚持有所为有所不为的方针。重点建设就是特色建设,要认识到没有特色就没有优势,就不可能在全国日益剧烈的高等教育资源竞争中占据一定地位。国内外大学的发展莫不如此。重点建设不能停留在口头上,要真正落实到实处,资金要有保证,政策要到位,切实为重点建设做实事,解决困难。

以点带面,在重点建设好两所大学、若干重点学科、重点实验室、重点专业的基础上,采取多种措施,全面发展河南的高等教育事业,创造一个百舸争流、万船齐发、共同发展的竞争局面。因此正确处理好重点建设与全面发展的辩证关系,是我省高等教育能否健康发展的一个主要问题。重点建设不是不要全面发展,而是要讲求策略,以重点建设为龙头,带动全面发展。各个高校要积极根据自己的实际选准突破口,形成特色和优势,从实际出发,合理定位,快速发展。

(三)正确处理好国际化与本土化的关系

有学者认为,国际化是现代大学的第四大功能。加入WTO后,高等教育的国际化浪潮迎面而来。所谓高等教育的国际化是把跨国界和跨文化的观点和氛围与大学的教学工作、科研工作和社会服务等主要功能相结合的过程,而且是一个包罗万象的变化过程,既有学校内部的变化,又有学校外部的变化,既有自下而上的,也有自上而下的,还有学校自身的政策导向。国际化是高等教育在经济全球化背景下发展面临的必然选择,是我们应对WTO挑战与机遇的具体措施。高等学校要具有开放意识,要积极纳入到国际化进程之中,积极参与国际竞争,借助国外先进经验和资源,提升河南高等教育发展的速度。加大开放的力度,积极学习世界先进的办学经验和管理理念,在一些学科有计划地积极引进国外原版教材;加强与国外大学的交流与交往,吸引更多的外籍教师,加大派出教师、学生的力度;多层次、全方位加强国际合作办学,实现教育资源共享。有条件的大学如河南大学等要加大招收留学生的数量、提高质量、扩大招收留学生的国家与地区,不断扩大国际影响,在面向世界传播中华文明中做出贡献。

国际化作为经济领域理论在高等教育领域的扩张与应用,对于发展中国家、落后不发达地区又具有潜在的陷阱,尤其是面对文化入侵与征服的危险,我们应该保持清醒的认识,在开放与面向世界的同时,坚持本土化。我们所说的本土化是既具有民族化的精髓,又具有时代特点、开放的、创新与包容的本土化。在不断借鉴吸纳国外尤其是现代西方先进管理模式、办学理念的同时,继承中华五千年文化的精华,紧密结合中国国情,积极探索形成我们自身的具有华人精神的大学理念与办学新机制,形成我们的特色与传统。

(四)正确处理好改革发展与稳定的关系

全面建设小康社会,实现中原的崛起,发展是目的,改革是措施,稳定是基础。加快发展是高等教育的首要任务,是解决一切问题的关键。发展包括数量、规模扩大,质量、效益提高。改革的力度今后要继续加大,发展的步伐要加快。要进一步解放思想、实事求是,勇于创新、克服僵化;思想僵化是过去丧失许多发展良机的主要原因。因此要深化改革,以改革推动发展。改革的重心要体现以人为本的思想。改革的任务艰巨,人事分配制度改革、职称评审聘用制度改革、后勤社会化进程都要加快和不断完善。教学改革要不断围绕"完全学分制、选修制、弹性学制、本科生导师制"做文章,为学生自主学习提供更大的空间,使学生变被动学习为主动学习,致力于学生全面发展。要敢于大胆探索高校体制改革,积极建立现代大学制度,在办学体制、管理体制、投资体制、招生就业体制等方面推进改革。改革的根本目的是为了充分调动广大教师的积极性和创造性,大大促进发展。

但是没有社会的稳定就根本无从谈起发展与改革。高等教育领域的稳定工作是社会稳定的前提,是整个社会经济建设健康有序发展的保障。没有高校的稳定就没有社会的稳定。如何保障稳定则是值得思考的大问题。为了稳定而陷入僵化,变得谨小慎微、畏缩不前,不改革、不发展,是错误的。

只要我们从大局出发，始终坚持"三个代表"重要思想，真正为国家、社会服务，为教师、学生着想，树立以师生为本的理念，及时解决好学校发展中的问题，就会有一个稳定的环境。稳定不是压制一切，不是禁锢，不是不要百花齐放和百家争鸣，恰恰应该在学术自由的旗帜下保持思想的稳定。

（五）正确处理好培养、引进与使用人才的关系

人才工作是党的核心工作之一，我党历来重视人才工作。它关系到我党的存亡、事业的兴衰成败、国家的未来。大学是高层次人才聚集地。河南高校总体上拥有一支庞大的教师队伍，他们是河南重要的人才库。然而目前却存在着如下几个问题。一是流失严重，数量与实际需要相比严重不足。河南地处中西部内陆不发达地区，面对世界范围内的残酷剧烈的人才竞争，优秀人才流失严重，压力巨大。不少院校的师生比都超过了18∶1，远远达不到教育部的要求，也无法满足正常的教学活动。二是教师队伍学历构成中研究生比例较低，具有硕士研究生以及以上学历者本科院校为30%，专科院校为12%。三是大师级人物太少。四是专业结构不合理，新兴急需专业教师太少，长线、传统专业教师过剩。

高水平的教师是高水平大学的保证，没有优秀的教师就没有高质量的教育，加强师资队伍建设是今后高等院校工作的重中之重，当务之急。要清醒地认识到河南处于中西部落后地区所面临的严重的人才压力，也要清醒地认识到人才竞争的残酷性，清醒地认识到人才的极端重要性，因此在高校教师队伍建设中要有超常规的思路和举措。加强教师队伍建设要坚持培养与引进双管齐下，力争经过一个较短时期彻底解决高等学校人才严重不足、结构不合理的问题。人才工作是全局工作，不仅仅是某个高等学校自己的工作，没有全省重视人才的大环境，高校自身也很难在人才队伍建设方面取得根本性突破。因此在人才流动问题上要有全省一盘棋思想，凡是在省内从一个学校流动到其他学校，省有关部门都应该给以保护和支持，以防止流失省外。要采取具体措施对在河南工作的教授、博士等高层次人才，有重大突出贡献的人才，给以重点支持和较高报酬，真正靠感情留住一批精英。这方面的工作要尽快有所突破，省有关部门要尽快拿出具体方案。各个高校也要通过人事分配制度改革，营造一个真正重视人才的环境。积极以各种方式吸引海内外的优秀人才来豫工作服务，用"不求所有但求所用"等全新的观念创新高校人才工作。

要处理好培养、引进与使用的关系，防止出现重引进轻培养的现象。防止出现引进的还没有来却流失了一大批长期在第一线工作的优秀人才的现象。要做到公正、公平、科学合理，充分调动所有教师的积极性。培养也好，引进也好，目的不是为了形象工程，而是在于充分发挥人才资源。要按照

"三个代表"重要思想充分重视高校人才的使用,要认识到高等院校里储存了大量的包括党政人才、经营管理人才、专业技术人才等各方面的精英人才。这些人才从整体上看无论是知识、素质、能力都应该是社会的一流人才,要看到这些人才的长处,要敢于压担子、给任务,敢于破格提拔任用,尽快使他们在锻炼与贡献中尽快成长、成熟,使他们脱颖而出,将巨大的人力资源优势充分发挥出来。

(六)正确处理好科研与教学的关系

这是高等院校一个老问题,也是一个重要的基本关系问题。大学开展科学研究是不可缺少的重要职能。各类大学都要以通过科学研究的发展来不断提高教学质量和教学水平,提高自身的办学层次和规模。但是不同的院校、不同的专业对科学研究要有不同的要求。高校的办学层次可以在科学研究的不同要求上反映出来。重点建设的大学办学目标应该定位在科研教学型大学,科学研究与教学工作同等重要;普通本科院校应该以本科生教育为主,兼顾研究生培养,在保证教学质量的前提下开展科学研究;普通高职高专学校则应该以教学为主,围绕教学质量的提高开展教学科研活动。要认真贯彻江泽民同志关于加强高等学校人文社会科学研究的讲话精神,充分认识到人文社会科学研究的重要作用,把人文社会科学研究同自然科学研究放在同等重要的地位,在不断加大对自然科学技术研究支持的同时,要加大对人文社会科学研究的投入力度,创新支持人文社会科学研究的新机制,加强对科学研究的支持与领导,贯彻"双百方针"和"二为方针",尊重科学规律,提倡学术自由精神,在科学研究内部逐步加大学术权力,维护科学尊严。加强学术道德建设,规范学术研究,改革学术评价办法,减少行政干预,通过制度建设,确保科学研究健康规范发展,反对学术泡沫,打击学术腐败,提倡学术精品。

省域高教均衡布局与高等教育强国建设

进入 21 世纪以来,我国高等教育得到了迅猛发展。2002 年我国高等教育毛入学率达到 15%,进入国际公认的大众化发展阶段。2008 年全国各类高等教育总规模达到 2,907 万人,高等教育毛入学率达到 23.3%[①]。我国已是世界上规模最大的高等教育大国。然而,在我国高等教育发展过程中,各省之间的地域不均衡布局问题日益凸显,这不仅与党的十七大所提出的"促进社会公平""建设和谐社会"的目标不相协调,而且也严重影响"建设高等教育强国"目标的实现。为改变这一状况,必须全面系统地考虑我国高等教育的协调发展问题,高等教育非均衡发展策略也应随高等教育的不断发展而做出相应调整。

一、我国各省市区高等教育发展概况

我国共有 34 个省级行政单位,23 个省、4 个直辖市、5 个自治区、2 个特别行政区。因获取资料困难的原因,本研究不包括台湾省和香港、澳门特别行政区。由于历史、政治、经济等原因所致,我国各地区之间存在着各省级行政单位之间社会发展不均衡的现状。而这些经济社会因素进一步影响各地区高等教育的发展,构成我国高等教育发展不均衡的社会基础。一些学者乐于按照传统的华东、西南、华南、华北、华中五大行政区的划分进行研究,但是,我们认为这种研究方法不利于具体关注到每一个省、市、自治区的高等教育发展现实,因此,在本书中,我们根据各省级行政单位进行研究。

马丁·特罗(Martin A. Trow)建议采用 15% 和 50% 的毛入学率来划分高等教育精英式、大众化和普及化这 3 种系统[②]。根据省级高等教育毛入学率,我们清晰地看出当地人口接受高等教育的情况,基于此,我们对各省市区的高等教育毛入学率情况进行分析。2006 年,全国高等教育毛入学率为 21%,各省市区的情况是:首先,上海、天津均为 55%,并列第一,北京为 53%,这三市接受高等教育的人数都超过了 50%;其次,辽宁为 35%,江苏、

---

① 李玉兰,二○○八年全国教育事业发展统计公报公布[N].光明日报,2009-07-18.

② Trow, M. A. (2005). Reflections on the transition from elite to mass to universal access: Forms and phases of higher education in modern societies since WW II. In: J. J. F. Forest & P. G. Altbach (Eds), International handbook of higher education, part one: Global themes and contemporary challenges (pp. 243 – 280). Berlin: Springer.

浙江皆为34%，接受高等教育的人数超过三成；再次，福建、湖南、广东、四川皆为25%，湖北为24%，河北、吉林为23%，陕西为22%，山西、青海、重庆、山东为21%，江西、海南为20%，这些省市区接受高等教育人数在两成以上，最后，宁夏19%，内蒙古、河南、新疆为18%，黑龙江、安徽为17%，西藏为16%，广西、甘肃为15%，云南为13%，贵州为10%，这些省区接受高等教育人数超过一成。根据马丁·特罗的标准，北京、上海与天津三市已达到高等教育普及化阶段。然而，云南、贵州处于精英化阶段，其他省区还处于大众化阶段。

我们对中国各省市区高等教育的地域布局与毛入学率进行对比研究，发现它们之间存在着一定的联系。高等教育毛入学率与高等教育地域布局有密切关系。高等教育入学率高的省区往往也是高等院校布局较为集中之地，尤其是人均高校较多之地。像北京、上海、天津、江苏、湖北等省市，它们都属于高等教育强省，其普通高校布局较多，入学率也较高。也即是说，省级高等院校的数量与高等教育毛入学率基本成正比（见图1-17、图1-18）。

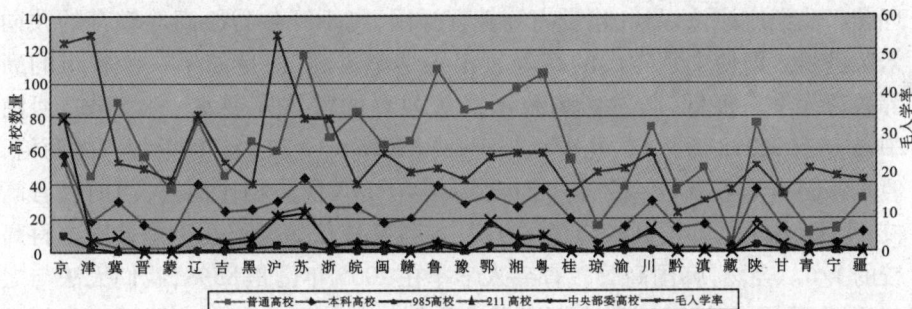

图1-17　各省市区高校数与毛入学率的趋势图

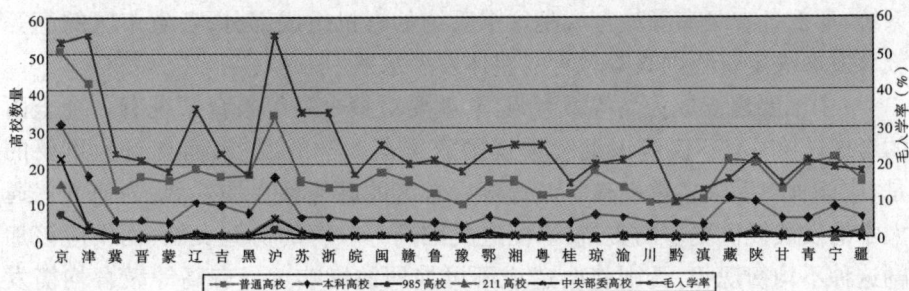

图1-18　各省市区人均高校数与毛入学率的趋势图

二、建设高等教育强国，必须保持各省域之间高等教育的协调发展

历史上，我国就存在着高等教育发展不均衡问题，近20年来政府又采取了高等教育非均衡发展战略，进一步加剧了高等教育地域布局的非均衡性

问题。中央政府对国内若干所重点大学投入大量资金，以较快的速度集中力量建设世界一流大学，以期迅速提升我国大学在世界的知名度。我国先后实施了"985 工程""211 工程"，这些大学往往集中在高等教育发达的省份，诸如北京、上海、江苏、湖北、湖南、陕西等地。与我国社会经济发展不均衡的情况相类似，我国的中西部地区高等教育发展却相对迟缓落后。不可否认，这一非均衡的发展措施在改革开放之初确实取得一定的预期效果，但也导致了各省级高等教育发展非均衡问题日益严重的局面。高等教育落后省区在获得国家资金支持、政策扶持以及招生指标等方面，远远落后于发达省区。

党的十七大明确提出了教育公平是社会公平基石的理论，系统阐述了科学发展观和构建和谐社会的丰富内涵，为全国高教领域坚持以人为本，追求全面协调可持续发展，满足广大群众接受高等教育的强烈需求，实现地域均衡发展提供了理论指导。实现高等教育均衡发展，可为人们提供接受高等教育的均等机会，真正体现教育公平与高等教育全面协调可持续发展的理念。我们应该认识到，建设高等教育强国，离不开各省级高等教育的共同繁荣进步。即使个别省市的高等教育入学率再高，但是如果一些省市的高等教育入学率很低，必然影响我国高等教育的整体发展水平。比如，河南2006 年有 9,392 万人口，几乎相当于韩国2005 年人口(4,704 万人)的两倍，但是韩国有高等院校 419 多，四年制大学有 173 所。相比而言，河南仅有高校 84 所，几乎是韩国高校数量的 1/4，本科高校仅 28 所，几乎是韩国本科高校的 1/6。当然，韩国高等教育毛入学率在 2005 年已是 85%，我们无法与之相比，但是通过这一比较，也可以看出我们与其他发达国家高等教育之间的差距，我们离高等教育强国还有多远①。如果把我国的高等教育看作一个大系统，那么各省级高等教育就是这个系统的有机组成部分，各省市区的高等教育发展决定着我国高等教育的整体发展水平。

"中国要建设成为高等教育强国，就要对整个高等教育系统有一个全面的考虑。"②国家不仅应该继续重视国家重点大学的发展，而且更为重要的是，应该腾出手来多重视高等教育落后省区的高等教育的发展，为地方普通大学的发展提供更多的支持，以促进我国高等教育的协调发展，而不应该加剧这种不均衡现状，否则将会造成不可挽回的影响。只有高等教育均衡发

---

① 韩国数据来自：Sunwoong Kim, Rapid expansion of higher education in South Korea：political economy of education fever. The Worldwide Transformation of Higher Education International Perspectives on Education and Society，223–268，2008，9.

② 陈廷柱，姜川. 阿特巴赫教授谈中国建设高等教育强国[J]. 大学教育科学，2009(2)：5–8.

展,建设高等教育强国,才能够带动经济社会领域的均衡发展,利于我国顺利建设小康社会,实现中华民族的伟大复兴。鉴于此,中央政府与地方政府需要关注这一问题,采取强有力措施,促进省级高等教育的快速发展,加快我国的高等教育强国建设步伐。

三、如何协调各省市区之间高教的均衡发展

我国要从高等教育大国迈向高等教育强国,必须解决各省市区之间高等教育的失衡发展问题。建设高等教育强国,应从整体上全面提高各省市区的高等教育水平。如何协调各省市区之间高等教育的均衡发展,建设高等教育强国,我们认为应该从以下几个方面进行调整。

(一)创造有利于各省市区之间高等教育均衡发展的政策环境

创造有利于省级高等教育均衡发展的政策环境是促进我国高等教育均衡发展,建设高等教育强国的先决条件。我国高等教育的变革很大程度上是国家政策调整的结果。中央政府应该根据国内外经济社会发展所需,进行适时的决策转移。我国高等教育布局非均衡问题存在已久,不同历史时期的中央政府都从高等教育政策的制定中,致力于解决高等教育地域布局的非均衡问题[1]。然而,由于政治的变迁,这种治理的成败得失在历史的发展长河中不断发生逆转。近阶段,非均衡发展策略已造成了高等教育机会不均等的严重后果:高等教育落后的省份,高考竞争异常激烈;而高等教育发达的省份,上大学容易得多。这种情况发展到一定程度,就会造成严重的社会问题。像河南这样拥有一亿人口的大省,人均普通高校数倒数第一[2],这也难怪河南的高等教育毛入学率是比较低的。在贫富差别不断扩大和高等教育公平问题日益凸显的现阶段,我们更需要关注高等教育实现均衡发展所面临的挑战:中国的高等教育到底能在多大程度上行使"社会平衡器"的作用?只有国家所采取的政策能够真正地确保高等教育机会的公正,慎重地使用政府财力以均衡地发展高等教育,才能使未来社会更加富裕、和谐,而不是更加贫穷、失衡。

(二)坚持优质高教资源在各省市区之间均衡的分配原则

我国各省市区之间存在着优质高等教育资源分布不均衡的问题,主要是由于我国存在着严格的高等教育分类(按照主管部门的不同),隶属于教

①　宋伟,韩梦洁.现代中国高等教育地域非均衡布局考察[J].史学月刊,2009(3).
②　宋伟,韩梦洁.教育公平视野下河南高等教育发展对策研究[J].河南大学学报(社会科学版),2009(1).

育部及国家部委的高校能够得到更多的中央政府扶持与资金支持。而这些高校在学校所在省市的招生的比例远远大于外地，一些部属大学几乎成了名副其实的"聚本地生源而育之"的"地方名牌大学"，有些部属高校招收所在地生源甚至高达招生总数的70%左右，直接造成了各省市区接受优质高等教育的机会严重不均等问题，这已引起公众及媒体的强烈批评。拿河南省来说，河南人均高等院校数量在全国属最低，其高等教育毛入学率相应也较低，尤其是优质高等教育入学率更低。2008年，全国高校在河南招收一本31,837人（包括后来扩招的1,240人），仅占当年录取51.3万人中的0.62%；二本94,317人①。一本、二本合计仅占招生总额的24.6%。我们对2008年若干"985"高校对各省的计划招生人数进行分析，计算各省市区每万人就读这10所高校的机会。结果显示：河南省每万人就读这些名校的机会仅是全国考生平均就学机会的一半左右，还不到个别省市的1/7。据此可看出，河南考生难以平等地享有优质高等教育资源的机会。即使不与北京、上海等城市相比，仅仅要与河南相邻的中部省区及西部省区的人均高校数相当，河南还需要再增加一部分高等院校才能达到这些省区高等教育的现有规模，见表1-20。因此，坚持优质高等教育资源在各省市区之间均衡的分配原则是促进我国高等教育均衡发展，建设高等教育强国的根本保障。

表1-20　河南与其他省市区相比需增加的各类高校数②

	"985"高校	"211"高校	普通本科高校	普通专科高校
河南——→安徽	1.6	3.8	14	37
河南——→湖南	4.7	5	13	50
河南——→湖北	5.3	11	27	50
河南——→江西		1	16	45
河南——→山西		2	17	58
河南——→西藏			70	40
河南——→青海			20	50
河南——→宁夏			53	70
河南——→新疆			23	47

① 赵媛.我省高招本科二批明日开始录取 计划录取94,317人[N].东方今报. 2008-07-19.

② 宋伟,韩梦洁.教育公平视野下河南高等教育发展对策研究[J].河南大学学报（社会科学版），2009(1).

(三)实施有助于落后省市区高等教育发展的有效措施

从发展的轨迹考察,中国现代大学自诞生起,就一直存在着地域布局非均衡问题。新中国成立后,高等教育如同社会经济发展一样,地区差异成为具有"中国特色"的现象。国家在确保东部沿海乃至重要政治中心城市的高等教育的突出地位的同时,也长期关注西部落后地区高等教育的发展,却忽略了中部地区。中央政府多次设置重点大学,河南、江西、山西、贵州、广西等内陆省区竟一直没有一所。国家在实施"211 工程"之初,就充分考虑和照顾优质高等教育资源在全国的合理布局,强调"一省一校"和"一个部门一校"的原则。但是由于历史上部门高校地域分布的不均衡,导致实际上高等教育地域分布的不均衡。我国 13 亿人口,"985"大学仅有 44 所,"211"大学112 所(2009 年数据),而且所有的"985"大学都是"211"大学。如果中国的"211"数量和美国的研究型大学数量一样,还需要增加 18 所。建设高等教育强国的远大理想目标,要求我们必须解放思想,继续扩大"211"重点建设的规模。快速发展的经济实力,为我们继续加大"211"重点建设力度提供了有力支撑。发展高等教育是整个社会的责任,社会各级政府都应该高度重视高等教育的发展。所以,国家从 2004 年开始实施的省部共建地方综合性大学的决策,正是在充分发挥地方政府发展高等教育积极性的同时,从国家层面再给予一定的政策关照和经费投入,实现中央政府和当地省级政府共同推动当地高等教育快速发展的有利局面。发挥财政政策的杠杆作用,把当前由教育部实施的部门工程——省部共建地方综合性大学,提升成为如"211""985"一样的国家工程,加大国家财政的专项投入力度,是落实科学发展观,改变中部地区高等教育落后、优质高等教育资源稀缺现状,实现高等教育在全国地域合理布局的必然选择。

(四)各省市区政府应高度重视当地高等教育发展

从中国高等教育发展的历史上看,高等教育发展的非均衡是地区(城市)经济发展的不平衡、政治中心地位的高低、地理位置的便利与否以及领导者对高等教育发展的重视程度等因素映射在高等教育领域的必然结果[1]。由于大学具有培养人才、科学研究与服务社会的功能,高等教育对于当地经济发展具有很大的促进作用。人才是经济发展的原始动力,科学研究是经济发展的创新力量,服务社会则为经济发展提供良好环境。高等教育与当地经济发展和政治地位往往交互发生作用。高等教育并非仅仅单向地依赖

---

① 宋伟,韩梦洁. 现代中国高等教育地域非均衡布局考察[J]. 史学月刊, 2009(3).

于当地的经济发展、政治地位,反过来,高等教育又因为自身能够提供大量高水平人才,为当地的政治、经济、文化、教育发展服务,并提供先进的思想,对地方现代化水平起着不断强化的作用。地区政治地位重要、经济发达,则能够为高等教育发展提供良好的条件,高等教育反过来进一步促进政治地位的巩固与经济的发展,形成良性循环。反之,政治、经济落后,高等教育则发展艰难,那么,疲软的高等教育也就无法为地方经济发展提供强有力的支撑,于是政治、经济愈加落后,从而形成恶性循环。拿河南来说,新中国成立后国立河南大学的肢解,山东大学在郑州选址后很快迁走,中国科技大学与河南失之交臂,这不仅与当时的客观情况有一定关系,更为重要的是当时河南政府领导并没有意识到高等教育的重要性,这对河南高等教育的发展带来的教训是深刻的。当今,河南经济发展迅速,经济总量增长很快,然而依靠原始创新、自主创新带来的经济增长因素却不高,可持续发展的能力不足。解决这些问题需要解放思想,大力发展高等教育,提高科技支撑经济的水平,提高原始创新能力。高等教育作为人才培养尤其是大批高层次创新人才培养的基地,作为创新型社会建设的主要动力源、科技辐射源,已成为社会发展、经济建设、文化建设、政治建设的催化剂。高等教育的落后,必然会引起其他方面的落后。因此,为了促进地方经济社会的发展,各省市区政府必须抓住机遇、开拓创新,不断促进地方高等教育的发展。

第二章

大学组织发展：战略规划设计及案例分析

大学组织设计层级模型分析

一、大学组织设计：从类与型到层级的划分

现代大学组织设计具有明显的层级结构，以往的研究者往往从大学"分类"与"分型"的视角进行研究，通过大学的"类"和"型"的划分，将大学的层次与定位区分开来。这样的研究成果很多，武书连先生在《2002 中国大学评价》中，提出了大学分类的标准："类反映大学的学科特点，按教育部对学科门的划分和大学各学科门的比例，将现有大学分为综合类、文理类、理科类、文科类、理学类、工学类、农学类、医学类、法学类、文学类、管理类、体育类、艺术类等 13 类。型表现大学的科研规模，按科研规模的大小，现有大学分为研究型、研究教学型、教学研究型、教学型 4 种。"[①]张振刚先生比较研究中美高等教育机构分类、布局和规模，认为中国和美国的大学定位，都是以大学不同的"类与型"为依据的[②]。安心先生对此认为，大学分类制度成为影响我国大学发展的一个重要瓶颈，他认为："对大学进行分类，必须符合划分的逻辑规则，具有可行性并能被人们广泛接受和认同。否则，势必导致层次不明、定位不当、发展目标错位、发展规划不合理并难以实现。"[③]潘懋元先生作为国内高等教育研究的权威，不顾 80 岁高龄，仍依托厦门大学"985 工程"二期"中国特色高等教育体系"创新研究基地组成"高等教育分类研究"课题组，对中国大学的分类方法进行研究，先后发表多项成果，提出了大学分类

①　武书连.再谈大学分类[J].科学学与科学技术管理,2002(10):26-30.

②　张振刚.中美高等教育机构分类、布局和规模的比较研究[J].清华大学教育研究,2002(1):83-91.

③　安心.大学分类制度:影响大学发展的一个重要瓶颈[J].国家教育行政学院学报,2005(4):45-49.

与定位的方法①。湖南大学政策研究室主任陈厚丰先生也对中国大学分类与定位问题进行探讨②。刘承波先生认为,对大学定量评价并排名,始于1983 年《美国新闻与世界报道》率先推出的全美大学排名,这种排名以特有的影响力,对教育决策与拨款发挥了积极作用,并影响学生的择校行为和社会资金的流向,更对高校的发展起到了重要的促进作用。国内近些年来,多家民间机构也积极对中国大学进行排名,在社会上招致诸多质疑,究其根本原因,与用相同的评价指标体系来评价并不同类的高校是有直接关系的。因此,排行之前,一定要先对大学进行分类,是一条必须坚持的原则③。马陆亭先生分析了中国高等学校分层存在的问题,通过与国际高等教育分层比较研究以后,仍然认为目前高等学校分层存在层次不清的矛盾,建议加强对高等学校服务方向的分类指导④。吴家玮先生把高等学校分为巨无霸型高校、研究型大学、精英学院、专业学院、博雅学院、持续教育学院等 7 类⑤。

对大学进行评估与评价或者排名,不仅仅需要分类,更需要分层。但是,针对大学分层并建立起大学的层级模型的研究成果尚未检索到,我们试图对现代大学组织结构设计中的层级结构,利用管理学、组织管理学等理论对其进行分析,勾画出不同设计的模型图,对于提高现代大学组织的管理绩效,探索高等教育发展的内在规律,结合大学进行层级的划分,尊重高等教育发展规律,促进大学准确定位、快速发展,具有积极意义。

二、现代大学组织设计的层级模型

通过不同视角将大学划分为不同的层级架构模型,归纳起来大致有以下几种。

(一)行政层级架构模型

2004 年全国全日制普通高校一共 1,731 所,本科院校 684 所,专科院校1,047 所。其中中央部委高等学校 111 所(本科 104 所,专科 7 所),包括教育部 73 所全部为本科高校,其他部委 38 所(本科 31 所,专科 7 所);地方部门高等学校 1,394 所(本科 571 所,专科 823 所),民办高校 226 所。不包含

---

① 潘懋元,陈厚丰.高等教育分类的方法论问题[J].高等教育研究,2006(3):8-13;潘懋元,吴玫.高等学校分类与定位问题[J].复旦教育论坛,2003(3).
② 陈厚丰.论高等学校分类与定位的若干问题[J].中国高教研究,2003(11).
③ 刘承波.大学排行必先分类[J].中国高等教育,2003(13、14):34-35
④ 马陆亭.高等学校的分层与管理[M].广东教育出版社,2004(8):300.
⑤ 吴家玮.大学发展战略:资源的管理与获取[A].中外校长论坛文集[C].高等教育出版社,2002(10):413.

高等职业学校、成人高等学校①。1,731 所高等学校都被中央政府赋予一定的行政级别，主要分为 3 级。一些重点大学、绝大部分"985"高校的行政级别为副部级，这一级别的大学主要负责人的行政级别为副部级干部。1992年，中央指定 14 所高校的党委书记、校长职务由中央直接任命，书记和校长享受副部级待遇，分别为北京大学、清华大学、中国人民大学、北京理工大学、北京航空航天大学、北京师范大学、中国农业大学、哈尔滨工业大学、复旦大学、上海交通大学、浙江大学、中国科学技术大学、西安交通大学、西北工业大学。2000 年增加 7 所大学为副部级大学，2003 年 12 月新增 10 所为副部级大学，以上合计为 31 所副部级大学，如表 2-1 所示。

表 2-1　副部级高等学校名单

所在省市区	数量（所）	高校名单
北京	7	清华大学、北京大学、中国人民大学、北京航空航天大学 北京理工大学、北京师范大学、中国农业大学
天津	2	南开大学、天津大学
上海	3	复旦大学、上海交通大学、同济大学
陕西	3	西安交通大学、西北工业大学、西北农林科技大学
湖北	2	武汉大学、华中科技大学
江苏	2	南京大学、东南大学
黑龙江	1	哈尔滨工业大学
吉林	1	吉林大学
辽宁	1	大连理工大学
湖南	1	中南大学
安徽	1	中国科技大学
福建	1	厦门大学
广东	1	中山大学
浙江	1	浙江大学
四川	1	四川大学
重庆	1	重庆大学
山东	1	山东大学
甘肃	1	兰州大学

---

① 2005 中国统计年鉴[M].中国统计出版社,2005(9):695.

其余的教育部属重点高校、全国所有的本科高校的行政级别为正厅级高校,这一级别的大学主要负责人的行政级别为正厅级干部。高等职业技术学院、高等专科学校的行政级别为副厅级单位,这一级别的大学主要负责人的行政级别为副厅级干部。大学的行政级别与大学的办学层次有一个对应关系,本科高校为正厅级高校,其中少数重点大学为副部级大学;专科学校为副厅级高校。我们可以通过图2-1所示将这个模型图描绘出来。

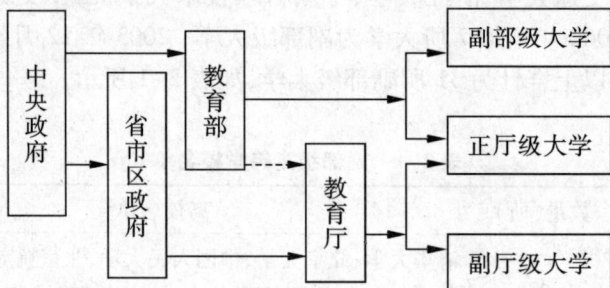

图2-1　高校对应的行政级别

(二)学术层级架构模型

大学共同体和学术界按照高等学校核心竞争力和学术水平高低,将目前中国大学分为不同级别。有的专家分为研究型大学、省部级重点大学、一般本科院校、普通专科学校①。有的专家分为研究型大学、教学科研型大学、教学型本科院校、高等专科学校和高等职业学校②。武书连认为,中国大学可分为研究型大学、研究教学型大学、教学研究型大学和教学型大学③。尽管没有统一的划分方法,但都认为大学的第一层次为研究型大学。他们都不同程度地借鉴了美国卡内基高等教育机构分类方法。卡内基高校分类方法根据大学每年授予学位的数量、水平以及学科领域的范围(数量)、从政府获得的财政资助、学科的特殊性等,将美国大学分为可以授予博士学位的研究型大学,可以授予硕士学位的大学,本科大学或学院,两年课程证书或大专文凭学院等几个类别④。还有人将中国大学划分为研究型大学、教学研究

① 21世纪的中国高等教育研究课题组.21世纪的中国高等教育[M].北京:高等教育出版社,2001:68
② 中国大学分类研究:我国学者提出新见解[DB/OL].www.edu.cn.
③ 武书连.再谈大学分类[J].科学学与科学技术管理,2002(10):26-30.
④ 张振刚等.卡内基高等教育机构分类法透视[J].高等工程教育研究,2002(2):73-76.

型大学、教学型大学、普通本科学校、专科学校。主要划分指标体系按照学位授予权力大小分为4级:具有博士学位授权单位的大学,具有硕士学位授权单位的高等学校,只能授予学士学位的普通本科院校,不能授予学位的高等专科学校。

研究型大学大概就是30余所,教学研究型大学有70余所左右,其他的是教学型大学。而全国具有博士学位授予单位的大学又有33所高校正式设立研究生院(不含刚试办转正的研究生院大学)。1978年,经国务院批准成立中国科技大学研究生院。1984年8月,经国务院批准,原教育部正式发出了《关于在北京大学等二十二所高等院校试办研究生院的通知》,全国22所高校首批设立研究生院:北京大学、中国人民大学、清华大学、北京理工大学、北京航空航天大学、北京农业大学、北京医科大学、北京师范大学、北京科技大学、天津大学、南开大学、哈尔滨工业大学、吉林大学、复旦大学、上海交通大学、上海医科大学、浙江大学、南京大学、武汉大学、华中理工大学、国防科学技术大学、西安交通大学。1986年4月,经国务院批准,原国家教委发出了《关于同意中山大学等10所院校试办研究生院的通知》,全国增加10所研究生院:中山大学、东南大学、同济大学、东北大学、大连理工大学、厦门大学、华东师范大学、中国地质大学、中国协和医科大学、西北工业大学。学者一般认为,设有研究生院的大学可以归属为研究型大学。如表2-2所示。

表2-2 33所大学设立研究生院时间表

设立时间	大学名称
1978年	中国科技大学
1984年	北京大学、中国人民大学、清华大学、北京理工大学、北京航空航天大学、北京农业大学、北京医科大学、北京师范大学、北京科技大学、天津大学、南开大学、哈尔滨工业大学、吉林大学、复旦大学、上海交通大学、上海医科大学、浙江大学、南京大学、武汉大学、华中理工大学、国防科学技术大学、西安交通大学
1986年	中山大学、东南大学、同济大学、东北大学、大连理工大学、厦门大学、华东师范大学、中国地质大学、中国协和医科大学、西北工业大学

笔者分析借鉴国内的研究成果,认为中国大学按照学术层级划分,目前有如下几个层级。一级研究型大学,应该达到或者接近如下具体条件:以培养研究生为主,研究生和本科生招生数量基本持平,建有研究生院,具有3个以上一级学科,1个以上国家级重点学科,50个以上二级学科博士学位授权

点,每年授予博士研究学位在 200 个以上。二级研究教学型大学,以本科生培养为主,研究生招生数量占本科生招生数量一半以上。具有 5 个以上一级学科博士学位授权点领域的二级学科博士学位授权点 20 个以上。硕士学位授权点在 150 个以上。每年授予博士学位 50 个以上。三级教学研究型大学,以本科生培养为主,是博士学位授予单位,在多个学科领域招收硕士研究生。每年可以授予少量的博士学位。四级教学型大学,以本科教育为主,包括一些拥有少量的二级学科硕士学位授予权专业,每年可以授予一定量的硕士学位。五级本科学院,普通本科师范学院、高等职业技术学院,拥有本科层次教育,没有硕士研究生培养专业,非硕士研究生教育单位,还有一定规模的专科生教育,或者本科学生层次教育略高于专科层次教育。六级专科高等学校,高等职业专科学校,地级城市主管的地方性大学,以专科生教育层次为主,可能还有与本科院校联合培养少量本科生教育的能力。

以上各类高等学校的分层用模型表示如图 2-2 所示。如果从行政级别模型来分析,其中一级研究型大学为副部级大学。二级大学个别为副部级大学,其余为正厅级大学,三、四、五级为正厅级大学,六级专科学校为副厅级大学。由此可以看出,同属于正厅级别的大学分别处在 4 个学术层级里面,其差距之大可想而知。

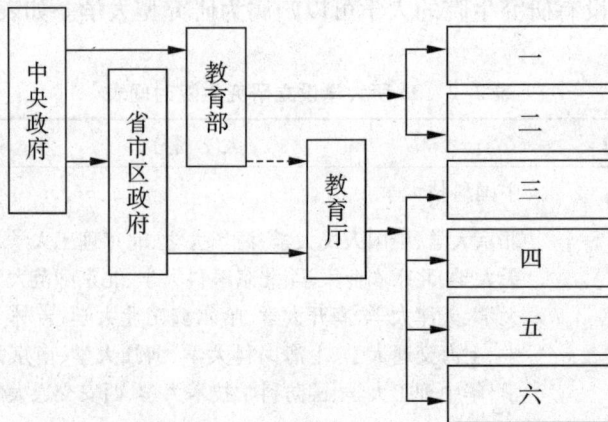

图 2-2　各类高校的分类模型

(三)类别层级架构模型

这里的类别不是按照专业与学科划分的类别,而是按照学校隶属关系和办学体制划分的类别。1,731 所高校又分为两类:一类是公办大学 1,505 所,一类是私立大学 226 所。由此可见,中国现代大学大多数为国家主办的公立大学,民营私立高等学校的数量和规模都很弱。分析国家投资兴办的

1,505 所高等学校的隶属关系，又可以分为两类：一类是部属院校 111 所；一类是地方院校 1,394 所。详细划分类别层级大学架构模型为 4 个类别层级。部属院校、省属院校、市属院校、民办学校，这和历史上曾经存在的国立大学、省立大学的分类相似，将来可以划分为国立大学、省立大学、社区大学和民办大学 4 个等级。而部属大学又分为多个层次，我们详细分析部属大学层次。

1. 重点大学

2006 年 5 月 20 日，《科学时报》发布的大学排行榜中，将中国大学分为重点大学、一般大学两大类。所谓重点大学 119 所，是指原教育部所属大学、现教育部所属大学、"211" 大学[①]。20 世纪 50 年代，中国大学进行了大规模、影响深远的院系调整，大学被重新组合、划分，同时新建一大批高等学校，适应计划经济条块分割的管理体制需要，取消综合性大学，建立单科型大学，分别隶属于中央各个部委，也就是中央政府各部委都办有与所管辖范围紧密相关的专业性单科高等学校。1954 年 10 月，在《关于重点高等学校和专家工作范围的决议》中，指定以下 6 所学校为全国性重点大学：中国人民大学、北京大学、清华大学、北京农业大学、北京医学院、哈尔滨工业大学。1959 年 5 月 17 日，中共中央发出《关于在高等学校中指定一批重点学校的决定》，指定以下 16 所高校为全国重点大学：中国人民大学、北京大学、清华大学、中国科技大学、北京工业学院（北京理工大学）、北京航空学院（北京航空航天大学）、北京农业大学、北京医学院（北京医科大学）、北京师范大学、天津大学、哈尔滨工业大学、复旦大学、上海交通大学、华东师范大学、上海第一医学院、西安交通大学。1959 年增加 4 所全国重点高校：协和医科大学、哈尔滨军事工程学院、第四军医大学、军事通讯工程学院。而重点大学一直处于扩张状态，到 1963 年，全国重点大学达到 68 所[②]。这构成了国家重点大学的基本框架。

"文革"期间，中国大学发展方向出现逆转，高等学校停止招生，重点大学的称谓也随之取消。1978—1981 年，经过恢复与发展，又重新确立了 96 所重点大学[③]。"七五"期间经过国务院批准，将 15 所高校列为国家重点建设项目：北京大学、清华大学、中国人民大学、北京师范大学、北京理工大学、北京航空航天大学、北京医科大学、中国农业大学、哈尔滨工业大学、复旦大

①　邱均平等.中国大学及学科专业排行榜是怎样产生的[N].科学时报,2006-05-15.
②　马陆亭.高等学校的分层与管理[M].广东教育出版社,2004:20.
③　马陆亭.高等学校的分层与管理[M].广东教育出版社,2004,20.

学、上海交通大学、中国科技大学、国防科学技术大学、西安交通大学、西北工业大学。从此开始了重点建设一批大学的发展思路,成为后来"211 工程""985 工程"建设的前奏。同时各个部委也分别重点建设自己的重点大学。全国重点大学形成了新的布局。

这种条块分割的高等教育隶属关系模式,在国家经济体制改革之后,逐渐表现出对高等教育的需求不适应市场经济体制发展的弊端。在 20 世纪 90 年代后期开始了新的以合并单科性大学为综合性大学为主线的大学体制改革,实质上是对 50 年代全国院校调整的回归。中央政府各部委主管的大学绝大多数划归教育部主管,改单科型大学为综合性大学。按照隶属关系,中国大学形成了如下格局:教育部部属重点大学,各省自治区直辖市政府主管的省属大学,一些地级城市兴办的、以职业技术培训为主、专科水平的地方高等学校。教育部代表中央政府主管的高等学校称为部属高校。部属高校有一个发展过程,分为如下 4 类:"211 工程"大学、"985 工程"大学、省部共建地方大学、一般部属大学。其类别层级架构模型如图 2-3 所示。

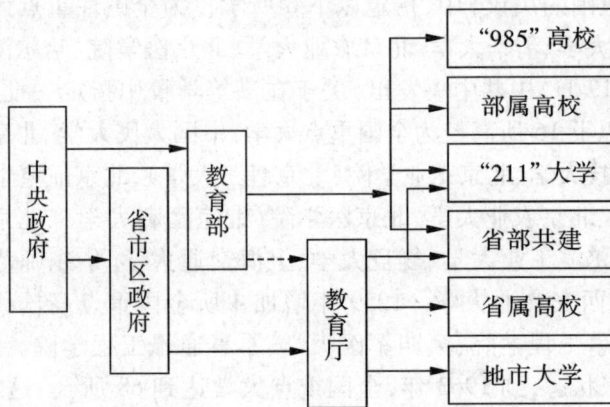

图 2-3　大学类别层级架构

2. "211 工程"大学

1993 年 2 月 13 日,中共中央、国务院印发的《中国教育改革和发展纲要》及国务院《关于〈中国教育改革和发展纲要〉的实施意见》中提出,为了迎接世界新技术革命的挑战,面向 21 世纪,要集中中央和地方各方面的力量,分期分批重点建设 100 所左右的高等学校和一批重点学科、专业,使其到 2000 年左右在教育质量、科学研究、管理水平及办学效益等方面有较大提高,在教育改革方面有明显进展,力争在 21 世纪初有一批高等学校和学科、专业接近或达到国际一流大学的水平,为中国 21 世纪的发展培养、积聚各行各业所需的高素质骨干人才,解决经济建设及社会发展中的重大科技问题,

使中国高等教育在世界上占有一席之地。这就是国家按照"一部一校""一省一校"等原则实施的"211工程"高等教育重点建设项目。最初经原国家计委(现国家发展改革委)批复立项的"211工程"国家重点建设高等学校共99所,调整合并8所后,到2005年为91所,其中中央部委所属63所,地方高校进入"211工程"28所。"211工程"的一期建设,中央财政支持的专项经费主要用于67所部委院校(调整合并前),28所地方高校中一部分学校拿到少量补助经费,一部分高校则没有拿到补助经费。"211工程"的二期建设,中央财政经费主要还是投向63所部属高校,对地方高校,根据是否有重点学科及重点学科的数量,给了一些补助性的经费。

"211工程"大学第一次遴选之后,由于一些省自治区(宁夏、青海、西藏、海南、贵州)没有大学进入"211工程"建设行列,原少数高水平部属高校也未能进入"211工程"建设行列,2005年,教育部又决定对"211工程"建设大学进行增补,重点解决上述两种问题。最后增补12所大学为"十五"末期开始建设的"211"大学,总投入1.5亿,除去贵州大学获得3,000万元、合肥工业大学获得2,000万元之外,其余高校一律1,000万元。这样"211工程"大学到"十五"末期实际上总共有103所大学。

3."985工程"大学

1998年5月4日,江泽民同志在庆祝北京大学建校100周年大会上向全社会宣告:"为了实现现代化,我国要有若干所具有世界先进水平的一流大学。"因此,教育部决定在实施"面向21世纪教育振兴行动计划"中,重点支持部分高校创建世界一流大学和高水平大学,简称"985工程"大学。34所高校成为"985工程"建设大学,见表2-3。"985工程"大学也分3类:第一类是北京大学和清华大学2所大学;第二类是南京大学、浙江大学、复旦大学等9所大学,实际就是常说的"9+2";还有23所属第三类。国家对"985工程"投入了很多钱,大部分经费都投入到"9+2"高校里去了。列入"985工程"建设的高校(一期共34所),签署过重点建设协议后,各高校的定位及获得资助经费总量虽然有较大差别(见表2-4),但是经过几年建设和投入,获得重点支持的各"985工程"大学在学科建设、师资队伍建设和科研成果等诸多方面都取得了可喜进展。

1998年12月24日,教育部制订的《面向21世纪教育振兴行动计划》将"若干所"正式列入其中,明确指出"创建若干所具有世界先进水平的一流大学和一批一流学科"。依据教育部和各省、市及部委所签订的合同,根据合同书对各大学的定位及资金资助情况(三年内拨款经费总量)、按照共建合同签约时间分列见表2-4。

表 2-3 "985 工程"重点建设大学

清华大学	北京大学	南京大学	中国科技大学	上海交通大学
复旦大学	浙江大学	武汉大学	西安交通大学	哈尔滨工业大学
南开大学	天津大学	东南大学	华中科技大学	中国海洋大学
厦门大学	山东大学	湖南大学	北京理工大学	大连理工大学
中南大学	吉林大学	重庆大学	电子科技大学	北京航空航天大学
四川大学	中山大学	兰州大学	华南理工大学	西北工业大学
东北大学	同济大学		北京师范大学	中国人民大学

表 2-4 "985 工程"(一期 34 所)高校定位及获得资助经费总量①

类别	目标定位	投入渠道	学校	投入总经费	签约时间
一类	世界一流大学	教育部拨款	北京大学	18 亿	
			清华大学	18 亿	
二类	国内一流、国际知名高水平大学	教育部拨款+省拨款	浙江大学	14 亿(7+7)	1999 年 11 月 8 日
		教育部拨款+省拨款	南京大学	12 亿 (6+6)	1999 年 7 月 26 日
		教育部拨款+市拨款	复旦大学	12 亿 (6+6)	1999 年 7 月 27 日
		教育部拨款+市拨款	上海交通大学	12 亿 (6+6)	1999 年 7 月 27 日
		教育部拨款+中科院拨款+省拨款	中国科技大学	9 亿(3+3+3)	1999 年 7 月 25 日
		教育部拨款+省拨款	西安交通大学	9 亿 (6+3)	1999 年 9 月 11 日
		教育部拨款+国防科工委拨款+省拨款	哈尔滨工业大学	10 亿(3+3+4)	1999 年 11 月 14 日
		教育部拨款+国防科工委拨款+市拨款	北京理工大学	10 亿(3+3+4)	2000 年 9 月 23 日
		教育部拨款+市拨款	北京师范大学	12 亿 (6+6)	2002 年 8 月 24 日
	国际知名的世界一流大学		中国人民大学	经费未公布	未签约

---

① http://forum. netbig. com/bbscs/read. bbscs? bid = 1&id = 6419013&page = 520&inpages = 1&t = 23.

续表2-4

类别	目标定位		投入渠道	学校	投入总经费	签约时间
三类	国内外知名的高水平大学	中央拨款3亿以上的大学	教育部拨款+国防科工委拨款+市拨款	北京航空航天大学	9亿(3+3+3)	2001年9月23日
			教育部拨款+国防科工委拨款+陕西省、西安市以土地等形式	西北工业大学	9亿(3+3+3)	2002年1月22日
			教育部拨款+省拨款	武汉大学	8亿(4+4)	2001年2月13日
			教育部拨款+省拨款	四川大学	7.2亿(4+3.2)	2001年9月29日
			教育部拨款+市拨款	南开大学	7亿	2000年12月25日
			教育部拨款+市拨款	天津大学	7亿	2000年12月25日
			教育部拨款+省拨款	吉林大学	7亿(4+3)	2001年2月22日
		中央拨款3亿的大学	教育部拨款+省拨款	中山大学	12亿(3+9)	2001年10月26日
			教育部拨款+省拨款	山东大学	8亿(3+5)	2001年2月26日
			教育部拨款+省拨款	东南大学	6亿(3+3)	2001年2月12日
			教育部拨款+湖北省、武汉市以资金、项目形式	华中科技大学	6亿(3+3)	2001年2月13日
			教育部拨款+福建省拨款+厦门市拨款	厦门大学	6亿(3+1.5+1.5)	2001年2月22日
			教育部拨款+市拨款	同济大学	6亿(3+3)	2002年6月26日
			教育部拨款+市拨款	重庆大学	5.4亿(3+2.4)	2001年9月28日
			教育部拨款+省拨款	兰州大学	4.5(3+1.5+土地)	2001年12月9日
		中央拨款2亿的大学	教育部拨款+省拨款	中南大学	4亿(2+2)	2001年2月27日
			教育部拨款+省拨款	湖南大学	4亿(2+2)	2001年2月27日
			教育部拨款+辽宁省、大连市拨款	大连理工大学	4亿(2+2)	2001年8月8日
			教育部拨款+省拨款	华南理工大学	4亿(2+2)	2001年10月26日
			教育部拨款+省拨款+沈阳市拨款	东北大学	4亿(2+1+1)	2002年1月23日
			教育部拨款+省拨款	电子科技大学	3.6亿(2+1.6)	2001年9月29日
			教育部、山东省、中国海洋局、青岛市总拨款额	中国海洋大学	3亿	2001年2月27日

注:位于湖南长沙的国防科技大学是副总理级,比教育部的正部级还要高一个级别。因为是军校,一般不参与地方大学排名。

4.省部共建地方大学

党的十六大以后，教育部积极落实科学发展观，推进高等教育协调发展战略，2004年初，教育部党组决定与中西部地区无教育部直属高校的12个省份，各共建一所地方所属大学，以促进区域经济建设、科技进步和社会发展，缩小中西部高等教育发展差距，推动全国高等教育协调发展。以地方省、自治区政府为主管理，教育部重点支持的省部共建大学，是新时期推进高等教育创新与协调发展的又一重大举措，通过共建推进地方大学各项事业的改革与发展，不断提高共建地方大学的教育质量和科研水平，使之成为我国高素质人才培养、高水平科学研究以及推进高新技术发展的重要基地。教育部除给予一定经费支持之外，还将在教学、科研、学科建设、师资队伍建设等方面进行指导，统筹考虑支持共建大学人才培养基地、重点学科、重点实验室的布局与发展①。山西、河北等省区抓住这一机遇，明智地选择本省"211"大学之外的另外一所大学与教育部共建，使当地新增一所高等院校得到中央政府的支持，得到教育部的支持，从而使高等教育布局更趋于合理。而河南、江西、内蒙古等省区的省部共建大学则是本来已经进入"211工程"建设的大学，当然，因为一些省区高等学校数量少，基础薄弱，当地人口总量也少，社会对接受高等教育的要求相对较低，如此布局本省区的高等教育也是可以理解的。作为人口大省的河南省，这样做就错过新增院校得到中央政府和国家教育部支持的机会，这一决策的结果不利于本省高等教育布局的有效改善，不利于高等教育的快速发展，不利于缓解本省区高等教育升学的压力，不利于在中部崛起中得到高等教育的有力支撑。

（四）大学招生层级架构模型

大学的层次直接影响生源质量，反过来，从生源的质量也可以看出大学的分层。而生源质量是大学社会影响力的反映，也是将来大学发展的潜力，因此，有必要对大学生源质量的层次进行分析。

每年大学录取分数线将中国大学分为非常明显的层级结构。按照录取分数线和录取时间可以分为如下几类。提前录取院校，主要是军事院校、警官学校、本科艺术专业学校。第一批录取高校，也就是一类重点大学录取本科分数控制线以上的大学，在全国范围来看，都是重点大学，从某一省来看，可能有少数省内重点建设的大学纳入到第一批录取层次，但是这样的高校在外省招生录取分数控制线仍然属于第二批录取范围。第二批录取高校，也就是普通本科高等院校录取分数控制线以上的高等学校。第三批录取高

---

① http://www.gmw.cn/03pindao/lunwen/show.asp? id=6974.

校，一些本科学院，或者执行第三批本科专业学校录取分数线、附设在本科大学下的二级独立学院等高校录取分数控制线以上的大学。第四批录取高校，也就是第四类高等学校，比如高等专科学校、高等职业技术学院等。

如果和行政层级架构比较，副部级大学、部分正厅级大学属于第一批录取大学；部分正厅级大学属于第二批录取大学，一些正厅级本科院校属于第三批录取高校；专科学校属于第四批录取学校。如果和学术层级架构比较，研究型大学、研究教学型大学、教学研究型大学属于第一批录取大学，教学型大学属于第二批录取高校，本科学院属于第三批录取高校，专科学校第四批录取。如果和类别层级架构比较，"985"大学、"211"大学、省部共建大学第一批录取，省属高校在第二批、第三批录取，地市大学在第四批录取。

从理论上讲，一个考生的分数进入某一类大学录取分数线之后，就可以在这一批次录取的高校中选择志愿，并且也应该被所报考的高校录取。换句话说，某一类录取控制分数线的高等学校，录取达到分数线规定范围内的任何一个高考考生，在政策上都是允许的。但是，事实上远非如此简单。达到某一录取分数线的高考考生，面对本录取批次众多的高校，并不是随便报考哪个学校都能被录取的。处于同一录取批次的大学又客观存在着非常明显的等级划分。首先，是办学实力。同是重点大学，北京大学、清华大学是一个等级，而之后的复旦大学、上海交通大学又是一个等级。在考生填报志愿的考量中，复旦大学又比上海交通大学水平高一些。其次，考生所报考的专业不同，专业所在大学在考生心目中就会出现分层。如北京邮电大学，在武书连先生的大学排名当中，位次在第90名左右。然而，由于其毕业生可以进入完全由国家垄断的电信行业，收入极高，造成报考考生总数远远大于招生人数，将录取分数线抬高，在某些省份的某些年份，北京邮电大学录取分数线甚至比北京大学的录取分数线还高。再次，大学所处的地理位置也影响着大学的分层。考生首选北京、上海的大学，其次是经济发达、文化繁荣的政治中心城市的大学。最后，当年报考考生的总量与录取人数之间的比率，也是决定大学生源的一个主要因素。

客观上，同一录取批次的不同大学之间都存在这样的差异，这种差异是由上面我们分析过的行政层级、学术层级、类别层级等几个不同划分大学层级的模型，加上所处地理位置、专业水平等因素共同作用的结果。实际上这种反映在考生和社会评价的基础上的报考大学的取向，将大学又划分出新的层级结构，如图2-4所示。

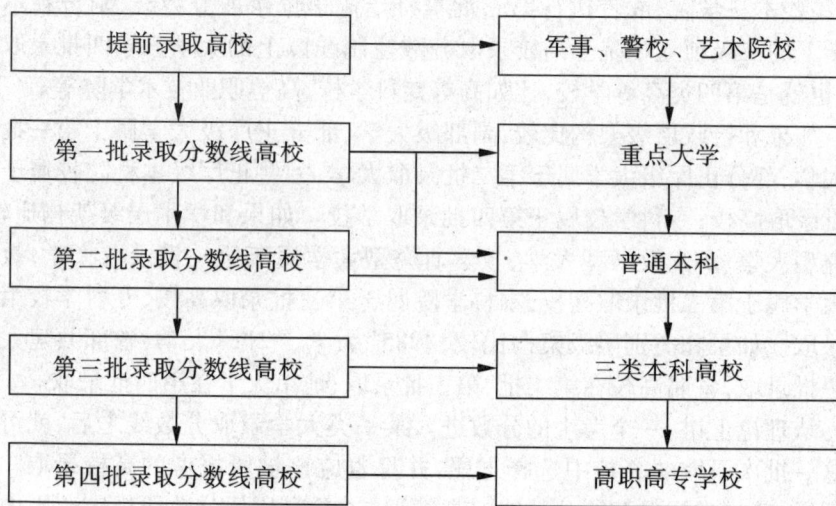

图 2-4　高校招生层级架构模型

(五)大学组织内部设计的层级结构模型

如果说前面四种分层模型是从宏观的角度考察大学的不同层级机构，那么，任何一个大学的管理层级设计，都可以称之为大学组织层级结构的微观结构。大学内部组织结构的设计具有更加明显的层级结构，不同的大学内部管理组织设计之间存在差别。目前几乎所有的高等学校，甚至专科学校也参照本科大学的层级结构设计内部的管理层级。本科大学一般分为学校一级—学院二级(行政各部处、党务各部处)—学系三级(研究所、行政管理部门的科级、党务部门的科级)的管理模式，其管理模型如图2-5所示。

当然，大学的层级结构反映在各个方面，如大学的学科建设层级结构：国家重点学科，省级重点学科，学校设立的校级重点学科。博士学位一级学科授权点，博士学位二级学科授权点，硕士学位一级学科授权点，硕士学位二级学科授权点等。用人单位也将毕业生按照不同的毕业学校分为不同的水平，实际上就是社会用人单位将大学划分为不同的级别。一个客观存在的层级结构体系，已经将中国不同大学、不同学科划定归类在不同的层级结构之中。

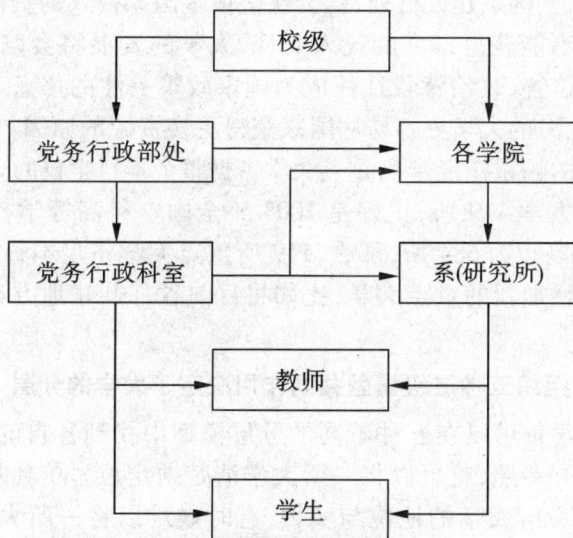

図 2-5　大学内部设计管理模型

三、现代大学组织设计层级模型分析

现代大学组织设计层级模型理论揭示了很多高等教育发展的内在规律,反映出中国高等教育布局、结构生成的政治原因、政策原因,对于大学科学定位、协调发展以及今后如何发展都具有指导意义。

(一)大学组织层级模型要求大学具有不同的定位

上述大学组织五种层级结构模型,可以清楚地将中国大学从不同的角度进行分层。这既是大学存在状况的客观反映,又是大学整体布局和发展规律的体现。任何一所大学,大学内的任何一个学科,在国内都有一个层次分类。同一层次之内,又存在着优劣之分。从客观规律来看,一个国家的大学布局结构一定存在不同的层级分布,相对应的也存在不同的社会责任和不同的服务对象,不可能把所有的大学都建成一流大学,也不可能让所有的大学都从事职业教育。各个大学要根据自身的分层确定自身的定位,避免目标高远难以实现和不具有操作性。

(二)大学组织分层处于动态变化之中

大学组织层级的划分不是一成不变的,而是在不断变化之中。有的大学由下一层次上升到了上一层次,另外一些大学则可能由上一层次下降到下一层次。从层级结构模型中可以看出,这种大学的流动,主要原因是国家政策调整的结果,在国家政策的调整中,大学之间处于激烈的竞争之中。通过竞争，被纳入到国家建设行列，就会获得很多国家投入的资源和享受国家的政策。一旦不能获得国家的投入支持，大学的发展将会陷入困境之中。而大学的地理位置、政治背景往往成为国家政策关注的焦点。这也是为什么处于北京、上海的大学更容易从国家获得更多资源的原因。按照经济学、管理学中著名的帕累托定律①，重点大学占据整个本科学校的20%左右。而目前中国重点大学119所，正好是2003年全国本科高等学校的20%。而2004年的本科高校为684所，那么，119所重点大学不足本科总数的20%，将来很有可能增加新的重点大学，比如将目前省部共建地方大学纳入到重点大学行列。

（三）大学组织五种层级模型共同作用决定了大学的分层

每一所大学都可以在五种不同的分层模型中找到各自的位置，而这五种分层模型相互参照，就可以将一所大学清楚地定位。单独从其中一个分层模型中观察一所大学的地位与实力，有时候难以将一所大学恰当定位。按照行政层级划分，本科高等学校都是正厅级大学。如果仅仅从这一个大学分层模型中考察大学，很难将一个属于行政级别正厅级单位的"985"大学与一个刚刚从专科学校升格为本科学校的高校进行区分。然而，这样两个相同行政级别的大学，在学术层级上不知相差几个等级，在隶属关系上也明显不一样。隶属于教育部主管与隶属于省政府主管的同一行政级别的大学，在获得各种资源支持和政策待遇方面不可同日而语。管理人员的素质、能力、阅历、见识，教师的教学水平、科研能力，学生的素质，所掌控的社会资源总量，推行的办学理念，具有的办学实力，现有的学校规模和学校的社会地位，都有很大差异。不同学术级别大学的发展历史、社会责任也存在不同，进而形成不同的校园文化和不同的大学精神、校风、学风以及价值判断标准，这无形中对师生产生影响，并左右师生的行为和价值判断。尽管不同学术级别高等学校都拥有相似的行政管理部门，但是较低级别高校的管理人员的综合素质、管理能力、管理水平、学术阅历和资历以及办学理念，与较高学术级别高校里的管理人员相比，将会有很大差距。我国大学属于社会意识形态领域上层建筑的重要组成部分，被政治强有力地掌控，常常作为政府的一个行政部门出现，因此大学作为学术组织的特性被不同程度地忽视，一些地方高等学校上级主管部门在管理高等学校时，往往只看重高等学校的行政级别，而不重视或者忽略大学的发展历史、学术层级，一定程度上助

---

① 所谓帕累托定律，就是经济学家帕累托提出的二八法则，即80%的财富掌握在20%的人手里，或者说20%的人创造了80%的财富。后来发现这一法则在管理学上具有普遍意义。

长了行政权力的过分膨胀,造成学术权力的过度萎缩。

(四)大学组织的行政属性强化了大学的官僚职能

潘懋元先生批评说:"值得注意的是,在高等教育机构分类方面,至今人们往往习惯于用社会等级观念,首先关注高等学校的层次划分,而对于作为层次划分之前提的类别划分却没有予以足够的重视。"①大学具有不同的行政级别,突出体现其行政属性,当然有它存在的原因和合理性。从管理大学的角度讲,赋予大学一定的行政级别,便于调控资源,分派管理干部,加强大学的管理。问题在于,过分强调大学的行政级别层级和行政属性,不可避免地将大学组织作为一个行政组织对待,使得大学成为政府的一个部门,大学组织内部的行政层级架构的设计,也必然在行政级别框架下,突出其管理者的行政级别,强化行政管理者的行政权力,行政管理人员着力体现"管理"教学科研人员的职能,而不是在服务教学科研人员,由此降低了教学科研人员的地位,加剧了大学的官僚化,强化了大学的行政权力,进一步削弱了大学的学术权力。评价大学办学实力与核心竞争力的主要指标,不在于它的行政级别,而在于它的学术级别,在于它的学术实力,科研能力,人才培养层次和素质。大学不一定非要属于什么行政级别,只要大学里的教授、一线的教学科研人员的政治待遇、生活待遇有保障,淡化大学的行政级别,就能弱化行政权力,强化学术权力,促进大学健康发展。

(五)大学组织层级的划分由大学学术实力决定

行政级别是当前大学层级的显著特征,然而,决定一所大学处于什么层次和级别的并不是行政级别,而是其学术竞争力。一所大学学术竞争力提高,不仅可以从专科学校升格为本科学校,也可以提升本科学校的办学水平和实力,由培养人才层次较低的学校提升为较高层次,比如从培养本科生,发展到培养硕士研究生,再发展成为博士学位授予单位,虽然行政级别都处于正厅级,但是对社会的贡献程度、服务社会的能力、人才培养的质量和层次、社会声誉和影响力、大学文化、大学精神、办学理念等各方面都会随之提升。也正是因为此,任何一所大学要想发展,不把提高自身的科学研究能力、研究水平和教育质量放在首位,简直是不可想象的事情。

(六)大学组织层级的划分受国家行政权力和国家政策影响

由于中国现代大学的发展历史比较短,大部分在百年之内建校与发展,又由于20世纪中国历史的特殊性,使得中国大学在百年的历程中始终处于

---

① 潘懋元、陈厚丰.高等教育分类的方法论问题[J].高等教育研究,2006(3):8-13.

摇摆与反复之中,80 年代之后中国大学发展进入一个较快的良性发展时期,结构布局趋于合理,但是整个大学的变动,始终在国家政策的调控下进行。无论是 50 年代的院校调整,还是 90 年代的院校合并,乃至于后来的扩招,"211 工程""985 工程"及省部共建地方大学等的确立,都是国家主管部门指令下的行为,大学发展受到中央政府行政决策的影响,有时候就可能违背高等教育发展的规律,人为地将大学的发展置于政府调控的地位,比如河南大学在 50 年代是国家重点大学,它被分解,在 90 年代无法突破"一省一校"的原则进入"211 工程"大学行列,后来也无法突破这一原则进入省部共建地方大学行列,其发展的历程就充分说明了这一点。

(七)大学层级划分受大学所处地理位置影响因素不容忽视

在西方,比如英国的剑桥大学、牛津大学等,虽然处于偏僻的小城镇,但不妨碍其成为国际著名大学。然而,在中国大学的布局中,大学的发展水平与所处的地理位置关系密切。"985 工程"高校无一不在省会城市,在武书连的大学排行榜的 100 强大学中,不在省会的大学有 12 所,其中沿海城市 4 所,大连 1 所,青岛 2 所,秦皇岛 1 所(燕山大学);经济发达城市苏州、扬州、镇江各 1 所;只有山东农业大学(山东泰安)、河北大学(保定)、河南大学(开封)、湘潭大学(湘潭)处于经济不是很发达的内陆中小城市,而其中的湘潭大学又是在中央政府的直接关照下发展起来的。大学受地理位置的影响出现层级差异是有原因的,信息交流传递,资源分配,政策支持,工作人员的工资待遇,所享有的公共设施,交通条件等,都会因为不在省会城市办学而受到严重限制,进而制约大学的发展。这一中国大学发展的客观规律不容忽视。

大学制订"三大规划"的若干思考

制订发展规划是大学战略管理的重要内容,也是大学发展的先导环节。如何制订发展战略规划,是值得探索的问题。作为学校发展规划制订的执笔者和组织者,在制订三大发展规划中,有一些经验体会和思考,也许会对制订规划的其他人有所帮助和参考。

一、坚持科学发展观,必须确立以人为本的办学理念

坚持以人为本,是科学发展观的核心和本质特征,也是马克思主义的基本观点。马克思曾经说过,未来的新社会是"以每个人的全面而自由的发展为基本原则的社会形式"。在1848年的《共产党宣言》里提出:"每个人的自由发展是一切人的自由发展的条件。"十六大报告里将"形成全民学习、终身学习的学习型社会,促进人的全面发展"作为全面建设小康社会的奋斗目标之一。十六届四中全会要求我们:"坚持以人为本、全面协调可持续发展的科学发展观,更好地推动经济社会的发展。"

(一)以人为本就是以教师、学生为本

在高等教育领域里坚持以人为本,首先必须弄清楚"人"的主体是什么?在大学里,教师和学生群体是以人为本的主体。促使学生全面而自由地发展的前提条件,是必须有一支素质优良、全面发展的教师队伍。只有教师队伍真正地发展了,才能保证学生获得其应该获得的所追求的知识和能力。也只有教师和学生得到了发展,学校里的其他各项工作才能有所发展。教师队伍建设尤其是学科带头人的培养、选拔、引进,是直接关系到学校发展的最核心问题。这是高等教育的基本客观规律。因此,不断加强教师队伍建设,始终把人才问题放在高等教育领域各项工作的首位,是落实科学发展观的关键。人才问题也是学校最为复杂、困难最大的问题。河南大学由于各种各样的客观原因,面临着人才队伍建设的严重压力。我们不仅是在和世界发达国家进行人才争夺战,而且也是在和国内著名大学、重点大学、沿海经济发达地区高等学校展开人才争夺战。在市场规律面前,这种人才竞争的残酷性和艰巨性,是我们难以想象的。即便如此,在全体师生艰苦卓绝的努力下,河南大学的人才队伍建设工作也取得了令人满意的成绩。目前,在1,750名专任教师中,研究生导师599人,正、副教授839人,其中45岁以下的有366人;引进院士9人(含双聘),拥有一大批对国家有突出贡献的中青年专家,国家"百千万人才工程"入选者,享受政府特殊津贴专家,省、校特聘教授,黄河学者等优秀人才;有博士296人(含在读),硕士689人(含

在读），分别约占专任教师的 17% 和 39%。也正是这些优秀人才，在科学研究、人才培养、学科建设等方面取得了令人满意的成绩，学校获得了突飞猛进的发展。学校现有 1 个教育部重点实验室，1 个省工程技术研究中心，1 个省重点实验室，1 个省高校重点学科开放研究中心，3 个省人文社会科学研究基地。1999 年以来，承担学校"863 计划""973 计划"和国家社会科学、自然科学基金项目 80 多项，省部级项目 396 项，申报专利 41 项，鉴定科技成果 43 项，获得各级各类奖励 1,000 多项；出版专著、教材 483 部，发表论文6,728篇。学校拥有 3 个博士后流动站，9 个博士学位授予点，90 个硕士学位授予点。现有研究生 1,460 人，普通本专科生 22,031 人，留学生 88 人，成人教育学生20,412人，各类学生总计达 43,991 人，是河南省重要的人才培养基地。这些成绩的取得，是河南大学落实科学发展观，坚持以人为本办学理念的具体体现。

今后，我们应该继续坚持既定的人才发展战略，坚决按照十六届四中全会的要求，"坚决破除各种障碍，使一切有利于社会进步的创造意愿得到尊重，创造活动得到支持，创造才能得到发挥，创造成果得到肯定"。"全面贯彻尊重劳动、尊重知识、尊重人才、尊重创造的方针"，以超常规的热情、超常规的投入、超常规的举措来抓人才工作，在工作中真正体现出"尊重人、关爱人、依靠人"，正确处理引进、培养、提高的关系，做到引进一批人、培养一批人、留住所有人，继续实行校内人事分配制度改革，全面推进河南大学人才建设立体工程，奖励对河南大学发展做出突出贡献的个人，把河南大学建成人才干事创业的基地和中心。

（二）坚持以人为本，就要形成"服务教师学生"的外部大环境

十六届四中全会要求全党必须"大兴求真务实之风，保持党同人民群众的血肉联系"，要求"各级领导干部都要牢固树立马克思主义的世界观、人生观、价值观，坚持正确的权力观、地位观、利益观，始终与人民群众同呼吸、共命运、心连心，坚决反对脱离群众、以权谋私"。加强党同人民群众的联系，是体现执政能力的主要指标体系之一。现代大学组织是一个复杂的矩阵型结构组织，在这一体系之内，存在着多种权益集合体，尤其是存在着行政权力与学术权力之间的冲突。而几十年的计划经济体制的惯性使然，在大学组织里存在着过于强大的行政权力，学术权力边缘化，其结果是难以形成以教师为本的办学理念以及与之相适应的外在运行机制，反而会强化管理职能，弱化服务职能，脱离教师和学生，容易滋生官僚主义。在具体的管理工作中，由于学校的行政管理体制缺乏服务意识，在此种环境下就不利于教师积极性的调动，不利于科学研究、教学的开展，不利于教师队伍建设，不利于学生的培养。要改变这种现状，各党政管理职能部门必须按照四中全会的

要求："更新管理理念，创新管理方式，拓宽服务领域，发挥基层党组织和共产党员服务群众、凝聚人心的作用。""加强对权力运行的制约和监督，保证把人民赋予的权力用来为人民谋利益。"主动接受教师和学生的监督，真正建立起具有较强服务意识的行政管理体制，树立管理及服务的意识，进而提高学校基层党组织执政能力、管理水平。探讨学校管理工作服务于科研与教学、服务于教师、服务于学生的运行模式，将会大大促进以人为本的办学理念的确立。

（三）坚持以人为本，还需要树立"质量"第一的观念

党的十六届四中全会指出："坚持科学发展观和正确政绩观，重实际、说实话、办实事、求实效，坚决反对形式主义、官僚主义和弄虚作假。"质量是和数量相对而言的。质量是效益的体现，是内涵发展的要求，数量是规模扩张的反映。近年来，伴随着扩招政策的实施，河南大学的规模获得了前所未有的大发展。新校区建设二期工程已经完工，现入住 8 个学院 10,000 多名师生。在校生总数已经超过 3 万人。规模扩大是社会发展对高等教育的要求，也是学校自身发展的需要。按照学校的发展规划，到 2012 年学校建校 100 周年时，普通本科生将达到 33,000 人，研究生 7,000 人，留学生 700 人，成人教育学生 30,000 人。在教学科研资源相对稳定的情况下，学生人数的大幅度增加，规模的迅速扩张势必带来质量问题。我们必须清醒地意识到，衡量一所大学水平高低的主要标志不是数量，而是办学质量和学术水平。因此，在规模扩张的同时，务必走内涵发展的道路，坚持质量第一的观念，确保办学质量的不断提高。为此，一要大力发展研究生教育，较大幅度地扩大研究生占学生总数的比例，提高人才培养的层次。二要继续加强学位点建设，争取更多的博士点和硕士点，积极筹建研究生院。三要在高层次建设方面狠下功夫，力争在国家重点学科和重点实验室、博士学位一级学科授权点、教育部人文社会科学研究基地等方面取得突破。四要高度重视本科生教育，以教育部本科教学水平评估为契机，对照条件，拾遗补阙，以评促建，确保各项主要评估指标都达到 A 级标准。

二、规划发展，谋划未来，把科学发展观融入学校的三个规划之中

"凡事预则立，不预则废。"近几年来，虽然河南大学以学科建设为龙头，以学位点建设为突破口，在扩大学校规模、提高办学层次与水平等方面取得了突出的成绩，学校发展出现了强劲的势头，但与此同时，随着学生规模的不断扩大和新校区的投入使用，学校在学科建设、师资队伍建设和办学资源配置等方面也出现了一些新的矛盾和困难。这些问题直接关系到学校未来的发展，也涉及全校教职工生的切身利益，广大教职工生对此非常关心。学

校发展正处于一个关键时期，正如《人民日报》发表的《再干二十年》那篇文章所反映的全国的情况一样，如果我们再发展一个时期，再上一个新台阶，河南大学就会发生质的飞跃，否则就有可能徘徊不前或者倒退。十六届四中全会告诫我们："要紧紧抓住重要战略机遇期，聚精会神搞建设，一心一意谋发展。"发展面临的严峻形势要求我们，必须在科学发展观的指导下，认真思考，详细论证，积极研究解决问题的方案和办法，不失时机地制订好"三个规划"，将科学发展观融入学校的发展规划之中，为学校在21世纪头20年的建设提供一个比较科学完整的发展蓝图。

（一）制订"三个规划"是发展的需要，也是我校贯彻落实科学发展观的具体体现

2002年11月，时任教育部副部长的周济同志到陕西考察高等教育工作时，强调在新的历史条件下，发展高等教育，推进高等教育创新，必须认真做好"两个思考"，科学制订"三个规划"。"两个思考"就是要思考建设一所什么样的大学，思考如何建设这样的大学。"三个规划"就是"学校发展战略规划""学科建设与师资队伍建设规划""校园建设规划"。2003年1月，教育部在杭州召开直属高校工作咨询会第十三次会议，周济同志在会议上详细论证了高校要做好"两个问题的思考""三个规划的制订"这项工作的意义，再次强调全国高校面临发展的新形势，必须尽早科学制订发展规划。去年以来，河南大学向教育部汇报工作时，教育部领导也多次叮嘱我们要尽快做好学校的"三个规划"。2004年初，省委、省政府召开全省高等教育工作会议，又明确要求全省各高校要在当年上半年完成"三个规划"的制订工作。

2003年7月，河南大学在第八次党代会上，提出了要努力把河南大学建设成为国内一流大学的宏伟目标，在广大师生员工中引起了强烈反响。2003年10月，党的十六届三中全会召开，提出了"科学发展观"的理论，学校领导在认真学习"科学发展观"理论的基础上，认识到河南大学的发展也要坚持这一理论为指导，在建设国内一流大学的进程中，走出一条适合自身发展的路子。这为学校"三个规划"的制订找到了科学的指导思想。

（二）在科学观指导下制订学校发展的"三个规划"

十六届四中全会要求各级领导部门，必须坚持"改革和完善决策机制，推进决策的科学化、民主化。完善重大决策的规则和程序，通过多种渠道和形式广泛集中民智，使决策真正建立在科学、民主的基础之上"。制订"三个规划"是一项比较复杂的系统工程，必须从实际出发，科学定位，认真论证，准确把握未来发展的目标；同时规划的制订也是一个统一思想、凝聚人心的过程，必须集中全校师生员工的智慧，广泛听取各方面的意见。因此，河南大学从2002年底即开始做了大量的前期准备工作，先后在《规划与发展》刊

物上编发了周济同志关于高校制订"三个规划"的讲话,从舆论上给全校师生吹风。2003 年 9 月,学校召开全校学科建设工作会议,明确要求各个学院要尽快制订出本学院学科建设的中长期发展规划,各有关部门也要进行调研,收集有关信息和其他高校制订的规划文本,为河南大学"三个规划"制订工作的开展做好材料准备。2004 年 3 月,学校成立了由全体校领导参加的"三个规划"制订工作领导组,设立了办公室,然后分成 3 个小组并抽调专人开始了规划的制订工作。起草小组先后到国内十多所高校进行调研,认真学习了党的十六大和十六届三中全会精神,领会科学发展观的精神实质,学习《教育部 2003—2007 年教育振兴行动计划》《河南省全面建设小康社会发展纲要》和全省高等教育工作会议精神。在此基础上,"三个规划制订工作办公室"和起草小组拟订了规划初稿,此后经过反复讨论与多次修改,完成了规划的征求意见稿,及时印发各单位、各部门组织教职工进行讨论。6 月初,河南大学召开了 11 个不同类型的座谈会,广泛听取各方面的意见,各单位也就文本的修改提出了书面建议。此后起草小组综合大家的意见,进行了认真的修改,并将修改稿提交党委常委扩大会议讨论,最终形成了提交学校教职工代表大会审议的规划文本。2004 年 7 月初,学校召开河南大学四届三次教职工代表大会,专门审议"三个规划"草案,并获得通过,职工代表大会建议做简单修改后颁布实施。

　　这次制订规划的过程,是一个认真总结经验与成绩,查找教训与不足的过程,也是一个发动群众、统一思想的过程,还是一个宣传科学发展观的过程。学校领导班子在科学发展观的指导下,始终坚持从实际出发,走群众路线,努力把大家的智慧吸引集中到谋划学校发展上来;而广大教职工也以主人翁的态度踊跃献计献策,体现了关心河大、爱护河大、积极推动学校发展的强烈愿望和责任感。

三、坚持科学发展观,必须认真解决当前发展中的重大问题, 正确处理好若干关系

　　坚持科学发展观,就必须正视河南大学的现状,从实际出发,既要解放思想,又要实事求是,大树求真务实的工作作风,积极稳妥地推进河南大学的快速发展。面对正处于历史上少有的规模扩张时期的特殊情况,我们必须始终保持清醒的头脑,正确处理好发展的若干关系,以积极的态度、科学的方法,解决好前进中出现的问题。

(一)处理好近期目标与远期目标的关系

　　制订"三个规划"的重要目的之一,就是要回答"建设一所什么样的大学"这样一个关乎未来的战略问题。河南大学"三个规划"各项指标和措施,

都是围绕校八次党代会提出的"创建国内一流大学"的宏伟目标和分两步走的战略来制订的。认真把握、全面理解确立这一战略目标的意义，积极推进这一长远目标的顺利实现，是规划制订的核心内容，也是学校今后工作的主要思路。

对河南大学来说，创建国内一流大学将是一项十分艰巨的任务，但也不是遥不可及、无法实现的目标。在发展机遇面前，应该实事求是地分析学校现有的基础，准确判断、科学分析学校的优势和问题。经过多年的建设，河南大学已经有了比较坚实的发展基础，有勇于进取、百折不挠的河大精神和优良的办学传统，有文理并重、协调发展的学科结构，有一支实力比较雄厚、结构比较合理的师资队伍，有比较完备的公共服务体系和基础设施，在全国大学综合排名中也一直处于百名之列。只要河大人充满信心而不是妄自菲薄，积极进取而不是错失良机，实事求是地分析学校的现状，科学制订并认真落实发展措施，脚踏实地，埋头苦干，从自身做起，从现实做起，抢抓机遇，努力拼搏，宏伟远大的目标就一定会在其艰苦努力下一步一步地实现。

（二）处理好高层次突破与全面发展的关系

在办学资源比较短缺的情况下，学校的发展不可能在所有方面都取得突破性进展。在学科建设方面，我们既要发挥综合性大学学科体系完整性的优势，促进学科专业间的交叉渗透，推动各个学科的协调发展；又要选准基础较好、有发展前景、能体现特色的优势学科进行重点建设，集中力量使这些学科首先进入国家队，取得高层次突破，进而争取更多的资金支持。我们既要充分发挥综合性大学在学科建设方面的优势，为多学科协调发展提供坚实的发展平台，又要在发展特色的打造方面狠下功夫，着力培育优势特色学科，为其创造参与国家和国际竞争的条件。在师资队伍建设方面同样是这样，我们既要不断增加教师数量，继续加强整个师资队伍特别是青年教师队伍的建设，全面提高整个队伍的政治与业务素质，以满足教学科研的需要；又要下大功夫抓好高层次人才的引进与培养工作，努力培养一批大师级的学科带头人。只有处理好全面发展与高层次突破的关系，才有可能达到再创河南大学辉煌的目的。

（三）处理好资源紧张与经费短缺的关系

提高办学水平必须有良好的办学条件做支撑，无论是教学还是科研，都需要有配套的基础设施和大量先进的仪器设备。尽管近年来学校加强了基础设施建设，仪器设备总值也翻了两番，但仍不能满足教学科研的需要。特别是新校区投入使用后，供需矛盾更加突出。而学校的财力十分有限，随着国家银根紧缩和还贷压力增大，学校财务运转将面临严重困难的局面。因此我们必须有过紧日子的准备，开源节流，增收节支。学校一方面要合理配置资源,使现有资源发挥最大效益,尽可能降低办学成本;另一方面要改革资源管理模式,逐步推行资源的有偿使用办法,提高资金投入的回报率。同时要多渠道筹措资金,保证学校的人员经费和对教学科研与重点建设项目的投入;要充分利用现有的办学资源,积极探索二级学院办学的新路子,扩大招生规模,在满足社会需要的同时,为学校发展增加办学资金;要努力争取更多的国家投入,国家在重大科研项目和重点学科、重点实验室建设方面投入力度非常大,而我们过去获得这方面的资助很少。随着学校科研实力的提高,我们要积极参与这方面的竞争,努力争取更多的国家项目,使国家对项目的投入逐渐成为我们获取科研基地建设和研究经费的主渠道。要采取措施,加大科技成果转让力度,开展科技咨询,积极寻求与企业合作的道路,争取从社会上获得更多的经费,缓解办学资金的压力。

(四)处理好新校区建设与老校区建设的关系

新校区建设是河南大学发展史上具有里程碑意义的大事,全校师生员工对新校区的建设都非常关心。特别是最近一个阶段,大家对新老校区如何定位、新校区是否继续拓展等问题十分关注。

建设新校区是目前国内大学的普遍现象,各个高校在建设新校区的过程中,都面临着新老校区如何定位的问题。历史经验证明,单校区有利于学科的交叉融合和学生的全面发展,有利于学校的管理水平和办学效益的提高,这是不容置疑的。但必须面对现实,从河南大学实际出发,两个校区并立的格局势必长期存在。在将来的建设中,金明校区(新校区)以其在发展空间方面的优势,必将成为河南大学的主校区。明伦校区(老校区)拥有悠久的历史和优秀的人文景观,是河南大学百年历史的见证,可以说是河南大学的根,河南大学不应该也绝不会放弃她,而且一定会把她保护好、建设好、利用好。明伦校区可容纳12 000名学生,将来这里会继续保留文学院、历史文化学院、外语学院、艺术学院、体育学院等单位以及部分研究机构,她仍将是河南大学教学科研的重要基地和展示形象的主要窗口。

四、坚持科学发展观,必须创新工作思路,走适合自己发展的道路

党的十六届四中全会着重指出:"不断开拓发展思路、丰富发展内涵。""要尊重群众的首创精神,围绕改革的重点和难点,鼓励大胆探索、勇于实践,坚决破除一切妨碍发展的观念和体制机制弊端。"坚持科学发展观,不断创新工作思路,积极探索适合自身发展的道路,是落实十六届四中全会精神的必然要求。"三个发展规划"的制订,高度体现了从制度上积极鼓励创新与发展的办学理念。

(一)创新学科建设思路,推动学科跨越式发展

学科建设是高等学校建设与发展的龙头,它集队伍建设、科学研究、人才培养和社会服务于一体,是现代大学办学水平、办学特色、学术地位和核心竞争力的重要体现。建设高水平大学的关键就是要建设国内一流的学科。在学科建设中,我们必须尊重学科发展规律,改变长期以来在办学过程中形成的均衡观念,树立有重点才有突破,有突破才有快速发展的思想,坚持有所为有所不为的方针,通过优化和整合学科资源,选取若干个优势明显、特色突出、具有发展潜力的学科,实施重点建设和重点突破,以此推动多学科共同繁荣,形成相互促进、协调发展的学科建设新格局。通过10年左右的学科建设,使部分学科拥有能够体现先进水平的学科方向,汇聚一支高水平的学术创新队伍,构筑具有前沿水准的学科基地,推出一批标志性的学术成果,使学校的学科结构更趋合理,学科特色更加鲜明,学科优势更为突出,学术影响进一步扩大,构筑起符合世界高等教育与科技发展的潮流、能为国家和区域经济建设与社会发展提供有效服务的学科架构,为实现创建全国一流大学的目标奠定坚实基础。

(二)创新人才工作机制,推行人才强校战略

师资队伍建设是学校建设和发展的核心。学科建设的成败,学校竞争力和综合实力的强弱,发展目标能否最终实现,都取决于是否拥有一支规模适当、素质优良、结构合理的教师队伍。高校之间竞争,说到底是人才的竞争。只要抓住了人才,没有项目会有项目,没有经费会有经费。全国人才工作会议、河南省人才工作会议的召开,人才强国、强省战略的实施,为我们创新人才工作提供了一个难得的机遇。我们必须克服一切困难,在人才建设方面走出一条创新之路。要实施人才培养立体工程,将实施省特聘教授、校特聘教授制度与实施黄河学者计划有机结合起来,为出大成果、出大师级学术带头人提供宽松环境,力争在两院院士培养方面取得突破。要继续实施优秀学术群体制度,重视优秀青年人才的健康成长。要加强人才工作的组织与领导,发挥人才工作领导小组的作用,协调各方面的力量为人才工作做好服务。同时要采取更加灵活的办法,坚持"不为我所有、但为我所用"的原则,面向海内外延揽名师,利用一切智力资源,为河南大学的发展提供智力支持。

(三)创新开放办学模式,建立开放办学体系

随着经济全球化的深入发展,教育国际化的进程迅速加快。面对日益激烈的竞争,我们必须解放思想,更新观念,建立开放式的办学体系。一是面向经济建设主战场,积极开展与企业的合作,探索校企合作办学的新路

子,提高科技成果转化能力,增强科技服务能力,为河南省经济的发展做出贡献;二是开展高校之间的合作,积极与国内著名大学开展多种形式的合作办学,包括聘请对方院校知名学者为博士生导师,互相推荐优秀本科生到对方院校读研,选派优秀管理人才到对方院校挂职学习,提高管理效率;三是加强国际合作与交流,以世界大学联合会、亚太大学联合会为平台,积极拓展在国际高等教育领域的发展空间,加强与国外高校的广泛合作,扩大留学生招生数量,不断提高学校在国内外的影响。

伴随着党的十六届四中全会的胜利闭幕,河南大学"三个规划"制订工作也已经完成。新的发展目标已经确立,再创河南大学新世纪辉煌的历史使命落到了我们肩上。宏伟的蓝图需要河大人共同描绘,充满活力的美好未来需要河大人脚踏实地去建设。我们深信,在邓小平理论、"三个代表"重要思想和科学发展观的指导下,在省委、省政府的领导下,只要河大人团结一心,众志成城,艰苦奋斗,发愤图强,始终坚持科学发展观的办学理念,始终保持昂扬向上、积极拼搏的精神状态,不断提高创新能力,积极创造一流的业绩,在21世纪创建国内一流大学的宏伟目标必将会实现!

从省委主要领导的批示谈如何制订一所大学的发展规划

——起草《百年名校河南大学振兴计划》的体会与认识

一、为什么制订《百年名校河南大学振兴计划》

百年名校振兴计划的开篇几句话，实际上讲出了制订《百年名校河南大学振兴计划》的原因："按照省委、省政府要求，在科学发展观指导下，为适应中西部高等教育发展的新形势，满足中原崛起对高等教育的新需求，认真落实《河南省人民政府教育部共建河南大学协议》，站在省部共建新的历史起点上，积极推动河南大学又好又快发展。经研究，特制订百年名校河南大学振兴计划。"

具体分析起来，可以概括如下几点。

（一）省部共建带来新的发展契机

2008年10月，河南大学进入省部共建，标志着河南大学实现了一次跨越，进入了新的起点。这一成就对未来河南大学的发展产生了深远影响和重大意义，为未来发展奠定了一个坚实的基础。那么，今后河南大学怎么在省部共建的起点上，再上新台阶，继续取得新的伟大成绩？这成为摆在河南大学决策层面前必须思考和回答的问题。为了回答这一问题，河南大学领导层积极思考、认真谋划，继续寻找新的发展突破口，确立未来发展的目标、基本思路和具体措施。

（二）国家即将推行的教育中长期发展规划为河南大学振兴带来新机遇

国家正在积极制订中长期教育发展规划，为今后10年教育发展做出重大部署和政策调整，其中必然有关于高等教育新的发展战略出台，也就是对于每一所大学，包括河南大学都会提供新的发展机遇。2009年10月份教育部在太原召开中西部高等教育发展战略及省部共建高校研讨会，教育部领导再次透露出政策调整的信号，为中西部地方综合性大学的发展，将给予更多的政策支持。凡事预则立，不预则废。河南大学怎么能够在中长期教育发展规划纲要发布以后，抓住新的机遇？为了应对这一挑战，也要求我们及早着手谋划未来发展的总体思路，抓住机遇，再谋新发展。

（三）省委、省政府领导高度重视为百年名校河南大学振兴营造了良好的外部环境

徐光春书记、郭庚茂省长，非常重视高等教育发展在经济社会发展的重要性，积极为河南高等教育发展排忧解难，全力推进河南高等教育事业快速发展，在河南高等教育发展史上，成为难得的最好的发展时期。省委书记徐

光春曾为河南大学题词:"百年名校,世纪辉煌。"2009 年 6 月 23 日,省委书记徐光春同志到河南大学发表《关于河南高等教育如何落实科学发展观》的重要讲话。在讲话中要求我们河南大学拿出一个百年名校振兴计划,由省委、省政府下文批转执行,振兴河南大学成为省委、省政府发展高等教育的一个重要举措。省长郭庚茂同志也高度重视河南大学的发展,为河南大学成为省部共建高校积极呼吁奔走。所有这些,都大大激励了河南大学师生,也激励我们下决心制订一个能够指导未来一个相当长时期的总体发展战略,提出我们在省部共建之后的总体发展思路和对策措施。

因此,制订百年名校河南大学振兴计划,既是省委领导的明确要求,也是学校发展的必然需求,当然会成为 2009 年学校的一项主要工作。

二、《百年名校河南大学振兴计划》得到省委、省政府主要领导的高度评价

经过长达五个月的反复论证和修改,河南大学终于完成了《百年名校河南大学振兴计划(草案)》,并于 2009 年 11 月 19 日呈送省委书记徐光春。当天,徐书记做出如下批示:"《百年名校河南大学振兴计划》是一份有奋斗目标、有雄心壮志、有工作举措、有发展基础的好计划,省委、省政府将协调教育部予以支持。省教育行政部门要为此创造条件。请庚茂(郭庚茂、河南省人民政府省长)、全国(陈全国、河南省委副书记)、李克(河南省人民政府常务副省长)、济超(徐济超、河南省人民政府主管教育副省长)并笃运(蒋笃运、河南省教育厅厅长)同志阅示。如无不同意见,可以省委、省政府两办名义予以批转推动实施。"

第二天,2009 年 11 月 20 日,河南省人民政府常务副省长李克同志批示"完全赞同",11 月 23 日,河南省人民政府省长郭庚茂同志做出批示:"请济超并教育厅组织有关部门论证,提出评估意见,报省政府研究后再报省委"。当天,徐济超副省长做出批示:"请笃运同志组织研究,认真落实徐书记、郭省长等领导同志批示精神。"

三、《百年名校河南大学振兴计划》起草的过程

(一)认真学习科学发展观,多方参考有关重要文献和材料

2009 年 7 月 1 日,河南大学学校领导正式布置起草工作。由发展规划处完成了第一稿,在 8 月 24 日至 25 日于鄢陵召开的全校中层正职干部暑期研讨会上,集中对第一稿进行讨论,征求意见。在会上笔者提出了关于制订这一规划的几点想法。经过讨论,学校领导层继续明确了振兴计划撰写的方法、基本框架结构和时间要求,并明确由笔者执笔起草这一文件。接到起

草《百年名校河南大学振兴计划》的重要任务之后，笔者又重新认真学习了十七大报告和科学发展观的精神实质，尤其是其中关于教育的重要论述，学习了胡锦涛总书记关于教育发展的有关讲话和温家宝《百年大计，教育为本》等一系列重要文献；逐字逐句学习了徐光春书记2009年6月23日在河南大学关于河南高等教育发展的讲话，逐字逐句学习了郭庚茂省长2008年9月11日在河南大学调研座谈会上的重要讲话要点（河南政务通讯，第157期），为振兴计划的起草寻找理论基础。同时，笔者还认真参考了国家发改委、财政部、教育部三部委关于实施"211工程"三期建设的有关文件，关于继续实施"985工程"的有关文件，国务院刚发布的《关于文化产业振兴计划》，河南省关于科技创新发展规划等国家、省重大计划、规划；研读了国内重点大学和兄弟高校出台的振兴计划；重温了《河南大学本科教学评估自评报告》《河南大学"十一五"事业发展规划》《河南大学2008—2015年学科发展战略规划》等重要文件，并与这些规划、计划保持连贯和延续，确保学校发展思路的延续与创新。

还认真研读了我们得到的《国家中长期教育改革发展规划纲要（征求意见稿）》，从中领会国家在未来一个时期关于高等教育可能出台的重大战略举措，以求我们的《百年名校河南大学振兴计划》能够和即将颁布实施的《国家中长期教育改革发展规划纲要》保持一致性。

在整个起草过程中，始终保持与学校主要领导的随时沟通，认真领会主要领导的指导思想和意图，同意这是一个基本的指导性、纲领性文件，而不应该陷入具体的数字与指标体系之中。否则的话，将很难作为省委、省政府的文件下发全省执行。

（二）面向不同层面反复征求意见，集思广益

按照主要领导的指导意见，2009年9月中旬拿出第二稿。经过主要领导的反复思考，又将第二稿框架完全推翻，重新拿出第三稿的写作框架。先后七次易稿，经过多次党委常委会、党政联席会的讨论，又经过学校职能部门负责人会议、学校新一届学术委员会全体委员会议、全校各学院领导会议等不同层面，多次征求意见。在各种意见的基础上，笔者继续执笔修改，力求精益求精。基本在校内形成统一意见之后，学校主要领导又专门邀请省委办公厅、省政府办公厅、省委政研室、省政府政研室部分领导、专家学者，听取他们的意见。

最终做到整个振兴计划文本的几乎每一句话，都能讲出它的来源，每一个理论创新点，都能给出内容丰富的解释。到2009年11月18日，终于完成了《百年名校河南大学振兴计划》的整个文件。整个计划文本的起草，真正做到了集思广益，其深刻的内涵与丰富的思想，凝聚了河南大学集体智慧，是实实在在集体智慧的结晶。

(三)"一条主线、两大突破"发展思路的提出完善

毫无疑问,修改、讨论的过程,也是对未来学校发展思路逐渐厘清、统一认识的过程,还是逐渐明晰发展思路、厘清发展关系、确定发展目标、统一思想意识的过程。其中主要是对"什么是高水平大学""如何建设高水平大学""未来一个时期学校发展思路到底是什么"等一系列重大、基本问题寻找答案,逐渐达成共识。在反复的修改过程中,我们逐渐明确了未来一个时期河南大学总的发展战略着眼点和发展思路,明确提出了"坚持一条主线,实现两大突破"的基本理论设想。而这一基本思路,也成为未来学校发展的主题设计,并为 2009 年 12 月份召开的河南大学第九次党代会主题报告所接受,进而成为学校发展的战略构想。

关于"坚持一条主线、实现两大突破"基本发展思路的提出,仍然值得回味。在修改过程中,我想到一个问题,学校应该有一个紧密结合自身实际的非常清晰的发展思路,而这个发展思路的提法要简洁明快、容易记住、便于理解,是我们今后未来相当长时期的纲领。学校八次党代会上提出建设国内一流大学,可是认真论证起来,这个概念并不严谨,什么是国内一流? 当时国家提出建设世界一流大学,并实施了"985 工程",那么在中国是不是有两个"一流"的概念———一个是"国际一流",还有一个就是"国内一流"? 逻辑上岂不荒唐,难道把那些要建设国际一流大学的高校剔除掉,再有一批国内一流的大学? 显然说不过去。很明确,不是"985"大学,你就不能说是国内一流大学,这应该是不容置疑的问题。而同时,国内相当一批著名大学也不用世界一流、国内一流的概念了,高水平大学不断出现在那些"985"大学校长的文章和讲话中。这就是比较科学、严谨的提法,逻辑上讲得通。所以,笔者与主要领导沟通中,建议用"高水平"大学的概念。建设高水平大学无疑是未来一个相当长时期的主要任务,这是一个中心任务,我们也不会再用"一个中心"的表述方法,这是条主线。想到这,豁然开朗,"坚持一条主线"的提法,就非常明晰了。

那么参照两个基本点的提法,当时困扰河南大学发展的主要难题是,没有国家重点学科,没有国家重点实验室,实现百年名校的振兴,连这两个基本的东西都没有,何谈振兴? 更妄谈"国内一流"了。而实现振兴的主要标志,在中国有两点,一是纳入国家发展战略,一是获得国家财政的积极支持。摆在河南大学面前的是,"211 工程"进入比较困难。那么自身实力的提升怎么办? 必须尽快实现这两点的突破,才能标志着河南大学办学水平的提升。

经过广泛讨论,一致认为这两大突破都落脚到大学的核心竞争力上,可以归结为一点,核心竞争力的突破;而另外一点,也逐渐清晰起来,可以表述

为,服务区域经济发展能力的突破。至此,完整的表述已经形成,并接受"基本思路"概念,让学校的教职工学生、让社会知道,河南大学有一个非常清晰的发展思路,是非常重要的。

四、《百年名校河南大学振兴计划》基本内容

(一)指导思想

指导思想是整个文件的灵魂和精神。我们提出什么样的指导思想? 怎么表述指导思想? 确实经过了一番周折,颇费思量。最后,我们用5句话来概括指导思想,而每句话都包含有丰富的内容,都有大量的、实实在在的配套工作,没有空话和套话。《百年名校河南大学振兴计划》所确立的指导思想,也为学校各个部门工作的开展确立了基本指导思想。

第一句:全面贯彻党的十七大精神,坚持以邓小平理论和"三个代表"重要思想为指导,深入贯彻落实科学发展观。

第二句:紧紧抓住中原崛起战略和省部共建带来的机遇,迎接挑战。

中原崛起战略的实施,必然对河南高等教育提出更高需求和更多期盼,这为河南大学的发展带来新的机遇,同时也有很多挑战。河南大学的发展能不能为中原崛起做出应有贡献,是否适应中原崛起战略的需求,都需要我们认真思考,并做出积极回答。

省部共建为河南大学的发展带来难得的机遇,这是毋庸置疑的。省部共建在河南大学的发展史上所具有的地位,怎样评价都不为过。假如没有实现省部共建这一目标,我们不敢想象河南大学在河南高等教育领域的地位是否还能保持。我们进入省部共建之后,无论是社会声誉、未来发展的平台、未来发展得到的政策优惠,都是不言而喻的,都有很大的挖掘空间。然而,省部共建绝不仅仅是机遇,绝不仅仅是赞歌,而是对我们提出了一系列的新问题、新课题,挑战也随之而来。在鄢陵会议上,在笔者的自由发言中,专门讲到了挑战问题。省部共建之后,我们提出了建设高水平大学的目标。可是,我们的管理、我们的思维意识、我们一些人的行为习惯,我们的办事效率和观念,难道就随着我们一纸协议都进入了省部共建的水平? 笔者认为未必是这样,比如,办学观念上我们是不是仍然有很多地方需要继续改变? 究竟是哪些观念? 举一个例子,在管理上,还是那些人,如果不进行学习,不提高理论水平,不在管理上下功夫,没有创新意识和创新精神,没有思考高水平大学的管理,缺乏服务意识,还停留在经验主义、本本主义、个人主义上,河南大学的管理水平能有一个新的明显提升吗? 能跟上建设高水平大学的步伐吗? 能适应省部共建、高水平大学建设的需要吗? 能够让师生满意吗? 所以说,挑战在有些地方大于机遇。

第三句话:解放思想、改革创新,集中资源、突出重点,强化特色、发挥优势。

解放思想、改革创新。在建设高水平大学的进程中,解放思想的任务任重道远。一方面,在以人为本的理念上,需要解放思想;在管理也就是服务方面,需要解放思想;在解决民生问题方面,需要解放思想;在改革与创新方面,需要解放思想;在学科建设方面,需要解放思想。当然,解放思想并不是一句空话,而是在整个振兴计划的内容里,都体现了这一点。另一方面,改革的任务相当艰巨。从全国来讲,十七大明确提出了要继续解放思想,扩大改革力度。在教育领域,国家在制定《中长期教育改革发展规划纲要》中,就突出地把改革放在首位,放在发展的前面,因为只有坚持改革,才能有新的大的发展。对于河南大学来说,改革与创新的任务更加艰巨。那么,怎么改革? 如何创新? 改什么? 在哪些地方需要创新? 在振兴计划里,这些都有明确的体现。

集中资源、突出重点。这一点对于学校发展来说,尤其重要。现代大学的发展,不可能在所有学科、所有专业上都能同时取得发展。不要说像我们这样各种办学资源都十分稀缺的地方大学,即便是办学资源相对我们非常充足的教育部直属高校,就连美国加州大学伯克利分校这样的世界著名大学,每年的办学经费在几十亿美元,也还强调集中资源办学,集中资源建设学科,反对经费分散使用。曾任加州大学伯克利分校校长的田长霖,在国内一所大学的演讲中,就明确提出这样的办学思想。所以,河南大学要想在学校发展方面取得突破,获得较大发展,就必须集中财力,集中各种资源,寻找突破口,实现重点突破,以点带面地发展。至于说,在哪些方面实现重点突破,一个是国家重点实验室,一个是国家重点学科,还有博士学位一级学科授权点。

第四句话:坚持跨越式发展,尽快把河南大学建成国内著名、国际上有影响的特色鲜明的高水平综合性大学。

这一句话,是学校发展目标的整体定位。

第五句话:继续发挥辐射和引领作用,推动河南经济社会建设和科技、文化、教育的全面发展,重振百年名校风采。

这是对河南大学与地方经济发展的关系的定位,也是对河南大学对河南发展历史贡献的肯定,主动担当起服务社会发展、服务区域经济建设的历史责任,是河南大学一百年来始终追求的理想和目标。

(二)建设目标

第一个目标:到2012年暨河南大学建校100周年时,完成振兴计划第一期建设任务,力争学科建设、人才培养、科学研究等方面不断取得新突破,在

省委、省政府的强力推进下,借助社会各种资源,进入国家"211工程"高校建设行列,为实现全面振兴打下坚实基础。

关于建设目标,要不要提出进入"211"的问题,是有争论的。这里也想多说几句话。在起草这个振兴计划的过程中,"211"问题始终萦绕在我脑海里。到底提不提?领导层对这个问题也有顾虑。在鄢陵会议上,笔者在自由发言中,就讲到这个问题,要把学校发展目标定位在进入"211工程"。理由如下。第一,对于我们这样一所地方大学,进入"211工程"建设行列,比多增加博士学位授权点的意义和重要性都要大得多。河南大学要实现振兴,振兴的标志是什么?如果没有"211"的标志,增加多少个硬性指标才算实现了振兴?一个国家重点实验室?一个国家重点学科?这对于河南大学来说,已经是非常困难的了,可是放在全国的层面来考虑,简直没有办法说出来,实在无力和国内重点大学、教育部直属高校的实力相提并论,遑论振兴?这就是河南大学的实际情况、基本校情。脱离这个基本校情,仅仅去谈数量指标的增加,对于我们来说,怎样夸大海口制订指标,在别的重点大学来说,都是不值得一谈的。所以必须把进入"211工程"作为我们的发展目标,明确写出来,这才是标志学校实现振兴的重要指标。第二,进入"211工程"不是河南大学自身的事情。如果是河南大学自身的事情,我们可以不去争取,可是这是全省1亿人民的殷切希望。河南长期遭受高等教育资源分配不公平待遇,几十年来深受其害,损失极大。河南应该有不止1所大学成为"211"大学。这样的理由太充足了,笔者在多篇文章里谈过,也在不同的向国家有关部门寄送的公函、文件里,详细论证过、阐述过,在这里就不再多说了。而河南要有第二所大学进入"211工程"的话,河南大学理应挑起这副重担,责无旁贷、当仁不让地担负起满足1亿人民强烈希望拥有优质高等教育资源这一愿望的历史重任。同时也是河南大学100年历史中形成的勇于担当的独特的大学精神的重要内核。第三,省委、省政府主要领导多次明确谈到这一问题。比如,河南省委副书记、省长郭庚茂同志在2008年9月11日在河南大学调研座谈会上的讲话中,明确指出:"关于学校(河南大学)汇报中提到的几个问题,我给大家做个简要回答。第一,要千方百计争取进入'211工程'。我在这里表个态,我们要坚持不懈、共同努力,争取早日实现,起码第一步要搞成省部共建。下一步省政府要出面与教育部衔接,再专题向国务院领导汇报,争取早日实现这一目标。"①2009年春天,教育部副部长陈希同志到河南省调研高等教育问题,教育厅在汇报材料中提出来几个主要问题,

---

① 河南省人民政府办公厅,河南政务公报,第157期,郭庚茂同志2008年9月11日在河南大学调研座谈会上的讲话要点。

其中之一就是要争取河南大学进入国家"211 工程"建设行列。如果省委、省政府对这一问题有清醒的认识,而我们没有把这一目标提出来以此作为我们的奋斗目标,我们既不好向省委、省政府交代,也无法面对 1 亿人民的期盼,更无从谈起百年名校的复兴。从哪个角度讲,都没有道理不提这一目标。值得注意的是,2009 年 12 月 23 日,新任河南省委书记卢展工同志在河南社科界专家学者座谈会上的讲话中,在谈到河南大学的发展时,就明确提出"河南大学也是可以争取(211 工程,笔者注)的"。省委历任领导,从李克强、徐光春、郭庚茂、卢展工,对河南大学进入"211 工程"的重大发展问题,都是积极支持的。

但是,河南大学进入"211 工程",绝不是河南大学自身的事情,是 1 亿河南人民的迫切要求,是河南高等教育与其他省区高等教育协调发展的内在要求,是河南实现中原崛起的内在要求,是全国高等教育领域落实科学发展观、实现区域协调发展的内在要求。因此,河南大学进入"211 工程"的目标,实际上是河南省委、省政府在教育领域践行科学发展观的责任和义务,是为 1 亿河南人民谋福祉的一个重要体现。因此,必须由省委、省政府来谋划、来运作,这就是《百年名校河南大学振兴计划》为什么做出"在省委、省政府的强力推行下,借助各种社会资源,推进河南大学进入 211 建设行列"表述的内在原因。

第二个目标:到 2022 年暨建校 110 周年之际,在河南大学成为国家重点支持建设高校的基础上,继续实现办学水平、办学实力、社会影响的全面振兴,综合排名由目前全国大学的 70 名左右提升到 50 名左右,建成国内著名、世界上有影响的高水平大学。

第二个目标并不是仅仅提出进入综合排名前 50 名,而仍然是把成为国家重点支持建设高校作为一个宏伟的奋斗目标。为什么这么表述? 在征求意见的过程中,不少同志都提出,"211"的目标是政府行为,有可能国家不再继续实行"211 工程"了。当然,对于这种观点笔者是不敢苟同的。作为国家战略,"211 工程"的实行是不可能随意终止的。不知道一些中层领导为何有这种认识? 不过作为一种观点,在《百年名校河南大学振兴计划》里面,我们还是采取了一种变通的说法,就是力争成为"国家重点支持建设高校"。这既包含"211 工程",也包含未来国家即将实施的高等教育发展重大计划,比如中长期教育改革发展规划纲要中提出的"中西部高等教育振兴计划",这是一种高度概括的提法。

两个发展目标,都提出了使河南大学"成为国家重点建设高校"这一非常明确的目标,表述上一个是"211"高校,一个是国家重点建设高校,实质内容都是力争河南大学进入国家重点建设行列,进而实现河南大学的振兴。

（三）基本思路

我们提出了以一条主线为骨架,两大突破为两翼,四大战略、五大工程为支撑的发展思路。这一思路具有很多创新之处。

1. 一条主线

《百年名校河南大学振兴计划》明确提出了未来一个时期河南大学发展、建设的主线——高水平大学建设:"以坚持改革开放、服务中原崛起,加快高水平大学建设步伐、实现河南大学的振兴为主线。"这一表述具有很强的创新性,紧紧把握建设高水平大学这个根本目标不放松。而高水平大学建设的宏伟目标,有着丰富的内涵和系统的战略构想。

2. 两大突破

实现学校核心竞争力的重大突破,早日进入国家重点建设行列;实现服务中原崛起能力的重大突破,成为引领河南经济社会发展的骨干力量。

核心竞争力是以国家重点实验室、国家重点学科为标志的突破,进而实现进入国家重点建设行列的战略目标。

实现服务中原崛起能力的重大突破,也仍是强调的以国家重点实验室、国家重点学科为代表的核心竞争力的提升之后,提高服务中原崛起的能力,并要在中原崛起中做出贡献。

3. 四大战略

(1)质量立校战略

理念:质量是高等学校的生命线。

措施:探索创新人才培养新模式,加强创新人才培养体系建设,营造创新人才成长的优良环境。

目标:全面提升河南大学教育教学质量。

(2)人才兴校战略

理念:适应中原崛起的需要,树立"人才兴校"理念。

措施:实施河南大学人才攀登计划。

目标:着力培养学术领军人物和学术带头人,建设一流的学术和管理队伍。

(3)学科强校战略

理念:以重点学科建设为核心。

措施:瞄准学科前沿和国家、河南省重大需求,快速提升学科竞争力。

目标:为中原崛起和河南省经济建设、社会发展提供有力支持,为河南省全面建设小康社会做出更大贡献。

(4)开放带动战略

理念:以国际合作与对外开放办学为抓手。

措施:营造有利于国际学术交流与合作的环境,鼓励与国内外著名大学开展高水平的合作。

目标:弯道超车,加快河南大学赶超国内外高水平大学的速度,全面提升河南大学跟踪国际学术前沿的能力。

这种"一条主线、两大突破、四大战略"的论述被后来河南大学第九次党代会报告接受,并成为报告的亮点。只不过在九次党代会报告上,在四大战略的基础上增加了"依法治校"战略。作为振兴计划,我们对依法治校重要性的认识,充分体现在保障措施一章里。

综合分析四大战略,突出体现了高水平大学内在建设的基本要求,实际上仍是转变增长方式、发展思路的基本要求。早在几年前,我们学校主要领导就在学校工作发展的认识上,提出了由规模扩张转向质量提升上来的要求。这也与国家对高等教育落实科学发展观、由规模扩张转向质量提升的战略要求一致。这还是河南大学进入省部共建之后、提出建设高水平大学的基本要求。

当然,每一战略的内容都是非常丰富的,如果展开论述的话,需要很大篇幅。作为战略指导性的文件,并不需要那么具体。

4. 五大工程

实施创新人才培养、人才攀登计划、学科振兴、服务社会发展、对外开放办学五大工程。

(1)创新人才培养工程

——服务河南经济社会发展的需要,切实提高本科生教育质量,全面实施本科教学质量工程,调整专业结构,加大教学内容和教学方法改革力度,努力培养大批高素质优秀人才。

——服务中原崛起对高层次人才的需求,积极扩大研究生规模,研究生与本科生之比到 2012 年为 1:3,到 2022 年为 1:2。博士生占研究生的比例也接近国内高水平大学的水平。

——积极申请建设研究生院,推进研究生培养机制改革,努力培养具有创新意识、创新能力的大批创新型人才,实现国家百篇优秀博士论文的突破。

(2)人才攀登计划工程

——实施优秀海外人才引进计划,面向海内外招聘具有国际先进水平的学术领军人物、学科带头人、优秀学术骨干和优秀高层管理人才。

——实施高层次优秀人才培育计划,重点选拔培育 5 名优秀人才作为院士候选人;选拔培养或引进 10 名海外高层次人才(国家千人计划)、国家杰出青年、长江学者、中原学者;选拔培养或引进 100 名河南省海外高层次人才

（河南百人计划）、教育部新世纪优秀人才、省特聘教授、黄河学者;选拔培养200名校特聘教授、优秀学术骨干;提高教师中博士学位获得者比例。通过国家公派、地方合作项目等多种途径,有计划地选派优秀人才赴国内外著名大学学习,开展合作研究。

——实施创新团队建设计划,重点建设一批优秀学术团队,为学科建设、科学研究、人才培养汇聚队伍。

（3）学科振兴工程

——紧紧抓住省部共建带来的新机遇,认真实施《河南大学2008—2015年省部共建学科建设与发展规划纲要》,坚持以文理为主、多学科协调发展的方针,着力建设一批省级重点学科,早日进入国家重点学科或重点培育学科行列,力争1~2个科技创新平台或哲学社会科学研究基地率先进入国家"985"优秀学科创新平台。

——重点建好逆境生物学与低产区农业、新材料与新能源、智能信息技术、环境健康与环境医学四个科技创新平台,与教育部重点实验室、工程研究中心等重要科技创新平台做好衔接,力争实现我省国家重点实验室零的突破,争取建设成1~3个国家重点实验室。

——在承担国家"973""863"等重大科研专项,一级学科博士学位点建设等方面实现新的更大进展。

（4）服务社会发展工程

——重点建设具有创新性、交叉性、跨学科、开放性的"黄河学"、区域发展与中部崛起、公民素质教育与人力资源开发3个哲学与社会科学研究基地,发挥中原发展研究院等咨询机构的作用,突出宋文化研究特色,服务社会经济发展需要,努力解决具有全局性、战略性、前瞻性、制约河南经济社会发展的重大理论及现实问题,使河南大学成为省委、省政府的智库,为省委、省政府决策提供咨询服务,为中原崛起提供智力支撑。

——不断增强自主创新能力,在河南创新体系建设中发挥基础、引领作用,成为建设创新型河南不可或缺的骨干力量,继续提升服务社会发展的能力。重视发挥在区域经济社会发展的辐射作用,面向河南经济建设主战场,以核心技术、关键技术研发为着力点,支撑现代农业发展,推动工业主导产业振兴计划升级,加快高新技术产业化,引导支持现代服务业,改造提升基础产业,加强民生科技创新,为建设"农业先进,工业发达,政治文明,文化繁荣,环境优美,社会和谐,人民富裕"的新河南发挥积极作用。

——发挥河南大学在高等教育区域建设中的示范引领作用,提升河南高等教育整体实力。发挥职业教育研究优势,为河南职业教育发展提供理论指导,帮助制订河南职业教育科学发展规划,开展职业教育师资培训,积极推动人口大省向人力资源强省的转变。

（5）对外开放办学工程

——促使河南大学特色优势学科与国内外知名高校开展实质性合作，提升学科国际竞争力。

——又快又好建设河南大学国际学院（郑州），提升服务河南经济社会发展对外向型人才需求的能力。

——继续深化与中国科学院研究生院、中国社科院研究生院的合作办学，建立良性持久运行机制。

（四）保障措施

（1）充分发挥省部共建平台作用

第一，认真落实《河南省人民政府教育部共建河南大学协议》，全面实施《河南大学 2008—2015 年省部共建学科建设与发展规划纲要》，确保政策、资金到位，调动各方积极性，共同努力，支持河南大学振兴计划的实施。

这一句话主要讲要确保省投入经费的到位。确保《河南大学 2008—2015 年省部共建学科建设与发展规划纲要》中提到的到 2012 年省财政共投入省部建设资金 2 个亿的到位。

第二，把河南大学纳入全省经济建设和社会发展的总体规划之中，整合教育、科技资源，在优化教育资源配置、提高河南高等教育整体办学水平和办学效益上发挥引领示范作用。

这一句话，确保省委、省政府继续把河南大学作为重点建设的高校战略地位不变。

（2）实施重点建设、重点突破

第一，认真落实省委、省政府比照"211 工程"建设标准重点建设河南大学的要求。这是讲今后相当长一个时期，省委、省政府在对河南大学的重点建设上，比照对"211"高校的投入标准进行投入，把这一政策固定下来。

第二，在重点学科建设、重点人才引进、重大科研项目申报、重点科研机构和重点实验室建设等方面，争取省政府给予更多政策支持的基础上，实现重点突破。省政府应在"五重"（重点学科、重点人才、重点实验室、重点科研机构、重点科研项目）建设上，对河南大学给予政策支持，河南大学在此基础上实现突破。

（3）坚持改革和创新

第一，继续解放思想，进一步加快改革发展步伐，创新体制机制和现代大学管理模式，建设现代大学制度。落脚点在建设现代大学制度，这有很大的空间。

第二，在投入机制、分配机制、人事管理、扩大学校办学自主权等方面进

行改革试点,激发活力,促进发展。

这一层意思是落实郭庚茂省长 2008 年来河南大学调研的讲话精神,在上述几个方面在全省率先进行试点,加快改革,调动积极性。

第三,通过建设研究型学院、学术特区等校内管理机制改革,推进管理重心下移,调动发展的积极性。这是讲在校内积极推进各种报告各样的改革。

(4)加大多渠道筹措经费力度

在多形式、多渠道筹措建设经费方面讲了四层意思。

第一,发挥省政府投资主体的作用,设立省部共建河南大学专项资金。

第二,在省财政投入不断增加的同时,继续从国家有关部委争取更多支持。

第三,主动面向社会多方筹措建设资金。

第四,鼓励教师承担国家重大科研项目和横向研究课题。

(5)加强组织制度保障

重点讲了三层意思。

第一,加强组织领导,成立河南大学振兴计划实施领导小组。建议领导组组长由徐济超副省长担任,各相关厅局委负责同志参加。

第二,认真贯彻执行《中华人民共和国高等教育法》和《河南大学章程》,建立并完善自我发展、自我约束的运行机制。

第三,强调面向社会依法自主办学。

五、邀请专家论证、反复修改《百年名校河南大学振兴计划》

徐光春书记等省委、省政府领导做出重要批示之后,省政府相关部门对这一振兴计划进行多次征求意见,不断进行修改。在此期间,河南大学于2009 年 12 月召开了校第九次党代会,已经明确提出了"一条主线、两大突破"的发展战略。国家已经颁布《中长期教育改革发展规划纲要》。从河南省的情况来看,省委已经把中原崛起战略扩展为中原经济区建设战略,并一直努力上升为国家发展战略。省委、省政府重大发展战略构想的不断深化,也为河南大学的《百年名校河南大学振兴计划》的修改提出新的要求。其中的一些表述在省政府正式下文的时候,必然要做相应的修改。于是学校又集中精力在一年多的时间内,反复修改。我们在提交给省委书记的文本之前,已经几易其稿,其间反复推翻论证,其艰难困苦,非他人能够理解和认识。而徐光春书记等主要领导批示以后,又多次修改,不断完善。主要有如下几个修改的环节。

2010 年 1 月 25 日,河南省教育厅受省政府委托,组织以教育部省部共建地方高校咨询顾问、中山大学原党委书记李延保教授为组长的 19 人专家组,对《河南大学百年名校振兴计划》(以下简称《振兴计划》)进行了论证。教育部直属高校工作司,河南省发改委、教育厅、财政厅、科技厅以及武汉大学、郑州大学、河南大学、河南科技大学、河南理工大学的有关专家参加了论证。论证会上,专家们就《振兴计划》的有关内容进行了认真研讨。专家们一致认为,坚定不移地贯彻河南省委、省政府的要求,支持河南大学实施《振兴计划》,实现河南大学振兴和发展,这不仅是进一步优化河南高等教育结构、提升河南高等教育层次的需要,也是办人民满意的高等教育的需要,更是全面推进河南经济社会发展、实现中原崛起奋斗目标的需要。河南大学经过近百年的发展,已经奠定了坚实的基础,尤其是省部共建为河南大学搭建了发展振兴的平台,已经具备了推行《振兴计划》的基本条件。河南最近几年经济快速发展,成为经济大省,为实施《振兴计划》提供了有力的保障。《振兴计划》指导思想明确,发展思路清晰,建设目标合理,重点突出,措施可行。专家们希望河南大学把握战略机遇,进一步细化《振兴计划》,采取切实措施付诸实施,努力把学校建设成为高水平大学。

教育部直属高校工作司副司长牛燕冰在讲话中指出,改革开放 30 多年来,中国高等教育取得了快速发展,今后,高校要从规模扩张转到结构优化、提高质量、内涵发展上来。河南大学作为一所具有近百年历史的高校,抢抓历史机遇,制订了《振兴计划》,相信在河南省委、省政府的大力支持下,在全校师生员工的共同努力下,一定能够早日实现建设高水平大学的奋斗目标。

经过这次专家论证之后,又多次邀请河南省发改委、河南省财政厅、河南省人事厅、河南省教育厅等部门的主要领导和主管领导研究修改完善《振兴计划》。

2010 年暑期,8 月 1 日到 8 月 6 日,学校又集中一批人对此进行集中修改。这样经过一年多的反复讨论,终于完成修改任务。河南省政府于 2011 年 5 月 19 日以豫政〔2011〕46 号文件下发《河南省人民政府关于印发百年名校河南大学振兴计划(2011—2020 年)的通知》。这是由省政府为一所高校发展专门下文的独特案例。2011 年 6 月 11 日在河南大学召开启动实施这一振兴计划的动员大会。

附录：

百年名校河南大学振兴计划

（二〇〇九年十一月十九日）

按照省委、省政府要求，在科学发展观指导下，为适应中西部高等教育发展的新形势，满足中原崛起对高等教育的新需要，认真落实《河南省人民政府教育部共建河南大学协议》，站在省部共建新的历史起点上，积极推动河南大学又好又快发展，经研究，特制订百年名校河南大学振兴计划。

一、河南大学实施振兴计划的基础条件、机遇和意义

（一）河南大学实施振兴计划的良好基础条件

1912 年建校的河南大学，1942 年成为当时国内为数不多的学术实力雄厚、学科门类齐全、享誉国内外的国立综合性大学之一，在河南大学发展史上书写了辉煌篇章。近百年来，河南大学植根中原文化沃土，努力践行高等教育使命，秉承"明德新民、止于至善"的校训，形成了"团结、勤奋、严谨、朴实"的优良校风，先后培养 40 多万名各行各业的优秀人才，在历任教师和校友中，有院士、学部委员 72 人，省部级以上领导干部 150 多人，成为中原地区人才培养高地。近年来，河南大学综合实力快速提升，在全国大学的综合排名，由 100 名左右快速提升到 70 名左右。2008 年 10 月 17 日，河南省人民政府与教育部签署共建河南大学协议，河南大学已具备实施振兴计划、加快高水平大学建设步伐的良好基础条件。

（二）河南大学实施振兴计划的时机已臻成熟

党中央、国务院高度重视、充分肯定了中原崛起的发展思路，胡锦涛总书记和温家宝总理明确指示河南要走在中部崛起前列。国务院常务会议于 2009 年 9 月 23 日原则通过《促进中部地区崛起规划》，"优先发展教育"是这一规划中的主要任务。目前，国家正在抓紧制定中长期教育发展规划纲要，拟出台支持中西部地方高等教育发展的重要举措，由国家财力重点投入、支持若干所地方龙头高校的快速发展，实现优质高等教育资源省域布局的公平合理。河南大学以省部共建为平台，抢抓机遇，重振百年名校风采，实现全面振兴，重新进入国家重点建设行列的历史时机已臻成熟。

（三）振兴河南大学是加快中原崛起步伐的迫切需要

作为河南现代高等教育的肇造者和杰出代表，河南大学一直是引领河

南乃至中部地区教育、文化、科技进步和社会发展的重要力量,在国家高等教育布局中,具有特殊的区域地位。在 20 世纪 50 年代的全国院校调整中,河南大学的农学院、医学院、理学院、工学院、法学院先后被调整出去,或单独建校或与其他高校合并,为我省乃至我国中南地区高等教育事业的发展做出了突出贡献。然而,院系调整之后,省会迁徙,河南大学在管理体制上由国立变为省属,加上长期在经济欠发达地区办学等原因,造成河南大学未能像其他同期成为国立大学的高校一样,获得国家政策和经费的有力支持,影响了河南大学高水平大学建设步伐。河南是人口大省、教育大省,由于历史原因,获取国家优质高等教育资源不足,难以满足中原崛起和全面建设小康社会对人才、科学技术的需求。加速河南大学的振兴,进而影响和带动河南高等教育领域的发展,开创河南高等教育新局面,是快速发展河南高等教育、加快中原崛起步伐的迫切需要。

二、振兴河南大学的指导思想、基本思路和目标任务

(一)指导思想

全面贯彻党的十七大精神,坚持邓小平理论和"三个代表"重要思想为指导,深入贯彻落实科学发展观,紧紧抓住中原崛起战略和省部共建带来的机遇和挑战,解放思想、改革创新,集中资源、突出重点,强化特色、发挥优势,坚持跨越式发展,尽快把河南大学建成国内著名、国际上有影响的特色鲜明的高水平综合性大学,继续发挥辐射和引领作用,推动河南经济社会建设和科技、文化、教育的全面发展,重振百年名校风采。

(二)建设目标

到 2012 年河南大学建校 100 周年时,完成振兴计划第一期建设任务,力争学科建设、人才培养、科学研究等方面不断取得新突破,在省委、省政府的强力推进下,借助社会各种资源,进入国家"211 工程"高校建设行列,为实现全面振兴打下坚实基础。到 2022 年建校 110 周年之际,在河南大学成为国家重点支持建设高校的基础上,继续实现办学水平、办学实力、社会影响的全面振兴,综合排名由目前全国大学的 70 名左右提升到前 50 名左右,建成国内著名、世界上有影响的高水平大学。

(三)基本思路和建设任务

河南大学振兴计划遵循"坚持一条主线,实现两大突破,确立四大战略,实施五大工程"的基本思路。

一条主线:以坚持改革开放、服务中原崛起,加快高水平大学建设步伐、实现河南大学的振兴为主线。

两大突破:实现学校核心竞争力的重大突破,早日进入国家重点建设行列;实现服务中原崛起能力的重大突破,成为引领河南经济社会发展的骨干力量。

四大战略:确立"质量立校、人才兴校、学科强校、开放带动"四大战略。

质量立校战略:质量是高等学校的生命线,要采取切实措施,全面提升河南大学教育教学质量,探索创新人才培养新模式,加强创新人才培养体系建设,营造创新人才成长的优良环境。

人才兴校战略:适应中原崛起的需要,树立"人才兴校"理念,实施河南大学人才攀登计划,着力培养学术领军人物和学术带头人,建设一流的学术和管理队伍。

学科强校战略:以重点学科建设为核心,瞄准学科前沿和国家、河南省重大需求,快速提升学科竞争力,为中原崛起和我省经济建设、社会发展提供有力支持,为我省全面建设小康社会做出更大贡献。

开放带动战略:以国际合作与对外开放办学为抓手,弯道超车,加快河南大学赶超国内外高水平大学的速度,营造有利于国际学术交流与合作的环境,鼓励与国内外著名大学开展高水平的合作,全面提升河南大学跟踪国际学术前沿的能力。

五大工程:实施创新人才培养、人才攀登计划、学科振兴、服务社会发展、对外开放办学等五大工程。

1.创新人才培养工程

——服务河南经济社会发展的需要,切实提高本科生教育质量,全面实施本科教学质量工程,调整专业结构,加大教学内容和教学方法改革力度,努力培养大批高素质优秀人才。

——服务中原崛起对高层次人才的需求,积极扩大研究生规模,研究生与本科生之比到2012年为1:3,到2022年为1:2。博士生占研究生的比例也接近国内高水平大学的水平。

——积极申请建设研究生院,推进研究生培养机制改革,努力培养具有创新意识、创新能力的大批创新型人才,实现国家百篇优秀博士论文的突破。

2.人才攀登计划工程

——实施优秀海外人才引进计划,面向海内外招聘具有国际先进水平的学术领军人物、学科带头人、优秀学术骨干和优秀高层管理人才。

——实施高层次优秀人才培育计划,重点选拔培育5名优秀人才作为院士候选人;选拔培养或引进10名海外高层次人才(国家千人计划)、国家杰出青年、长江学者、中原学者;选拔培养或引进100名河南省海外高层次人才

（河南百人计划）、教育部新世纪优秀人才、省特聘教授、黄河学者；选拔培养200名校特聘教授、优秀学术骨干；提高教师中博士学位获得者比例。通过国家公派、地方合作项目等多种途径，有计划地选派优秀人才赴国内外著名大学学习，开展合作研究。

——实施创新团队建设计划，重点建设一批优秀学术团队，为学科建设、科学研究、人才培养汇聚队伍。

3. 学科振兴工程

——紧紧抓住省部共建带来的新机遇，认真实施《河南大学2008—2015年省部共建学科建设与发展规划纲要》，坚持以文理为主、多学科协调发展的方针，着力建设一批省级重点学科，早日进入国家重点学科或重点培育学科行列，力争1—2个科技创新平台或哲学社会科学研究基地率先进入国家985优秀学科创新平台。

——重点建好逆境生物学与低产区农业、新材料与新能源、智能信息技术、环境健康与环境医学等四个科技创新平台，与教育部重点实验室、工程研究中心等重要科技创新平台做好衔接，力争实现我省国家重点实验室零的突破，争取建设成1—3个国家重点实验室。

——在承担国家973、863等重大科研专项，博士学位一级学科授权点建设等方面实现新的更大进展。

4. 服务社会发展工程

——重点建设具有创新性、交叉性、跨学科、开放性的"黄河学"、区域发展与中部崛起、公民素质教育与人力资源开发等三个哲学与社会科学研究基地，发挥中原发展研究院等咨询机构的作用，突出宋文化研究特色，服务社会经济发展需要，努力解决具有全局性、战略性、前瞻性、制约河南经济社会发展的重大理论及现实问题，使河南大学成为省委、省政府的智库，为省委、省政府决策提供咨询服务，为中原崛起提供智力支撑。

——不断增强自主创新能力，在河南创新体系建设中发挥基础、引领作用，成为建设创新型河南不可或缺的骨干力量，继续提升服务社会发展的能力。重视发挥在区域经济社会发展的辐射作用，面向河南经济建设主战场，以核心技术、关键技术研发为着力点，支撑现代农业发展，推动工业主导产业振兴计划升级，加快高新技术产业化，引导支持现代服务业，改造提升基础产业，加强民生科技创新，为建设"农业先进，工业发达，政治文明，文化繁荣，环境优美，社会和谐，人民富裕"的新河南发挥积极作用。

——发挥河南大学在高等教育区域建设中的示范引领作用，提升河南高等教育整体实力。发挥职业教育研究优势，为河南职业教育发展提供理论指导，帮助制订河南职业教育科学发展规划，开展职业教育师资培训，积

极推动人口大省向人力资源强省的转变。

5. 对外开放办学工程

——促使河南大学特色优势学科与国内外知名高校开展实质性合作，提升学科国际竞争力。

——又快又好建设河南大学国际学院（郑州），提升服务河南经济社会发展对外向型人才需求的能力。

——继续深化与中国科学院研究生院、中国社科院研究生院的合作办学，建立良性持久运行机制。

三、百年名校河南大学振兴计划的政策保障措施

（一）充分发挥省部共建平台作用

认真落实《河南省人民政府教育部共建河南大学协议》，全面实施《河南大学 2008-2015 年省部共建学科建设与发展规划纲要》，确保政策、资金到位，调动各方积极性，共同努力，支持河南大学振兴计划的实施。把河南大学纳入全省经济建设和社会发展的总体规划之中，整合教育、科技资源，在优化教育资源配置、提高河南高等教育整体办学水平和办学效益上发挥引领示范作用。

（二）实施重点建设、重点突破

认真落实省委、省政府比照"211 工程"建设标准重点建设河南大学的要求，在重点学科建设、重点人才引进、重大科研项目申报、重点科研机构和重点实验室建设等方面，争取省政府给予更多政策支持的基础上，实现重点突破。

（三）坚持改革和创新

继续解放思想，进一步加快改革发展步伐，创新体制机制和现代大学管理模式，建设现代大学制度。在投入机制、分配机制、人事管理、扩大学校办学自主权等方面进行改革试点，激发活力，促进发展。通过建设研究型学院、学术特区等校内管理机制改革，推进管理重心下移，调动发展的积极性。

（四）加大多渠道筹措经费力度

发挥省政府投资主体的作用，设立省部共建河南大学专项资金，在省财政投入不断增加的同时，继续向国家有关部委争取更多支持，主动面向社会多方筹措建设资金。鼓励教师承担国家重大科研项目和横向研究课题，坚持多形式、多渠道筹措建设经费。

（五）加强组织制度保障

加强组织领导,成立河南大学振兴计划实施领导小组。认真贯彻执行《中华人民共和国高等教育法》和《河南大学章程》,建立并完善自我发展、自我约束的运行机制,面向社会依法自主办学。

第三章

大学组织教学、科研管理

实施本科生导师制，探索大学教学管理变革

一、现行本科生教育管理的模式及其缺陷

（一）缺乏课堂交流，师生关系淡漠

现在大学上课，教师主要在课堂上教，学生主要是听，课堂上缺乏师生之间的交流和相互质疑。课堂教学死板，没有生气。课下，老师和学生普遍接触很少，除去批改作业和考试之外，课下师生共同探讨问题的很少。学生不是没有向老师提出疑难问题的愿望，更不是没有这种权利，教师不是不想与学生建立融洽、密切的关系，也不是没有传道、授业、解惑的信念，而是缺乏师生相互信任、融洽相处的良好社会机制。这种制度的形成是有原因的。新中国成立后高教体制的改革，突出政治的需要，批判臭老九，拔白旗，批判反动知识权威等运动，将师生关系弄得很僵，也不容许教师与学生有过多的亲切交往。改革开放后，虽然大大提高了知识分子待遇，提出尊师重教的口号，但是，没有从制度上建立一个良好的运行机制，结果形成了大学教师就是上课，上完课后没必要也没有义务在课下与学生就学术问题、课堂学习进行交流。长此以往，形成了淡漠的师生关系。这种关系无疑会对学生创新能力和创造精神的培养产生不良影响。

（二）教授不愿为本科生上课，成为当前大学的一个突出问题

大学教师的人生最高追求，目前被职称制度异化了。由于职称和工资、住房、待遇等所有利益挂起了钩，又由于职称评审制度的不完善、不科学，大学教师获得高一级职称，即成为人生最大成就的体现，也是人生的最高理想和目标。为了评职称，部分教师不再把教书育人当成自己必须完成的本职工作和首要人生目标。这样就形成了一种现象，大学教师为评教授而去上

课,评上教授后,就不愿意上课,所以本科生课堂上的主力是助教和讲师,不要说是教授,就是副教授,也很少在课堂上为本科生上课了。大学生四年,竟很少听到教授的课,尤其是正教授的课。这样对学生全面发展,无疑是不利的,也极大地浪费了稀缺的教授人力资源。这种现象引起了教育部的重视,2001 年 9 月中旬,教育部为此专门下发了《关于加强学校本科教学工作提高教学质量的若干意见》,明确规定 55 岁以下的教授和副教授必须为本科生上课。尽管有明文规定,但是如果每个学校不制定相应的办法,学校内部不从制度上建设,改变这种现象也不是件容易的事。然而如果建立起本科生导师制,相信教授会争相带学生的。

(三)应试教育的影响没有消除

中国教育的评价被考试制度异化。学生关心的是考试结果,而不是所学到的内容,更不是能力与创新意识的提高。衡量基础教育的好坏,衡量高中阶段教育成就的大小,都以升学率和考试成绩为主要评价指标。到了大学,对大学生的评价,仍然以考试分数为主,这样令学生关心的仅仅是分数,技能、思维能力等其他的都不是主要的。大学生考研究生,依然如此。应试教育制度成为中国教育的主要弊端。实施素质教育成为我们的理性选择,然而,现在有一种不正确而又普遍的认识,就是多给学生上几节课,加上一些社会实践的课,文化艺术的课,就算是素质教育。这肯定是片面和不科学的。文化课学习方式、考试制度、评价制度不改变的话,素质教育仍然是一种梦想,其他的变换,只能是换汤不换药。要想让受教育者从应试教育的窠臼中解放出来,必须改变应试教育的模式,从体制上建立起实施素质教育的机制。

(四)教书育人的本质没有体现

教育的本质是什么,是育人。只教书,不育人,无疑是没有实现教育的本质。中国几千年的文化传统,从孔子开科授徒开始,就有良好的师德相承关系存在。到了今天,在学术界仍然重视师承关系和门第出身。这说明教师直接培养学生这种体制仍有它的生命力。目前本科生教育,没有导师制,教师只管上一门课,教师育人的积极性没有被调动起来,形成上完课就算完成了任务的不负责任局面。专业口径狭窄,学生知识单一,选择专业的权利太小,限制了学生全面发展。

(五)当前本科生教育中一个突出的管理模式是辅导员制

大学教师的任务是上课,批改作业,而学生的思想政治问题、生活及考核,全部由辅导员管理,以至于形成了决定学生考核成绩的仅是辅导员。任课教师只管教课,除去上好一门课之外,很少过问学生的生活、学习、思想问题。这种管理体制是 20 世纪 50 年代初院系调整后，由新任清华大学校长兼党委书记蒋南翔同志发明创造并迅速在全国高校推广实行的，直至今日。政治辅导员制度是蒋南翔校长注重学生思想政治素质教育的突出表现，也是当时制度创新的成果，最初是从三年级学生中挑选部分品学兼优的学生，与同学同吃同住，随时了解同学的思想动态，对他们进行指导和帮助。后来这种制度推广开来，由专职辅导员老师从事这一工作。

学生辅导员制度为加强学生的思想政治工作，培养有理想、有道德、有文化、守纪律的四有新人做出了不可估量的贡献，而政治辅导员队伍也培养造就了一大批优秀的管理者。

时至今日，我们仍可以清楚地看到诞生于计划经济时代的高校政治辅导员制度，依然有着突出的意义，但也不断暴露出了它的弊端。一是淡化了教师管理学生的作用，使教师退到了教书的范围，而很少过问学生的思想、生活和其他问题，在育人方面，教师的积极性没有被充分调动起来。二是学生的政治表现由政治辅导员说了算，因为辅导员面对众多学生，对学生的认识有失偏颇，学生与辅导员之间逐渐产生了不信任感。三是不利于学生创新教育的实施，也不利于大学生创新精神、创新能力的培养。由以上分析可以看出，高校当前培养的是千人一面、缺乏个性的人，好像在制造一个机器的零件，而非培养具有独创精神的人。随着当前教育体制改革的呼声越来越高，创新教育越来越重要，这就要求我们应该充分发挥教师在本科生教育培养中的能动性，调动其积极性，由突出政治转为突出知识、能力、创新意识的培养。在本科生中实行导师制是最好的理性选择。

二、本科生导师制的内容

在本科生中实行导师制，其具体内容是：每一位大学教师，无论是什么职称，只要符合条件，都可以招收一定量的学生，进行指导，同时也可以采取师生讨论的方式上课、交流。任何一位老师，无论什么职称，比如高级经济师、高级工程师、研究馆员等，均可以公布自己的研究成果积累、研究方向、目前的研究课题，面向全校本科生招收学生。学生根据自己的业余爱好，根据自己准备确立的以后的发展方向和目标，可以选报不同院系、不同专业的老师作为自己的导师，也可以多选择几位导师，就像医院里门诊部，不同职称的人挂牌，由病人来选医生一样，由学生来选导师。一个导师可以根据自己科研能力开出多个方向招收本科生。

运行模式。一位导师每周至少与自己指导的学生见面两次 4 学时的时间，这样一学期下来就是 20×4＝80 个学时，假如每周四下午为固定的政治学习时间，那么周一、周五下午可以定为导师与学生共同研讨问题时间。导师可以采取上课形式,讲授自己研究成果,也可以采取座谈形式,师生共同针对某一个问题研讨心得。如果是座谈形式,就要提前一周开列出书单或供学生研读的文章的目录,一周后就研读的内容进行共同探讨、座谈,然后达成共识,形成统一的观点认识。如果存在不同的观点,师生可以继续辩论,鼓励学生提出新颖的观点和认识。

导师资格。招收本科生的导师必须拥有一定量的研究成果。鉴于目前项目申报中的特殊原因,比如僧多粥少,项目难以获批,可以不过分强调导师承担多少科研项目,拥有多少科研经费,但必须强调导师应该拥有一定量的研究成果,有自己独立的科研选题、研究方向、创新研究成果等。作为导师,如果连一篇像样的论文都没有发表过,即使挂出了招收学生的招牌,相信也没有几个人报名请这个导师去指导。

指导内容。主要以自己科研为主,提高学生独立思考问题的能力,培养学生创新意识,但也必须过问学生的思想、生活和成长诸多问题。学生的成长不仅是业务知识的成长,关键还是学会做人的道理。应该先学会做人,才能去做学问。在言传身教中,给学生讲透做人的道理,使学生不仅从导师那里学到如何科学研究、学到许多新鲜的知识,也学会做人的大道理,培养热爱祖国、热爱中华民族等优良美德。

考核。实行导师制,既要对导师实行考核,也要对学生进行考核。对导师的职称晋升,工资的兑现、奖惩,教授岗位的聘任,都与指导本科学生的数量和质量挂起钩来,成为教师工作量、任务量考核的主要指标。具体操作起来,还可以量化。也充分利用学生对导师进行考核的结果,综合评价教师。

对学生考核,主要是以科研成果来考核,比如在导师指导下完成多少篇论文,公开发表多少篇论文,阅读多少著作,有什么具体的收获,都应作为对学生考核的指标。在对学生的考核中,指导教师的意见占据主导地位。而导师对学生的考核,对于学生推荐免试研究生、奖学金的获得、入党、做学生干部,具有重要决定作用。否定学生政治辅导员为学生管理中的权力阶层,使之变成服务阶层,只是对学生的生活、学习提供服务和保障,从事诸如助学金、奖学金发放的具体事务等。生活中出现的问题,导师则成为学生教学、管理中的主角。具体操作办法可以用学分来衡量。这就要求制定出具体的规定,每个学生在导师指导下,完成并发表一篇学术论文,得多少个学分。导师还可以给学生操行评定 2 个学分,如果一位学生在某一导师指导下发表的论文比较多,就可以多拿学分。

三、实行本科生导师制可行性分析

大学的主要职能是培养人才。大学生是高等教育的主体,以人为本的

思想，要求我们充分尊重大学生求知向学的追求。我们培养什么样的人才，大学为谁服务，这样的基本问题左右着我们应该确立什么样的大学生管理体制。从理念上讲，导师制可以让学生充分学习到各种各样的研究知识，开阔自己的视野，锻炼自己独立思考的能力。

从实践上，中国现代大学发展的历史印证了导师制的正确性。其一，"五四"时期的大学教育，在北京大学，学生可以选听任何一位老师的课，不受院、系、专业的限制，这已经是我们设想导师制的雏形。其二，1949 年前的浙江大学，竺可桢任校长，费巩任训导长时期，曾有一段时间实行导师制，其效果非常好。其三，中国古代书院制教学模式和我们所说的导师制，其精神内核是一致的。其四，今天的大学本科生毕业做学位论文时，也有导师指导。这种方式无疑是正确的。但是，时间较短，又多限于粗略地指导学生专业学习与研究设计，与制度化、个别化地周全指导学生学业、品行与生活的导师制，不可同日而语，难以指导本科生德智体全面发展。如果我们将在整个大学本科生教育的过程中实行导师制，相信将会收到良好的效果。国外的高等教育本科生导师制，则有极具成功的例子供我们借鉴。牛津、剑桥两所大学在人才培养中，最具特色的是导师制即导师对学生的学习、品德和生活各个方面进行个别指导的人才培养制度。牛津大学新生到一个学院报到时，学院当即就给他指定一位导师。本科生的导师称"Tutor"，研究生的导师称"Super visor"。导师是学生所选择科目的学者，负责指导学生的学业和品行，协助安排学生的学习计划，指导他如何取得进步和发展。学生每周必须至少到导师那里去一次，和导师针对某一学术专题进行谈话，这种谈话叫"Tutorial"（个人辅导）。然后导师指定学生阅读什么文献，下次见面时就这一文献与导师共同探讨心得。每个学生不止一个导师，按其专业所分门类，可以选导师数人，而任导师者所收弟子，多则 20 ~ 30 人，少则数人或 10 余人，分 2 ~ 3 人为一组，"指示应读之书，批改课卷纠谬指正而外，与探讨辩难，导师发问，诱导学生思索，学生质疑，乃得导师薪传"。

中国高校正在面临新中国成立以来的第二次重大体制改革。江泽民同志要求我们要创建世界一流大学。这次改革的本质就是彻底改变 20 世纪 50 年代初期高等教育院系调整后，完全采用苏联高等教育体制的模式而带来的种种弊端，向欧美高等教育管理体制学习。过去高校条块分割，部门林立的体制，应该说是和计划经济体制要求相一致，为我国经济的发展做出了重大成就。然而，随着改革开放的深入进行，市场经济体制的确立与壮大，社会对创新型、创造型人才培养的要求越来越强烈，原有的高等教育管理体制越来越显露出其弊端，已无法适应新经济体制的需求，学习欧美，进行改革，势在必行。而英国剑桥、牛津几百年来在世界高校影响一直久负盛名，经久不衰,即使是今天意义上的美国一些大学异军突起,可剑桥、牛津仍然充满了无穷魅力,关键原因在于诞生于 15 世纪的英国剑桥大学的导师制这一成功的教育模式,到了今天依然在发挥着重要作用。一种制度如果能够连续几百年,到今天仍然充满着活力,那么这种制度本身也充分显现出科学性、合理性和值得借鉴性。

四、实行本科生导师制的意义

(一)可以尽除现行高等教育管理体制中存在的弊端

现行的大学生管理,主要是以辅导员制为特色。大学生重于专业,专业口径狭窄,学生选择余地太少,接受知识单一,师生关系淡漠,教师只是课堂上教课,课下与学生接触不多,师生共同探讨问题的机会没有,只是传输与被动地学习,而学生主动地探究事物的能力受到压制,这是与大学生身份不相适应的。不能在学与问中获得独立思考问题、评价问题的科学方法与态度。如果实现导师制,可以尽除以上各种弊端。

(二)可以大量培养创造型人才

随着时代的变迁,改革的深入,市场经济体制的确立,大学生就业面临着三个突出的变化。一是就业去向将主要是厂矿企业。过去我们一直讲大学生是国家培养的干部,上了大学等于吃了皇粮。今天这种观念已经淡化。但是毕业生就业只盯着国家机关和事业单位的观念没有变,这种观念虽然已经落后,尤其是高等教育大众化趋势明显后,大学生就业面向政府机关和事业单位,更是凤毛麟角,而绝大多数要进入企业,这是大势所趋。企业也不再是国有企业,大部分是私有企业、中小企业。第二个显著的变化是,一个人今后在社会上将面临变换多种职业的局面,像过去几十年,甚至一辈子从事一个单位的一种职业的现象,将不复存在。工作者不再是与工作单位终身签约的关系,随时都有炒对方鱿鱼的现象出现。这就要求,一个人必须具备多方面的知识,也必须具有较强的适应社会的能力,能在工作岗位上创造出自己的事业。第三个变化,鼓励自己创业。国家分配已不可能,双向选择的结果必然是有些人无法被人选择,只面临着要么待业,要么自己创业的现实。高等院校扩招后大量的大学生拥向社会,而社会上的就业岗位就那么多,所以,自己创业势在必行。三个显著变化落脚到一点,就是要求每一位大学毕业生要具有创造力。1999 年国家技术创新大会上,要求我们培养出更多的具有创造精神的人才。墨守成规,只能是一个好的螺丝钉,而绝不会是一个机器的核心部件,只有敢于创新,才能产生更多的机器。

现代大学教育在于育人,而非制器。培养有思想、有个性、有理想、有道德的创造型人才,作为一个个体的学生,他可以适应社会变革,能够在日益激烈的竞争中创业生存发展。作为一个社会的人，他应该知道爱国、爱民族、爱人民、富有同情心，有善恶之分，这才是真正意义上的人。如果培养的是一个工具，一个机器的部件，那么充其量只能成为别人的工具，而没有自己评判事物的标准。

（三）有利于充分发挥大学教师在育人中的积极性

大学教师，不应该在上完课之后，就和学生很少接触。大学教师应该是育人的主体，是教育学生知识、能力、思想的主导者。可是我们知道，今天的大学教师只重教书，而少育人，上完课就算完成了任务。教书也是按教材的内容讲，很少讲自己的研究成果。四年大学生活过后，学生与自己老师来往的不多，对老师的印象很淡漠，老师对学生的印象也很生疏。学生都知道自己的辅导员，而辅导员也都认识自己的学生，偏偏师生关系比较松散。辅导员成为育人的主体。这是不对的。一个辅导员管理一个年级或者几个班级，统一地组织活动，统一地学习，学生干部按照辅导员的意思行事，所以培养的人缺少个性。现在为什么学生与辅导员关系紧张、学生与学生干部关系紧张是一个通病，关键是体制制造出了这种紧张关系。辅导员是政治辅导员，而非业务知识学习辅导员。我们是社会主义大学，培养的是一个人的知识能力和创造性，可辅导员制是把大学生当作党校学员来培养。现在的辅导员群体作风腐败，克扣学生生活费、奖学金、助学金现象时有发生，学生意见很大，亟须改革。

因为辅导员体制的存在，教师就悄然退居育人的第二线。如果认真分析计划经济体制下的学生管理，在拔白旗、批判学术权威的形势下，当然不主张教师与学生过多的思想接触，所以辅导员体制就成为大学育人的主导体制。可今天，市场经济时代，要想办一流大学，要想培养真正有个性的学生、有创造力的学生，只有充分发挥所有教师在育人中的积极性，让教师不仅教书，而且直接育人，那么就会让辅导员退居育人的二线。

如果将大学教职工群体划分一下，可以划分成教师、辅导员、行政人员、教辅人员、后勤人员几大群体。在这么多的群体中，唯有教师是最重要的，可事实上，教师在高校的地位最低，不如行政人员，也不如政治辅导人员，有时候甚至不如后勤人员。这真是莫大的讽刺。只有充分发挥教师的作用，让教师成为大学教育的主体，让行政人员、辅导员成为服务人员，那么这所大学才有希望。

（四）是当前高校学生管理体制、育人体制改革的关键

近年来，我国高教体制改革的动作很大，突出表现就是合并之风劲吹，划转、共建与之相随，取得了可喜成绩。但这只是从宏观上改变长期以来形成的条块分割的不利局面。具体到每个学校，内部的管理体制尚没有认真

触动。高校合并后依然是原来的管理体制。虽然也进行人事分配制度改革、后勤社会化改革等,但是对于学生管理体制和育人体制,却没有触及。宏观改革是必要的,也是成功的。但是宏观改革并不能左右或决定培养大学生成为什么样的人。事实上,两万人的大学和几千人的学院,对于学生个体成长来说,区别是不大的,关键是给学生一个什么样的育人环境,需要建立一个什么样的管理体制。实行导师制将是彻底改变学生管理体制、育人体制的一种变革。尽管相对于合校、人事分配制度改革来说,规模要小一些,但对培养什么样的人来说却是极为重要的,比其他任何内容的高教体制改革都重要。

(五)有利于科研教学的统一

我们一直讲,大学应办成研究型大学,或如邓小平同志要求的那样,大学应成为科研、教学两个中心。大学教师必须开展科学研究。然而大学教师的科研与教学关系的统一,一直成为一对矛盾。我们认为,大学教师既要开展纯科学研究,也要针对教学内容进行科学研究。大学教师更应该把自己的科研成果,首先讲授给自己的学生。如果不把自己的研究和教学结合起来,这样的研究宁可要研究所、研究院的人员来完成。这样可以摆脱教材几十年一贯制,没有新的知识内容的陈旧、落后状况,使学生获得新知。同时,大学教师在与自己指导的学生的谈话中,获得灵感,提高科研创新度,促进成果的诞生。大学生及早涉及科学研究领域,培养了他们的科研能力,甚至可能成为导师科研的得力助手。

(六)有利于实现以人为本的办学理念

以人为本的办学理念,深入人心。体现在学的方面,应以学生为本;教的方面,以教师为本。在高等教育研究领域里,常有是以教师为本,或者以学生为本的论争。我们认为,二者并不矛盾,但不要把二者混为一谈,因为二者是有质的区别的。教与学,角度不同,可能观点不同。但实现本科生导师制,恰是取得了二者和谐、完美的统一。既在教学方面突出了以教师为本,又在学习方面突出了以学生为本。

五、实行本科生导师制应注意的几个问题

(一)处理好与学分制的关系

实行学分制,是当前我国高等教育管理体制改革中的一个热点问题,也是一个方向,学分制的实质就是给学生的成长、求知提供更为宽松的环境。导师制可以作为学分制的最好载体,通过导师制实现真正意义上的学分制,而不至于使学分制流于形式。导师制不会冲击学分制,相反会成为学分制

不可缺少的途径。

(二)处理好导师个别指导与上大课的关系

实行导师制，并不是彻底取消教师的大课，也不是取消大学生的基础课。相反基础课和大课都是必要的。那么，怎么处理导师个别指导学生与上大课、基础课的关系？我们认为，一是任何一个教师都有上大课、基础课的义务。在制定考核指标中，要顾及全面，不要以偏概全，只要有明确的规定和要求，大课和基础课不会没有保证。二是为了让大学生有充分和宽广扎实的基础知识，建议在大学一年级时，不实行导师制，专业基础课、英语课等都要集中上完。在二、三、四年级，基础课、专业课虽然有所减少，但不是不开设。导师指导学生学习，规定每周有 4~6 个学时，已不少了。事实上，我们的大学生，有的是充足的学习时间。三是将导师指导和学生自修结合起来。大学生自学的时间很多，很可惜由于没有导师的指导，往往是实际收效比应当取得的效果要差，而导师制将大大提高学生自修的效率。四是防止导师在指导学生中出现偏差。主要是防止一个导师对学生个性、特长、品行与个人思想或个人偏好做出不正确、不属实的判断，对学生带来不良影响。因为一个学生可以多选几个导师，同时辅导员制度仍然存在，多个导师加上辅导员的评判，相信会比一个人的评价更具科学性、更公允，以免使导师沦为学生个体全面成长的障碍。

(三)处理好与现行辅导员体制的关系

实行导师制，不是不要政治辅导员制。如果认为实行导师制就是取消政治辅导员体制，那就是大错特错。我们实行导师制的本意，在于把辅导员从众多繁重的工作中解放出来，试想一个辅导员管理 100 多个甚至更多的学生，能有时间吗？能全面吗？不可能。导师制将会大大缓解政治辅导员的压力，同时，也使政治辅导员可以省出更多的时间，为学生服务好，还政治辅导员的本质。导师对学生的学业品行的鉴定将是主要的，而辅导员对学生思想、生活的管理，将从属于导师的鉴定。二者互补，将是对学生个性的充分尊重。

(四)处理好知识学习与政治学习的关系

我们培养的是为我们社会主义国家、伟大的中华民族服务的新型创造型人才，爱国、爱人民这个前提不丢，就不会出现大学生求知与政治学习冲突的问题。如果认为实行导师制，就是突出了业务知识的学习，忽视了政治的要求，这是片面、不正确的认识。最根本的错误在于对大学教师群体政治信仰、政治水平不信任，将大大挫伤教师育人积极性。作为教师主体的导师可能会更加强调和突出对学生科研能力的培养、专业知识的教育，但这并不

意味着忽视了对大学生政治学习、理想信念教育。我们的正确态度是,大学生学好专业知识是最大的政治,学好了专业知识才能在以经济建设为中心的社会实践中为国家、民族做出贡献,实现自己的人生价值。

六、本科生导师制的理论框架体系

(一)基本内容

只要符合导师资格基本要求的大学教师,都应面向全校招收本科生进行指导。学生根据自己的学习兴趣、学习专业,所确立的人生发展的方向和目标,自愿选报不同院系、专业的老师作为自己的指导教师。导师应将自己的基本情况、确立的指导方向、拟招收学生的要求条件,在网上公开,让学生通过网络选择导师。大学生可以选择多位导师,一个导师也可以从不同的专业方向招收学生。

(二)导师资格

从良好的敬业精神和道德教养,具有较强的教学能力、科研能力等几个方面考虑、设计、制定本科生导师的资格要求。

(三)指导内容

导师指导学生分为两大块内容。一是开展大学生思想政治教育。导师率先垂范,身体力行,对学生开展思想政治教育,即以理想信念教育为核心,指导学生树立正确的世界观、人生观、价值观;以爱国主义为重点,培育大学生强烈的民族精神;以基本道德规范为基础,对学生进行公民道德素养教育。以爱护学生为出发点,关心学生生活,促进大学生身心健康成长。二是进行专业知识教育,推行素质教育,对学生综合素质、创新能力、科学研究能力进行培养与训练,使大学生实现全面发展。

(四)教学方法

一位导师每周至少与自己指导的学生见面4次8个学时,或者8次8个学时,这样一学期按20个周计算,就是20×8=160个学时。导师可以根据自身情况采取灵活多样的授课方式,比如座谈、交流、辩论、共同研讨等。以科研为主的导师直接指导学生开展科学研究,以教学为主的导师在教学活动中培养学生的思想道德素养。教学内容涉及专业知识,也涉及价值观念、思想道德素质教育。通过灵活多样的教与学方式,培养学生发现问题、分析问题、解决问题的能力,训练学生具有较强的创新能力和创新精神。

(五)考核办法

详细制定考核指标体系,对导师制实行量化考核。既要对学生进行考核,也要对导师进行考核。从学生的道德水准、价值观念、爱国主义情怀、专业知识能力、创新精神、科研能力等几个方面考核学生。从指导学生数量、学生的成绩、指导学生的工作量等几个方面考核导师。考核结果，对学生免试推荐研究生、入党、学生干部的任免、获得奖学金等挂钩；对教师职称晋升、工资、津贴、奖惩、聘任等挂钩。

七、推行本科生导师制的意义

（一）有利于充分发挥教师在教书育人中的主体作用

坚持教书与育人相结合的原则，是加强和改进大学生思想政治教育六条基本原则的第一原则。大学教师是育人的主体，是传授学生知识、能力、道德素养的主导者。然而，在计划经济体制下，曾出现过打倒臭老九、打倒反动学术权威的政治斗争，在拔白旗、批判学术权威的社会背景下，反对教师与学生过多的思想接触，使教师悄然退居育人的第二线，将思想政治道德素养教育让位于专职辅导员，使辅导员成为大学育人的主体。发挥教师在教书同时开展思想政治教育的重要作用，是新时期尊重知识、尊重人才的重要体现，也是使教师将教书与育人功能统一起来的制度保障。不仅只是哲学社会科学任课教师，而且自然科学任课教师，都应该在教学活动中将爱国主义情怀、社会公德素养等思想政治教育的培育有机结合起来。

（二）有利于大学生全面发展

导师不仅向学生传授专业技术知识，同时担负起学生思想政治教育的重任，使思想政治教育和专业技术知识教育从以往的割裂中走向高度统一，将思想政治教育融入专业知识教育之内，因材施教，有的放矢，极大提高思想政治教育的针对性、科学性、趣味性、时效性，必然会取得显著成效。同时，又培养大学生掌握现代科学技术知识，有利于促进大学生全面发展。也从制度上克服历史上曾出现过的一提加强思想政治教育就淡化或忽视了专业文化知识教育，一提加强专业文化技术教育就忽略了思想政治教育的忽左忽右现象的再现。

（三）有利于贯彻以人为本的办学理念

坚持以人为本，是科学发展观的核心和本质特征，也是马克思主义的基本观点。马克思曾经在《共产党宣言》里指出，未来的新社会是"以每个人的全面而自由的发展为基本原则的社会形式"。"每个人的自由发展是一切人的自由发展的条件"。在高等教育领域里，坚持以人为本，必须清楚人的主体是教师和学生，在办学过程中以人才为本，以教师为主体；在教学活动中，以学生为本，以学生为主体。推行导师制为发挥教师教书育人的主体作用，重视学生的全面发展，贯彻落实以人为本办学理念、坚持科学发展观的具体体现。

大学组织科研管理的学科归属

构建大学组织科研管理学科制度体系,仍然是一件艰难的工作,在目前也许是不成熟的构想。它没有足够的理论体系做支撑,没有系统独立的研究内容,没有成熟的研究方法,没有固定的学科归属,没有研究队伍的培养渠道。充其量它只能是高等教育学下属的三级学科,或者是管理学科下的科技管理的一个分支①。即便如此,我们仍然在近年倾注大量心血为这一微小学科制度的构建打基础、做奠基工作。因为没有这样的奠基它就永远不可能成长为独立和成熟的学科。作者认为,我们首先必须弄清楚与之相关的几个元概念的含义,对于构建其学科理论体系是必不可少的。

所谓元概念,就是与大学组织科研管理紧密相关的基本概念,包括科学、技术、科学研究、管理、科学研究管理、高校科学研究管理等。

一、"科学"的界定

"科学"这个概念的含义,往往令我们混淆不清,有些部门的专家、学者,更是抱着某一学科的固有偏见,对"科学"一词滥加评述,从学术上狭隘的理解、认识"科学"。突出表现在如下几个方面。

第一,认为只有数学和自然科学才是科学。人文科学和社会科学不是科学。

第二,根本不清楚"科学"的含义,把一些封建迷信的东西,冠之以"科学"。

第三,把艺术与科学混为一谈。

当然还有其他方面但仅仅列出这三者就足够了。事实上,每一个人都想获得一个清晰、明了的关于"科学"的概念,这的确是很难的一件事。由于历史的和个人知识的局限,"科学"的含义往往游移不定。这本身也给"科学"的定义蒙上一层朦胧的面纱。到目前为止,还没有人能给"科学"下一个被绝大多数人接受、永远不变的定义。我们在此也不想针对"科学"定义本身进行过多的探讨,但也不想和另外许多研究者一样将这个概念抛开,故意绕过去。

巴伯是美国著名的科学社会学家。他认为,科学是一种特殊的思想和行为的社会活动。"并不是要素与活动的杂乱无章的组合,而是一个具有凝

---

① 宋伟.科研管理学科建设若干问题研究[J].《河南大学学报》(哲社版),1999(3);《中国人民大学报刊复印资料》《科技管理与成就》1999年第7期全文转载。

聚性的结构，其多部分在功能上有互相依存的关系"①。当然，巴伯是想把科学放在社会的背景之下阐述，进而来建立他的科学社会学的理论体系。

然而，今天更多的辞书上对"科学"的定义显得有些笼统和虚幻。比如"科学是知识体系""科学是关于自然、社会和思维的知识体系"②"它适应人的生产斗争和阶级斗争的需要而产生和发展，是实践经验的结晶。每一门科学通常都只是研究客观世界发展过程的某一阶段或某一种运动形式……科学的任务是揭示事物发展的客观规律，探求客观真理，作为人们改造世界的指南"③。宋健主编的《现代科学技术基础知识》（干部选读本），开宗明义地对"科学"概念进行归纳，提出了"科学是人对客观世界的认识，是反映客观事实和规律的知识"④。

我们认为，科学是在探求未知世界客观规律的社会实践活动中获得的知识和认识体系。它包括哲学、自然科学、社会科学、人文科学。可以用表3-1，将科学体系表现出来。

表 3-1　科学体系图

		文科		理、工科	
		哲学	社会科学	数学	自然科学
科学体系	基础科学	哲学 逻辑学 伦理学 美学	语言学、文学、史学、政治学、经济学、社会学、民族学、心理学、法学、情报学、人文地理学等	数学 数理逻辑	物理学、化学、生物学、天文学、地质学等
	应用科学		教育学、管理学、国际关系学、新闻学、图书馆学、统计学、考古学等	应用数学、计算机科学等	技术科学、土木工程、农学、畜牧学、医学、化学工程、药学、航天学、采矿冶金等

注：此表参照刘仲亨《社会科学与当代社会》，辽宁人民出版社，1986，59 页。显然，我们在对一些学科归类时，并不是这样简单和明确，有些属于交叉学科，有些难以划归某一学科。此表也因此难以达到科学、准确的程度。仅作参考。

那么，在此科学体系之内，我们在科研管理中的具体名词"科研成果"

① ［美］巴伯.科学与社会秩序［M］.顾昕等译，三联书店，1991：2.

② 宋健.现代科学技术基础知识［M］.北京：科学出版社，中共中央党校出版社，1994：2.

③ 薛天祥.高等学校科研管理［M］.上海：华东师范大学出版社，1988：7,9.

④ 宋健.现代科学技术基础知识［M］.北京：科学出版社，中共中央党校出版社，1994：4.

"科研项目"等都属大科学范畴下的概念,也就是科研成果包含社会科学科研成果、自然科学基础理论研究成果,科学技术应用成果等。科研项目也包含有科技攻关项目、科学基础理论基金项目、人文社会科学项目等。

还有一个概念,也需要厘清,就是人文科学。人文科学是相对于中世纪的神学来讲的。人们思想上常常把社会科学和人文科学混淆起来,人文科学(humanitis),也译为人文学或人文学科。在西方,科学(science)主要指自然科学,而与之对应的文科(arts),有时被称作人文科学(humanities),有时被称之为文学或美文学(belles-lettres),有时被称之为哲学(philosophy)①。在英语语系中,人文科学主要指大专院校中的文科科系的课程,通常包括语言学、文学、哲学。这个词来源于拉丁语,在欧洲文艺复兴时期开始广泛使用,原指有关人的学问,主要区别于神学,后来含义几经演变,狭义指拉丁文、希腊文、古典文学的研究,广义指社会现象和文化艺术的研究。由于近代社会科学的兴起,对社会现象的研究,采用社会科学一词表示,人文科学一词多用于表示文字、语言、艺术、历史、哲学等研究领域,目前,西方学术界一般是在上述意义上使用这两个词②。

所以,常常见到科研管理中使用"人文社会科学"一词,有时也讲作"哲学社会科学"。社会科学不包含哲学,哲学是所有科学,包括自然科学的理论基础。"哲学,就我对这个词的理解来说,乃是某种介于神学与科学之间的东西。它和神学一样,包含着人类对于那些迄今仍为确切的知识所不能肯定的事物的思考,但是它又像科学一样是诉之于人类的理性而不是诉之于权威的。一切确切的知识——我是这样主张的——都属于科学;一切涉及趋于确切知识之外的教条都属于神学。但是介乎神学与科学之间,还有一些受到双方攻击的无人之域;这些无人之域就是哲学"③。这里罗素先生的"科学",是指 science,也就是自然科学。无论是说哲学、社会科学,或者人文社会科学,这些概念无非是指大文科的概念。确切的称呼应该是哲学、人文社会科学。

当然,作为探求自然社会规律的社会实践活动,是不包括那些迷信活动的。神学下的迷信活动不是社会实践活动。神学,崇拜上帝,相信上帝创造了人及人类社会并主宰人类社会的命运的观点,当然不是科学。宗教本身不是科学,宗教往往和神学紧密联系起来,当然也和科学有着必然的联系。对这一问题,无论是恩格斯,或者是贝尔纳,都有详细的论述。早期的科学

---

① [美]华勒斯坦.开放社会科学[M].三联书店,1997:7.
② 刘仲享.社会科学与当代社会[M].沈阳:辽宁人民出版社,1980:60.
③ [英]罗素.西方哲学史[M].何兆武,李约瑟译.北京:商务印书馆,1997:11.

(不仅指自然科学,也包括社会科学、人文科学)和神学在一起,结为兄弟。早期人类的科学和迷信活动相互交织在一起,难辨真伪。我们知道,"神学、巫术、宗教也是人类对客观世界、对大自然的一种认识反映的结果。它们产生的源泉本来和科学一样,正如两条河流同源一样,只是到了文艺复兴时期,才出现了分水岭,最终分道扬镳,而且成为敌对势力"。然而对宗教现象进行分析研究探寻的社会实践活动,导致出现了宗教学,宗教学不是宗教,而是一门科学。

艺术活动是人的社会生活中的重要内容。丹纳说:"美学的第一个和主要的问题是艺术的定义。什么叫艺术? 本质是什么?"[①]然而,丹纳提出问题后,并没有立即给出这个定义,也许是他不好下结论。他倒给"艺术品"下了个定义。"艺术品"和"艺术"正如科研成果和科学研究一样的关系。丹纳认为,"艺术品的目的是表现某个主要的或突出的特征,也就是某个重要的理念,比实际事物表现得更清楚更完善;为了做到这一点,艺术品必须是由互相联系的部分组成的一个总体,而各个部分的关系是经过有计划的改变的。在雕塑、绘画、诗歌三种模仿的艺术中,那些总体是与实物相符的"[②]。丹纳将艺术分为两类,一类是绘画、雕塑、诗歌,一类是建筑与音乐。艺术的本质在于模仿,当然并不是绝对的模仿,而是模仿其精神的一面。科学在于创造。关于科学与艺术的差异,丹纳有一段精彩的论述:"要达到这个目的(指人类为了和动物区别开来,过上高级生活),一共有两条路。第一条路是科学,靠着科学找出基本原因和基本规律,用正确的公式和抽象的字句表达出来。第二条路是艺术,人在艺术上表现基本原因与基本规律的时候,不用大众无法了解而只有专家懂得的枯燥的定义,而是用易于感受的方式,不但诉之于理智,而且诉之于最普通的人的感官与感情。艺术就有这一个特点,艺术是'又高级又通俗'的东西,把最高级的内容传达给大众"[③]。

所以,艺术和科学是两种范畴的东西。但是对艺术的理论研究则是科学的范畴,比如绘画是艺术,而绘画理论则是科学。唱歌是艺术,诗歌是艺术,散文、小说、书法都是艺术,作为艺术的成果形式是艺术品。对诗歌、散文、小说等进行理论研究,总结其写作规律,探讨其思想内容,则成了文学理论,也就是科学。鉴于此,我们对科学研究活动的支持,是不包括对艺术创作的支持的,换言之,艺术创作活动,比如绘画、写作、小说等不属于科学研究投入、支持范围。但是对艺术创作的理论探讨则是科学活动的范畴。艺

---

① 丹纳.艺术哲学[M].傅雷译.合肥:安徽文艺出版社,1991:51.
② 丹纳.艺术哲学[M].傅雷译.合肥:安徽文艺出版社,1991:71.
③ 丹纳.艺术哲学[M].傅雷译,合肥:安徽文艺出版社,1991:74.

术作品当然不能参加科研成果的评奖。

二、"技术"的界定

什么叫技术？它和"科学"的概念一样，没有一个固定的定义。尽管"技术"这个词随处可见，可我们要找一个明确的定义，则很难。高亮华给技术这样定义："人类借以改造与控制自然以满足其生存与发展需要的包括物质装置、技艺与知识在内的操作体系。"①高亮华进一步对此解释说："技术表现人对自然界的干预，涉及物质装置、技术、知识和目的。它又是可操作的体系"②。对技术的本质和意义进行考察研究，始于古希腊，亚里士多德曾把技术看成制作的智慧。17 世纪在英国技术仅指各种应用技艺，即制作工艺和内容。英国培根（1561—1626）曾指出要把技术作为操作性学问来研究。到18 世纪末，法国科学家狄德罗（1713—1784）在他主编的《百科全书》条目中，给技术的定义是："技术是为某一目的共同协作组成的多种工具和规则体系。"由此可以看出，高亮华的定义源于狄德罗的定义。

到 20 世纪初，技术的含义逐渐扩大到工具、机器及其使用方法和过程。20 世纪后半期，《简明不列颠百科全书》给技术的定义为："人类改变或控制客观环境的手段或活动。"

"技术"可以被这样理解：人类在实践活动中直接应用的知识、技能、工艺手段及方法、规则的总和。人类应用技术领域涵盖了实践活动的各个方面，包括物化技术，操作技术，管理技术③。技术成果主要指科技发明、创造，新产品试制、开发、推广、应用等。我们认为：技术是人类社会之所以区别于动物的根本标志；是人类与社会及其相互交往的手段和方法的总和。人类社会一诞生，技术就出现了。或者说，正是原始人类先掌握了一定的技术，才真正从猿变为人。

三、科学与技术的关系

科学与技术是两个不同的概念，早期的科学是社会上能够受到良好教育的那些贵族人的事业，而技术则是民间的能工巧匠技艺的体现。技术的历史要比科学早。技术与人类社会一同发展。中国古代人"在铸造青铜器的时候，已经不自觉地运用了数学、化学、几何等科学知识。然而当时这些学科科学体系还没有确立，科学知识尚未被人类认识研究。在人类实践的

---

① 高亮华. 人文主义视野中的技术[M]. 北京：中国社会科学出版社，1996：8.
② 高亮华. 人文主义视野中的技术[M]. 北京：中国社会科学出版社，1996：9.
③ 时光. 技术简论[N]. 光明日报，1998-10-16.

基础上,科学从技术中诞生,再反过来指导技术的发展"①。现代科学技术则是紧密联系在一起。科学回答的是"为什么"的问题,技术回答的是"做什么"的问题。科学是创造知识的研究,技术是综合利用知识于需要的研究;科学是发现,技术是发明,科学提供物化的可能,技术提供物化的现实②。纵观科学技术的历史,可以清楚地看到科学技术互相促进、互助推动的关系,发展到今天已经成为密不可分的一个概念。

火的应用→冶铁技术→(导致)化学知识→化学

治病技术→医学和药学

占星术→天文学

很容易就能找到技术促进科学发展的例证。正如丹皮尔所说:"几何学的起源也说明抽象的科学起源于日常生活的需要。在土地测量的基本公式和数目里,就可以找到几何学的开端。"③

然而,科学的发展进步,又反过来大大推动了技术的进步。尤其是今天的高科技技术的出现和发明,都离不开基础科学的发展。正是在科学进步的基础上技术的步伐大大加快。我们可以通过表3-2所表述的内容清楚地看到这一点。

表3-2 科学推动技术的进步

科学	年份	技术	年份
发电机原理	1831	发电机	1882
内燃机原理	1862	内燃机	1876
雷达原理	1925	雷达	1935
发现青霉素	1928	生产青霉素	1943
发现核裂变	1938	制造原子弹	1945
发现半导体	1948	生产半导体收音机	1954

注:此表参考宋健《现代科学技术基础知识》,科学出版社1994年版,第6页。

四、科学研究

科学研究(research),按照英文字面意义来讲,前缀"re"是"再度、重复、

---

① 宋伟.论科学技术的三种形态[J].河南大学学报,1996(4).

② 宋健.现代科学技术基础知识[M].北京:科学出版社,中共中央党校出版社,1994:6.

③ [英]W.C.丹皮尔:科学史[M].北京:商务印书馆,1998:31.

反复"的意思;search 是"探索""寻求""寻找"的意思,合起来就是"反复探索"。

科学研究概念是由两部分组成的,基本成分是"探索工作",限定成分为"创造和应用知识的",也就是"创造和应用知识的探索工作"。英国《牛津大辞典》以及比较有权威的经济合作与发展组织(OECD)提出:"研究与开发,是为了增加知识量,知识包括人类文化和社会知识的探索,以及利用这些知识去发明新用途所从事的系统创造性工作,已经产生的知识的收集、整理和分析研究工作。"

联合国教科文组织编写的以《科学与技术统计资料指南》,把科学研究分为三类:基础研究、应用研究和发展研究,其定义分别如下。

基础研究:旨在增加科学、技术知识和发现新的探索领域的任何创造性活动,而不考虑任何特定的实际目的。

应用研究:任何旨在增加科学、技术知识的创造性的系统活动,但它考虑到某一特定的实际目标。

开发研究:运用基础研究和应用研究及实验的知识,为了推广新材料、新产品、新设计、流程和方法,或为了对现有样机和中间生产进行重大改进的任何系统的创造性活动。

需要指出的是,按照联合国教科文组织的定义,不包括人文社会科学。而我国的科学研究事业是包括哲学、人文社会科学的。我们可以从表3-3中分析三者之间的关系。

总之,科学研究是创造知识和整理、修改知识,以及开拓知识和用途的探索工作。创造知识是创新、发现、发明,是探索未知的问题;整理知识是对已经产生的知识进行分析整理、鉴别和运用,是知识的规范化、系统化,是知识的部分,也有创新、发展知识的部分。

表 3-3　三类研究及其关系分析

	基础研究	应用研究	发展(开发)研究
研究成果	建立广义相对论 $E = m \cdot c$	将质量与能量守恒定律统一,从原子核内部获得巨大的能量,粒子放射现象研究	实现原子核裂变,聚变建立原子能工业
	研究教育与经济、教育与社会、教育与人的发展的一般规律	运用教育经济学、教育社会学等的一般原理、方法研究影响教育发展速度、规模、结构变动的各种因素	研究某一区域教育发展趋势和规划,为决策部门提供咨询
我国科研规划名称	自然科学基金项目;社会科学基金项目;"863"计划项目;"973"计划项目;"攀登计划";国家重点实验室建设项目计划	科技攻关项目;国家工程技术研究中心计划;软科学研究项目;社会发展科技计划	星火计划;燎原计划;科技开发项目;国家重点工业性试验项目计划;国家技术创新工程项目计划;国家工程研究中心建设项目计划;国家科技成果重点推广计划;国家级重点新产品试制鉴定计划;火炬计划
成果形式	学术论文、专著	学术论文、专利、原理模型、新产品技术	专利设计、图纸、论改报告,技术成果,新产品试制开发

五、管理

管理,作为一种行为来看,自古有之。而作为一门科学来看,则是近代以来的事情,尤其在中国,管理科学还是一门新兴的学科,其理论体系还没有构建完整,但是管理科学的研究,已经成为当前科学研究中的一个重要内容。

美国著名的管理学专家哈罗德·孔茨和海因茨·韦里克在《管理学》中，为"管理"下了一个非常容易理解的定义："管理就是设计和保持一种良好环境，使人在群体里高效率地完成既定目标。我们讲的管理的定义，就是指这一全过程来说的，这个基本定义需要加以展开：

（1）作为担任主管人员的人都要执行管理职能，即计划、组织、人事、领导和控制。

（2）管理运用于任何一个组织。

（3）管理适用于各级组织的主管人员。

（4）主管人员的目标都是一样的，要创造盈余。

（5）管理关系到生产率，意指效益（effectiveness）和效率。[①]"

美国管理学家赫伯特·A.西蒙（Herbert A. Simon）认为"管理就是决策"[②]。

还有人这样定义："管理就是由一个或者更多的人来协调他人的活动，以便收到个人单独活动所不能收到的效果而进行的活动。"[③]

"管理就是筹划、组织和控制一个组织或一组人的工作。"[④]

"给管理下一个广义而又切实可行的定义，可把它看成是这样的一种活动，即它发挥某些职能，以便有效地获取、分配和利用人的努力和物质资源，来实现某个目标"[⑤]。

苏联科学院院士、著名学者阿法纳西耶夫，在他的《社会、系统性、认识与管理》一书中指出：管理，是社会发展的任何阶段都固有的必然的内在属性，它具有普遍性，源于社会的系统性本质，以及人的社会集体性劳动，和在劳动、生产过程中相互交往，交换物质和精神劳动产品的必要性。马克思说："一切规模较大的直接社会劳动或共同努力，都或多或少地需要指挥，以协调个人的活动，并执行生产总体的运动……"

国家自然科学基金委员会主编的《管理科学》中，明确指出："管理是一个决策、控制和创造自组织学习的过程。管理者通过授权、委托并承担社会责任，有效地引导组织成员迎接环境不断出现的新的挑战，持续改进，不断

---

①　[美]哈罗德·孔茨，梅因茨·韦里克.管理学[M].北京:经济科学出版社，1993:2.

②　[美]赫伯特·A.西蒙.管理决策新科学[M].中国社会科学出版社,1982:33.

③　[美]小詹姆斯·H.唐纳利等.管理学基础[M].北京:中国人民大学出版社，1982:81.

④　托尼·布洛克特.管理理论与原则[M].成都:四川社会科学出版社,1986:1.

⑤　[美]丹尼尔·A.雷恩.管理思想的演变[M].北京:中国社会科学出版社,1986:2.

创新,从而在兼顾成员个人目标的同时达成组织整体目标。"①

"管理是指一定组织中的管理者,通过实施计划、组织、人员配备、指导与领导、控制等职能来协调他人的活动,使别人同自己一起实现既定目标的活动过程。"②

以上定义,可以说从不同的侧面,不同的角度揭示了管理的含义,或者是揭示管理某一方面的属性。我们经过分析认为:管理就是通过计划、组织、人事、领导、控制几个过程,最大化地获得所追求的效益与效率,提高生产率的实践活动。

六、科研管理

科研管理已经成为当今社会上的一项重要实践活动。科学技术在 20 世纪得到了突飞猛进的发展,它已渗透到人的生活的每个角落,人们生活的方方面面,都离不开科学技术的影子。我们知道,科学研究是创造、整理、修改知识以及开拓知识新用途的探索工作。它有两个组成部分,既有整理、继承知识的部分,也有创新发展知识的部分。科学研究事业已广泛渗透到社会与经济的各个方面,并推动科学技术加速发展。1997 年底,我国从事科技活动的人员为 262 万人,其中科学家、工程师为 168 万人;国有企事业单位共有多类专业技术人员 2,914 万人;全国县以上国有独立研究开发机构有 5,399 个,高等院校办科研机构有 3,425 个,大中型工业、建筑业企业办科研机构有 11,967 个。同年,全国共取得省部级以上重大科技成果 30,566 项,其中达到国际先进水平的科技成果 5,627 项,获国家奖励的成果为 626 项;我国科技人员在国际上发表的期刊论文和会议论文为 27,569 篇,比上年增长 4.4%③。

毫无疑问,随着科学研究事业的蓬勃发展,科研管理已成为重要的社会活动。科学技术是第一生产力,今后世界国与国之间的激烈竞争,表现为科技实力的竞争,科学技术必须列为国家的重要发展计划,属于加强的对象,科研管理也理所应当地向规范化、科学化方向发展,对"科研管理"不能再单单以一种社会现象和社会实践活动来看,而应以一门科学来对待。那么什么叫科研管理呢? 我们认为,科研管理就是通过管理活动来最大化地追求科学研究成果的出现与应用,更好地利用现有的科研投入、科研设备,提高科研效率,规范科研行为,促进科学与社会的可持续良性发展。

---

① 国家自然科学基金委员会.管理科学[M].北京:科学出版社,1995:23.
② 杨文士,张雁.管理学原理[M].北京:中国人民大学出版社,1996:4.
③ 杨晓升.告警——中国科技的危机与挑战[M].北京:百花文艺出版社,1998:235.

七、大学组织科研管理

华东师范大学薛天祥教授为大学组织科研管理下了一个完整的定义：按照科学技术和高等教育发展规律和管理学原理，为实现既定目标，通过科研过程的各个环节对高校科研活动中的人、财、物、时间、信息和效果进行计划、组织、控制、总结，使科研项目达到最佳完成程度的一种组织活动①。

梁其健、姜英编著的《大学组织科研管理概论》，将大学组织科研管理分为宏观、微观。宏观的大学组织科研管理，是指国家或省、市、自治区对所辖高等学校科学研究的管理，主要关心和研究的是科学战略方面的问题。微观的大学组织科研管理，是指对一所"学校科学研究工作的管理"②。

把大学组织科研管理纳入到科学的范畴，把它的内涵与外延讲清楚，给它下一个规范的概念定义，至少要从如下几个方面考虑问题。

首先，作为科研管理大范围中的一个特定领域——高等学校的科学研究工作管理，有一个特点，那就是范围限制在高等院校内，必须考虑高等院校的这个特殊对象，整个科学研究活动必须符合教育规律。其次，管理目的不仅是为了提高科学研究水平，提高科学研究实力，还应当充分考虑到，要通过高校科研活动提高教学质量和教学水平，提高培养新时期创新人才的能力，为社会培养更多的创造性人才。

可以把大学组织科研管理定义为：按照科学技术和高等教育发展规律、管理学原理，通过计划、组织、协调、引导、控制，使高校科学研究投入产出比达到最大化，提高科研实力，提高教学质量，培养更多的创造性人才的社会管理活动。

在这里考虑到了高等学校的最大任务是为社会培养塑造更多的富有创新意识、创新精神、创新能力的创造性人才，同时也兼顾到了目前高等学校已经成为全社会科学技术研究的重要方面军、重要支柱，必然要为提高科研实力服务。

① 薛天祥.高等学校科研管理[M].上海：华东师范大学出版社,1988：7,9.
② 梁其健,姜英.大学组织科研管理概论[M].上海：华中师范大学出版社,1987：12.

大学组织科研管理的体系与结构

一、科研管理是一门科学

(一)科学研究事业急剧发展

科学研究是创造知识和整理、修改知识以及开拓知识新用途的探索工作。它有两个组成部分,既有整理、继承知识的部分,也有创新发展知识的部分。科学研究事业已广泛渗透到社会与经济的各个方面,并推动科学技术加速发展。截至 1980 年,人类社会获得的科学知识的 90% 是第二次世界大战后 30 余年获得的。现在每天全世界发表科技论文 6,000~8,000 篇。发表科技论文的数量每隔一年半就增加一倍。如果加上人文、社会科学研究的学术论文在内估计每天有 12,000 篇论文问世。现在全世界每年批准的专利数量达 120 万件。新兴学科不断涌现,当今学科总数已达 6,000 多门。人类的科技知识,在 19 世纪是每 50 年增加一倍,在 20 世纪中叶是每 10 年增加 1 倍,当前则是每 3~5 年增加 1 倍。"二战"后,科学研究队伍不断扩大,美国是每 10 年翻一番,西欧发达国家是每 15 年翻一番。现在,全世界的科学家和工程师人数已达 5,000 万人,预计未来 100 年,从事科学研究工作的人数将占世界总人口的 20%,这说明丰富多彩的创造性科学劳动将在 21 世纪普遍地成为人类的主要活动。全世界用于科研的经费,在 21 世纪初比 20 世纪 60 年代末增长了 400 倍,现在每年已达 4,000 亿美元。发达国家的研究与发展经费通常占国民生产总值的 2.5%~3%。当前除了政府的大量科技投入外,各国企业界也大量投资用于研究与开发活动。而科学技术的发展对社会经济发展做出的贡献是难以用数字表达的,世界各国的经济表明,新发现和新发明应用所创造的价值,已超过科学研究费用的 10 倍以上。

(二)以科研管理为对象的学术研究水平不断提高

近年来,以科研管理为主要内容的学术刊物增多,据不完全统计,有近百家,加上在其他学术刊物上发表的科研管理的学术论文,每年大概有近万篇有关科研管理的论文问世。研究机构与研究会近年来得到较大发展。中国科学学与科技政策管理研究会,对科研管理科学的发展做出了贡献。中国教育学会下属的全国大学组织科研管理研究会成立 18 年以来,已成功地举行了 8 次学术年会,交流论文近 2,000 篇,成为推动科研管理研究迅速发展的一个重要学术团体。而各个省都普遍地建立了分会,每年各个分会都举行不同形式的丰富多彩的理论学术研讨活动,交流经验,提高管理水平,推动科研管理理论水平的提高。在全国高等院校中,近年来有关科研管理的研究成果很多,科研管理学术著作不断问世。

(三)科研管理作为一门科学的理论基础

任何一门科学的建立,必须有与之对应的理论基础。可以毫不夸张地说,科研管理的理论基础是雄厚的。它的哲学基础是科学哲学,或称之为自然辩证法。恩格斯的哲学名著《自然辩证法》奠定了马克思主义科学哲学的基础,经过在中国几十年的发扬光大,已在中国建立起了一个指导科学事业发展的哲学学派——中国自然辩证法学派,亦即科学哲学学派,而且是富有生机、充满活力,很有前途的一个哲学学派。这个学派具有五个特点:①马克思主义学派;②特别重视社会实践问题的研究;③特别重视精神文明问题研究;④特别重视科学方法论研究;⑤实行广泛的联盟。在西方学界,科学哲学是一门产生于19世纪20年代,目前已经繁荣的哲学学派。对科学进行人文关怀、哲学反思,是科学家、哲学家广泛关注的方法论哲学,其发展经历了逻辑经验主义、历史主义、新历史主义三个阶段。从科学哲学中分化出来的科学学,是介于理论与实践之中的一门科学,所以又叫科学社会学。它的奠基人是英国物理学家贝尔纳,他于1939年出版《科学的社会功能》一书,论述了科学结构的理论模式、科学学研究的数量分析方法、科学政策和科学管理等问题。贝尔纳科学学的研究已经超越了传统的科学史和科学哲学的活动领域。另外一位科学学奠基者是美国社会学家默顿,他在1935年完成了他的博士论文《17世纪英国的科学、技术和社会》。推动科学学向前发展的有美国的普赖斯,其代表作有1961年的《巴比伦以后的科学》,1963年的《小科学·大科学》。1976年,英国布里斯托大学教授齐曼著的世界第一本科学学教科书《知识的力量——社会的科学范畴》出版。至此,科学学基本上形成了自己的理论体系。

科学学的研究从20世纪60年代起跳出了狭隘的理论圈子,跨入应用理论的研究。随后,欧美国家许多大学开始科学学的研究和教学,1980年,美国马萨诸塞理工学院推行"科学、技术与社会计划",开设五个方向49门课程。五个方向是:当代科学技术和社会问题;工业社会的科学;技术及其组织;科学和技术的文化标准;科学史和技术史。科学学所关注的是科学与社会的关系问题。

我国科学学的研究起步较晚。1977年钱学森在《现代科学技术》一文中首先倡导我国学人对科学学进行研究,一批科技情报工作者、科学工作者和科技管理工作者,开始翻译国外科学学著作,开展我们自己的科学学研究。由于社会发展的需要,科学学一经传入我国,就得到了快速发展,作为科学学应用学科的科研管理研究,近年来发展很快。

科研管理不仅可作为科学学理论的应用学科,同时管理学、运筹学、决策论、系统论都是科研管理的理论基础。尤其是现代管理学,已经成为我国的一门重要学科。它产生于企业管理,1911 年美国泰罗的《科学管理的原理》是管理科学诞生的标志。到目前为止经历了科学管理—行为科学—管理科学几个阶段。管理科学是自然科学和社会科学的结合部,它在促进社会、经济、科技的协调发展,优化生产力诸要素的配置,提高劳动生产率及支持合理决策等方面都起着重要作用。我国正在大力发展管理科学。

(四)科研管理学科属性

科研管理是否可以算作一门学科? 回答是毫无疑问的。问题在于,科研管理难以在近期成为大学课堂的课程;划分起来,也难以界定其学科属性,属交叉新兴学科。

它可以属于管理学的范畴。管理学又分为工商管理、行政管理、教育管理、行为管理、科技管理、研究与发展管理等诸多二级学科。科研管理尽管和企业管理之间有较大区别,但任何管理都存在着计划、组织、人事、领导、控制五大功能,核心都是协调。企业管理追求的是最大效益,科研管理追求的是最大成果。其机理是一致的。

它还可以属于运筹学的范畴。运筹学是诞生于"二战"期间、运用数学的方法对人力、物力等的最佳使用求出最优化方案的科学。科研管理的理论与研究方法,与运筹学有相近之处。无论是管理学、运筹学、系统科学,其知识支撑都是建立在数学的基础之上,吸收社会科学的有关成果,建立了自己的理论体系。科研管理学又可划分为科技政策管理、科技史、大学组织科研管理、技术管理、知识产权等不同的研究方向。大学组织科研管理还可以划分在教育学的二级学科高等教育学之中。高等教育学又可划分出高等教育管理学,其中可划分出高等教育科研管理。

二、科研管理的研究对象

任何一门具体学科都有其特殊的研究对象、研究范围和理论体系。科研管理研究的对象是科学研究发生、发展的规律。管理的目的,就是如何推动科学技术的发展,促进经济的进步,使科研投入获得较大的回报,优化科研条件的资源配置,追求最理想的科研成果的诞生,建立科技经济社会协调发展的新机制,走可持续发展的道路,防止科学技术成果负面效应的产生,减少科研资源浪费和重复研究。如果把科学研究管理当作一个系统来对待,就是研究这个系统内各个子系统之间的协调最佳关系。

科学研究有自身的发展规律。科学研究事业的发展,必须具备如下条件:科学研究人员;科学研究的设备与信息,科学研究成果的积累;科学研究的投入,经费的合理使用;科学研究成果的应用,新技术、新产品的开发利用;科学研究的规范原则,知识产权和科技政策与法规的应用及管理;科学研究机构与学会的管理;科学研究效率,包括完成一项科学研究任务所需要的时间,如何减少重复研究、增多协作研究等;科学研究与社会道德、伦理学的关系。

三、科研管理学科的研究方法

一门科学研究方法的先进与否,是决定这门科学是否成熟的前提。目前,对科研管理进行研究常用如下几种方法。一是经验总结法。二是调查研究方法。调查的形式以问卷调查为主。调查者为了某一研究课题的需要,先设计若干个调查问题,然后按照课题要求,分发调查试卷。设计问卷,是成功的关键。如何设计问题,设计什么样的问题,是调查者必须清楚的关键问题。问卷分发对象,要求具有代表性、广泛性、多样性。问卷收集回来,加以归纳整理、分析,提出解决某一课题的方法、思路、对策。其他的调查方法还有座谈会、访问调查等。三是数量统计分析法。这是一种现代化管理必备的定量研究方法,也是管理科学研究的最基础、最常见的研究方法,它的基础是详细的科技统计得来的大量的各种各样的数据,这些数据看似互不相干、单调、乏味,但是如果运用数量分析方法加以归类对比分析,就可以发现很多问题和规律。四是理论分析法。这种方法是研究者在工作实践中发现问题以后,运用所掌握的自然辩证法,科学哲学,或者科学学的理论,对这些问题进行分析、探讨,提出具有应用指导性的观点、方法、策略。其研究成果要么为丰富科学学理论做出贡献,要么成为软科学的研究成果,为领导决策服务。这是一种定性分析法,要求研究者要有一定的理论基础。

四、大学组织科研管理的作用与意义

大学组织科研管理有什么作用?或者大学组织科研管理的目的、意义都有哪些?我们知道高校的基本任务是培养高级专门人才。在专门人才的培养过程中,科学研究具有重要地位。高等学校又具有发展科学的重要职能。高校培养人才,主要通过教学活动来实现;发展科学,主要通过科学研究活动来实现;高校的教学与科研这两种基本活动,相辅相成,互相促进,密切结合,存在着内在的联系。科研活动的广泛开展,又为教学活动注入了活力,为培养新时期创新型人才奠定基础,现代科技发展又强化了高校科学研究的职能。所以,大学组织科研管理,有两个目的,一是促进高校科学研究的发展,二是促进人才培养。而促进人才的培养,又通过提高教学质量来实现。

(一)促进高校科学研究事业的发展

就世界范围而言,影响人类生活方式的重大科研成果70%诞生于高等

学校；就我国来说，目前全国高校理工农医学科领域共有科技活动人员 60 万人，从事基础研究、应用研究、试验发展研究工作人员为 24.1 万人，承担国家自然科学基金项目占全国近 2/3，"863"计划项目占全国 1/3，国家科技攻关项目占全国 14%；高校在国内外发表的论文数和获国家自然科学奖的项目数均占全国的 60% 左右，获得国家发明奖、科技进步奖的项目数分别占全国的 1/3、1/4 左右，由此来看，高校科学研究已经成为我国科学研究事业中一支不可缺少的重要力量。而大学组织科研管理从以下几个方面为高校科研事业的发展做出了贡献。

1. 指导教师确立科研选题

爱因斯坦说过，发现一个问题比解决一个问题更重要。因为解决问题也许仅仅是一个数学上的或实验上、方法上的技能而已，而提出新的问题、新的可能性，从新的角度去看旧的问题，都需要有创造性的想象力，而且标志着科学的真正进步。高校教师开展科研之初，提出一个什么样的问题作为自己进行科学研究的对象，是能否在科学上推出创新成果的关键。然而，教师由于受到种种条件限制，往往难以提出好的选题，结果在自由上报项目时，难以获得资助；在自选课题进行研究时，要么是重复别人的研究，要么是研究毫无科学价值，始终在低水平上徘徊，这样的科学研究根本谈不上创新。大学组织科研管理的一个主要任务，就是对教师科研选题进行指导和规范，帮助教师进行选题论证。在论证选题时，要坚持四个原则，即需要性原则、创新性原则、科学性原则、可行性原则[①]。把好选题关，还要注意以下几个问题，一是既要尊重教师的意见，又要以科学为指导；二是要考虑学校自身发展的特点，要照顾到学科建设、学位点建设，引导教师的科研和学校自身发展紧密结合起来；三是要充分发挥高校科研主管部门信息灵活的优势，向教师传递社会经济建设、厂矿企业、生产部门急需的课题信息，引导教师开展应用性科学研究，为经济发展服务；四是要经常发布科研选题指南。

2. 规范科研人员科研行为

科研行为是一个复杂的问题，同时又是一个内涵宽泛的概念。科研行为一般指科研人员在科学研究活动中在某种意识支配下的实践活动。科研行为有正常与反常之分，即"科学"与"反科学"之别。规范的目的，就是消除不正常行为，反对"反科学"行为的出现。当前科学研究"不正常行为"较为普遍，突出表现在如下几个方面：剽窃、抄袭；弄虚作假；垄断。在一些专业和领域里，极个别的在这个专业知识领域里原本享有荣誉的处于泰斗地位的科学家，因为门第之见或者学术思想的分歧，或者害怕后来者居上，对科

---

① 宋伟.科研选题论证中的四个原则[J].研究与发展管理，1991(4)：70-71.

学新人、新成果采取压制、阻挠等手段,形成一种学阀、学霸问题;泄露或出卖科研机密;科学署名的不科学性;讲人情,拉关系;浪费科研经费;粗制滥造,为评职称或出名索利,不惜胡编乱造一本书出来,唯一去路就是回到造纸厂;伪科学及其他侵犯知识产权的行为;还有学术界的学术泡沫现象严重;等等。毫无疑问,急需对当前学术界加强规范和管理。而大学组织科研管理部门的主要职能就是规范科研行为。过去,大学组织科研管理这一职能发挥得不好,导致不正常科研行为泛滥,已经成为阻碍,甚至破坏高校科学研究事业正常发展的主要因素。今后,要本着"规范引导,严格管理"的原则,从四个方面努力工作。一是加强制度建设。要用科学的科研制度管理不正常行为,防止科学研究中的人情现象、平均分配现象或者走后门现象。二是运用法律武器,保护知识产权。科研管理部门是维护高校知识产权的重要力量。许多科学研究中的不正常行为,往往牵涉到知识产权法律问题,如果真正充分发挥知识产权法律的作用,规范科研行为,就会大大减少不正常科研行为的发生。三是加强学风教育,什么样的学风,决定着一个科研人员对待科学研究拥有什么样的态度。良好的学风,是出成果、出人才的基础,要想克服学术泡沫现象,必须确立一个良好的社会学风,对知识分子尤其是青年知识分子加强务实创新、大公无私、热爱祖国等社会主义公德教育,提高他们的道德水平和思想素质。这是减少或者杜绝科研不正常行为出现的根本保证。四是加强监督,科研管理部门要充分发挥其监督职能,一经发现违反科研道德的行为出现,就予以制止和惩罚。如果大学组织科研管理部门充分发挥规范科研行为的职能,必将大大提高科研水平,保证科研沿着健康的道路迅速发展。

3.组织优势力量,进行跨学科交叉研究

现代科学研究的一个重要特点,就是交叉性研究,跨学科研究,甚至有些跨院校合作研究也日益广泛。随着科学技术的飞速发展,重大课题,尖端技术必须集中一个单位,甚至一个部门科学研究的优势力量,才能进行攻关研究。以国家自然科学基金项目为例,即便是面上项目,也要组成一个课题组进行申报;如果是重点项目或者重大项目,基金委明确鼓励跨学科申请,鼓励校内跨专业、知识交叉课题组承担项目,鼓励校际间的合作研究。作为每一位从事科学研究的高校教师来说,他们一般是单个研究,不具备合作研究的条件,或者无法开展合作研究,极不适应现代科学研究发展的需要。大学组织科研管理就要发挥协调组织的功能,集中一个学校各院系的力量,甚至跨校、跨行业研究力量,组成课题组,协同攻关。这样有利于充分发挥高校科学研究的实力,承担重大项目,推出创新性科研成果。

(二)提高教学质量

促进教学,提高教学质量是大学组织科研管理的目的之一。有人认为,

高校科学研究和教学是一对矛盾，提倡开展科学研究，势必冲击教学、影响教学，进而导致教学质量下滑。这种认识较为普遍。尤其是在邓小平同志提出重点大学应该成为教学和科研两个中心之后，有些同志认为高校只能有一个中心，不能有两个中心，教学中心地位不能受到冲击。这些认识都只看到了一点，没有系统全面地认识问题。在高校，科研和教学二者之间，并不是一对矛盾，教师开展科学研究，表面上看，教学的时间、精力被科研挤占了，好像会影响教学。实质上则相反，教师在科学研究中，发现问题、收集资料，分析、归纳、整理、研究、试验、解决问题，这个过程本身就是一个撇开教材重新提高的过程。如果把科学研究的成果作为知识传授给学生，显然比只按教科书进行灌输式的教学效果要好得多。高校科学研究只会促进教学水平和质量的提高。

衡量现代意义上的一所大学的质量，一个重要指标就是科学研究能力、水平。没有科学研究能力的高校，教学水平必然非常低下，根本没有办下去的必要，这样的学校培养出的学生，也难有什么创新能力。大学组织科研管理的目的，在促进科学事业发展的同时，也必然促进教学质量的提高。它是通过以下几个方面实现的。一是在实践过程当中，大学组织科研管理在制定科技政策和科研规划的时候，要综合考虑自身学校整体发展、学位点布局，学科建设等情况，引导教师开展科学研究促进学科建设和学位点建设。比如一所高校计划在今后五年要重点发展哪些专业，哪些学科，力求在这些专业、学科的学位点建设方面有所突破，拿到博士学位或者硕士学位，那么今后五年在这所高校的科研规划中，就要重点考虑支持重点建设的学科、专业领域里的科学研究，确保尽快培养一支队伍，推出一批高层次、高水平科研成果，为获得博士学位点或者硕士学位点做准备。二是高校科学研究必然导致新专业、新学科的出现，进而丰富教学内容，发展高等教育。大学组织科研管理支持对已有科学知识进行归纳、整理的科研选题，创立新专业、新学科。综观当前高校新兴专业、学科的诞生，无不是走的这条道路。三是高校科学研究的发展，学术活动的出现，形成高校浓厚的学术氛围，对大学生的综合素质的培养，极有益处，理工科大学生可以得到人文素质的熏陶和培养，文科大学生可以得到科学精神的塑造和培养，为他们成长为创新型人才提供条件，大大提高人才培养质量。这是提高教学水平和质量的一个重要体现。教学教得再好，培养的人才缺乏创新精神、创新知识和创新能力，仅仅是重复前人的劳动，只能证明教育质量、水平的低下。

（三）科研管理是出人才的保证

一所高校在国际国内影响有多大，就是看这所高校有多少国内外著名的专家、学者和科学大师。大师不是靠钱买来的，而是靠自身培养出来的。

引进人才当然是高校教师队伍建设的主要方法,可是根本的办法是靠自身的培养。大学组织科研管理就是充分发挥组织的职能,在科学研究中向拔尖人才倾斜,从科研项目的立项、科研经费分配,到科研成果的出版,都需要向学术带头人倾斜,其根本目的就是要培养出自己的"科学大师"。优先资助学术带头人科研经费,优先出版学术带头人科研成果,经过一段时间的重点扶植和支持,这些人的科学研究能力和水平就会大大提高。经过一段时间的努力,由学校学术带头人,跨入省学术带头人队伍中,再发展到进入国家优秀中青年骨干教师队伍中,在国家教育部的支持下,这些人的科学研究水平、能力将会迈向新的台阶,就有可能成长为著名专家、学者。

五、大学组织科研管理的内容及现状

大学组织科研管理按照科学研究的过程划分,有如下内容。

(一)高校科研规划的管理

规划可以是由政府部门统一拟订的整个社会近期、中期、远期科技发展的计划,或者某一高校制订的自身的科学研究事业发展的规划,或者设立的科研选题,提出的发展目标。国家教委分别在"七五""八五""九五"期间制订了全国高校人文社会科学发展规划。高校自身也要结合自身学科发展、专业布局、人才培养、学位点建设的实际情况,制订本校近期、中期、远期科研发展的目标、任务、措施,提出具体研究课题。比如,一所高校要计划在今后3~5年内发展某一专业,使之获得博士学位授予权,那么这一专业的科研选题将成为近期学校科研的重要发展方向。相关的科研计划要重点支持,科研成果的出版要重点倾斜,从经费上提供保证。这一专业的学术带头人要重点培养。甚至可以指定几个重要选题,提供经费,快出成果。组织学校教师申请各级各类科研项目,向他们传递信息,提供服务,做教师、研究人员和国家科研主管部门的桥梁与纽带。上级主管部门,如国家教育部、省教育厅,要为本部门学科建设、学位点建设、改革开放、经济建设急需解决的理论问题、技术问题设置选题,同时要充分发挥第一线科研人员的作用,鼓励他们自由申报科研选题,确保对其中优秀的科研选题给予资助。

中长期科研规划的制订,要充分发挥专家的意见,在广泛调查的基础上,每个学科都要成立课题组,由专业领域内著名的专家学者组成,每个课题组不少于5人,制订本专业、本学科(如哲学学科、教育学科等)的发展规划,提出一个时期的研究课题,面向部门内部招标。

年度科研选题的评审工作,是短期科研规划的重要内容。要本着"公平、公开、科学、合理、支持重点"的原则,组织专家进行评审,坚决杜绝人情评审,公开评审程序,向重点研究选题倾斜。公开不是平均。评审结果面向社会一个月后，无异议则下达执行。在选题评审过程中，既要充分发挥专家的作用，又要防止专家可能出现的片面性。要统领全局，照顾全面。科学专家在科学上的偏见，是扼杀科学人才、阻碍科学进步的最大杀手。

科研选题的中期检查、验收也是科研规划的重要组成部分。国家课题的中期检查验收做得较好，省教育厅科研项目、学校自选项目的中期检查验收有待加强。目前，大学组织科研管理不同程度地存在着争到了科研经费，获得了立项资助，就算完成了科学研究，对成果要求不高、不严的现象。

（二）科研经费的分配与管理

离开投入，科学研究如无米之炊，无源之水。高校科研投入分为三类：一是国家各类科研课题、项目直拨经费；二是从社会上寻求的科研合作、协作经费，也叫横向联合科研经费；三是学校自拨科研经费。

纵向经费主要是随项目下达经费，一个项目（课题）一笔经费；其他还有科研基地经费（如国家文科基地、理科基地经费）、重点实验室经费、重点学科经费。纵向经费的分配，是一个复杂的工作，具体到某一个项目，应该给予多少经费支持，是比较难回答的问题。主要有以下几个原因：国家科研经费有限，比如河南省教育厅一年的科研经费也就是几百万元，而申请科研经费总额远远大于科研经费数，钱少需求大，矛盾突出；二是科研课题组在申请经费预算时，往往不切实际，有一种心理，我申请的越多，给的可能就越多；三是专家评审立项时，对于某个科研课题的研究到底需要多少经费，也难有统一的意见。这就形成科研经费的分配在实际操作上的困难，为了解决这个问题，只好采取不甚科学的方法，文科科研项目（课题）经费，一般统一一个数字；自然科学基础理论研究项目经费，统一一个数字；科技攻关项目经费统一一个数字。明知道这是不科学也是不合理的，但在实践上也没有更好的理论、更好的方法解决。

多年来随着形势的发展，高校为社会经济发展做出的贡献越来越大，获得的横向经费数额也就越来越多。就河南省高校来说，每年获得横向科研经费在 500 万元以上的有郑州大学工学院（原郑州工学院）、河南科技大学（原洛阳工学院）、河南理工大学（原焦作工学院）等几家。这种经费主要是工厂、企业等社会部门给科研人员的报酬，以及协作攻关项目经费。高校教师在横向经费的使用和管理上，相对灵活。

学校自拨科研经费，主要用于以下几个方面：设立的校内研究基金，学校学术交流用的经费，科研人才科研启动经费，重点实验室、重点学科配套经费，科研奖励经费等。各个高校情况不一样，有些学校给的多一点，有些学校给的少一点，但随着形势的发展，各个高校都非常重视科学研究，学校投入的科研经费也将越来越多。

各高校对三类不同的科研经费的管理与使用,都采取了不同的方法。各高校对各类纵向科研项目经费,因下达项目单位对经费管理要求的宽严不同,而相应采取不同的态度,然而却不同程度地存在着投入产出不成比例,甚至出现有些教师挪用科研经费做他用现象。如何做到科研经费专款专用,而又不至于教条机械地管理科研经费,真正有利于教师开展科学研究,提高投入产出比,是当前值得研究的一个重要问题。横向经费有报酬和科研的双重功效,宽松的管理,使教师更乐于从事横向科研课题。学校科研经费,则相对管理较严,但突出存在着资助力度小,难以产出较大科研成果的现象。

科研经费的管理要本着“宽严适度、重视效率”的原则。科学研究允许失败,也就是说允许投入经费后,没有取得任何成果。但是在科研经费相对紧张的情况下,要尽可能地以最少的投入,追求科研成果的最大化。如何既严格管理,不浪费有限的科研经费,又要真正方便教师使用科研经费,解决财务制度与科学研究特殊性的矛盾,是高校科研经费管理的难点。

要解决当前高校科研经费管理普遍存在的“来源单一、统得过死、投入产出不成比例”的问题。

高校要尽可能地从其他部门筹集科研经费,要加强与企业联系、合作,积极推广自身的技术、成果,加强科技经济结合;想方设法从国外寻求研究经费,探索实行科技贷款制,用银行低息贷款进行科技攻关,等等。

(三)科学研究基地的管理

科学研究基地,主要指各级主管部门设置的科学研究基地,试验基地,重点实验室、重点学科以及研究所、室等各类科学研究机构。科学研究基地是出人才、出成果的主要阵地,是高校科学研究的中心。一个研究所、研究中心、研究室,代表了这所高校对这一领域问题进行科学研究的权威。研究基地聚集了这一领域研究的拔尖人才,大大提高了科学研究的竞争力,可以获得相对多的科研经费,汇集较多的科研成果,也是孕育新的学科、专业的基地。

当前,高校科研机构管理有科研机构成立的随意性、科研机构管理的松弛性、科研机构活动的分散性、科研机构存在的特殊性、科研机构发展的困难性几个突出特点。

成立的随意性。这表现在如下几个方面:多头管理,使一些科研机构的成立,并不是单一归口高校科研主管部门管理;几个教师在一块儿一商量,找个主管部门,有时主管部门也不是学校,而是从社会上找一个部门,就可以宣布成立。有些科研机构虽然也经学校认真审核批准成立,但几乎没有开展什么活动,名存实亡,实际上等于一成立就解散了。

管理的松弛性。高校科研主管部门,把科研管理的重心都放在了选题的申报、成果的验收、评奖、科研经费的使用上,对于科研机构采取宽松式管理,大多只是统计个科研机构的名单了事;对科研机构人员的变化、活动的组织、有无成果,几乎采取不管不问的态度,很少有督促、检查。

活动的分散性,主要表现在自由活动,或者干脆不活动。一所高校在统计科研机构时,号称有40多个研究所(室),可是具体到什么名字,科研主管部门一人一个名单,一人一个说法;至于一个研究机构内部,谁是研究机构的负责人,成员都是谁,科研主管部门说不清,院系说不清,甚至连科研机构负责人自己也说不清。

存在的特殊性。高校的研究所、中心、室,一般都是教学单位,只是在名义上对外有个研究机构名称,却没有专职科研人员,全部是教学人员兼科研人员,教学科研双重身份,有些人则是教学、科研、行政三重身份,所以教学往往成为主要角色,科研次之;如果是行政干部,行政工作是主要角色,教学次之,科研最后,这就决定高校科研机构大多是一种形式。所以学校对科研机构的审批,也掌握这样一个尺度,凡是三无机构(不需要学校增拨经费,没有专职科研人员编制,没有行政级别的),相对来说就容易审批;一牵涉到人员安排、行政编制,一般不批。

发展的困难性。既然学校没有经费投入,或者没有较充裕的经费投入,又没有专职科研人员,学校就只给一个名称,至于如何发展,是研究机构内部的事,而研究人员又以教学身份为主,所以研究机构发展是相当困难的。除去独立的研究机构之外,依附于教学的研究机构大都名存实亡;独立的研究机构,又由于福利待遇低,科学研究难,成果少,举步维艰。尤其是纯基础理论研究机构,日子相当困难。相比起来,那些开发性研究机构,发展要好一些。

(四)科研队伍的管理

科学研究的主体是人。科研人员是科学研究的核心部分,财、物当然在科学研究中比较重要,但是比起科研人员来说,是次要的。没有科学研究人员,则科学研究无从谈起。高校科研队伍又以高校教师为主体。在整个大学组织科研管理中,确立以人为中心的管理原则尤其重要。现代管理发展的一个显著特点就是由重视物的管理到重视人的管理。道格拉斯·麦格雷戈倡议在管理中把个人目标和组织目标结合起来的"组织人道主义"管理。日本以人为中心管理的兴起并获得成功,美国以物为中心的管理的衰落并导致失败,证明了重视人的因素的管理是科学的,符合人性的。

大学组织科研管理的主要内容就是对科研队伍的管理。核心问题是:如何充分调动科研人员的积极性;如何杜绝科研的泡沫现象、学术腐败现象;如何培养造就学术带头人。科研队伍管理的内容是:科研人员的培训、科研人员的选拔、科研人员的激励措施、科研人员的晋升、科研人员的道德建设问题。

当前高校科研队伍的管理现状,只重视培养、选拔,忽视了科研道德建设;重视发挥年轻研究人员的积极性,没有充分发挥离退休老年科研人员的作用;受传统官本位思想的影响,对优秀科研人员往往给予行政领导职务进行奖赏,实际上削弱了科学研究队伍力量。重视极少数科研拔尖人才的作用,忽视了大多数科研人员的作用。只重学历,忽视能力,本末倒置。所有这些都是管理上的形式主义、唯心主义、缺乏实事求是的科学精神的反映。

加强科研人员的道德建设,反对学术作伪、弄虚作假、剽窃抄袭、学阀垄断,反对学术腐败和学术泡沫现象,加强学术规范管理,是科研队伍管理亟须解决的问题。

(五)高校科研成果与产学研结合的管理

科研成果是科学研究的最终目的。没有科研成果,所有的科学研究将失去意义。也许一个科研课题,经过研究人员的努力钻研,证明这种试验或研究将无法取得成果。这样的科研结果,是另外一种意义上的科研成果,告诉学术界,今后这样的科学研究课题,不用再做了,使后来的科研人员少走弯路。

高校科研成果管理的内容包括科研成果的分类,科研成果评审或鉴定,科研成果的登记、存档与公告,科研成果奖励的评审,科研成果的推广应用,产学研结合的探索,科技扶贫,大学科技园区的建设。

产学研结合是高校科技经济结合的最佳形式。近年来国家有关部门一直提倡高校加强产学研结合。科研成果转化、推广是高校产学研结合链上的一个纽带。高校用自己的技术成果和社会生产部门紧密协作,推进社会经济的发展,加速科技成果转化为生产力,真正落实科学技术是第一生产力的理论。

当前高校科研成果管理的主要问题是,重视成果的数量,轻视成果的质量;重视成果的报奖,轻视成果的应用;重视成果的归档、登记,轻视成果的推广转化。

高校科研成果管理的难题是,如何正确评价科研成果,尤其是基础理论研究成果;如何加速科技成果的推广转让;如何使高校的科学技术成果产业化。

值得注意的是,科研成果的形式是论文、论著、新产品、新技术、新成果。它和艺术作品是两个概念。丹纳认为,艺术分为两类,一类是绘画、雕塑、诗歌,一类是建筑与音乐。艺术的本质在于模仿,当然也不是绝对的模仿,而

是模仿其精神的一面。科学的本质在于创造①。所以，艺术和科学是两种范畴的东西。但是对艺术的理论研究则是科学的范畴，比如绘画是艺术，而绘画理论则是科学。唱歌是艺术，诗歌是艺术，散文、小说、书法都是艺术，作为艺术的成果形式是艺术品。对诗歌、散文、小说等进行理论研究，总结其创作规律，探讨其思想内容，则成了文学理论，也就是科学。鉴于此，我们对科学研究活动的支持，是不包括对艺术创作的支持的，换言之，艺术创作活动，比如绘画、写作、小说等不属于科研管理、支持的范围。但是对艺术创作的理论探讨则是科研管理的对象。艺术作品当然不能当作科研成果，有些教师对科研管理有意见，认为自己的文学艺术创作活动应该得到科研经费的支持，文艺作品也应该参加科研成果的评奖，这是不科学的。

基础理论研究成果的评价问题，成为当前学术界和管理部门关心最多、最难解答的问题，也是在评定技术职称、评审基金资助、审定稿件、科研评奖以及评议一个科研单位科研水平时经常遇到的问题。"基础研究是世界性的，贵在创新。在基础研究领域内，如果只是填补国内空白、国内领先，那不过是重复国外已有的成果，以此作为宣传，只能说明宣传者的无知，对外则贻笑大方，降低我国科学界的整体声誉"②。在管理界，对基础理论成果的评价，问题也比较多。论文不能以数量代替质量，"首先应该考虑的是质，其次才是量"③。沃森（Watson）和克里克（Crick）以在 *Nature*（《自然》）杂志上发表的一篇论文为基础，获得诺贝尔奖④。桑格（Sanger）一生发表论文甚少，但每一篇都是分量很重的论文。他的蛋白质序列测定和核酸序列测定研究两次获得诺贝尔奖，对分子生物学所起的巨大推动作用，已被世界科学界所肯定⑤。而有些人一生发表论文数以千计，却没有对科学发展留下多大痕迹。现在有些人喜欢以 SCI 收录的文章作为评价的重要标准。尽管被 SCI 收录，有一定的评价价值，但是以 SCI 作为评价论文的唯一标准，那就不科学了。⑥

科研成果的评奖，也是一个复杂的活动。国家对科研成果评奖已经开始进行整顿，过去评奖太滥、太多；评奖部门也太多，政府部门评，学会评，主管部门评，而且有些一般的学会评奖，也冠以"国家""全国"字样，设奖等级

---

① 丹纳. 艺术哲学[M]. 傅雷译, 合肥：安徽文艺出版社, 1991：51-54.
② 王业宁等中科院 37 位院士联合提议：《正确评价基础理论研究成果》。
③ 王业宁等中科院 37 位院士联合提议：《正确评价基础理论研究成果》。
④ 吴国盛. 科学的历程[M]. 长沙：湖南科学技术出版社, 1997：778.
⑤ 王业宁等中科院 37 位院士联合提议：《正确评价基础理论研究成果》。
⑥ 科学评价基础研究——访中科院院士杨雄里[N]. 科学时报, 2000-04-10.

纷乱,什么"金奖""银奖""铜奖"等。这种现象是迎合职称评审的需要设立的。规范评奖,反对不必要的评奖,是高校科研成果管理的一个亟须解决的问题。

技术、应用理论成果的评价,要改变专家鉴定评审为主的现状,提倡以市场评价为主。科技成果在经济生产过程中应用,如果能得到可观的经济效益,为社会经济发展做出贡献,比再美的誉词都有意义。过去对技术成果的鉴定,专家往往是都给予较好的评价,可实际上并不一定能获得生产上的认可。

科技成果的产业化,是当前技术创新的核心问题。全国高校科技成果转化率偏低,不足30%,相当多的科研成果完成后束之高阁、躺在实验室里睡大觉,不能成为生产力。问题在哪里呢? 不重视推广,信息不灵,机制不活,奖励措施跟不上。今后要重视这一方面的研究。大学科技园区建设问题,也是当前大学组织科研管理的重要内容。

科技扶贫,是产学研结合的一个方面。高校科技扶贫要以技术扶贫、智力扶贫为主,从根本上资助贫困地区脱贫致富。

(六)学术交流管理

学术交流是现代科学技术活动中的重要内容,是科学创新的必要条件。随着科学技术的发展,学术交流活动越来越重要。学术交流活动的形式是多样的:学术会议,访问研究,学术讲座,科技情报信息的传递,各种类型的学会的活动,等等。学术会议又可分为国际学术会议、国内学术会议、某一地区学术会议(如中南地区高等师范院校科研管理学术研讨会)和各类学会举办的学术研讨会、专题研讨会等。访问研究又可分为国际的合作研究,如国家自然科学基金委资助科学家出国访问研究一段时间(一般为3个月或半年),外国研究人员来我国高校访问研究一段时间;国内高校之间的高级访问学者(一般时间为1年)等。学术讲座形式灵活多样,校内之间的学术研讨会、报告会、学术沙龙;学校邀请国内外著名专家学者来校做学术报告、举办学术讲座等。科技信息的传递与管理,内容丰富,如学术期刊的交流,学术信息的传送,大量的成果简报,等等,这些交流对高校教师开展科学研究,非常重要。目前不论是文科或者理科,各个学科都有自己的学会。学会又分为国家级学会,省级学会,市级学会等;自然科学学会归口为科协主管;社会科学学会归口为社科联主管。高校科研主管部门应该担负起自身学校社科联、科协的双重任务。

学术交流的作用非常明显。通过学术交流可以集中反映和了解国际、国内学术水平和最新成就,研究现状,是跟踪国际学术前沿进行科学研究的阶梯和桥梁,是交流各自研究成果的最好方式。

当前高校学术交流活动发展趋势是：国际的学术交流活动日益增多，学术交流的形式变化多样，如科学考察、受聘讲学、进修学习、合作研究、攻读学位、出席国际学术会议，等等。

高校学术交流存在着如下一些问题：有些利用学术会议的名义游山玩水，淡化了学术性质；国际学术交流审批手续复杂，外出访问研究统得太死；国内学术交流活动太少，有些因为组织不力，导致学术收效不大。重点高校校内学术交流活动组织得较好；而普通高校学术交流组织活动较少，有些干脆常年不组织，学术氛围淡薄，学术气氛不浓，不利于学术研究。

高校学术交流的管理，主要存在着经费不足问题。无论是学会的活动，或者是学术讲座，学术报告，学术会议等，都有经费困难问题。没有充足的经费做保证，学术交流活动的开展相当困难，教师在科学研究时，不重视科技信息，有些选题浪费了很多时间精力进行论证，申报项目，可他不知道这个问题早已经被人研究过了，这样的选题当然无法获得资助；在研究过程中，也不善于运用科技信息，综合国内外现有同类研究成果，创新就非常困难。广泛地占有科研信息，是科学研究取得成功不可缺少的一环。国家要尽可能地加大学术交流的投入，各省、市科研主管部门也可以效仿国家基金委的做法，立项资助高校教师参加学术交流活动。

校园网络建设，是现代科技信息传递的电子桥梁，也是传递科技信息的现代化手段。国家非常重视网络建设问题，如何规范管理，提高网络信息的传输速度，减少网络信息垃圾，普及校园网，已经成为大学组织科研管理又一重要内容。

（七）知识产权管理

高校知识产权管理近年来成为科研管理不可缺少的内容。高校知识产权保护工作是我国知识产权体系的有机组成部分。迅速发展高校科学研究工作，知识产权保护是当务之急。尽管近年来高校知识产权保护从零起步，制定了一些相关规章制度，初步建立了知识产权工作体系，培养了一支知识产权工作队伍，开展了知识产权法律法规宣传普及，在很多高校也都成立了知识产权教学、研究机构，开设了相关课程，但是，仍然存在着许多问题，具体表现为：一些学校认识不到位，知识产权保护工作没有得到重视；高校科研管理部门也没有把知识产权保护工作当成自身重要工作来对待；知识产权保护队伍尚没有真正建立起来，现有的队伍也不稳定，年龄结构不合理，知识结构也不完善；技术成果推广转让中的知识产权保护问题尤其突出；对知识产权的保护缺乏有效的措施，流失现象、侵权现象比较严重。

针对这些问题，今后要努力从以下几个方面入手，做好高校知识产权保护管理工作。

首先,认真抓好高校管理干部的知识产权培训工作,实行上岗资格证书制度。干部培训要采取"分层次、分类型、分区域"的办法,不同对象采用不同的培训方法。

其次,要发挥高等学校知识产权研究和人才优势,加快知识产权专门人才的培养步伐。主要分两方面内容:一是加强高等学校对知识产权专门人才的培养,加强对知识产权的研究,尽快造就、培养一大批跨世纪的知识产权研究专门人才;二是通过与社会企业、法律部门合作,为司法、检察、企业培养知识产权方面的专门人才。

再次,各高校要尽快制定、完善高等学校知识产权管理规章制度,加快高校知识产权保护科学化与规范化建设。

最后,条件成熟的高校要尽快成立知识产权保护专门机构,负责全校知识产权保护工作,包括专利事务、产权登记、无形资产评估和知识产权监督等工作。

在整个大学组织科研管理过程中,都要贯穿知识产权保护工作,从科研选题抓起。1999年国家基金委透露一起抄袭基金申请书的侵犯知识产权案例,某博士在申请省级科研基金时,抄袭导师评审的国家基金项目申请书的选题、论证材料等。这一案例说明从选题开始,就要加强知识产权保护工作,而过去我们是不重视项目申请书的知识产权保护工作的。强化科技成果的知识产权管理,鼓励课题组对自己研制的新产品、新技术、新成果申请专利。由于专利申请和审批有一整套严格的法律程序,与科技成果鉴定办法相比,更具科学性,实践上也比科技成果鉴定严肃得多,所以专利本身就应该成为科研成果评价的有效标准。强化科技成果转化过程中的知识产权保护,在科技成果推广转化过程中,往往容易出现侵犯知识产权现象。泄露技术秘密,转让费无法兑现,技术成果实施中出现分歧,互相推诿责任,技术在应用中发生事故,官司打不清等,都需要依靠知识产权来界定和保护。强化对科研流动人员的知识产权保护,人才流动往往牵涉到单位技术秘密等知识产权纠纷问题。

这也是目前知识产权保护的难点问题,所以要建立规范化的约束机制,制定可操作的有效管理规定,既有利于科研人员的合理流动,又有利于知识产权的保护,对职务发明和非职务发明要区别对待。人才调出,应规定其必须如数交还技术资料和其他必须保密的信息资料、软件等,并通过签订协议方式,使调出人员承担不披露、不使用有关技术秘密的义务,一旦违反,要明确承担相应的经济责任,强化对调出人员知识产权行为法律责任的追究,还要及时有效地追究用人单位借引进人才之机获取、使用他人、其他单位技术秘密行为的法律责任。

（八）大学生科研管理

大学生参与科学研究活动，近年来发展迅速，成果喜人，已成为创新型人才培养的重要体现。大学生科研管理，急需加强。在校攻读学位的博士生、硕士生，还有本科生，科学研究能力、水平都不可忽视。然而对大学生科研管理，一直是大学组织科研管理中薄弱的一个环节。没有专职机构，也没有专职人员。在大学生科学研究活动中，如何申请项目，知识产权归属，科研成果署名、成果报奖等问题上，都有界定、统一的必要。国家有关部门明确强调，大学生（含博士、硕士）可以保留学籍兴办高新技术产业。大学生科研活动如何引导？怎样奖惩？科研成果突出而其他功课学习成绩不符合要求怎么办？这些问题都是大学组织科研管理部门不能回避、也需要尽快明确回答的。

（九）大学组织科研管理队伍的管理

大学组织科研管理队伍，是大学组织科研管理的主体。管理队伍素质的高低、能力的大小，直接决定着这个单位科学研究水平的高低，科学研究绩效的好坏。如管理队伍水平较高，这个单位的科研潜力发挥得好，科研成绩就会很大；反之亦然。科研管理队伍素质，要求具有高尚的道德修养，广泛的知识，系统的管理理论，丰富的管理经验，熟练的现代管理手段的运用能力，良好的人际关系[①]。要重视大学组织科研管理队伍的培训、稳定；同时要调动他们的积极性。大学组织科研管理不是纯粹的行政管理，而是业务性质很强的技术管理，要求管理者自身应该是科学研究中的佼佼者。

六、大学组织科研管理的方法

管理方法是实现管理功能的手段和达到管理目标的途径。管理的目的是如何以最小的投入获取最大的收益，那么管理的方法就是怎样做才能达到这样的目的。传统教科书中关于管理的方法，分散到计划、组织、人事、领导、控制五项分类归纳当中，当然计划、组织、人事、领导、控制本身也可看作是管理的手段、方法。以往关于大学组织科研管理的方法，也都分散到计划管理、经费管理、机构管理、成果管理、队伍管理等几个方面的管理内容中，没有将方法单独归纳到一块儿研究。在《高等教育管理学》[②]中，对高等教育管理的方法，论者将其分散到高等教育计划方法、高等教育组织方法、高等

① 刘双月，宋伟.大学组织科研管理人员素质论[C]://河南大学组织科研管理论文集[J].研究与发展管理.1999(8):47.

② 薛天祥.高等教育管理学[M].上海：华东师范大学出版社，1997.

教育领导方法、高等教育控制方法几个方面。我们在谈到大学组织科研管理的内容时,也涉及了各个内容的管理方法,如队伍建设中的培训方法等。然而将大学组织科研管理的整体方法进行归纳整理,则是一件有意义的事。大学组织科研管理可以分为行政管理方法、专家管理方法、经济管理方法、数学管理方法、综合管理方法等。如此划分高等学校科研管理方法,可能会有许多不同意见,但是作为探索,也是具有一定道理的。

(一)行政管理方法

大学组织科研管理是行政管理,所以行政管理方法、手段体现得比较多,"所谓行政方法,就是指依靠行政组织的权威,运用命令、规定、指示、条例、下达指令性计划任务等行政手段,按照行政系统、层次的管理方式,以鲜明的权威和服从为前提,直接指挥下属工作。权威性、服从性和强制性是行政方法的本质特征。"①

"行政"即"行使政治权威"。国家行使政治权威的主要机关是各级政府,各个系统、部门、单位,一般都有行政组织,行使自上而下不同层次的领导。大学组织科研管理机构的行政设置是非常简单的。高校都设有主管科研的行政部门——科研处,负责全校科研工作的全面管理。科研处和教育部的科研行政主管部门——社科司、科技司,省教委的科研行政主管部门——科研处发生业务关系,同时和政府其他主管科研行政部门如国家科技部、省科委等发生业务管理关系。

应该说,行政管理方法是大学组织科研管理的主要方法。无论是宏观管理,还是微观管理,各个部门要实现各自确定的目标,有计划地组织活动,强有力的行政方法不仅是必要的,而且也是做得到的。毛泽东同志说过,人民为了有效地进行生产、学习和有秩序地过生活,要求自己的政府、生产的领导者,文化教育机关的领导者发布各种适当的带强制性的行政命令。没有这种行政命令,社会秩序就无法维持。这也是为什么设有科研处的直接原因。

大学组织科研管理的行政方法,表现在计划指标的设置,管理条例、办法的制定,监督实施。比如每年河南省教委科研项目的申报,省教委都要靠行政手段分配各个高校申请项目数。国家教育部也在重大科研项目、人才培养计划项目等申报时,为各省、市限定申报名额。各个高校在科研管理中制定的经费使用办法,科研成果奖励办法,也是靠行政手段来规范科研人员的科研行为。有的高校在科研成果奖管理中,统一设定一些学术刊物,凡是

---

① 何钟秀. 现代管理学[M]. 杭州:浙江教育出版社,1998:202.

在指定的学术刊物上发的学术论文，一律给予奖励；相反你没有在指定的学术刊物上发表论文，就不给予奖励。且不说这种规定的科学性，这种方法就是典型的行政方法。

高校行使行政科研管理法，应注意行政计划要有科学性，防止单纯用行政方法进行强制管理，犯主观主义错误；防止用行政管理法造成增加管理手续、影响工作效率等问题的出现；防止一味地扩大行政管理权限，伤害科研人员积极性。例如，有的高校行政管理部门在定科研项目时，不做开题论证，没有充分发挥专家意见，分经费时想当然地估算或者平均分配，经费下达后，又无监督机制和办法，没有验收成果，缺乏后期管理，致使许多科研经费"一江春水向东流"，没有任何收效。

在大学组织科研管理中，既不能没有行政手段和方法，又不能任意扩大行政管理方法的管理范围，更不能滥用行政管理方法，甚至单纯依靠行政手段来管理高校科研工作。要有限制，也要建立完善的监督机制，使行政管理更趋科学化。

(二) 专家管理方法

科学研究事业的特殊性，要求管理必须充分发挥专家管理的作用。专家管理方法是大学组织科研管理中常用的方法。项目评审由专家评审说了算；成果评奖由专家来定，成果鉴定需要鉴定专家。各级大学组织科研管理部门，都建立了专家库，需要哪些专业专家，可以随时从专家库中抽选。高校设有学术委员会，学术委员会由专家组成，是学校学术管理的最高权威。这是《高等教育法》明确规定的。我们可以给专家管理法下一个定义：在大学组织科研管理中，充分发挥专家作用，利用专家进行科研项目评审、科研成果评奖等，以专家的意见进行大学组织科研管理。这也许是一个不规范的概念，但是实际管理中确实如此。

专家参与大学组织科研管理的好处是显而易见的。首先，可以克服行政管理中的弊端，实行内行领导内行、管理内行。对科学的评价，专家最有发言权，专家的意见要比行政手段更具科学性，也更具权威性。专家的意见，往往能让科学研究人员心服口服。其次，专家管理使高校科研发展能够沿着正确的方向追赶科学前沿。专家对某些领域里的科学发展了如指掌，最清楚什么样的科研选题有价值、有意义，应该获得资助，对整体高校科研发展发挥重要作用，这是行政管理部门难以做到的。最后，可以最大化地调动科研人员积极性，充分发挥高校教师的潜力，为高校科研创造宽松的环境。

当然，专家也是人，也会有许多非科学行为存在。在发挥专家管理的同时，也要注意防止出现偏差。恩格斯说过："偏见往往比谬误离真理更遥远。"专家最容易产生偏见。因为专家只是某一领域里的专家,在他所研究的知识领域之外,几乎是门外汉。尽管科学是相近的,科学方法是一样的,科学精神是一致的,但现代科学最大特点就是分化越来越细,每一细小分支,都有尖端技术,如生命科学在植物学科内可以分为植物分类学、植物栽培学、植物育种学、植物生理学、植物病理学、植物分子学。让一个植物分类学的专家教授对植物分子学的问题发表意见,虽然可能比物理学、化学教授更具发言权,但也会抓不住要害。一个人的精力是有限的,尤其是那些某一领域内的最突出的专家,往往对本领域的知识了如指掌,可对其他领域知识则一窍不通。这样的科学家,一旦产生偏见,将是对科学的扼杀和阻碍,加上门户之见,学科之见,反而不利于科学事业的发展和科学的公平。要警惕学阀,学阀、学霸往往出自专家,这是年轻科研人员成长中的最大障碍,也是科学进步、科学发现的敌人。

目前专家管理科研,往往是一人说了算,尽管是一个学科评审组,可这个学科通常是按大学科划分的,每个学科组也就是一两个专家,又有分工,在他分管的领域内,他一人说了算,造成不合理现象。专家腐败现象也不同程度地存在,讲人情,收受礼金,丧失科学道德。防治的办法,就是建立行之有效的监督机制,并使其和行政管理方法紧密结合起来,允许、鼓励科研人员举报,凡是举报专家作伪或压制科学研究,一经查实,在一定范围公布结果。这种严厉的措施,使他们不敢拿自己的学术道德声誉开玩笑。

(三)经济管理方法

高校科研的经济管理方法,又可称之为经济激励方法,就是指运用经济杠杆,激励高校科研人员积极从事科学研究,最大化地追求科研效益。主要有:科研经费的资助;科研奖励金额的提高,其他与经济挂钩的奖励,比如住房分配、工资待遇、福利享受等。经济管理方法,在大学组织科研管理中越来越重要,越来越突出,作用也越来越明显。改革各种管理体制,纠正单纯依靠行政手段管理的做法,采取一系列措施,逐步采用经济管理手段和方法。其实质是贯彻物质利益原则,干多干少不一样,还要大大拉开差距。

经济管理方法的最常用手段就是奖励。现在高校科研奖励伴随着国家科技奖励幅度的加大,近年来有了大幅度的提高,如河南省科技进步一等奖奖金为 10,000 元,河南省教育厅科研论著一等奖奖金为 2,000 元,省教育厅科技进步一等奖奖金为 2,000 元。有些学校规定,凡是在 Science(《科学》)和 Nature(《自然》)上发表一篇文章,一次性奖励 50,000 元。被 SCI 收录论文一篇,奖励近万元,奖金分月打入工资卡,每月奖 400 元,一直奖两年。获得国家级科研项目奖励数额更大,在研期间内每月奖励 600 元。如此大的奖励力度,无疑为吸引更多的优秀人才投入到科学研究中去提供经济支持产

生良好影响。

经济管理手段,过去我们重视不够,在大学组织科研管理中运用不多,是一缺陷。贯彻科研重奖的原则,可以极大地调动科研人员的积极性。奖,一定要拉开差距,要有区别。真正的科学研究拔尖人才,完全可以因为科研成绩获得尽可能多的报酬,从而使他们能够安心从事科学研究,献身科学研究,使社会上一批精英,能从事科学研究事业,不再为官位、金钱动摇科学研究的信念。要留得住人,在社会上、在高校内部,形成搞科研光荣,搞科研就是比当官强的现状。

实行经济管理方法,是今后大学组织科研管理应采取的重要方法。指导思想上,要理直气壮,大胆执行,不要怕科研人员富。目前高校人事改革的重点,就是拉开收入档次,实行特聘教授岗位,还是经济杠杆管理高等教育的方法的具体体现。

经济管理方法,关键是制定科学、合理的奖励制度,真正体现奖励第一线科研人员、奖励拔尖人员的思想。不能让真正优秀的第一线科研人员感到吃亏,让一些官僚或者一些平庸人占便宜。经济激励的目的是奖优罚懒,如果实现不了这一目的,那就是经济激励的最大失败,这样执行的结果非常坏。

应该说,经济管理方法在大学组织科研管理中刚刚发挥作用。我们要注意经济管理方法可能产生的弊病,但还是以提倡和大胆执行为当前总的指导思想。如何对待科研人员取得高额收入以后,是否还会继续进行科学研究;如何处理科研人员的高收入与社会上下岗工人、农民收入形成的巨大反差,这些问题在当前还不是主要问题。不能因为这些问题妨碍经济管理方法的实行。当然,单纯依靠经济方法,不要行政方法,也是工作上的偏差。要将二者有机结合起来,以行政手段规范经济方法,以经济方法补充行政手段的不足,将会更好地管理高校科学研究。专家管理也要和经济管理结合起来,发挥专家的作用,以经济杠杆强化专家的管理。

(四)数学管理方法

数学管理方法也叫科学计量方法,就是运用数学所提供的概念处理问题的方式及技巧,对高校科研的对象进行量的分析、描述、推导和计算,从而能以数学形式表达事物内在联系的一种方法。它是理论思维和对事物进行逻辑分析的一种重要形式[①]。科学计量学是科学发展到20世纪六七十年代以后,由美国人普赖斯创立,经过英国的马凯教授、德国柏林自由大学克雷

① 何仲秀.现代管理学[M].杭州:浙江教育出版社,1998:235.

奇默博士、比利时林堡大学埃格赫博士、比利时工业技术学院教授鲁索博士等共同努力研究出的一种评价科学的技术与方法,运用到科研管理中,使科学计量学的发展找到了源头。近年来,科学计量学在国内经过赵红洲、蒋国华、梁立明、武书连等人的努力,已初具规模。运用科学计量学的方法来测定大学科研排序、科研成果排序等科学计量学成果不断出现在各种各样的学术刊物上。

毫无疑问,科学计量学的量化指标,成为人们评价科学研究、管理科学研究最好的手段。行政管理、专家管理,往往建立在定性基础之上,因为缺乏定量指标,常常遭到科学研究人员的反对。量化指标可以使人一看就清楚一个人或者一个单位的科研实力和论文数量。量化管理也是近年来大学组织科研管理的新兴话题、热门话题。我国高校科研评价大致经过了四个阶段。第一是组织决定阶段。在那个时代,基本上是政治决定一切的年代,科研评价往往被政治取代。第二阶段是建立同行评议的初级阶段。第三阶段是同行评议加量化打分阶段。这三个阶段的发展是从改革开放初至80年代中期。第四个阶段,是科学计量学、情报计量学、文献计量学与技术计量学的指标和方法开始影响并应用到大学科研评价的时期,也就是目前的事情①。

数学模型或数学统计结果,应用到科研管理中,为科学决策、科学研究提供有力武器,便于有限科研资源的分配。按照数学计算的结果,确立一种管理的模型,就像公式一样,便于管理者操作。相对来说,可以减少管理人员的个人行为、个人角色对管理造成的不良影响,可以接近公平、合理。比如对SCI引文的统计分析,可以明确告诉人们哪所高校最多,哪些学科最多;按照影响因子排序,可以清楚哪所高校所发表论文在国际学术界产生的影响较大。再如,运用到大学科研管理中,中国石油大学在职称评审中运用科学计量学的方法,其实践证明要比纯粹的定性指标渐趋合理②。按照设定的模型,可以综合一个人发表的科研论文、专著、承担的科研项目、获得的科研奖励多个指标,计算出这个人的科研分数,在职称评审中按分数高低排序。有些高校运用数学方法计算教师科研的绩效,进行奖励。这些在大学组织科研管理中的尝试,无疑是一种革新,应该积极探索,总结经验。

但是,也不要一味迷信科学计量学。大学组织科研管理的对象是人,作为人,纯粹用数学工具进行归类、分析,用数学模型、数学公式套用管理,显

① 石侑,史妍.科研量化评价的指标与排序——次国际研讨会综述[J].科学学与科学技术管理.1999(1):34.
② 蒋国华.科学计量学在职称评审中的应用[J].科学学与科研管理.1999(6):18.

然有着天然的缺陷。数学工具并不是万能的，虽然适用于自然法则，但在"人"这一对象面前，数学公式便显得机械和迂腐。正如英国皇家学会会员、国际著名物理学家与科学学家、伦敦大学马凯教授所告诫我们的那样：不要把引文计量搞到狭窄得不适当的程度，以致发展成为一种伪科学①。我们在应用数学方法的同时，千万不要误入唯心主义的歧途。

（五）大学组织科研管理方法的评价

大学组织科研管理的方法还有许多，但主要有以上四种方法。这四种方法各有优缺点。任何一种方法独立应用到大学组织科研管理中，都将不会发挥自身的优势作用，只有合理地应用，有机地综合运用，才能相得益彰，互相帮助，取长补短，发挥作用，可以避免工作中的片面性。

种种大学组织科研管理方法的综合运用，是因为它们内在存在着必然联系，在具体的管理工作中，它们之间互相依赖，互相影响，又有主次之分。行政手段统领全局，专家管理是行政管理的有效补充，经济方法是杠杆，数学方法是工具。只有充分协调、统一起来，才能提高管理效果。具体到某一过程，在某种情况下，运用某一种管理方法是科学的；在另外一种情况下，运用另一种管理方法则是科学的。种种管理方法运用得好坏，其衡量标准是，高校科研人员从事科学研究积极性的高低，高校科研绩效的好坏。只有高校科研人员对科学研究的积极性持续高涨，科研成果不断出现，大学组织科研管理的方法才算科学成功。

七、大学组织科研管理的原则

大学组织科研管理应遵循什么样的原则？尽管大学组织科研管理作为一项实践活动，已经存在很长时间，但是理论界对管理活动应遵循什么样的原则这样的基本问题，仍然存在着分歧。其原因是，目前把大学组织科研管理作为一门科学进行理论研究的深层次成果并不多见，对其进行理论探讨还处于初始阶段，理论上没有给出现成的固定答案；实践上又存在着高校与高校情况的差异，单位与单位之间的不同，管理者各自对问题的认识不一样，所以对实践中应该明确什么样的原则问题，无法统一。然而作为大学组织科研管理的最基本问题，我们又不能回避，结合自身经验和实践情况，有必要进行一番探讨。

（一）高等教育管理的原则

如果我们认真审视高等教育管理学的理论框架，就会发现高等教育管

---

① 石侑，史妍.科研量化评价的指标与排序——一次国际研讨会综述[J].科学学与科学技术管理.1999(1):34.

理的原则,完全可能随着管理对象、场合的变化而变化,有多少管理理论就有多少管理原则。王亚朴先生主编的《高等教育管理》(华东师范大学出版社1983年版)中,提出了8条高教管理原则;陶增骈主编的《高等教育管理原理》(辽宁人民出版社1987年版)提出了5条原则;余立主编的《大学管理概论》(复旦大学出版社1985年版)概括总结了6条原则;薛天祥教授主编的《高等教育管理学》(华东师范大学出版社1997年版)提出了5条基本原则①。我们从中可以看到高等教育管理,作为一门成熟的科学,尚没有固定不变的管理原则,那么大学组织科研管理,作为高等教育管理的分支学科,其管理原则更难统一。

薛天祥教授提出的高等教育管理的5条原则是,高效性原则;整体性原则;民主性原则;动态性原则;导向性原则。

(1)高效性原则。这是高等教育管理本质的直接体现和具体化,追求高等教育管理的最大效益是高教管理的最终目的。

(2)整体性原则。高等教育系统中存在各种不同的工作目标,管理过程的各个环节以及各个方面也是围绕统一的目标——培养人才和开展科学研究而运转的。这种目标使高等教育各项工作融为一个整体,高等教育管理就要从这个整体出发,协调各环节各方面的管理工作。

(3)民主性原则。要办好一所高校,不发扬民主,不充分调动师生员工的积极性和创造性是不可想象的,所以高等教育管理中必须发扬民主,贯彻民主性原则。

(4)动态性原则。高等教育管理过程中要完成的任务、组织的结构、用来完成任务的技术和参与的人员都处于动态之中。这样,一方面高等教育活动须按照管理的基本原理和原则来进行,保持管理的相对稳定性,同时要求运用高等教育管理原则时要有灵活性。

(5)导向性原则。高等教育管理的导向性原则,体现了高等教育作为价值观、利益观对纷争的评判标准。高等教育管理必须发挥导向性作用,不能无条件地完全按要求自由的理想运作。

当然,这5条原则也完全适合于大学组织科研管理。不过作为大学组织科研管理的原则,又显得大而笼统,不着边际。

---

① 薛天祥.高等教育管理学[M].上海:华东师范大学出版社,1997:135.

（二）大学组织科研管理的原则

1. 大学组织科研管理原则的探索过程

现有《高等学校科研管理》研究的理论专著并不多见。每位著者却提出了不同的观点。

有论者论述了大学组织科研管理的 5 条一般原理，也就是系统原理、封闭原理、反馈原理、能级原理、激励原理[①]。

有论者提出了大学组织科研管理应遵循以下 5 条原则：整体性原则、分工协作性原则、动态平衡性原则、效益性原则、重视人的因素原则，并进一步论述。整体性原则是现代科研管理的最基本的要求，同时也是实际工作中需要格外引起注意的要求；分工协作和动态平衡两原则是整体性原则的具体体现，是实现整体性原则的必由之路；效益性原则是衡量科研活动的价值原则；重视人的因素的原则是推动科研发展的动力性原则[②]。

其中整体性原则、动态平衡原则来源于现代企业管理原则的移植；效益性原则、分工协作原则源于现代管理一级、二级原理[③]。重视人的因素的原则则来源于管理学理论。

我们应该承认他们提出的这些原则（或原理），在当时都有一定的意义。然而，经过 10 多年的实践的发展，大学组织科研管理已经积累了许多丰富的经验，高校科学研究也发生了很大变化，今天的情形和十几年前大不一样，无论是项目经费的资助力度、参与科研的高校教师数量、科学研究的普及程度、科研成果的创新等，都已进入了一个全新的阶段。大学组织科研管理的原则，应该根据今天的形势重新界定。我们要依据如下几个方面，来确立新形势下的大学组织科研管理原则。首先，依靠现代管理，尤其是行政管理的基本规律；其次，依据高校科学研究活动的特殊性，确定科研管理原则；最后，要围绕大学组织科研管理的最终目的提出原则。所有原则要有利于高校科学研究事业的发展，有利于充分调动广大科研人员的积极性，有利于促使科技、教育、经济协调发展，有利于科研资源最大优化配置。

2. 大学组织科研管理的原则

根据以上分析，我们提出大学组织科研管理应该遵循如下原则：公平合理原则；支持重点原则；协调性原则；以人为主原则。

---

① 梁其健，姜英. 大学组织科研管理概论[M]. 武汉：华中师范大学出版社，1987：54-86.

② 薛天祥，唐安国. 高等学校科研管理[M]. 上海：华东师范大学出版社，1988：39-48.

③ 黄兆龙. 现代学校管理学新论[M]. 北京：中国经济出版社，1994：109-110.

（1）公平合理原则

大学组织科研管理的对象是人，对所有的科研人员要一视同仁。科研选题的评审，不能看报选题的人，而要看报的选题，以选题来确定是否资助。年轻科技人员和知名专家学者，在科学面前，一律平等。没有公平，科学研究就无法推陈出新，就难以选拔、培养年轻科研人员。

在科学研究管理中，制定科研管理办法，运用各种管理方法，都必须以合理性为指导。目前奖励办法，大都是指定学术刊物实行奖励，不能以个人意志来决定奖励措施，制定这一政策的人，想到自己在哪种刊物上发表了学术论文，就决定这家期刊为奖励对象，尽管这家学术刊物在学科内并不是最高刊物。这种管理，就没有贯彻合理的原则，必然使院（系）内教师有意见。这样的管理，当然不会取得成功。

公平并不是平均。在科学研究中是不能讲平均主义的；公平合理是反对平均主义。面对科研人员，不论你是有一定行政权力职位的人，或者是一位普通的教师，如果有良好的科研能力，有科学思想，提出了好的选题，又有明确的研究路线，都可以得到资助。

可事实上，在大学组织科研管理中，公平合理原则往往不能全面实行。比如教育部在规定科研项目的申报上，重点学校科研选题和普通地方高校教师的科研选题，难以公平合理一样对待。普通地方高校教师很难争取到教育部课题，因为过去指导思想是教育部明确资助所属重点院校，地方院校教师的科研选题由地方政府主管部门资助。这种方法不利于地方高校参与国家教育系统的科学研究活动。近年来这种现象有所改变。

（2）支持重点原则

在科学研究中，存在着"马太效应"。所谓马太效应，就是一个人科研能力越强，那么你获得的科研资助、得到的科研荣誉越多；相反，你如果科研能力不强，你将永远被排斥在科学研究活动之外，甚至你也许具有的那么一点儿科研能力，也无机会发挥，也难以得到社会的认可，这种现象非常普遍。科学研究需要科学精英人才来完成，各级科研主管部门，都乐意将有限的科研投入，分配给那些具有科学研究能力、有科学思想的人，这些人最容易出成果。如果你调查一番，可以看到一所高校真正在科研上做出突出成就者就那么极少部分人，更多的人则是没有突出的成果，也难以承担各级各类科研项目。往往是，一个教师争取到国家级项目，省市科研项目也会很容易申请到，有了研究经费做保证、后盾，科研成果就容易出来；成果出来，项目结项，在学术圈内获得良好声誉，再度申请项目，又非常容易获批。因为申请项目时，主管部门和评审专家非常看重你的前期成果积累。

国家自然科学基金，尤其重视"支持重点"，如果承担基金项目结项完成

并获评为特优级，那么后续申请项目就非常容易获批，基金委还会给奖励，奖励用于科研的经费比获得的面上项目还要多。相反，如果项目完成结项后并评为"中"或"差"，那么今后申请基金项目，就会严格受限。

这种现象产生的一个直接原因就是在大学组织科研管理中，贯彻"支持重点"的原则，这是符合科学发展规律的。尽管科学研究事业，已经走进人们的生活当中，高校中的大多数教师，都不同程度地开展科学研究，但真正能成为科学家、专家学者的，必定是少数。梅贻琦任清华大学校长时，曾说过："大学者，非大楼之谓也，大师之谓也。"拥有一批国内外著名的学科带头人、学术拔尖人才，才能把高校办成世界著名高校。科学研究的目的：一是出人才；一是出成果。原本国家科研资源有限，一所高校年科研经费也不会平均分配给每一位教师，只能资助那些优秀人才。

支持重点，培养选拔学术带头人，是大学组织科研管理的一个重要原则，也是管理方法的成功经验。

贯彻支持重点原则，谨防人云亦云。学校主管部门要真正全面了解"重点支持对象"的综合素质，尤其是科学道德素质。如果发现这样的"重点"存在着不可改正的缺点错误，就要用行政管理手段停止支持。我们在管理中，要真正能从"重点对象"中培养造就出国内外著名的学者、大师。

同时也要考虑到这样一个现象，有些学科带头人，承担的项目实在太多，是否有能力按时完成承担的不同部门的多个科研项目？不要盲目地支持重点，人为造成有些人因承担项目太多而无力按期完成，更多的人则没有课题可做。

支持重点原则，往往与人才流动紧密相连。有些高校为了留住人才，往往将多种科研荣誉称号、多种科研项目交给这些拔尖人才。可结果并不一定能真正留住人。在具体管理中，针对这一客观原则，要注意因人而异，区别对待，能够继续支持的就支持，没有必要继续支持的，就要停止支持。

大学组织科研管理，对"人"的支持要贯彻"支持重点"原则，对学科、专业、课题的支持，也要贯彻"支持重点"原则。

（3）协调性原则

管理是求得管理者、管理对象、社会应用单位最高程度的协调，尽可能地减少矛盾冲突。

高校科学研究的最大目标，就是发展科学研究事业，有利于创新人才的培养和社会经济的发展。高校科学研究管理者，研究人员，研究成果应用的社会单位，是一个有机的整体，也是一个完整的系统。从系统的整体出发，在把握整体与部分、部分与部分、整体与外部环境的相互制约、作用、联系中，充分发挥系统的整体作用，协调各自利益，达到最大效益。

一个完整系统内部,由各个子系统组成,子系统又由元系统构成。比如一所高校科研系统,由各个院系科研子系统组成,各个院系子系统又由各个专业、研究室、实验室元系统构成,元系统内部又形成了一个一个的课题组,课题组不是固定不变的,而是由研究人员在动态中不断变化中组成。这是一个复杂的整体系统,而这个整体系统内部的大大小小的组成部分,由于各自的利益不同,地位不同,出发点不同,不可避免地要产生冲突和矛盾。一个高校科研系统又和教学系统、后勤系统、人事系统发生关系和冲突,同时又与上一级科研管理的大系统产生关系,也有利益分配的不均衡矛盾,与兄弟院校科研管理系统之间,也发生着矛盾和冲突,如在申请全省杰出青年基金项目时,全省总数已定,各个高校之间就要产生激烈的竞争。在复杂的系统内部、之间,科研管理的主要职能就是协调关系,处理矛盾,解决冲突,提高效率,扩大效益。协调大学组织科研管理原则是极其重要的原则。

系统的最大特点在于整体的功能大于各部分之和①,这一系统原理为协调性原则提供了理论依据。和谐、团结、协作对大学组织科研管理来说是非常重要的,在管理的实践中,却存在着多种形式、不同程度的冲突,必然要降低系统的效益,而协调性原则及时发现、处理冲突带来的负面影响使之尽可能小地影响科学研究的顺利进行,是贯彻协调性原则的一个重要内容。

当然冲突的功能具有双重性。冲突、竞争,可能引起学术思想的争论,进而促进科学研究的深入发展,有利于选题的提出和科学发现的诞生。团体内的冲突,也有助于使现存的规范恢复活力,有助于新规范的出现。在这种意义上,社会冲突是一种调解规范并使之适应新条件的工具。一个是灵活的系统管理,要从冲突中获得好处,因为这种行为通过帮助创立和修正规范保证它在变化了的条件下继续存在并发生作用②。

大学组织科研管理协调性原则,就是运用系统原理、冲突原理,一方面要把冲突破坏的可能性减少到最低水平;另一方面,使冲突产生有效的、积极的结果,保证管理的整体性、连续性,使系统整体获得健康的发展,在不断产生的冲突中,协调、团结和协作化解旧的冲突,求得最大化的科研效益。冲突是客观存在的,旧的矛盾解决了,新的冲突产生了,协调性原则继续发生作用。

(4)以人为本的原则

重视以人为本的科研管理,是现代社会管理的必然要求。科研人员、高

---

① 薛天祥.高等教育管理学[M].上海:华东师范大学出版社,1997:140.

② [美]罗伯特·欧文斯.教育组织行为学[M].孙锦涛等译.武汉:华中师范大学出版社,1987:308.

校教师是高校科研活动的核心，对人的管理是大学组织科研管理的重点。如何提高科研效率，怎样调动科研人员的积极性，是管理的中心问题。

管理的对象包括科研人员、科研经费、科研条件设备、资料、仪器等，也就是人、财、物几个方面。人，在科研活动中处于关键主导地位，包括从事高校科研活动的教师、学生，实验室人员，后勤人员，也包括大学组织科研管理人员。财，要进行科学研究，就离不开经济活动，研究规模越大，从事科研活动的人员越多，经济活动也就越复杂，目前国内有些高校年科研经费超亿元，科研项目、课题研究经费几十万元、上百万元的多的是，有些甚至上千万元，对经费也就是"钱"的管理也非常重要。"物"，进行科学研究，离不开科研的必备条件，自然科学尤其重要，要有实验室，实验室要有仪器、设备、药品。没有"物"的存在，对于科研人员来说，就像巧妇难为无米之炊。即便是社会科学的基础研究也必须拥有图书、资料、信息；电脑已经成为不可缺少的现代化科学研究必备手段。其他还有科研时间、科研信息等，这是大学组织科研管理的几大对象。而所有的对象中，"人"是第一位的。

确立"以人为本"的管理原则，就要考虑"人"的需要。马斯洛在1943年所著的《人的动机理论》一书中，提出了人的需要层次理论，把人的需要归纳为五个层次，并由低级到高级形成阶梯，即生理需要→安全需要→爱的需要→尊重需要→自我实现需要。

自我实现的需要，是最高层次的需要。音乐家必须演奏音乐，画家必须绘画，科学家必须开展科学研究，这样他们才能感到最大的愉快。是什么样的角色，才能干什么样的事。马斯洛认为，人的需要是一个层次一个层次发展的结果。自我实现的需要，有赖于前面的生理需要、安全需要、爱的需要及尊重的需要的满足[1]。科研管理过程中，要充分重视科学研究人员的需要，把他们当成"科研人"来对待，不要把他们看作"科学家"。

贯彻这一原则，就要想方设法调动科研人员的积极性，实施激励措施，运用经济奖励杠杆，解决科研人员最基本、最起码的生存需要。在当前社会形势下，高校科学研究人员，一味地清贫和艰苦，难以使他们安心研究。过去我们在整个管理中，是不重视将"人"的因素作为第一原则的，这造成科研队伍不稳，科研人员流失现象严重。当前高校实施设立特聘教授岗位，加大科研奖励力度，都是"以人为本"管理原则的具体实践。日益重视这一管理原则，已为高校科学研究注入了很大活力，带来了很大生机。

当然，贯彻这一原则，绝不是不要职业道德建设和精神文明建设，也不

① 俞克纯,沈迎选.激励·活力·凝聚力[M].北京:中国经济出版社,1988:11-18.

是不要艰苦奋斗作风,在充分重视科研人员"人"的需要的同时,在政治上关心他们,信任他们,使他们具有良好的科研道德品质和科学精神,也是贯彻这一管理原则不可缺少的内涵。

最后,需要指出的是,大学组织科研管理还有其他原则,比如科学性原则,要求所有管理措施、方法、实践、政策都要符合科学的要求;坚持党的领导原则,坚持社会主义方向原则,民主集中制原则,制度化、规范化原则。这些原则,或者因为是最基本的原则,作为本书的创新性研究,不再重复论述。这并不是否定这些原则的重要性,也不是要清除这些原则,只是不必要论述罢了。

如何正确使用 SCI 标准评价基础科学

基础理论研究是科学之本和技术之源,它的发展水平是一个民族的智慧、能力和国家科学技术进步的基本标志之一,也是科技进步和创新的先导与源泉。基础研究的每一个重大突破,往往都会对人们认识世界和改造世界能力的提高,对科学技术的创新、高技术产业的形成和经济文化的进步,产生巨大的不可估量的推动作用。我国 21 世纪现代化建设进程中,把科学技术的基础理论研究,放在了非常重要的地位来对待。为了使基础理论研究得以健康持续高速发展,对基础理论研究成果的评价采用什么样的标准,就非常重要。毫无疑问,科学、公平的评价标准,有利于基础理论研究的发展。相反,则会阻碍基础理论的研究。目前我国在评价自然科学基础理论研究成果水平高低时,普遍采用 SCI 标准。在全国 SCI 中论文数量的排序,成为衡量一个单位基础理论研究实力高低的主要指标。在有些单位制定的科研奖励标准中,也把对 SCI 论文的奖励提高到非常高的水平。在职称评定中,对 SCI 论文也明确规定出数量指标。有些单位为了片面追求 SCI 论文数量,就明确规定博士生要想顺利拿到博士学位,必须发表 1 篇以上署名为本单位名称的 SCI 论文。在各种各样的评比中,如学位点申报、重点学科的评审、项目的申请、特聘教授的聘任等,申报者往往将 SCI 论文数量当作自己成果高低的主要指标,评审者也刻意将 SCI 论文的多少来当作衡量研究水平高低的主要指标。可以说,在当前中国,SCI 标准日益流行且有更为广泛的发展趋势,已经到了滥用的程度。如果不积极采取正确、客观的态度对待 SCI 标准,将对我国基础理论研究产生不利影响。

一、SCI 以及与之相关的几个概念

(一)SCI 的含义

SCI 是英文 Science Citation Index(科学引文索引)的缩写。它是由设在美国费城的一个私立科学信息研究所(Institute for Scientific Information,ISI)利用科学计量学方法对科技刊物和论文进行评价的一种方法或者叫作工具。科学计量学是 20 世纪五六十年代产生于欧美,由美国教授普赖斯创立的评价科学的一门学科。它归属于科学学学科下的一个分支,到了最近十年,才普遍被人们接受和应用。引文索引最早是在 1955 年由美国学者 E. 加菲尔德提出的,在他的主持下,美国费城科学信息研究所(ISI)于 1964 年成功建立了科学用引文索引(SCI)。目前 ISI 运用科学计量学方法将全球 150 多个学科领域里的近 3,500 种核心学术刊物上发表的论文作为研究对象,除

进行索引外还进行数量统计分析。分析的结果产生了影响因子、高影响力论文概念。我国大多数使用 SCI 概念时，主要指论文索引，也就是被索引的论文目录。很显然，论文要想进入 SCI，被 ISI 索引，必须进入它所指定的近3,500 种科学核心期刊。文章没有发表在近 3,500 种科学核心期刊上，要想成为 SCI 论文是不可能的。近来 ISI 将研究的核心期刊扩展到 5,600 多种，包括 SCI 研究扩展版和网络版（SCI Search 和 Web of science）。

（二）影响因子（Impact Factors）

进入 SCI 论文的几千种核心期刊，水平高低显然是不一样的，这一点谁都可以理解。问题是如何将刊物水平高低加以区分，这也涉及一个方法问题。国内近年来对期刊进行筛选、评比，得出核心期刊的目录。国内采用的方法就是借鉴 SCI 采用的期刊影响因子确定方法。期刊影响因子的概念是由美国情报学家、SCI 创始人 E. 加菲尔德在 1972 年提出来的。

影响因子是对一篇文献或文献集合获得客观响应、反映其重要性的宏观度量。其计算方法为某年引用某刊前两年论文的总次数除于某刊前两年发表的论文总数。我们表述为：某刊物两年中论文被引用数与可以被引用的论文数之比。由此可以看出，一种期刊的影响因子实质就是期刊论文的平均被引率。影响因子的高低，不仅取决于期刊论文被引用数的高低，也取决于期刊所发论文的数量。影响因子高的期刊，无疑是重要的期刊。

我们从影响因子的差异，可以清楚地看到学术期刊的影响差异很大。*CLIN RES*（《临床医学》）的影响因子是 51（1996 年）。*Science*、*Nature* 的影响因子分别为 28.833 和 24.386。然而，我国在 1997 年入选 SCI 的 9 种科学期刊的影响因子都不到 1。

毫无疑问，高影响因子期刊容易吸引全球高水平的论文投稿，所发文章的质量整体来看，应该是高于低影响因子期刊的文章的水平和质量。当然，这并不是说高影响因子的刊物所发的论文，都能和该刊物一样有同样的影响力。中国科学院文献情报中心将 SCI 收录的近 3,500 种期刊按学科、影响因子大小排序，将 SCI 分为 4 个等级区。各学科影响因子前 5% 的期刊选为第一等级区，其余的期刊按影响因子之和平均划分为 3 个等级区。第 1 区的平均期刊数为 11 种，平均影响因子数为 1.580，第 4 区的期刊数为 117 种，平均影响因子为 0.233。第 1、2 等级区刊物为高影响因子区。高影响因子区的期刊数远低于低影响因子区的期刊数。

不同学科间的刊物的比较，不能用单一的影响因子来排序。不同类型的刊物，不同专业和学科的刊物，应分类型比较影响因子。最近，ISI 的刊物引用报告已采用按学科分类排序的方法。即便是在同一学科内，也应继续划分更为详尽的分类，比如基础研究、应用研究、快报、评论等，文章的类型

不一样，影响因子大小的比较也是没有任何意义的。

影响因子提供给我们有意义的内涵是，在同一学科领域内，同一类型的研究成果（比如论文或情报）相比，影响因子高的期刊所载文章，比影响因子低的期刊所载文章，整体上在学术界影响是大的。据美国 ISI 出版的 1998年 SCIJOR 数据统计，5,467 种刊物（含 SCI 核心 3,453 种和外围期刊）的平均影响因子为 1.276（其中 89 种为新刊，未计算影响因子），而 1998 年我国入选 SCI 论文的影响因子平均为 1.269，都低于 SCI 核心期刊的影响因子平均值。

当然，在影响因子低的刊物上所发的论文，并不一定就是质量、水平不如影响因子高的期刊上的论文。评价一篇论文高低，除去看所发刊物的影响因子大小，也可以用高影响力论文（High-impact Papers）的概念来表述。

（三）高影响力论文（High-impact Papers）

ISI 在评价高影响力论文时，采用了另一种数学统计方法，即把某一研究领域的学术刊物 5 年来所发表文章的总数进行分析，筛选出每年 300 篇引用最多的论文，将 300 篇文章按照发文个人、发文单位、发文国家进行统计分类，然后再按总引用数和每篇文章的平均引用数排序，这样得出进入高影响力论文序列的研究个体、研究单位和国家。如果一个人的研究论文进入了高影响力论文行列，表明他的研究成果颇具新颖性、独创性，影响力也较大。

我们在提倡 SCI 论文数量时，也要注意 SCI 论文的质量相差是很大的。应提倡发表高影响力论文。有些单位在制定科研奖励政策，在制定职称评审政策时，将所有 SCI 论文一视同仁，一样的奖励，从客观上看，是不科学的。真正对科学有贡献、有影响的 SCI 论文，表现在影响因子和高影响力论文的评价指标体系中，与一般的论文是不一样的。

（四）SCI 论文的署名归属

国际文献计量学研究的通行做法，论文的归属按第一作者所在的地区和单位确定，一位外国研究人员所从事的研究工作的条件由中国提供，成果公布时以中国单位的名义发表，则论文的归属应划作中国，反之亦然。SCI第一作者单位的标志是按通信地址标示的。例如，清华大学某学者到美国MIT（麻省理工学院）访问研究，在发表论文时，除标作者单位为清华大学外，还在文章的注脚中标示出目前在美国的通信单位 MIT。SCI 对这种情况的处理就是作者单位栏中，用 MIT 替换清华大学。这就出现了作者实际单位与 SCI 标注单位不符的情况，虽然不多，但主要出现在国内学者到国外做研究工作时发表论文的情况下。

二、SCI 的局限性

(一)学科分布不均

很明显的问题是,从文理大学科背景下考虑,SCI 对于社会科学、工程学科的论文无暇顾及,尽管也有工程学科和社会科学论文单独进行分类研究的检索系统,但是作为国内众多的单位采用 SCI 标准时,往往忽略了工程学科、社会科学的论文。即便是自然科学的论文,学科分布也是不平衡的。

ISI 主要报道生命科学、医学、生物、物理、化学、农业、工程技术领域内的科技文献,其文献主要来源于科技期刊,并包括少数的专著、会议论文、书评。对于其他学科的期刊关注的较少。在全世界筛选收录期刊的学科分布,是不均衡的。

SCI 收录的中国论文,学科分布更不均衡,即便是自然科学领域,也只相对集中在少数几个学科领域里。据统计,排在前 6 位的学科产出的论文数为 15,248 篇,占论文总数的 63.43%。

(二)国家分布不均

ISI 收录 44 个国家和地区的期刊,中国大陆所收期刊在 1998 年只占 11 种,仅占 SCI 收录期刊数的 0.31%,不到 1%,收录期刊数排序在第 18 位。而中国论文总数在世界排序为第 9 位,在美国、日本、英国、德国、法国、意大利、加拿大、俄罗斯之后,可是收录的期刊数则远远低于这些国家。相比之下,SCI 收录论文数落后于我国的瑞士、丹麦、瑞典、奥地利、新西兰、挪威和捷克等国收录的期刊数都多于我国。从中国、印度、巴西和我国周边几个发展中国家(地区)入选 SCI 的期刊数变化情况来看,新加坡竟然在 1998 年与我国持平。我国台湾省在 1994 年有 110 种学术期刊,入选 SCI 的期刊竟有 4 种,到 1998 年入选 SCI 期刊数为 6 种。而我国大陆地区有 1,000 多种自然科学核心学术性科技期刊,只有 11 种入选 SCI 期刊,明显是不成比例的。

从 SCI 收录论文情况和收录期刊情况来看,中国大陆地区收录期刊数相对于收录论文数较少,说明中国大陆地区在海外发表论文数占论文总数的比例要高于他国,尤其是用英语发表的论文数远远高于母语和其他语种,如表 3-4 所示。

表 3-4　1998 年 SCI 收录中国论文的语种分布

语种	论文数	比例(%)
中文	159	1.39
英文	11,263	98.32
法文	4	0.03
德文	4	0.03
日文	17	0.15
俄文	9	0.08

值得注意的是,此表中论文总数为 11,456 篇,与我们前文中 19,838 篇有较大出入,为什么不一样呢? 11,456 篇是第一作者为中国人的文章数。而 19,838 篇含有除第一作者为中国人之外,所有作者只要出现中国人的署名都收录的文章总数。

我国主办的科技期刊为什么很少入选 SCI 呢? 原因有以下几方面。首先,1998 年我国国内期刊上发表的论文数占我国 SCI 收录论文数的 18.5%,可是以母语汉语入选 SCI 论文的总数仅占 1.39%,说明即使 SCI 收录我国国内核心期刊,大部分仍以英语版为主。语言成为 ISI 筛选期刊的主要障碍。其次,我国主办的期刊的影响因子一直较低,国际化程度和知名度太小,所以入选 SCI 期刊就很难。比如先后被 SCI 停收的我国期刊《昆虫学报》《动物学报》《中国地质科学》《古脊椎动物学报》《地球物理学报》和《地球学报》,其影响因子平均低于 0.100。最后,ISI 作为美国私人科技信息研究所,它筛选期刊的标准,主要考虑语言、学科的分布,而有的时候几乎不考虑期刊的学术价值,尤其是对美国以外的期刊的筛选,更是如此。

(三)刊物筛选的缺陷

任何一家研究机构,在筛选研究对象时,都难以避免存在一定的片面性。ISI 亦然。由于 ISI 的语言局限,学科局限,在筛选期刊时,往往出现许多有失公允的地方,它所选择的条件应该是以学术价值为主,可是 ISI 难以做到这一点。

在 2000 年 2 月 17 日出版的英国 *Nature*(《自然》)杂志第 403 卷第 698 页上刊登了一封题为《依赖引用指数损害生物多样性研究》的信。同年 6 月 1 日出版的该杂志 405 卷第 507～508 页发表了一封题为《影响因子与分类学无关》的信,是对第一封信的回应。针对这两封信,中科院植物研究所的杨亲二研究员,提出不要过分依赖 SCI。他在文中说:"我曾就 SCI 收录基础分类学领域期刊的标准问题向国内外一些植物学领域专家请教,他们一致认为在基础分类学领域强调 SCI 不但不合理，而且简直就是一种愚蠢可笑的做法。最令人不解的是，基础分类学领域中的大多数权威期刊都不为 SCI 收录。"杨先生举例说英国皇家植物园——邱园——是世界上公认的植物分类学权威研究机构，该园主办的学术刊物 *Kew Bulletin* 在植物分类学界久负盛名，邱园植物分类学家的主要工作成果都在该刊发表，但该刊不为 SCI 收录。而美国密苏里植物园创刊不久的 *Novon* 都为 SCI 收录。*Novon* 主要发表新分类群、新异名和新组合等基础分类学方面的论文，与 *Kew Bulletin* 内容无异。"SCI 收录一种分类学方面的刊物的标准是什么确实让人难以琢磨，显然并非完全以学术为标准。"

由此可以看出 ISI 编辑收录 SCI 时，存在着极大的片面性，对中国尤其如此。针对对 1999 收录的中国期刊分析，也可以得出相同的结论。我国许多有较高学术价值的学术期刊，如我们的《科学学报》他们不收录，而其他国家和地区尤其是美国国内举办的在学术界属于二流、三流的学术期刊，比如美国出的一份数学通俗读物 *Monthly Mathematics*（《数学月报》）倒收录了。国内对 SCI 的批评一直很尖锐。著名的中科院 37 位院士联名写的文章《正确评价基础成果》明确强调："这里还必须指出 ISI 所出的当前文献索引只是收集了一个时期内在全世界范围内所正式发表的全部书刊的内容，被当前文献索引收录，只是表明某书某刊已经发表，并不涉及对该书刊所刊登论文的评价问题。"

杨雄里院士在谈到如何对一项成果评价时，认为任何标准都不能绝对化。他举例说，用 SCI 文章评价一项科研成果确定有它的意义，但凡事都硬套这个标准就不妥了。过于强调 SCI 数量而不强调质量是毫无意义的。这种危害是很可怕的，诱使我国研究人员将优秀研究成果投往海外英语媒体上发表，这样的论文大多数并不是为中国同行首先获悉，中国同行阅读到这些文献，往往落后于外国人。又因为用外文发表，大大限制国内学者之间的传播，对论文成果接受的范围和影响大大减少。这样的结果是，我们花了很多金钱、物力，研究成果却首先为外国人利用[①]。

（四）影响因子的缺陷

从上面的分析可以看出，影响因子是 SCI 论文评价分析中的一个重要指标，也是力求使 SCI 更具科学性的具体体现。然而，影响因子也有它的先天不足。对此的批评，也使我们陷入了莫衷一是的困境。武际可先生认为，片面注重论文与引用率，"会对我国科学技术的健康发展产生灾难性的后果"。

---

① 武际可. 论文与引用率说明不了科技水平的高低[N]. 科学时报，2000-05-20.

其一，会使科技评奖和考核专家变得懒惰。其二，等于我国出重金为外国杂志做广告，拉稿子，大大降低我们自己科技期刊的质量。其三，会败坏我们的学风。其四，科学研究所产生的影响并不等于引用率①。对于引用，有正引用，也有反引用，有自引也有他引。有些学科研究者比较多，所以对文章成果引用的就多。而有些研究领域研究者少，对相关成果引用的必然少，可这并不排除成果的贡献大。如果片面追求引用率，势必对新兴学科领域的研究带来不良影响，使一些学科后继乏人，最终导致这些学科发展陷入困境。

三、结论

我们认为，SCI 论文作为对一个单位、个人科研水平评价的标准，比较实用，但是并不完善，以 SCI 论文排序评价单位科研整体实力和水平，不科学，其结果不足取。一个单位的综合科研实力和水平，是多学科综合的表现，比如一所高校的科研实力，单纯看 SCI 论文数量是难以看出这所学校的研究实力的。综合性大学的科研实力不单纯是自然科学，也有社会科学和其他学科的科研水平。评价大学综合研究实力不能单纯依靠 SCI 论文标准。

SCI 论文是有差别的。有些单位不问影响因子和高影响力论文，对 SCI 论文一律给予一定数额的奖励，同等对待，也是不科学的。同是 SCI 论文，如果有可能、有条件的话，我们在给予奖励时，应根据所发表论文的刊物的影响因子的不同，给予不同的奖励力度。例如，我们可以制定 SCI 论文奖励基数，然后按照期刊影响因子不同，再加权奖励。

作为一项评价基础理论研究水平的政策，要想没有漏洞，做到真正的公平、客观，应该有一个全局观念。比如，SCI 侧重于自然科学中的生物、物理、化学等学科，然而一个单位的科学研究涉及各个学科，给予 SCI 高奖励，其他学科比如社会科学的优秀成果如何给予奖励，才能将社会科学与自然科学放在同一级别的水平上对待，才能在单位内部做到文理一致、公平合理是值得探讨的。否则给予 SCI 奖励很高，而社会科学却没有一个合适的对等奖励措施，无疑会挫伤社会科学研究者的积极性，形成重理轻文的政策，作为一个单位，从全局看肯定是不科学的。

运用 SCI 论文标准，应该想办法避免产生重数量轻质量的弊端。而实质上质量要比数量重要得多。37 位院士联名信中讲道："一篇在 *Nature* 上发表的论文和一篇在国外较低水平的刊物上发表的论文相比，虽然不能说一篇抵一万篇，但是如果说价值相差百倍，是并不夸大的。"在职称评审条件的设

---

① 武际可.论文与引用率说明不了科技水平的高低[N].科学时报,2000-05-20.

置等政策制定时,要充分考虑到论文的质量。可现行的政策忽视质量,促使我们的研究成果化整为零,由一篇大论文拆解为若干篇小论文多次发表,这样更难产生在科学界有影响的重大成果。还可能促使某些人剽窃或抄袭他人成果或论文,促使一些不良的低层次重复研究现象发生。目前国内论文大部分发表在国外 SCI 三四流刊物上,对科研有重大贡献、有重大价值和创新意义的不多,这种局面应尽快改变。

　　SCI 论文主要以英语期刊载体为主。在使用 SCI 标准时,应该充分考虑到我国自己主办的中文学术期刊发表论文的价值,鼓励优秀的论文在国内学术期刊上发表,纠正我国的基础理论研究被 ISI 牵着鼻子走的现象,改变我国的优秀论文投往国外期刊发表的现状。建议指定国内几家重要的科学杂志,如果国内优秀成果发表在该学术期刊而没有投往海外,就给予高稿酬奖励,其金额可以相当于奖金性质,比如 1 篇文章 1 万元。等于用重金收买成果,收买论文。对这些论文的评价值要高于普通的 SCI 文章。当然这要求我们主办的学术期刊在审稿上采用国际惯例,严格把关,建立科学的审稿程序,要求发表具有创新内容的成果。只要我们把优秀成果吸引过来,做到每期的学术论文都能在国际学术界产生重大影响,很快就会提高我国主办学术期刊的质量。

第四章

大学组织学科与学位研究生教育管理

统筹各种资源建设重点学科

学科建设水平是衡量一所大学办学质量和水平高低的主要标志,怎样建设学科才能迅速提升学科水平,提高学校核心竞争力,进而加快学校的整体发展,成为大学管理者普遍关心的主要问题。尤其在当前资源紧缺的现实情况下,如何集中优势力量促进学科建设,更是大学管理水平高低的主要反映。在学校整体建设中,树立全局意识,统筹各方资源,形成合力,坚持以学科建设为主线、以重点学科建设为核心、带动学校其他各项工作的发展战略,是实现学科、学校跨越式发展的关键。

一、统筹建设学科的主要内容

(一)围绕学科建设统筹安排学科布局

学校发展不可能在所有学科领域都能取得突破,都能进入国家队行列、达到一流水平,因此必须尊重学科生长发展规律,改变长期以来在办学过程中形成的均衡观念,树立有重点才有突破,有突破才有快速发展的思想,坚持有所为有所不为的方针,凝练学科发展方向,汇聚学科创新队伍,构筑学科建设基地,选准有广泛发展前景的优势学科、专业进行重点建设,集中力量使这些学科、专业首先进入国家队,取得高层次突破,争取更多国家资源的支持,获得更多的社会支持。田长霖在担任美国加州大学校长时,总结的一条重要的办学经验就是学科的特色建设,重点发展特色优势学科,逐渐淘汰落后学科。因此我们在学科发展中,不必要面面俱到,片面追求学科的大而全,尤其在资源紧张的情况下,更不应该将学科的摊子铺得太大,大了就不会、也很难求精,结果只能是低水平重复建设,难以参与国家级水平的竞争,很难达到一流水平。要对学科发展有一个整体布局,科学规划,分层次建设,突出学科特色。一个学校内哪些学科发展处于优先重点建设层次,哪些学科建设处于相对滞后的位置,都要做到心中有数。为此要进行认真调查研究,紧密结合社会发展需要,紧密结合学校学科发展实际,广泛征求各方面意见,制订一个学科中长期发展规划,做到学科建设布局的统筹安排。

(二)围绕学科建设统筹安排经费投入

学校的资源是有限的,我国对高校投入尽管比过去有很大提高,但是仍然无法满足发展的强烈需求,也无法与发达国家的高等教育的投入相比,这些有限的资源,在学校内部又由于部门利益的存在,被分割在不同的行政管理部门。通常情况下,学校的经费一般用于人头费,支付教职工工资和津贴,其余的大部分用于基础设施建设。剩下相对较少的经费,又被切割到学校的多个行政管理部门,教务处掌握一定量的教学经费,科研处掌握一定的科研经费,研究生处掌握学位点建设经费,人事处掌握人才队伍建设经费,实验设备处掌握学校的实验室建设经费。各个部门将学校的有限经费进行分割之后,相对掌握的经费就少得多。如果各自为政,各个部门没有围绕学科建设这个大局,缺乏一盘棋思想,科研资助的是一批人、一些学科,教学资助的是另外一些人,人事在队伍建设方面也是如此,那么经费就会被分割,到处撒胡椒面,难以用到关键地方,整体学科水平就无法得到快速发展。因此要有一个学科建设的综合协调部门,统一协调各方面力量,集中各单位的力量重点联合投入建设一批优势学科,确保在这些优势领域尽快形成学科特色,提升整个学校的学科建设水平。

(三)围绕学科建设统筹安排人才队伍

人才队伍主要包括教师队伍和干部队伍。人才是学科建设的灵魂,没有一流的学科带头人,就没有一流的学科建设水平,也难以形成有竞争力、有创新力的学科建设梯队,学科发展就无法实现突破。当前人才竞争激烈,在人才引进、培养中,往往需要大的投入,因此需要从学科建设这个大局出发,重点培养、引进急需发展的学科专业人才,重点培养、引进能够带动学科发展的学科带头人,真正使有限经费产生最大效益。只要从学科建设这个大局统筹安排学科队伍建设,就能处理好引进与培养的关系,处理好学科带头人与学科队伍的关系,处理好继续发展与将来发展的关系。

在干部队伍建设上也要从学科建设这个基本点出发。要充分贯彻有利于学科发展的原则。我国高等学校实行党政管理体制,党务、行政系统干部,存在着不同的分工,这种体制从管理学角度讲,有其科学的一面,比较容易保证决策平衡、管理安全,缺点是容易产生分歧,效率不高,同时强化原本就非常强大的行政权力,使学术权力更加边缘化。学校决策者在各院系、各部门管理干部的选派、任免、配备中,要坚持有利于学科发展的原则,配备得力干部促进学科发展,对不利于学科发展的干部队伍坚决予以调整。院系的设置以学科为基础,以学科为单位,因此学科发展是院系的第一要务。无论是院系的党务干部或者是行政干部,都应该清醒地认识到院系工作的中心就是发展学科,党政干部要齐心协力抓好学科建设,始终保证院系各项工作都要围绕学科建设进行。要充分发挥各级党组织领导作用,大力支持学科建设,围绕学科建设加强领导。

(四)围绕学科建设统筹安排教学科研

过去我们讲,重点大学要有教学和科研两个中心,现在我们追求建设世界一流大学的目标,积极创建研究型大学,科学研究具有非常重要的作用。教学固然有不可替代的重要性,这是毋庸置疑的事实,但是在学科建设中,教学是基础,科研是先导,必须有强大的科研实力才能促进学科建设的突破和发展。在教学上,精品课程的建设要与优势学科紧密联系,积极提高教学质量。在科研上,要保证优先发展的学科的科学研究得到重点支持与倾斜政策保障,促进学科发展。经过国家、省级、校级重点学科建设,积极推进科学研究的快速发展,承担国家重大科研项目,推出创新性重大科研成果,进而加速学科竞争力的提升,形成科研与学科建设的良性互动。

(五)围绕学科建设统筹安排学位点、重点实验室

学位点建设是学科发展的具体体现,是学科上水平、上台阶的标志。在条件成熟的时候,要积极申请获得博士学位授予点、硕士学位授予点,培养高层次人才,继续加大学科基础建设,推进学科发展,为社会做出更多贡献。重点实验室建设是加强学科建设的有力措施,校级重点实验室以学校投入为主,应该围绕学科发展确立重点资助对象,通过学校一个时期的建设和积累,为申请省级重点实验室奠定基础,也为所属学科的突破创造条件。

(六)围绕学科建设统筹安排学生思想政治工作

学生的思想政治工作围绕学科建设开展,学科建设得好,就会给学生提供一个良好的服务,使学生受到良好的教育,学生的思想政治工作就好做,就会有成效。二者之间不但没有矛盾,而且是协调共生。围绕学科建设开展学生的思想政治工作,有很多文章可做,不仅可以避免学生非常讨厌的空洞无物的说教,还可以提高学生培养质量,提高学生科研意识、科研能力、创新意识和创新能力。英国剑桥、牛津大学长期实行的导师制的实质,就是把学生的道德教育融入科研能力、科学知识的培养之中,融入学科建设与发展之中。

(七)围绕学科建设统筹安排后勤工作

现在一些学校的后勤管理比较落后,不是服务教学、科研,服务学科建

设,相反成为严重阻碍学科发展的因素。后勤服务人员利用所掌控的资源享有的权利远远大于教师、教授所享有的权利。一般教授,有些甚至是优秀学科带头人,在面临住房、生活待遇等方面的问题时无法得到优质的后勤服务,在房子、收入、待遇方面,教授还没有后勤的一般工人好,这是极不正常的现象。科学实验需要较长的连续性,一个试验有的需要几十个小时,因此科研人员往往没有节假日,白天夜晚地连续加班做实验,可是一旦实验室水、电、门窗等出了问题,却找不到修理人员。没有一流的后勤服务作保障,学科发展当然要受到影响。

总之,大学组织内各方面工作千头万绪,学科建设应该是学校所有工作的"纲",纲举目张,各项工作要围绕学科建设这个"纲"进行。人才是基础,科研是动力,学位点建设是目标,多管齐下,树立一盘棋思想,统筹安排学科发展,就一定会取得突出成绩。

二、统筹建设学科应做好的几项工作

(一)在思想上充分认识到统筹建设学科的重要性

不同层次的大学的各级管理人员,都要高度认识学科统筹发展的重要性。无论是我们建设一流的研究型大学,或者是教学型大学,学科的发展均取决于学校的水平与质量,高水平的学科建设是我们学校上台阶、上水平、上层次实现跨越式发展的基础,也是我们更好地服务社会、最大化地满足人民群众需要、高质量地服务人民的高度体现,是高校真正落实"三个代表",坚持"两个务必"的具体行动。而推动学科健康、快速、可持续发展的有效措施,就是树立全局观念,统筹学科发展。学校领导层要把思想统一到这样的认识高度来发展学科。在各项决策中自觉地从学科发展的高度统一考虑问题。要用是不是有利于学科的发展、是不是有利于现代化人才的培养的标准衡量我们的决策是否正确。表面上看有许多问题与学科建设没有太大的关系,可是实际上大学里的所有问题都与学科发展有着密切关系。各个院系的管理人员在对自己院系发展的问题的研究与决策中,也要把自己院系学科发展的问题当作头等大事来抓,不仅是院长高度负责学科建设,院系党总支也要围绕学科建设开展工作、积极服务学科发展,在院系形成学科发展的合力。

(二)在组织建设上确保统筹建设学科

学科建设涉及学校方方面面的工作,与科学研究、学位与研究生教育、实验室建设、本科生教育、本科专业设置、人才队伍建设等有着密切的关系。由于过去对学科建设认识不足,传统的学科管理模式是将学科管理放到相关的某一个行政部门管理,有的学校将其放在教务处,有的学校将其放在研

究生处,也有的学校将其放在科研处。近年来,随着学校规模的不断扩张,许多高校逐渐认识到学科建设的重要性,不断采取多种措施,加强学科管理,其中主要创新之处在于,国家重点建设的高校先后成立了专门负责学科建设的管理部门,其主要职能是,协调学校各方面力量,统筹建设学科;统筹规划学科发展,制订学科发展战略,确立学科中长期发展目标,并监督、督促目标的完成;统一管理学科建设专项经费;加强学科带头人的培养,完善学科梯队建设;指导各院系确立自己的学科发展目标;研究学科建设的理论与实践问题,为学校领导提供学科发展的整体意见或者建议,为学校决策做好参谋;加强与兄弟院校的联系,积极学习推广先进经验;营造学科建设的良好外部环境。实践证明,学校成立这样的专门管理机构,运行效果良好。要及时不断总结经验和不足,在国内高校进行有序推广,建设有利于学科发展的组织保障体系。

(三)在发展战略上统筹建设学科

思想认识到位,组织建设保障,还必须有明确的奋斗目标。清醒的发展路径选择,制订科学的发展战略,是统筹学科发展的重要前提。一要紧密结合学校自身实际,清楚学校各个学科在国内所处的位置和具有的竞争力,选准在哪些领域率先突破,做到"知己知彼",确立适合学校实际的学科发展可行目标和突破口。依据自身情况,从中选择重点建设的学科领域。目标不能太高而无法实现,也不能太低而毫无意义。二要有国际化眼光,明了世界科学技术发展的前景需求,清楚哪些是能够影响社会经济、政治、文化、科学技术领域重大变革的学科,做到优先发展。三要及时培育发现新的有竞争力的学科增长点,不失时机地加以突破。四要突出特色,建设特色学科,以特色取胜。特殊的历史文化遗产,独特的自然生态环境,长期积累而形成的研究优势、学科优势都是建设特色学科的基本条件。利用多学科交叉、融合,不断孕育新的学科,发展新的特色领域。五要按照国家、省、学校、院系几个不同的层次建设学科,分清主次,确定不同学科的发展路径和建设目标。发展战略规划是一个动态的宏观指导思想,要及时根据新的学科增长点和新的学科生长势头,及时调整。

(四)在权力分配上要建立有利于学科统筹发展的学术权力良性运行机制

创新管理体制,构建现代大学学科管理新机制,充分发挥学术权力作用,不断淡化行政权力,克服行政权力束缚学科良性发展的体制性障碍,打破千校一个面孔的管理模式,改革落后的刚性学科评价制度,逐步建立起以学术权力为中心的学科评价机制、管理机制、运行机制,真正尊重学科建设规律,最大化地调动学科生长的机能,其实质是让学科带头人、教授、专家、学者参与到学科的管理事务中,参与到学科发展的决策中。东北师范大学等高校不断创新学科管理新机制,在院系一级积极推行教授会制度,已经运行了一段时间,积累了许多经验,值得学习借鉴,在这个基础上不断创新、完善,更有利于学科建设的管理。

三、统筹建设学科的关键点

(一)做好学科带头人的培养

学科带头人是学科发展的核心,一个优秀的学科带头人可以迅速带动一个学科的发展成长,缺乏优秀的学科带头人,学科的发展就会陷入困境。学科带头人不仅是学术的精英,更应是道德的楷模,具有凝聚力和人格魅力,具有跟踪世界学术前沿的能力、在全球视野下的学术交往能力、独到的学术创新思想。在学术带头人的培养方面,学校应该集中力量支持、扶持和关心,使其能够快速地成长起来。

(二)瞄准社会需求,抢占学科发展先机

一个学科的生长,必须和社会需求紧密结合起来,为社会、区域发展、人才培养提供有力支撑。学科布局与设置,就要面向区域、面向社会、面向未来,抢占一个区域内的学科发展先机,率先布局当地没有的、又具有发展前景、满足社会需求的学科。认准目标,抢抓机遇,率先布局,然后重点建设推进,就能打造区域学科的领军地位,参与国际竞争,形成学科高地。

(三)打破学科壁垒,建设学科协同发展机制

学校在决策学科发展的时候,决策人一定要有全局意识、战略眼光,破除自身的学科藩篱,着眼于学校整体学科布局与发展。缺乏这种眼光的人,对于学校学科发展将是一场灾难。为了防止这种现象的发生,学校应该建立起学科协同发展的有效机制,推动学科整体提升竞争力。国家主要着眼点在于一级学科的建设,但是特色与优势和竞争力,依然体现在二级学科的发展上。二级学科的成长、布局与发展,更需要学科的协同合作。没有强有力的二级学科做支撑,一级学科也将缺乏根基,其发展将会陷入困境。打破学科壁垒和学术藩篱是学科发展建设的重要内容。

研究生教育：问题、质量与思考

中国学位制度实施30多年来，研究生教育事业大发展，取得了举世瞩目的成就。当前，中国学位与研究生教育的发展进入了一个新的发展阶段，处于深化改革、调整结构、内涵发展、重视质量的关键时期。如何提高学位研究生教育质量，如何进一步深化改革，怎么发展，不同类型学校如何定位，这些问题摆在我们研究生教育管理部门和管理人员的面前，需要我们积极做出回应。

一、关于研究生教育规模问题

伴随着高等教育规模的扩张，近10年来，学位与研究生教育规模也得到迅速发展。截至2010年12月30日，教育部网站公布的统计数据显示，目前在校研究生规模达到1 404 942人，其中博士研究生246 319人，硕士研究生1 158 623人①。2010年招收研究生510 953人，其中博士研究生61 911人，硕士研究生449 042人。预计当年毕业研究生470 660人，其中博士研究生预计毕业117 978人，硕士研究生352 682人。可见，规模之大，数量之多，举世瞩目。这样大的规模，曾经引起社会的关注，有很多人因此认为，中国研究生教育规模已经超过美国，这个规模很大了，不应该继续扩张，应该压缩。其中就有著名的刘道玉先生。在这里不妨将刘道玉先生关于研究生教育的十意见之一拿过来，分析一下：

十意见之三：砍掉一半大学的博士授予资格

中央和各省、市的党校等，一律不能招收研究生。要严格整顿授予博士学位的大学，至少应砍掉1/2大学的博士授予资格。

不少大学的博士学位授予点，是用搞运动的方法，靠公关和打攻坚战，用高薪挖院士而获得的。有的甚至请省、市的领导出面公关。一旦获得了博士点零的突破，就大肆宣传，开庆祝大会，奖励有关人员，真是无所不用其极。由于采取了这些不正当手段，某些新建的城市大学也有了博士学位授予权，硕士学位点几乎覆盖了大学的所有专业。因此，必须对我国大学学位授予点进行整顿，中央和各省、市的党校、政府部门的政策研究所和工业部门的应用研究所，一律不能招收研究生。要严格整顿授予博士学位的大学，

---

① http://www.moe.edu.cn/publicfiles/business/htmlfiles/moe/s4960/201012/113589.html.

至少应砍掉 1/2 大学的博士授予资格,并且要保持长期的稳定,不允许普通大学乱串位,也绝不允许任何大学再搞所谓博士点零的突破攻坚战①。

那么,这类中国研究生培养规模超过美国之后出现的心理不适应问题的实质到底是什么? 不妨看看如下几个数据。

其一,中国人口是美国人口的多少倍? 如果不去考量中国人口与美国人口之比,刻意地突出中国研究生规模的问题,总归是不科学的。13 亿中国人,为什么研究生教育规模不能突破只有 2 亿多人口的美国?

其二,中国高等教育本科生规模决定了研究生规模。2010 年,中国招生本科生 3 261 081 人,专科生 3 133 851 人;在校本科生总规模为 11 798 511 人,在校专科生规模为 9 648 059 人。总体而言,中国在校普通本科、专科学生共计 21 446 570 人。还不包括成人本科、网络本科生规模。研究生占在校大学生总规模的比例并不高。

其三,中国研究生总体规模的地域布局和部门布局存在失衡、不公平问题。中国研究生教育主要在高等学校和科学院、社科院等科学研究机构系统。截至 2010 年,中国有 796 个单位,除了普通高等学校、科研机构可以招收研究生,其中绝大部分在普通高等学校。481 所普通高等学校在 2010 年当年招收博士研究生 55 472 人,硕士研究生 437 328 人。在学博士研究生 224 119 人,在学硕士研究生 1 127 285 人,总计 1 351 404 人。这个数量占当年全国总招生数的 19.88%,近似 20%,也就是博士数占研究生总数的 20%。

在普通高等学校内部,招生机构和布局也不合理。在 481 所普通高等学校中,中央部委高校 98 所,占可以招收研究生的高校总数的 20.37%,而教育部所属高校 73 所,其他部委所属高校 25 所。98 所中央部委高校在 2009 年招生研究生 272 983 人,占当年全国研究生招生总数的 53.43%,占当年普通高校(除去科研机构)研究生招生总数的 55.39%。其中,中央部委高校招收博士研究生 43 541 人,占当年全国普通高校博士招生计划总数的 78.49%,招生硕士 218 568 人,占当年全国普通高校硕士招生计划总数的 49.98%,见表 4-1,图 4-1;教育部直属高校招生博士研究生 37 696 人,占当年全国普通高校博士招生计划总数的 67.96%,硕士研究生招生 188 148 人,占当年全国普通高校硕士招生计划总数的 43.02%,还没有地方所属高校招生所占比例高,见表 4-2,图 4-2。

----

① 参见:刘道玉《彻底整顿高等教育十意见书》.

表4-1　中央部委和地方高校招硕士、博士研究生与全国普通高校招生总数之比　%

分类	招生数	普通高校招生总数	占招生总数的比例
中央部委所属院校博士生	43 541	55 472	78.49
地方所属院校博士生	11 931	55 472	21.51
中央部委所属院校硕士生	218 568	437 328	49.98
地方所属院校硕士生	218 760	437 328	50.02

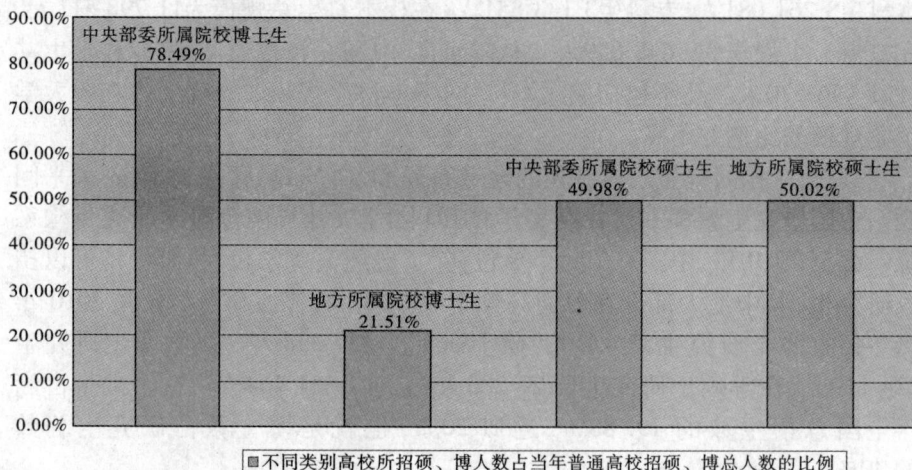

不同类别高校所招硕、博人数占当年普通高校招硕、博总人数的比例

图4-1　中央部委和地方所属院校招收硕、博研究生比较

表4-2　教育部所属高校与地方高校招硕、博研究生情况　　　%

分类	招生人数	当年普通高校招生总数	占普通高校招生总数比
教育部直属院校博士生	37 696	55 472	67.96
地方院校博士生	11 685	55 472	21.06
教育部所属院校硕士生	188 148	437 328	43.02
地方院校硕士生	210 806	437 328	48.20

　　从表4-1及图4-1可以看出，硕士招生总体上来说，中央部委和地方所属高等学校的招生规模基本持平。但是博士研究生招生出现很大差距，地方所属普通高校招收博士研究生总量只有11 931人，占当年普通高校招生总量的55 472人的1/5略高一点。而中央部委高校招收博士研究生总量为

43 541 人,接近全部普通高校招收总量的 80% ,是地方所属普通高校博士招生总量的 4 倍。

让我们看一看河南高校博士招生的情况。一个拥有 1 亿人口的大省,目前每年博士招生总量少得可怜,2009 全省只招收 303 名博士研究生,仅占全国总数 61 911 的 0.004 9% ,明显的不均衡甚至可以说是失衡。

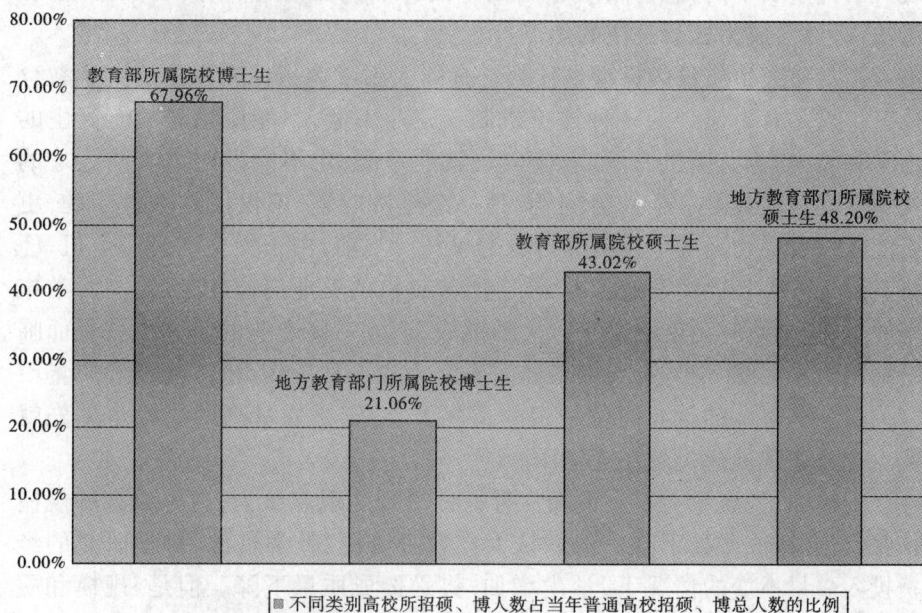

图4-2　教育部所属高校与地方教育部门所属院校招收硕、博研究生比较

由以上分析可以看出:第一,中国研究生包括博士研究生总体规模并不大。第二,在目前这一规模的分布中,有很多不合理的地方。主要集中在少数的中央部委高校,在这一类大学中,有的博士生导师一个人可以招收多名甚至十几名博士研究生。大多数地方高校招收博士研究生很少,几个博士生导师才能招收一个博士研究生。除去中央部委高校之外,地方所属"211"大学又占去剩余的一大部分。一般地方高校博士招生能力很弱。这是两方面的原因造成的:一方面是国家资源分配时的不均衡思想;另一方面,国家长期优质资源分配的不均衡性,导致了中央部委高校和地方高校办学水平与办学实力的差距。在很多人的心目中,就形成了地方普通高等学校主要以培养地方所需的应用型人才为主,高层次创新型人才的培养重任仅仅交付给中央部委所属普通高校的观念。这不是科学的发展观。一批历史悠久、办学实力强的地方普通高等学校业已具有了高层次人才培养能力。而

目前国家对于博士研究生指标的分配极其不合理，没有考虑到有一批优质的地方普通高等学校的博士招生能力也有显著提高这一基本情况。

二、关于研究生教育质量问题

研究生教育的质量是整个高等教育质量的重要组成部分，也是重要体现。研究生属于高知群体，质量高低直接影响到社会对高等教育的评价和看法，必然会成为社会关注的焦点。

衡量研究生质量的标准是什么？有的人用就业指标来评价研究生教育质量。这是有失偏颇的一种评价机制。就业率低，不能说培养的研究生的水平和能力就低，质量就不高。当然，就业率高，也不能说明培养的人才的质量就高。就业是一个社会问题，是一个经济问题，不仅仅是教育问题，更不能仅仅看成是高等学校内部自身的事情。当前，由于受全球经济危机、经济衰退等各种各样因素的影响，社会所能提供的就业岗位较少，给高等学校毕业生、包括研究生就业带来巨大的挑战，造成一些专业的研究生就业面临一些困难和问题。当然，我们培养的研究生找不到工作，也不能说和质量没有关系。在整个的就业岗位一定的情况下，一定是质量高的研究生率先就业。这一客观规律仍然在起作用。

规模大了，质量会不会下降？有一种流行的观点认为，高等教育的规模扩张，势必造成质量下降。他们认为在教师资源、教学资源、科学研究的经费投入总量不变的情况下，学生增加，势必造成质量下降。但是，规模和质量之间也没有必然的联系。尤其是不同学科与规模之间的关系对质量的影响有差异。有些学科规模增大会导致质量下降。但是在另外一些学科，质量的变量与规模之间关系不大。

影响质量的因素，首先是生源质量。一些国内一流大学在招收研究生的时候，往往限定只招收"211 工程"大学的本科毕业生。这就是出于对生源质量的考虑做出的歧视性规定。但是，这种规定仍大行其道，就说明这种规定也有其合理性。更多的非"211"大学的本科毕业生对此有意见，也难以改变那些著名大学的这种不成文的规定。与此相反，另外一些地方高校在招生时，对于生源的学历没有任何要求，而且绝大多数的生源来自函授本科与自学考试本科毕业生，或者是专科毕业两年的学生。可以想象，这种生源之间质量的差异，必然和培养质量紧密相关。所以，越来越多的地方本科高校在招收研究生的时候，已经对生源有明确要求，把那些专科考生、函授、自考之类的本科生拒之门外。如果说过去这样的规定有其不合理性，那么在高等教育进入大众化阶段之后，50%的高考考生可以被录取，其中有一半可以进入不同类型的本科阶段学习的话，这种规定也慢慢地凸显其合理性成分。

影响质量的第二个因素，是导师质量。对导师质量的评价，现在进入一种机械化的评判误区，具有博士学位成为唯一的必要条件。我们想提醒的是：一方面，并不是所有的具有博士学位的人都具有科学研究的能力和水平，不能说一个人拿到了博士学位，就证明这个人的科学研究能力很强。这是想当然的逻辑。另外一方面，不能排除那些没有博士学位的个别人也具有非常强的科学研究创新能力。古今中外不乏其例。所以，我们还是应该实事求是地按照导师自身科学研究的能力来衡量评价导师的科学研究水平。事实上，在具体的管理中，一些人总是按照习惯性思维，拿博士学位作为衡量的标尺。河南大学的耿占春先生、李振鸿先生，还有厦门大学破格录用的谢泳先生，都没有博士学位，但是又有几个人能够超过他们的学术成就？这就证明了一些人虽然没有博士学位，但是照样可以做出突出的科学研究成果。所以，我们认为应该看重的是导师的学术水平和创新能力，而不是简单的一纸博士的文凭。

影响质量的第三个因素，是培养的方法和理念。研究生如何培养的问题，我们认为在中国还没有走向成熟的阶段，还处于摸索阶段。培养的方式方法不科学、不尽合理，也直接影响了培养的质量。比如，研究生入校之后，直接进入导师的科学研究工作中，理工科的研究生进入导师的实验室，参与导师的科学研究，在具体的科学研究的实践中接受训练，掌握科学研究的方法，这是早已被实践证明了的国内外成熟的研究生教育培养模式，可是在一些地方大学里，这种成熟的培养方式却不能被有些人接受。试想在这样不成熟的办学理念下，研究生教育质量怎么能够得到保证。由此看来，任何时候敬畏学术、敬畏知识，不自以为是，仍是成为严谨的有良知的学者必修功课。

质量评价体系应该根据不同类别的学位区别对待，并相应建立一套完整的科学的评价系统。学术性研究生教育质量的评价体系应该依据学生的科学研究能力和掌握科学研究的方法，依据学生的毕业学术论文质量、在读期间发表的具有创新性的学术论文情况、申请专利情况以及科学实验的进展情况等因素组成。专业学位研究生教育质量应该区别于学术性学位的评价办法。比如，实践能力、操作能力、协调沟通能力等因素构成一套完整的评价体系。

三、关于专业学位与学术性学位问题

中国过去主要是以培养学术性学位为主，专业学位发展相对滞后，这是有历史原因的。改革开放之后，中国各行各业面临人才断层的压力，到处需

要大量知识型人才,在科学研究领域和高等学校,也缺乏大量的研究人员和教师队伍。20世纪80年代,大量的本科生毕业之后直接从事高等学校的教学和科学研究工作。后来伴随研究生教育规模增加,主要是硕士研究生教育的发展,成为解决社会急需匮乏的高层次人才的主要渠道。这样,硕士研究生必然以学术性为主。再后来,博士研究生招生和培养规模也在增加,而且早期的大量的本科、硕士毕业的优秀人才,已经占据很多研究、教学岗位,因此,研究生教育阶段的大量的学术性硕士学位,已经没有必要存在。反观高度发达、成熟的国外研究生教育,硕士研究生教育主要以职业教育取向的就业为主,要想进入高等学校走上大学教师岗位和研究机构的研究岗位,必须具有博士学位。那么,我国30多年来的学术性硕士学位已经和时代发展、社会需求不相适应。再说,国外的硕士研究生教育主要是专业性学位,一些优秀的本科毕业生可直接申请攻读博士学位。因此,中国专业学位研究生教育必将走上历史舞台,成为硕士阶段的主要培养对象。因此,国家设想到2015年,专业学位硕士研究生的规模达到硕士研究生总规模的50%以上。这一发展方向是正确的。

问题是,当前专业学位硕士研究生的培养在我国还没有进入正轨,仍然按照学术性学位培养的方式来培养专业学位,那显然是非科学的。专业学位的课程设置应该以实践课程为主。毕业考核也不应该以学术性论文为主,甚至建议取消对专业学位的毕业学位论文的要求,代之以具体案例的设计方案、解决具体问题的调研报告或者建议等。对导师的要求也不应该以学术研究为主要价值取向,而是实践中的专家和高级、中级管理者。尝试大学与社会部门,比如政府、企业、行业进行联合培养专业学位硕士研究生;尝试实行校内导师与校外兼职导师联合培养硕士研究生的方法。

专业学位也和学科有很大关系。一些基础研究领域的学位不适宜投放专业学位招生指标。比如哲学学科,或者那些理学的基础研究学科,应以学术性学位为主。而另外一些,比如公共管理、土木建筑、艺术设计等专业,就不要投放学术性学位,全部投放专业学位招生指标。改变目前那种把学术性学位、专业学位简单分开全部投放到不同学科的做法,应该是发展的主要方向。

专业学位的考试选拔、培养模式、质量评估、培养目标、招生计划下达等方面,都需要我们尽快进行科学论证研究,使其早日走向科学、规范、正规的发展道路。

四、关于研究生教育的学制问题

我国目前实行的研究生学制是"三三制",也就是硕士研究生3年制,博士研究生3年制。但是这一学制目前应该拿出来探讨一下。研究生的学制到底应该有多长？过去我们曾经探讨过这个问题。那个时候是国家在一些大学尝试实行硕士研究生由3年学制向2年学制过渡的试验阶段。但是没有想到，经过几年的试验，很多实验学校又把硕士研究生学制恢复到了3年制。可以说那次试验是失败的。那么，我们未来的研究生的学制到底应该多久？

国外的硕士研究生学制是不是值得我们借鉴和学习呢？西方高度发达的研究生教育应该是我们研究生教育学习的对象，现代大学研究生教育本身就是从西方大学学来的。它们现今通行的都是硕士研究生1~2年学制，博士研究生4年甚至4年以上的学制。那么，中国的研究生学制是不是可以改变一下呢？硕士研究生的学制应该缩短，变成2年学制比较好，博士研究生的学制可以适当放宽和延长。

五、关于研究生教育课程设置问题

研究生的课程设置是值得探讨的问题。学术性硕士研究生和博士研究生开设那么多的课程是不是有必要？哪些课程是必需的？哪些课程可以去掉？对于这些问题，很少有人进行深入的思考。钱学森先生问中国的教育为什么培养不出大批的优秀创新人才？这个问题被教育界称之为钱学森之问。回答这个问题的文章已经千千万万，但是形成大家的共识没有？解决问题没有？我们以为，当前中国大学的课程设置不合理，尤其是一些典型的课程，比如外语、计算机之类的，本科生时开设，硕士研究生时期开设，到了博士生阶段还在开设。在研究生阶段还按照本科生开设课程、进行课堂授课方式的习惯性做法，用一套教材，也许还是陈旧的教材，来讲解一门学问的知识框架和知识体系，对于研究生教育来说显然是落后的，是难以培养出研究生的创新能力和创新精神的。事实上，我国高等教育中本科生阶段的上课方式和课程设置，与西方高度发达的高等教育体系相比，问题也很明显。那种满堂灌的教学方法，对于学生的创新能力和创新意识都是一种扼杀。欧美国家的大学本科生教学都是在一种随意的探讨式、轻松的启发式的教学活动中进行，对于学生创新能力的培养，结果是显而易见的。更让人感到遗憾的是，中国的研究生教育阶段仍然恪守那种落后的、僵化的教学方式，仍然抱着一本陈旧的教材去给研究生上课，到目前还没有改变的外部环境和内在动力，特别是在一些地方大学，根深蒂固。这种状况如果继续持续下去的话，研究生教育质量的提高、高层次创新人才的培养就是一句空话。钱学森之问的答案只能留给后人来解决了。

厦门大学潘懋元先生坚持每周要他的研究生到家里举行的漫谈式的教

学方式，是值得研究推广的。当然，潘懋元老先生的这种授课方式，也可以追溯到英国古典时期剑桥、牛津大学的本科生导师制的授课方式。对研究生教育课程的设置，以追踪世界学术前沿的学术报告为主，让研究生及早接触到本学科学术进展的最新成果，把握学科前进的方向，这样才能引领研究生进入学术研究领域。

对于研究生的课程设置可以借鉴国外的经验。欧美国家的研究生课程设置很有意义。学术性硕士研究生和博士研究生，根本不开设课程，直接进入导师的研究工作之中。这样，才能培养出研究生的科学研究能力，才能形成研究生的创新意识。只有那些非学术性的研究生，也就是课程研究生，类似中国的专业学位研究生，才开设一些课程，而实践性课程会占据主要内容。

六、关于研究生教育的特色问题

研究生教育的特色也就是竞争力、就是实力、就是质量。没有特色的研究生教育事业的发展，必然会淹没在日益激烈的竞争中。研究生教育的特色，落脚点在学科的特色上。学科没有特色，研究生教育的特色就不突出。学科的特色在于自己的研究优势。当前在国家按照一级学科进行管理的总体思路与调整中，各个高校的办学者千万不敢忘记特色，不能抹杀二级学科之间的差异。过分地强调一级学科的重要性，围绕一级学科进行人才培养、科学研究、社会服务等活动，将难以产生竞争优势。比如教育学，一级学科下面在 1997 年的学科专业目录中，有 10 个二级学科。那么今天，按照教育学一级学科进行管理的话，事实上这个大学建设教育学的时候，没有二级学科的优势，就不会具备明显的特色，也难以建设好教育学一级学科。教育学一级学科的优势和特色在二级学科上，没有二级学科的鲜明特色，就不会有一级学科的竞争优势。

再比如，世界史已经成为一级学科，一所大学拥有世界史的一级学科，也不可能对各国的历史都进行研究，没有精力、没有人力把世界各个国家、各个地区的历史弄明白。但是，假如集中几个人，研究某一个具体的国别史，比如越南史、缅甸史、以色列史等，那么这几个人就会成为国内研究这一国别历史的专家，就会对我国的外交决策和文化交往有帮助，提供智囊支持。这也是目前国家重点支持的领域。在世界上一些重大突发事件中，我国中央政府往往失声，关键在于在这种特殊时期没有相关的研究专家及时提供历史、现实的研究成果，对国家决策提供参谋和咨询作用。所以，即便这所大学拥有了世界史的博士学位授权一级学科，如果多头出击，对各国都进行研究的话，特色不突出、不鲜明，那么影响力就会很弱，竞争力也会很弱。

突出特色，就是要突出二级学科建设管理的重要性。尤其是在今天国家仅对一级学科进行管理的背景下，作为大学的管理者应该清醒地意识到，要重点抓好二级学科的建设，通过二级学科强化特色、突出特色，提高竞争力。据悉，教育部要求各单位应注重发展学校的办学特色和优势学科，统筹规划，科学定位，在国家和地方社会经济发展急需的优势学科上下功夫，在优势学科与科技结合、与产业结合上下功夫，准确定位，办出特色。很显然，所谓的符合社会地方经济发展急需，就是符合地方需求的特色之路。

七、关于改革扩大高校学科设置自主权与博士招生计划分配中存在的问题

国家今后将全面下放学科目录内和目录外的二级学科设置权，不再设置指导性二级学科目录，并会分批稳步下放学科目录内一级学科设置权。将来，国家将会按照一级学科和门类进行管理，并根据需要和学科发展情况动态调整学科目录。

而且对于新增单位的授权方式也将实行重大改革，仍然在强调要建立和完善新增学位授予单位服务国家和地方社会经济发展特殊需求的学位授权项目审批制度。但是要对过去对新增单位实行的全面授权和长期授权进行改革，只对国家和地方有明确战略需求、并具有明显优势和基础的培养单位进行相关学科的有限期授权。同时，也将取消对申请单位申请资格中的办学年限要求，只要这种改革的目的是扩大高等学校和地方教育主管部门办学自主权，扩大学科设置自主权，基本原则是要求各高校要紧紧围绕国家和地方社会经济发展需求，认真研究制订本培养单位的学科设置方法，提倡以教授为中心调整和优化本学校的学科发展方向与结构资源。这种改革总体思路是正确的，也深受各个高等学校的欢迎和好评，减少了过去学位授权点审批过程中的很多弊端和问题，体现了教育部作为行政主管部门尊重学术、尊重学科规律、尊重大学办学者和教授的基本理念。由于突出强调要根据国家和地方社会经济发展需求设置学科、布局学科，这是过去所没有的。正是因为此，一些高等学校在 2010 年的学位点审批中获得了巨大成绩，取得了历史性跨越。河南大学就由原来的仅有 1 个一级学科博士学位授权点、18 个二级学科博士学位授权点，一次性增加到 12 个一级学科博士学位授权点。这种突变的原因，是学校综合实力得到提升的结果，是由于我们已经具备了这样的竞争力，所以能够在 2010 年新的学位点审批中获得突破性进展，一次新增 11 个一级学科博士学位授权点。

但是这种改革因为招生计划继续严加限制，大打折扣，显得不彻底和有

愚弄地方高校的成分。虽然，作为教育部一个部门存在的国务院学位委员会办公室积极推进学位点审批权下放，并把过去对二级学科的审批转变到对一级学科的审批，使得很多大学在 2010 年获得博士学位授权点大幅度增加。可是，教育部的改革不配套、不彻底，在 2012 年制订招生计划时，教育部又规定，博士招生计划总量不变。河南大学 2011 年仅仅招收 66 名博士，在 2012 年招生指标不增加的情况下，如何在 12 个一级学科博士学位授权点招生？我们不禁要问，同属于教育部的部门，为什么一边简政放权，一边又牢牢把住博士招生指标权力不下放？这种改革的不彻底、不配套，等于不改革，等于在戏弄地方高校。难道教育部没有一个统一的改革思路，没有一盘棋的基本思路？

试想，已经经过国务院学位委员会审批的全国博士学位授权点，教育部却不给招生计划。如果不具备博士招生培养能力，国务院学位委员会的专家们就不要审批。如果经过严肃的论证、层层把关、遴选，最后又经过国务院学位委员会的专家投票通过，那就证明这个一级学科博士学位点具备了培养博士研究生的能力。否则，国务院学位委员会就不该给你审批，也不会有那么多的专家给你投票。那么，教育部为什么不相信这些专家的投票结果？为什么还要继续坚持不增加博士招生指标？理由是什么？到底是行政权力在决定还是学术权力在起作用？如果坚持博士招生指标不增加的话，那前期就不要放开学科自主设置权。

改革应该是一盘棋。尤其是同一个教育部门、同一个系统内部的改革，不能一方面在放权，另一方面仍然在牢牢拿住权力不放，执行结果是一个部门内部在打架。这种现象作为改革推行者，应该设法避免，应该有一个统一的布局。

对此问题，教育部曾经针对博士招生计划的分配开展调研，征求各高校意见。我们期望这次调研，能够真正有所明显变化。那就是，教育部把学科设置权下放以后，在招生计划和招生指标的分配上，也要实事求是，做到公平合理，照顾到区域之间的平衡，根据国家特别是地方社会经济发展的特殊需求等几个因素，来确定研究生尤其是博士研究生的招生计划，尽可能地向一些实力强的地方综合性大学倾斜一下，适当地增加这些地区、这些高校的博士招生指标。比如，一个拥有 1 亿人口的河南省，地处中华文化发源地，2010 年全省只有 303 个博士招生指标。拥有一百年建校历史、新中国成立以前曾是国立大学的河南大学，现在作为河南省人民政府与教育部共建的区域综合性重点大学，从 2010 年 1 个博士学位一级学科授权点发展到 2012 年 12 个博士学位一级学科授权点，有 1 个国家重点实验室，1 项"973"首席项目，3 个国家杰出青年，2 个教育部重点实验室，1 个教育部人文社会科学

重点研究基地,2011 年承担 2 项国家社会科学重大招标项目。可是 2011 年只有 64 个博士招生指标。而且,按照目前来说,2012 年的招生计划仍然不变。还没有现在一所"985"大学一个学院的博士招生计划多。这种现象难道合理、正常吗?

八、关于改革研究生招生考试办法的问题

研究生的招生考试办法需要改革。目前现行的硕士研究生招生考试,实行全国统考的方法,存在很多弊端,主要是强化了英语、政治、数学等公共考试科目,弱化了专业课程的考核,不能够将一些优秀的具有研究潜质的人才吸引到研究生队伍里来。博士研究生招生考试,虽然是由学校自主命题,但是更多的高校在招生过程中仍然把英语当作主要的考核因素,而忽略专业的考核。河南大学文学院特聘教授耿占春先生曾说过,现在的博士招生机制和法则,不可能把最优秀的学生招过来,但也不会把笨蛋招过来。他自嘲地说,我是无师无徒。这种考试,也在社会上形成一种考研辅导班的利益链,形成一批以英语、政治培训和出版辅导材料而发大财的学商。这其实是社会资源的浪费,造成社会成本的大量增加,也难以保障录取生源的质量。

国外研究生招生实行的是推荐制,培养过程中实行淘汰制。这样能够确保更多的人容易进来,又能够保证没有研究能力和潜质的人被淘汰出局,真正获得学位的人必然都是质量水平很好的。

有人会认为,在当前中国人情社会浓厚、社会腐败严重的背景下,必然会有大量的关系生源进入研究生队伍,另外一些优秀的考生无法被录取。是的,如果是现行的招生、培养机制整体不改变的话,确实无法杜绝这种现象发生。招生改革必须与培养机制改革整体推进,建立一套与推荐制相适应的培养监督机制和评价机制。国家教育主管部门统一协调,设立对导师培养学生质量的监控、评价体系,凡是培养的研究生质量差、不合格的话,取消授予的学位,取消导师招生研究生的资格,通报批评推荐专家。这种对推荐专家和导师的双重考核,必然约束推荐人的行为,必然对导师形成严格的监控体系。导师不会拿自己的招生资格来冒险招收一些不合格的生源。关键要在培养和学位授予环节加大评估、监督力度,由从源头——招生环节的掌控,变为培养过程的监督与考核,对于发挥导师的作用,提高研究生培养质量,必将会有促进作用。

要发挥导师在招生录取环节的作用,不能是一句空话,而应该采取切实可行的办法。导师招生的权力与责任是一致的。早在 2006 年,浙江大学就明确规定,院士、国家杰出青年获得者、国家百优博士论文(含提名奖)获得者的指导教师每年可以自主招生 1 名博士研究生。2012 年,北京大学、清华

大学一些专业在 2012 年的博士招生试行推荐制,也说明博士研究生的招生考试改革已经启动。我们期待成功,并总结经验,结合不同高校采取的类似的改革,稳步推进。要相信导师,尊重导师,同时严加监督。针对硕士研究生招生考试,主管部门不要因循守旧,抱残守缺,而应该积极推进改革步伐,尽快找到一条科学、合理、能真正发挥导师作用、调动他们积极性、把招生与培养结合起来、确保招生质量的方法。先试点,逐步完善,再推广,以改革研究生的招生办法,为提高研究生的培养质量提供生源保证。

九、关于导师负责制的问题

研究生教育和本科生教育最大的区别在于导师负责制。进一步完善、强化以学术研究和实践创新为主导的导师负责制,是今后学位制度与研究生教育改革的方向。导师不仅是研究生培养质量的直接责任人,也是研究生思想品德教育、学术道德教育和全面发展的责任人。落实导师制,是尊重教授、尊重知识、尊重学术、强化学术权力的先进办学理念的具体体现。在大学里,尤其是在研究型大学里,研究生导师的主导权比较多;但在一般的教学型大学里,行政权力强于学术权力,导师制则很难实行。落实导师制,是提高研究生培养质量的关键,是调动导师积极性的前提条件,是建设高水平大学的必然要求。落实导师制,也有利于选拔出优秀人才,选拔出高质量的、可以雕塑的人才,引导他们开展高水平研究。我们不妨看看国内"985"大学在落实导师制方面是如何做的,这对于一些新具有研究生授权高校和一些地方高校从事研究生教育,很有借鉴意义。

落实导师负责制,首先,发挥导师在招生过程中的积极作用。研究生招生不同于本科生,学术性研究生以科学研究为主要目标,在选拔招生考试环节,尤其是在面试环节,如何扩大导师在面试环节的自主权,确实是值得思考的问题。其次,在培养过程中,导师肩负着学术能力培养、科研创新能力和创新意识的培养以及科学知识的传递,还包括研究生的思想政治教育和道德品质教育,科学精神与人文素养以及科学研究的学术规范教育。最后,还包括研究生学习生活管理、心理问题的防治、学生的全面发展过程中的各方面的指导作用。

落实导师负责制,扩大导师的权力与强化导师的责任紧密相关。历来权力与责任都是一致的,都是相辅相成的。对导师不加权力约束,必然会导致导师滥用权力,在招生、培养、就业的各个环节,导师既拥有一定的、不容忽视的权力,又要有完善的约束机制。从导师遴选、上岗培训到教学指导过程管理各个环节,加大对导师的师德教育,加强导师的思想道德素养教育和科学研究规范教育。建立一套科学的行之有效的针对导师的考核机制,是

落实导师制的根本保证。不允许把那些从科研水平到师德方面都不具备研究生指导教师资格的人选入研究生导师队伍,既然经过考核和评价成为研究生导师,我们就要在具体工作中充分信任他们,因为导师是人才培养、学科建设的关键。

研究生思想政治教育组织模式

随着我国高等教育事业的发展,研究生培养机制改革不断深化,加强研究生的思想政治教育工作的重要性和迫切性日益突出。特别是近年来,在校研究生规模急剧增加,既加大了研究生思想政治教育的工作强度,又提高了研究生思想政治教育的工作难度,对研究生思想政治教育提出了新的要求。

一、高校研究生思想政治教育工作组织模式现状

(一)思想政治教育与组织管理的关系

思想政治教育和管理都是教育者或管理者有意识、有目的、有计划、有组织地促使学生身心发展的自觉活动。在实际工作中,教育和管理是不可分割的,没有管理的教育,是空泛无力的教育;缺乏教育的管理,是僵化盲目的管理。只有把教育和管理有机地结合起来,把思想政治教育渗透、贯穿于管理的全过程,才能使每项规章制度的贯彻执行变成学生的自觉行动。同时,有效的管理可以巩固思想政治教育的成果,促使学生逐步养成良好的思想作风和行为习惯。教育和管理是辩证统一,相辅相成,相互促进的。研究生思想政治教育工作的组织管理体系是随着我国研究生教育的发展逐步形成和发展的,新形势下,针对研究生招生规模不断扩大和研究生培养机制的改革,高校必须创新研究生思想政治教育组织模式,进一步完善研究生思想政治教育的体制与机制,以确保人才培养质量。

研究生思想政治教育与组织管理既有自身特征和规律的差异,又有相互渗透与融合的一致性。实现研究生思想政治教育与组织管理的融合,一要坚持虚实结合的原则,把思想政治教育融合到管理中去。一切好的思想政治教育工作者和管理工作者,是既善于理性思考,又善于把理性思考转化为现代科学管理。二要坚持柔性与刚性相结合的原则,思想政治教育是通过内在的思想来教育人,管理是通过外在的约束来管理人,只有把思想政治教育的柔性导向和管理制度的刚性规定有机融合在一起,才能产生积极的效果。三要坚持业务培养与思想教育结合的原则,把思想政治教育的内容渗透到研究生业务培养的各个环节,渗透到研究生培养的全过程。四要坚持全员育人的原则,研究生教育和研究生综合素质的提高要靠所有与研究生工作有关的人员的共同努力才能实现,这就要求强化教书育人、管理育人、服务育人,建立健全"三育人"工作体系。五要坚持教育与自我管理相结合,针对研究生自我管理能力强的特点,放手让研究生在各种实践活动中去

自我教育、自我管理、自我约束。

（二）研究生教育的特点与思想政治教育组织模式

改革开放以来，我国研究生教育实现了跨越式发展，在校研究生人数迅速增加，我国已成为名副其实的研究生教育大国。

1. 我国研究生教育的特点

（1）教育规模上的差异性

在不同类型的高校之间，表现为一些著名研究型大学研究生规模已经达到或超过 1 万人，一些教学研究型大学研究生规模有上千人，而一些教学型大学研究生只有几百人甚至几十人。在同一所高校中，则表现为各学科专业的培养规模很不相同，传统学科和新兴学科、热门专业和冷门专业的差别极大，多则数十上百人，少则一两人。

（2）教育类型上的多样性

为了适应社会快速发展对高层次人才的急迫需求，我国的研究生教育推出了各种类型，包括学术性学位研究生、专业学位研究生等。博士生的类型仅从生源分就有应届硕士毕业生、往届硕士毕业生、提前攻博生、直接攻博生等。

（3）培养方式上的特殊性

研究生教育实行导师制。研究生的学习主要来自于导师的指导，学习任务以科学研究为主，课程学习的差别较大，因此研究生培养是一种个体化教育，导师对研究生有着很大的影响力。不同学科研究生的学习方式也存在明显差异，理工类研究生需要花大量的时间进行科学实验，人文社科类研究生侧重于文献查阅和社会调查。

（4）研究生群体的复杂性

研究生群体总体上年龄较大，生理与心理相对比较成熟。在知识层面上，有的经历了硕士，有的经历了大学本科或专科阶段的学习，已经有一定的专业知识背景，基本具备了发现问题、分析问题和解决问题的能力；有些人已有一定的专业技术职称，甚至已是某一领域或行业的专家。研究生的经历各不相同，相互间差异比较大，有的是应届本科毕业直接考取的，一直未离开过学校；有的已有丰富的阅历，甚至已经结婚生子，在社会上担任一定的职位，他们的求学目标也不同。

2. 目前我国研究生思想政治教育组织模式主要类型

我国研究生教育的特点决定了研究生思想政治教育组织模式的多样性。

（1）分散管理模式

在研究生教育恢复和初步发展时期，或研究生规模较小的高校，通常采

用以院系主管本科生的副书记兼管为主进行思想政治教育的管理体制，没有专门机构，直接由校学生处或学工部统一负责本科生和研究生的思想政治教育和日常管理工作。这种"大学生模式"虽然强调了院系在研究生思想政治教育中的地位和作用，但忽视了研究生这个群体的独特性，工作缺乏针对性。

（2）集中管理模式

在研究生教育稳定和规范发展时期，随着高校研究生数量的增加，为了加强对研究生思想政治教育的统一领导，部分高校成立了专门的研究生思想政治教育管理机构负责全校研究生的思想政治教育和管理工作，如设立党委研究生工作部，或在研究生院（部、处）下设研究生党总支等。这种管理模式加强了学校党委对研究生思想政治教育工作的统一领导。但是这种模式存在的问题主要是专门从事研究生思想政治教育管理的人员不足，集中管理管得不细、不到位，由于实施集中管理，院系的研究生思想政治教育职能发挥受到影响。

（3）分级管理模式

随着研究生规模的扩大，分级管理模式应运而生。该模式由学校研究生管理部门负责统筹规划、指导和监督，各院系负责具体工作，结合学科或专业有针对性地做好研究生的思想政治教育工作。各高校根据研究生规模的大小设立不同的校院二级研究生思想政治教育管理机构。研究生规模在2 000人以上的高校，成立党委研究生工作部作为校一级的管理机构，各院系落实相应工作机构和人员，研究生工作组由院系分管研究生思想政治工作的副书记负责指导。研究生规模在2 000人以下的高校，成立研究生分党委作为校一级的研究生思想政治教育管理机构。各院系成立研究生党总支，由各院系书记担任研究生党总支书记，主管研究生思想政治教育的副书记担任党总支副书记，负责指导研究生的思想政治教育工作。

二、高校研究生思想政治工作面临的新挑战

（一）社会外部环境对研究生思想政治工作的影响

在新的历史时期，社会外部环境发生的深刻变革，对研究生思想政治教育带来新的挑战。其主要表现在以下几个方面。

1.国际形势深刻变化

当前，世界政治格局多极化和经济全球化的趋势在曲折中发展，科技进步日新月异，综合国力竞争日趋激烈，各种思想文化潮流相互激荡。西方敌对势力一方面加紧对我国实施"西化""分化"，通过多种途径对高校进行思想和文化渗透；另一方面以优越的科研条件和丰厚的生活待遇为诱饵，对我

国高层次人才进行争夺,造成我国大量优秀人才的流失。研究生处于大学生中的最高层次,他们往往成为西方国家进行人才争夺的重点目标。

2. 金融危机影响就业

当前,国际金融危机已由虚拟经济向实体经济扩展,导致经济危机,正从经济层面向社会领域蔓延,转化为全球性的就业危机。受国际金融经济危机的影响,2009 年我国研究生的就业形势为近年来最严峻的一年。在此背景下,研究生思想政治教育面临新的困境。

3. 国内局势错综复杂

目前,我国正处在"发展黄金期"和"矛盾凸显期",经济成分和经济利益日趋多元化,生活方式逐渐多样化,经济建设和社会发展取得举世瞩目的辉煌成就,但还存在不少亟待解决的问题,如农民收入增长缓慢,部分城市职工生活困难,社会就业压力加大,反腐败工作任重道远,社会贫富不均,两极分化加剧,产业结构不合理,经济体制深层次问题比较突出等。特别是一些打着宗教招牌的非法活动以及一些邪教组织通过各种手段不断对高校进行渗透,经常挑起事端,影响社会稳定,这些无疑会对研究生的思想产生较大的冲击。

4. 网络技术高速发展

网络作为现代传媒的一种载体,具有双刃剑的作用,它在对高校研究生的学习、科研和生活产生积极影响的同时,也对研究生的思想政治工作提出新的挑战。研究生可以足不出户地获取各种各样的信息,包括各种色情暴力、封建迷信、流言蜚语、反动言论等有害信息。低级趣味的网络游戏和各种有害信息对研究生的世界观、人生观、价值观产生消极的影响,使个别研究生的理想信念动摇、道德水准下降、身心健康受损、行为方式出现偏差,出现"黑客""网络孤独症""网虫""网恋"等不健康现象。

(二)研究生培养机制改革对思想政治教育的新要求

改革开放 30 多年来,尤其是近 10 多年来,我国高等教育实现了跨越式发展。在校研究生人数从 1978 年的 1.1 万人发展到 2008 年的 128.3 万人,仅次于美国的 250 多万人,位居世界第 2。而博士研究生教育则是从零开始,从 1982 年开始招收博士生,到 2008 年在校博士研究生已达到 23.7 万人,2007 年授予的博士学位为 4.3 万多人,也跃居世界第 2,标志着我国已成为名副其实的研究生教育大国。

从 2007 年起,国内 17 所高校进行了研究生培养机制改革试点工作。2009 年在教育部直属高校全部推开。两三年内,在全国所有研究生培养高校推行这一改革。此次研究生培养机制改革有以下目的:第一,在高校中建立起以科学研究为主导的导师责任制,在管理中充分发挥导师的主导作用,

使研究生在科学研究、教学实践和管理实务中不断增长知识、提高学术水平和管理技能。第二,通过建立导师资助制,使研究生培养围绕导师的科研课题进行,进一步理顺师生关系,加快创新人才的培养步伐。第三,通过统筹各个方面的教育经费或资源,加大对研究生的资助力度,引入竞争激励机制,使研究生的实际表现与获得的资助有机地结合起来,进一步激发研究生的学习热情和创新精神。第四,实施研究生教育收费"并轨",取消原有的"公费制",对全日制和非全日制研究生一律收取学费,并在全日制研究生当中辅以奖、助学金等配套措施。

伴随着研究生培养机制改革的逐步推行,一些新情况新问题不断涌现,面对新的形势、新的环境,对研究生思想政治工作的开展也提出了新的要求。

1. 对研究生思想政治教育管理体制提出挑战

在当前形势下,要保证培养机制改革的顺利进行,就必须扎实地做好研究生管理工作,尤其是细致的思想政治工作,较好地适应研究生思想政治管理工作的需要,就应当进一步完善和落实校院两级管理模式,实行党委与行政共同参与的领导体制。学校应成立研究生工作部或党委研究生工作部,各学院成立研究生思想政治工作办公室,配专职研究生辅导员,党政协力、齐抓共管。

2. 对研究生思想政治教育队伍建设提出挑战

当前,研究生培养机制改革的核心是"提高创新能力,加强专业素养",比以往更加注重专业知识的学习、技能的训练和科研能力的培养。重视了专业教育,却相对地削弱了思想政治教育。加之以往思想政治教学流于形式,虽然有思想政治课程,但教学内容的陈旧与方法的呆板,使许多学生产生抵触情绪。除此之外,没有或很少安排固定的思想政治教育的内容和时间。针对此种情况,高校思想政治工作迫切需要一支集教育、管理和科研于一体,政治素质优、业务水平高、思想品德好的高水平专职队伍。学校要加强专兼职思想政治教师队伍建设,包括马克思主义理论课教师、思政辅导员和党务工作者,配备专职研究生辅导员和研究生班主任,推动学校、学院领导和研究生管理部门、研究生导师、研究生辅导员共同参与研究生思想政治教育工作良好氛围的形成。

3. 对研究生导师开展思想政治工作提出挑战

高校研究生在校的绝大部分时间是在导师的指导下进行专业学习和科研活动,只有高水平的导师队伍才能培养出高水平的人才。此次改革的一个重要举措,就是通过建立导师"资助制",调动导师的积极性,理顺师生关系,加快研究生培养与国际的接轨。关注当前培养机制改革的新情况,给我们这样的启示：导师不仅能在资助学生方面担负起一定的责任，更能在思想政治工作中承担起相应的责任，因为不仅是学术水平，导师的思想、性格、品行也会对研究生带来深刻的乃至终生的影响。因此，导师不仅是"传道、授业、解惑"之人，更是人格的示范者。建立起新的研究生导师和研究生之间的关系，让导师在研究生思想政治工作中充分发挥作用是时代提出的新课题。

三、当前高校研究生思想政治教育组织模式

（一）清华大学模式

1.领导体制

学生（研究生）工作由学校党委统一领导，1名校党委副书记主管学生（研究生）工作，1名副校长主管研究生培养工作。学校成立了由校党委、行政主要领导牵头，相关部门负责人和专家组成的学生工作指导委员会，负责全校本科生和研究生德育工作的研究、指导、协调和检查工作。院（系、所）学生工作由院（系、所）党委（党总支）和行政负责，学院分党委1名副书记主管本科生和研究生德育工作，1名副院长（副主任）主管研究生培养工作。学院（系、所）一级成立学生工作指导小组，专门研究指导学院（系、所）学生工作。

2.机构设置和人员配备

学校设党委研究生工作部具体负责全校研究生德育工作。党委研究生工作部挂靠研究生院，下设3个办公室。研究生工作部设部长1名、副部长2名。院（系、所）下设研究生工作组和本科生工作组。研究生工作组具体负责本单位的研究生德育工作及配合开展有关的管理工作。研究生工作组组长（科级）必须是具有一定学历和职称的教师。不设研究生专职辅导员，研究生辅导员由青年教师和博士生兼任。

3.共青团及研究生会工作

学校由研究生团委负责全校研究生的共青团工作。研究生团委在组织上接受学校团委领导，在工作上主要接受党委研究生工作部的指导。研究生团委书记（兼校团委副书记）的编制属于党委研究生工作部，其人选由党委研究生工作部推荐并和校团委协商后报党委组织部批准。各院（系、所）相应设立研究生团总支，独立于各学院（系、所）的本科生团委，直接隶属校研究生团委；基层各研究生班级成立团支部，隶属本单位的研究生团总支。学校设有研究生会，研究生会主席由研究生代表大会选举产生，研究生代表大会的召开须经学校党委批准。研究生团委指导研究生会工作，党委研究生工作部副部长任校研究生会秘书长，具体负责联系和指导研究生会工作。

各院(系所)相应设立研究生分会,其干部选拔和工作指导由院(系所)党委及研究生工作组负责。

(二)北京大学模式

1.领导体制

研究生规模大,设立研究生院,学生(研究生)工作由学校党委统一领导,1名校党委副书记主管全校学生(包括研究生)工作,1名副校长主管研究生的培养工作。学生工作部、校团委共同协作实施全校的工作体制。院(系、所)学生工作由院(系、所)党委(党总支)和行政负责,所有的院系都是由院系党委副书记(一般是专职做行政工作的)负责本科、研究生的学生工作,另外由1名副院长(或者副主任)负责培养工作,甚至有很多院系的这个副院长同时负责本科生的培养工作。

2.院系级机构和人员配备

学校原则上是按照业务类别(比如思想教育、企业设立的奖学金)进行工作,不按照学生类别开展工作,未设专门从事研究生德育工作的机构。所有院系都有学生工作办公室,研究生配备专、兼职班主任。

3.共青团工作及研究生会工作

学校由校团委负责全校学生(包括研究生)的共青团工作。团委下设研究生与青年工作部,研究指导全校研究生的共青团工作;配合学生工作部进行研究生的思想政治教育与行为管理;指导校研究生会和部分研究生社团的工作。学校设有研究生会,研究生会主席由研究生代表大会选举产生,研究生代表大会的召开须经学校党委批准。各院(系所)相应设立研究生会,其干部选拔和工作指导由院(系、所)党委及研究生工作办公室负责。选拔由院系党委、学生工作办公室和院系团委共同负责。

(三)武汉大学模式

以武汉大学为代表的一批高校,研究生思想政治教育工作是相对独立、自成体系的。这类高校一般都是研究生规模比较大、设有研究生院的研究型大学,如武汉大学、浙江大学、北京师范大学等,这些学校的研究生思想政治教育工作,无论从领导体制、机构设置、人员配备、经费划拨及使用、工作机制等方面,都具有相对独立性,从学校到学院(系所)有一套完整的组织、领导体系。

1.领导体制

第一,研究生的思想政治工作归学校党委直接领导,由1名负责学生工作的党委副书记主管,研究生工作部是隶属于党委的工作部门。研究生院主要负责研究生的业务培养、学位管理和学科建设等工作,由1名副校长分管。

第二,研究生工作部与研究生院的研究生管理处合署办公,并由研究生工作部部长兼任研究生院副院长,负责同研究生院各方面工作的协调,以促进思想教育与业务培养的结合。但人事关系不隶属于研究生院,研究生工作部有独立于研究生院的人事权和财务权。

2.机构设置

第一,学校设立党委研究生工作部,负责全校研究生思想政治教育的组织领导、规划制订、宏观协调等工作。具体包括学校研究生教育中长期发展规划的制订、年度工作计划的制订和实施、领导和指导各学院研究生的思想政治教育工作、研究生思想政治工作专兼职队伍的建设等。

第二,各学院设有1名党委副书记专门负责所在学院(系、所)的研究生思想政治教育工作。学院(系、所)下设有研究生科,研究生科设有研究生辅导员、研究生秘书等岗位若干,负责研究生的思想政治教育及日常事务等具体工作。

3.人员配备

学校根据全校研究生总数,按1∶300左右的比例配备研究生思想政治工作专、兼职人员。研究生工作部的核定编制一般为5~10人。各学院除一名专职副书记外,根据研究生数量配备辅导员1~3人,编制没用完的学院,允许配备兼职辅导员若干名。如武汉大学研究生工作部核定编制是10人,其中设部长1人,副部长2人,工作人员7人。研究生数量最少的学院(系、所)也能保证至少有1名专职研究生辅导员。

4.经费使用

研究生思想政治教育工作经费单列,并列入部门年度经费预算。经费一般由学校财务处根据研究生总数,按人均10~20元/年的标准在年度财务预算中统一划拨到研究生工作部统一管理和使用。研究生工作部则根据全校及学院研究生思想政治教育工作的总体安排,按人均10元/年的标准下拨到各学院使用,余下部分由研究生工作部统筹使用,也有的是由财务处直接划拨到学院。

5.工作机制

第一,明确学院(系、所)是研究生思想政治教育实施的主体,导师是研究生思想政治教育的第一责任人,学院(系、所)分管研究生思想教育工作的分党委副书记领导和指导本学院(系、所)研究生的思想政治教育工作,并负责根据学校的总体规划和部署制订本学院(系、所)的工作计划,并予以贯彻落实。

第二,研究生思想政治教育各项工作,主要是通过研究生党支部、团支部、研究生会等群团组织贯彻落实到具体工作中,学院分管研究生工作的副书记与研究生辅导员负责研究生党员干部的培养及研究生群团组织的指导，处理和承办研究生的日常事务，负责同导师之间的沟通和联系等工作。

第三，学校党委研究生工作部负责全校研究生辅导员队伍的建设，其中包括研究生辅导员的选聘与管理、教育与培训、职务晋升及转岗等工作。

四、研究型大学研究生思想政治工作组织模式创新

研究生思想政治工作的根本目的在于把研究生培养成为社会主义事业的合格建设者和可靠接班人。具体而言，就是要结合研究生的特点，通过灵活多样的方法和途径，使其更加坚定社会主义的理想信念，增强拥护中国共产党的领导、坚持四项基本原则、热爱社会主义祖国的自觉性。

近年来，高校研究生的思想政治工作普遍得到了重视和加强，但是，各高校总体发展是不够平衡的，特别是在思想政治工作的组织模式和工作机制上，缺少必要的创新，与时代发展的要求不相适应，与研究生的思想和行为特点不相适应，不断创新研究生思想政治工作的组织模式，是当前研究生教育发展的紧迫任务。

（一）创新研究生思想政治工作组织模式的总体目标

创新研究生思想政治工作组织模式要不断适应时代要求和研究生教育发展的需要，提升思想工作的效能和人才培养质量。根据我国研究生教育的特点，这种新机制、新模式，应该是一个灵活开放的体系，不可能是一个固定不变的模式，但总的目标是要建立一个科学的工作体系、运转机制，促进研究生思想政治工作各要素的协调发展。

1. 构建一个组织健全、机制灵活、运转协调的研究生思想政治工作体系

研究生思想政治工作的首要任务是帮助广大研究生树立辩证唯物主义和历史唯物主义的世界观，树立全心全意为人民服务、为社会主义事业献身的人生观。新的组织模式本身应是一个与时俱进的开放体系，能够使研究生思想政治工作做到紧跟时代步伐，解放思想，开拓创新，能适应新时代的要求和研究生教育的特点和规律，行之有效地开展工作，充分实现思想政治工作的育人功能。

2. 实现研究生思想政治教育与业务培养的有机结合

业务学习和科学研究是研究生的首要任务，将思想政治工作渗透到研究生的业务学习和学术研究活动中，是培养研究生实事求是、独立思考、勇于开拓、勇于创新的科学精神的必经途径，对于培养研究生的艰苦朴素、勤俭节约、关心集体、团结友爱、遵纪守法等社会主义道德风尚具有重要的作用。新的组织模式应更有利于促进二者的有机结合，实现学校人才培养的目标。

3.整合教育资源,形成良好的育人氛围

新的组织模式要能够有效地整合学校的教育资源,充分调动各方面的积极性,特别是导师的积极性,最大限度地发挥思想政治工作的优势,全方位关注学生的成长成才,激发研究生的成才欲望,全面提升研究生教育培养的质量和人才培养的水平,实现研究生教育培养的目标。

4.强化研究生自我教育、自我管理、自我服务的功能

研究生思想政治工作的突出特点就是研究生的自我教育功能,新的组织模式应是一个有利于研究生党、团组织充分发挥作用的模式,新的组织模式中要特别注重发挥研究生党、团组织的作用,有效发挥它们的自我教育、自我管理、自我服务的功能,对于培养研究生的综合素质发挥着举足轻重的作用。

(二)创新研究生思想政治工作组织模式的任务

创新研究生思想政治工作组织模式的根本任务主要包括以下四个方面。一要着力构建一个领导有力、组织健全、全员参与、部门协调、专人负责的研究生思想政治工作体系。这是创新研究生思想政治工作组织模式的首要任务,是新的组织模式赖以存在的政治基础。二要着力建立一套机构设置合理、工作运转灵活、整体功能协调的研究生思想政治工作新机制。这是创新研究生思想政治工作组织模式必须完成的重要任务,是新的组织模式的内在运转机制。三要着力打造一支综合素质好、敬业精神强、求真务实、精干高效、专兼职相结合的研究生思想政治工作队伍。这是创新研究生思想政治工作组织模式的保障所在,是实现其育人功能的组织基础。四要着力培养好研究生中的骨干,建设好研究生党支部、团支部、研究生会等各级各类研究生群团组织,并充分发挥其作用。这是创新研究生思想政治工作组织模式根本所在。

(三)创新研究生思想政治工作组织模式的原则

创新研究生思想政治工作组织模式的根本目的,在于适应研究生教育发展的新形势,采取更为妥当的组织模式、工作机制,增进研究生思想政治工作的有效性,提高研究生思想政治工作的效能,提升研究生的培养质量,实现研究生教育的人才培养目标。所以,应该把握以下几个原则。

1.坚持党委领导、党政结合、强化行政、齐抓共管的原则

高校研究生思想政治教育必须强调在学校党委的统一领导下,通过行政主渠道实施,尤其要注重发挥学院(系、所)的主体作用和导师的主导作用,党政密切配合,各方面齐抓共管才能将研究生思想政治工作落到实处,否则,加强研究生思想政治工作就可能是一句空话。在实际工作中贯彻这一原则至关重要,在新的组织模式中一定要充分体现这一原则。在实际工

作中坚持了这一原则，就能够科学地创新研究生思想政治工作的组织模式。

2. 坚持将思想政治教育与教学、科研、学科建设有机结合的原则

人才培养是一个系统工程，与学校各方面的工作紧密相关。学校的教学工作和科学研究是培养研究生业务能力的主要渠道，学科建设是更好地提升学校办学水平和科学研究水平的重要工作，思想政治工作对于培养研究生的综合素质和道德水平发挥着重要作用。这些工作在人才培养中缺一不可，将四者有机结合，不仅有利于研究生的教育培养，也有利于增强学校的办学实力，即各方面的工作是相辅相成、缺一不可的。在实际工作中坚持了这一原则，就是坚持了创新研究生思想政治工作组织模式的正确方向。

3. 坚持结合校情，实事求是的原则

创新研究生思想政治工作模式，要坚持实事求是的原则，要充分结合本校实际建立适合本校校情的组织模式和体制机制。实际工作中，既没有普遍适用的模式，也没有一成不变的模式。兄弟院校的模式可以借鉴但不能照搬，只要是有利于研究生教育总体目标实现的模式都是可以接受的模式，只有那些最适合本校校情的模式才是最好的模式。坚持这一原则，就是坚持了创新研究生思想政治工作组织模式的根本。

4. 坚持灵活开放的原则

创新本身就是一个动态开放的体系，新模式应该充分反映时代特征、体现高校自身特色，组织健全、机构设置合理、体制机制灵活，各方面运转协调。在实际工作中坚持了这一原则，就是坚持了创新研究生思想政治工作组织模式的科学原则。

（四）创新研究生思想政治工作组织模式的基本框架——三级工作模式

1. 建立"在党委领导下，以行政为主实施"的领导体制

高校党委要按照时代发展的需要，积极探索，大胆实践，不断完善和改进学生德育工作的领导体制和运行机制，建立"在党委领导下，以行政为主实施"的领导体制，成立学校德育工作委员会。学校德育工作委员会，由校长任主任，主管学生工作的副书记和分管教学、后勤的副校长任副主任，成员包括党政相关部门的负责人。由此构建"党委领导，校长负责，党政部门配合，各司其职，综合培养"的领导体制和运行机制，体现校长对学生全面发展负责，党政各有关部门都面对学生、朝着齐抓共管的方向发展，努力形成全员德育的工作格局。

2. 明确研究生的思想政治工作与培养相结合的管理模式和机构设置

在研究生德育工作的管理模式和机构设置上，必须具备教育和管理相结合的职能，有条件的高校可以成立与研究生院合署的研究生工作部，但不能搞一刀切，要根据研究生的教育规模，结合本校传统的教育管理模式，把

研究生的思想政治工作与培养有机结合在一起,并落实在研究生培养的各个环节中。要加强制度建设,建立有效畅通的运行机制,明确研究生思想政治工作部门和研究生培养部门的主要职责和工作范畴,建立相应的考核、评估和激励措施,使研究生思想政治工作逐步走向制度化、规范化和科学化。

3. 建立健全院系研究生思想政治工作队伍

研究生思想政治工作队伍的主体是学校党政干部和共青团干部以及辅导员和班主任。要以增强队伍凝聚力、战斗力、创造力和可持续发展能力为根本,以学习型组织建设为途径,用政策凝聚人才,用事业造就人才,用机制激励人才,用制度保障人才,建设一支政治强、业务精、纪律严、作风正,来源充足、出口畅通、专兼结合、相对稳定的高素质德育工作队伍。

4. 三级工作模式分析

三级研究生思想政治教育模式的主要特征是专门化和精细化,在这种模式中研究生思想政治教育的管理机构、管理层次较为完善。不仅有主要发挥决策与协调功能的学生工作指导委员会(校级),而且有发挥控制作用和中层管理的党委研究生工作部,在学院(系、所)一级又有相对应的研究生工作组具体负责落实研究生的思想政治教育及配合开展有关的管理工作。研究生共青团和学生组织非常健全,在研究生思想政治教育中发挥了很好的作用。这种模式的优点还在于各部门职能划分比较明确,考虑到研究生的特色,不仅有研究生培养部门、研究生思想政治教育部门及其他学生工作相关部门间的横向联系,还考虑到从校级单位到院系级研究生工作组的纵向联系。

这种模式的缺点表现在以下两方面。一是学生工作指导委员会作用发挥机制不够完善,例如,尽管学生工作指导委员会由各方面的负责人组成,但这些人都是兼职的,没有固定的专职人员,实际上是个“虚体”,定期会议制度虽然也能解决一些重大问题,但在实际工作中各部门在学生思想政治教育中的关系和职责还不明确,沟通和协调更多的还是通过校长办公会议,学生工作指导委员会的效能并没有得到真正发挥。二是党委研究生工作部相对独立,与研究生院的工作联系更多地取决于其主管领导对思想政治教育的认识,配合得好的学校,可以把思想政治教育和培养工作很好地结合在一起,配合得不好的就容易形成“两张皮”。

(五)创新研究生思想政治工作组织模式的保障机制

1. 领导重视是关键

研究生教育在我国的重要性,已在各界达成了共识。我们今天培养的研究生,是新世纪人才的中坚力量,是将来党和国家各条战线上的科技骨干和领导者。因此,他们的政治思想素质如何,关系着党和国家的前途和命运。目前世界各国综合国力竞争的核心是人才竞争，培养适应未来社会发展需要的高层次、高素质人才已是世界各国关注的热点。研究生培养单位的领导，尤其是高等学校的党委，应以高度的历史责任感，从战略高度、政治高度，去认识研究生德育工作的重要性，真正将研究生德育工作放到育人工作的首位。只有领导重视了，才能解决德育的体制、机制问题，也才能寻求到适合时代要求和研究生特点的德育途径与方法，才能解决德育工作中的人力、财力、物力投入不足的问题。

2. 加强队伍建设是重点

一要加强院（系）思想政治工作队伍的组建，形成一支专兼结合、师生结合的辅导员队伍。保证研究生规模比较大的学院（系）至少有1位党委副书记或副院长主管学生（研究生）工作，根据研究生人数，有条件的学校可以在学院（系）一级设立研究生工作组，在辅导员的配备上应坚持专兼结合、师生结合。二要加强培训，提高队伍的整体素质。按照分层次、分类别、多形式和重实效的原则，建立内容丰富、形式灵活、规格多样的培训体系，努力培养一支具有较高政治理论素养和开拓创新精神，掌握现代科学文化和教育管理知识的高素质学生工作队伍。三要加强队伍的管理和激励。统筹规划研究生思想政治教育干部的职业发展。将研究生思想政治工作干部的工作经历与其今后的职业生涯规划结合起来。把研究生思想政治工作干部队伍作为学校选拔青年后备干部、党政管理骨干、学科专业骨干的"蓄水池"。学校选拔党政领导干部要优先从具有学生工作经历的同志中产生。对于兼职从事研究生思想政治工作的，在他们择业时也要给予专门的引导和关注。鼓励专职从事研究生思想政治教育工作，使其逐步向职业化、专家化方向发展。学校要将优秀研究生思想政治工作干部表彰奖励纳入各级教师、教育工作者表彰奖励体系中。树立一批研究生思想政治工作个人和集体的先进典型，宣传他们的先进事迹和成功经验。

3. 研究生党建是龙头

研究生党员是研究生的一支重要的队伍，党建在研究生思想政治教育工作中具有龙头作用。因此学校的各级党组织要充分认识到抓好研究生党建工作是加强和改进研究生思想政治教育的关键环节和切入点，并以此全面带动研究生的思想政治教育。学校党委要加强对研究生党建工作的领导，把这项工作放在重要的议事日程上；党委的组织部门要加强具体指导，提出切实的工作目标，党委的教育工作部门要提出具体部署，组织实施。学校还要在人员的配备、资金的投入、物质的保障等方面给予支持，如可以通过设立党建基金，创建党建理论资料库，建立校园党建网络基地等形式，大力支持和指导研究生的党建工作。一是加强和重视对党支部书记的遴选和培养工作,不断提高他们的思想政治素质和业务能力,进一步增强支部的战斗堡垒作用。二是加强对研究生党员的教育管理工作,建立和健全研究生党员长期受教育、永葆先进性的长效机制。三是重视和提高党员组织生活的质量,优化研究生党组织活动的载体,提升党员教育的有效性。四是积极探索和实践研究生党支部的设置方式。目前被大家普遍认可的是纵向设置研究生党支部,也就是把研究生党支部设在科研群体或学术梯队。纵向党支部最大的特点是党支部规模适中,建制稳定,工作连续,活动时间统一,师生结合,能够围绕科研群体或学术梯队的教学和科研等中心工作开展有特点、与研究生的学术地位相称的活动,能充分发挥导师育人的作用。有条件的高校要积极稳步推广在科研群体或学术梯队中设立研究生党支部的工作,以充分发挥研究生党支部在科研群体或梯队建设中的作用。

第五章

大学组织二元权力结构系统

大学组织行政权力存在的哲学基础

现代大学组织存在着强大的行政权力,成为现代大学的诟病,招致越来越多的尖锐批评。然而,批评的声浪在强大的官僚阶层体系面前,显得软弱无力,大学组织的权力话语空间仍然被强大的行政权力体系所掌控,对于大学组织权力体系的改革难以起到足够的影响。北京大学那场轰轰烈烈的改革,在强大的行政官僚权力体系面前,也黯然失色,悄然落幕①。这是一个什么样的官僚权力体系呢? 按照韩水法先生的观点:"中国所有正规大学都被整合在这样一个官僚层级的体系之中,从最高教育行政机关到大学基本教学与学术单位,一元化的行政权力通天贯地,天下英雄,靡不在其彀中。"这个官僚体系的基本原则是:"任何具有学术成就的人如果要在这个体系所负载的地盘上获得承认,就必须谋得一官半职;或者说,任何取得学术成就的最高奖赏,按照这个体系的原则,就是封官。与此同理,一些人虽然没有什么学术地位、学术成就,但是如果能够谋得一官半职,那么就可以换得学术权力,甚至学术荣誉。"韩水法先生还认为:"这个体系所代表的是一种强大的力量,任何一个个人,即便是一位大学校长,想要孤身一人与它对抗,远不止是困难的,几乎是不可能的。"而这个体系决定了"中国大学的基本状态和发展前景,决定了中国大学的教学和学术生态环境,从而决定了整个中国学术界的学术道德状态"②。韩水法认为,中国大学权力结构既具有欧洲大学的特点,又具有美国大学的特点,然而,不幸的是,更多的具有了两者的缺

---

① 韩水法. 世上已无蔡元培[J]. 读书,2005(4):3-12.
② 韩水法. 世上已无蔡元培[J]. 读书,2005(4):8.

点①。那么,现代大学组织行政权力体系何以能够如此强大的存在呢? 分析回答这一问题,不仅能够回答"世上为何已无蔡元培",也许还能够把对大学组织行政权力的批评,引入深层次的分析,以期从根本、从源头寻找改革的出路和良策。

一、大学组织中行政权力的性质

在现代社会系统中,大学组织的存在必须有政府的支持。政府兴办大学的目的是要求大学为政府设置的奋斗目标服务,包括培养人才、科学研究、社会服务。而每一职能的履行都必须有政府监控才不至于偏离社会需求的方向,包括政治方向、学术方向、技术方向等。正因为如此,大学的客观性即中立态度是不可能真正存在的。在20世纪60年代世界范围内的学生运动中,持存在主义观念的学生和教授以及马克思主义学者都认为大学不应该处于中立态度(布鲁贝克,1978)。无论是资本主义的还是社会主义的,都认为客观性是不可能的(迈诺格,1973)。有时候,真正的客观反而是不客观的具体体现。"由于德国大学严格信守所谓的客观性原则,逃避客观事实,因此对纳粹的夺权没有丝毫的抵制"②。其结果是客观的态度反而被极端政治化所利用。而更多的时候,则是大学不可避免地或者有意地介入到社会政治的漩涡中,成为不可忽视的政治力量。这是毋庸置疑的事实。

正因为此,政府为了加强对大学的控制,使之不会成为政府利益的反对者,必然加强对大学的行政管理,赋予大学组织机构强有力的行政职能则是具体体现。大学内部强大的行政权力是政府掌控大学的主要手段,是政府权力的延伸。

(一)大学组织中行政权力的性质

第一,大学组织行政权力的政治属性。中国当前大学校长的任命都由上级组织部门负责。在大学组织内,除去被赋予一定的行政权力级别之外,管理运行模式存在有党务、行政两套体现权力的管理科层组织体系,《高等教育法》对此关系进行了法律规定,明确指出:"国家兴办的高等学校实行中国共产党高等学校基层委员会党委领导下的校长负责制。"

第二,大学组织行政权力运行机理。政府对大学的管理依靠大学严密的行政化(包括党务)权力系统的建立,同时还有大学组织主管部门如教育部、教育厅等内部强大的行政系统对大学的遥控,以及社会上其他权力机构

① 韩水法.世上已无蔡元培[J].读书,2005(4):9.
② [美]约翰·S.布鲁贝克.高等教育哲学.2版[M].王承绪,译.杭州:浙江教育出版社,1998:23.

对大学的限制,诸如上级政府的人事、财政部门等对大学组织进行间接管理与监控。大学组织被强大的行政权力所束缚,内部也被强大的行政权力所控制。大学组织自身作为强大的行政管理机构而存在,培养人才的社会职能反而让位于行政权力的运作。

第三,大学组织的科层制体系。科层制是韦伯管理理论体系的精髓。大学组织内部通过科层制建立起严格的行政组织系统。在中国大学里可谓拥有非常缜密的行政组织系统。这种系统决定行政权力运行机制,主要通过执行上级指示,由上而下逐级进行[①]。

(二)大学组织行政权力的价值取向

社会赋予大学组织强有力的行政权力体系和结构,主要目的是维持大学的正常运转,确保大学内部各方利益的平衡,确保大学服务社会的职能的顺利实现,社会政治集团意志的贯彻与执行;防止这种平衡被打破后出现混乱并进而波及社会。大学组织行政权力的显著特征是以政治标准而不是以学术标准为评价大学的核心指标,在管理权的运用上以高度集权替代民主决策,在管理的主体方面以官僚治校替代专家、教授治校。在操作的形式上,以自上而下的授权模式,通过完善的行政运行体系完成管理过程。行政权力必然排斥专家、教授管理学校的动机,排斥学术自由的主张,用行政手段对学术进行限制,加速学术力量的边缘化,而这种行政权力的制度化与过度膨胀仍有继续强化的趋势,如果不加以限制,将导致大学组织学术性的日益丧失,沦落为政治的奴隶。

二、突出的政治特性是大学组织行政权力存在的政治诉求

(一)大学组织作为国家宏观政治的延伸是大学行政权力的政治逻辑支点

国家或政府创办大学机构,其根本目的无疑要求大学组织必须服务于国家政治集团的根本利益,绝不是在政府能力掌控之外留存一块可以自由辩论、自由探讨知识的世外桃源。因此,任何背景下的大学组织都必须在国家政治的规范下发展,不能偏离国家政治轨道,尤其在意识形态冲突背景下的国家对于所属各级学校组织的政治要求格外严格。除国家意识形态的区别之外,国家主权、国家利益等也是要求所属组织包括大学组织在内必须有统一价值观念的理论前提。加拿大著名学者约翰·范德格拉夫等人认为:"高等教育作为国家头等重要的事业,其活动原则必须符合国家需要和广泛接受的社会标准。"他进而详细阐述说:"政治化不仅指政党、政治家和政府

---

① 课题组. 整合学术行政力量,有效发挥合力作用[J]. 中国高等教育,2003(11):14.

官员参与高等教育决策的合法化,而且也是指大学内(学生,初级教学人员、非学术人员)外(工会、雇主协会)以前从未卷入的群体参与决策的合法化。这种参与,无论是非正式的还是通过正式民主决策过程制度化的,都可能与高等教育中的尖锐的意识形态冲突和政党冲突相联系。对高等教育结构和使命的任何重大评价,特别是在政治和集团压力条件下的评价,都注定是悬而未决的,至少对大学是如此。"①外部社会环境中国家强大的政治权力体系是大学行政权力存在的政治诉求,尤其在国际政治冲突与对立之中,在国家政治集团利益严重斗争与冲突之中,国家对大学的行政监控更具有超强影响,并在大学组织内部建立起对大学行政化管理的政治——行政组织体系。这种政治化的标签在国家冲突的全球背景之下,永远是醒目而又不可忽视和极端重要的,这无疑成为国家赋予大学行政权力的政治逻辑支点。

正如布鲁贝克这位美国伟大的从事高等教育哲学研究的专家所宣称的那样:"所有伟大的教育哲学家都把教育作为政治的分支来源。"他还举例说,如柏拉图的《理想国》,亚里士多德的《政治学》,约翰·杜威的《民主主义与教育》等都是如此②。而美国现代大学研究则把大学作为一个微观政治系统来研究,而且在美国这种大学微观政治机构的观点很流行:大学不仅是政治集团,而且是一个严格化了的科层体系。美国学者 L. 亚那科内(L. Iannaccone)在他 1975 年出版的《教育政策系统:教育管理者研究指南》一书中提出,大学组织应被看成政治实体,在这个组织中人们运用政治策略来争取个人或组织的最大利益③。学校微观政治研究的逻辑起点是把学校当作社会——政治系统来看待,学校组织围绕利益关系形成一定的权利和权力结构,不仅是自上而下的等级权力,也包含在自下而上的以及横向权利扩散④。

从大学的几大功能来看,其政治性也是极其明显的。布鲁贝克继续说:"高等教育越卷入社会的事务中,就越必要用政治观点来看待它。就像战争意义太重大,不能完全交给将军们决定一样,高等教育也相当重要,不能完全留给教授们决定。"⑤培养人才、社会服务功能的基本要求,首先是政治的观点,在国家安全第一的观念指导之下,政治标准无疑会成为人才的第一标

① [加]约翰·范德格拉夫等.学术权力——七国高等教育管理体制比较[M].王承德等译.杭州:浙江教育出版社,2001:12.
② [美]约翰·S.布鲁贝克.高校教育哲学.2 版[M].杭州:浙江教育出版社,1998:15.
③ 高洪源.欧美学校微观政治研究的进展[J].比较教育研究,2003(6):1.
④ 高洪源.欧美学校微观政治研究的进展[J].比较教育研究,2003(6):2.
⑤ [美]约翰·S.布鲁贝克.高校教育哲学.2 版[M].杭州:浙江教育出版社,1998:32.

准,成为衡量高校参与社会事务的最具有价值的标准和参照系。

从大学的发展历史来看,大学组织对于社会形势的判断及其左右的力量是巨大的,20 世纪 60 年代后期普遍存在于西方国家的大学生政治运动,在整个社会引起巨大反响。美国大学教授与学生对越战的抗议,直接导致美国撤兵,影响美国总统的选举乃至政治集团利益的转换。而聪明的政治家或者一些具有野心的政治集团,往往利用大学组织里的学生的激情,学者、教授的偏执,为自己的政治目的服务。所以大学组织常成为社会政治力量斗争的武器或者工具,并扮演一种强大政治势力的角色。为防范大学衍变为不可测的政治敌对势力,在大学组织内实施强大的行政权力体系就成为主要措施。

（二）大学依附政府而存在是大学行政权力存在的经济基础

任何一个政府办大学都具有一个突出的特征,就是以国家投入为主,在今天,我国公办大学的经费来源主要依靠政府。香港科技大学吴家玮教授就明确告诫我国高等教育工作者,大学办学经费依靠社会可以提供一部分,其他方面的收入虽然是很重要的补充,但只能作为补充。"经费的主要来源必定是政府。美国私立大学,比如哈佛,有 370 多年的历史,是累积下来才得以维系和发展的。除美国外,全世界私立大学能够维持的,办得好的,几乎数不出来。现在只能靠政府。""来自社会方面的资金能够当作补助,增加经费使用的灵活性,但是不能视为支柱。""在我国的现行体制下,大学可以从政府获得政策和土地,来补助经费的不足。这是好的经验,不容放弃"①。大学完全是政府投资,作为政府的附庸,依附社会政府而存在,国家给多少钱办多少事情,大学发展的规模、获得的支持强度完全依据政府行为决定,离开政府的经济支持将无法生存更谈不上发展,而政府往往在大学发展中自觉地充当管家婆的角色,典型的案例是 20 世纪 50 年代的院校调整,以及国家教育主管部门长期以来对高校的有力控制。国家通过经费投入控制大学,要求大学给予回报,不仅是人才、知识、科学以及其他诸方面,更重要的是大学不能成为国家、政府的反叛者和破坏者,行政权力的设置无疑是最好的防范办法。所以大学里除教授、学者、讲师等教学人员之外,还有大量的行政人员组成的严密庞大的行政管理系统,以确保政府的意志贯彻下去。

即便是民办、私立高等教育机构,依靠社会资金而非国家财政投入来创办的大学,其行政化虽然会大大弱于国家公办大学,但是政府对其行政的掌控也是非常有效的。

---

① 吴家玮.大学发展战略:资源的获取与管理[A].中外大学校长论坛文集[C].北京:高等教育出版社,2002:412,417.

三、现代大学组织规模不断扩大是大学行政权力存在的组织保证

基于如下几个前提,大学组织规模不断扩大与发展。首先,是社会总人口的高速增长。第二次世界大战后的 60 多年间,全球人口的高速增长速度与规模,是不争的事实,必然有更多的社会人口要求接受高等教育。其次,经济的高速发展。社会经济实力与高等教育总体规模之间存在一种正变量的关系,经济越发达,接受高等教育的总人口越多,毛入学率越高,由此出现了著名的高等教育发展三个阶段理论,也就是精英化阶段、大众化阶段、普及化阶段理论。当整个社会人均 GDP 超过 1 000 美元之后,高等教育将由精英化教育阶段进入大众化教育阶段,也就是高等教育毛入学率超过 15%,随着社会经济实力的再度发展,高等教育将进入普及化阶段。再次,后现代社会的建立促使高等教育快速发展。伴随着科学技术水平的大幅度提高,社会分工更加精细,现代社会进入了后工业化时期,信息社会、高科技时代,要求更多的人掌握更高水平的科学技术知识,而且一个人的知识含量越高,对社会的贡献越大,必然从社会获得的福利待遇及其他资源越多,社会生活水平、社会地位也就相应提高,从而吸引更多的人积极要求接受更好的高等教育,大学规模必然扩张,数量必然增加。最后,我国高等教育的现有规模尽管在连续 5 年扩招之后得到了惊人发展,但是与世界发达国家相比,与我国高速发展的经济需求仍然有很大差距,有很大发展空间。

高等教育高速发展具有如下特点:首先是大学生总体数量高速增长;其次是大学总体数量急剧增加;最后是大学组织规模扩大,出现了超过数万人规模的综合性巨型大学。

从 1970 年到 1990 年的 20 年时间里,美国高等教育学校数量从 2 525 所增加到 3 535 所,净增 1 010 所,增加 40%;教师从 45 万增加到 82.4 万,增加 83%;在校生从 800 万增加到 1 354 万,增加 69%[①]。美国加州大学系统有 18.8 万在校学生,仅 3 个国家实验室接受的各类研究人员就有 18 000 多人[②]。由此可见,现代大学规模巨大。日本的高等教育规模高度发达,在 20 世纪 90 年代末期,有 1 236 所大学,其中大学 576 所,短期大学 598 所,高等专门学校 62 所,有研究生院的大学 405 所,1996 年其研究生在校人数为 164 350 人[③]。

---

① 教育部. 国外高等教育调研报告[R].北京:首都师范大学出版社,2001:112.

② 马万华. 美国公立研究型大学管理机制分析[J].中国高等教育,2004（13-14）:51.

③ 教育部. 国外高等教育调研报告[R].北京:首都师范大学出版社,2001:129.

中国大学规模在 20 世纪末期开始的扩招之后获得了惊人发展。在校生人数由 1998 年的 650 万人增长到 2005 年的 2 000 万人。高等教育毛入学率由 7% 增长为 2004 年的 17%[①]。有专家预测，未来 10 年左右，我国的高等教育在校生总规模还将增加 1 000 万人左右，按每所高校平均学生规模 1 万人计算，今后每年全国增加 100 万在校生规模，就需要在当年新建 100 所左右的高校[②]。与此同时，我国高校经过大幅度的合并调整，大学规模迅速扩大，一般性综合性大学在校生规模达到 3 万名学生以上。

不断扩大的高等教育总量，要求社会对高等教育的管理必须有强有力的行政监控系统，进而加强国家的行政管理力度，国家有关部门将通过制定法律，设立专门机构等积极措施和手段加强对高等教育的宏观指导，进行有效管理。从大学内部的微观角度讲，超过万人规模的大学组织不断增加，必然要求在内部继续通过各种有效措施增强统管力度，以提高教学质量，确保教学正常秩序，促使大学健康有序发展。行政权力也将会因此继续得到加强，而不可能削弱。

四、现代组织管理理论体系成为大学行政权力存在的理论基础

任何实践都需要理论指导。管理行为一样需要有与其相对应的管理理论为支撑。大学组织同其他社会组织体系一样，成为组织理论的研究对象，而诞生于 20 世纪初的现代管理理论不断发展完善，成为包括大学组织在内的各种组织进行组织设计、组织管理的坚实理论基础。古典组织理论、人际关系方法、行为科学方法、系统理论等各色理论体系先后构建起来并对现代组织进行有效管理，为现代大学组织的管理运行提供了理论保证[③]。首创"行政组织体系"概念的德国社会学家马克斯·韦伯（Max Weber）通过其理想的科层制理论建构了理想的组织效能结构，仍然成为今天大学组织行政管理的理论基础。马克斯·韦伯对此有过阐述："我们说的科层制乃是一种分级、分部门、分职责的组织管理制度，它理应具有这样的几个结构原则：第一，细致的分工。人事与工作量分科分室，职责分明；第二，层序原则，工作人员按等级划分，规定权责，层层节制，协调活动；第三，非人格化，处理问题按照统一标准，不得掺入个人因素；第四，量才用人。用人根据专门知识和

---

① 胡瑞文. 高等教育应坚持适度超前和可持续发展［J］. 中国高等教育，2004 (13-14)：6.

② 胡瑞文. 高等教育应坚持适度超前和可持续发展［J］. 中国高等教育，2004 (13-14)：7.

③ Fred C. Lunenburg. 教育管理学理论与实践［M］. 北京：中国轻工业出版社，2003.

熟练技能,不得随意解雇。个人晋升有一定的标准和途径,报酬应与工作能力相适应。"①

　　这种科层制又叫作官僚制,在马克斯·韦伯的理论体系中,科层制是3种有效管理形式(或组织)中的"法理型统治形式",另外两种统治形式则为"传统型的统治形式(或曰组织)",又叫作"世袭制"或"封建制";神秘主义组织形式(与克里斯玛型统治相对应)。马克斯·韦伯理论体系中法律——理性型权威,在3种形式的权威中效率最高,并且成为韦伯官僚制理论的基础。韦伯宣称,权威来自于法律和根据法律制定的规定,除此之外,没有其他形式的权威应被遵循。严格的等级制度意味着,法律——理性型的权威和权力是由组织中的个人在等级制中占据的地位而不是由任何个人维持的②。大学组织作为科层制制度组织,其管理形式是建立在人与法律的关系之上的法治管理。然而这种"法"的形式不仅是国家及其政府主管部门各种各样的管理条例,而且也包括大学组织内部各行政管理部门的管理条例。因为,各部门管理条例的制定由部门自己确立,这样其法律赋予自己的权力必然是绝对的。在高校行政部门的行政权力来源于各个行政部门所拥有的依靠所谓的"法"的制度赋予他们掌控资源的绝对权力。对资源的分配完全由这个部门的行政人员说了算。于是行政权就立即生成而且具有超强功能。事实上,绝对的权威必然导致绝对的腐败③。科层制下的大学组织的行政权力具有至高无上的地位的原因,是其制度的不合理。"尽管官僚制组织在与控制外部效应、管理共同财产或者提供公益物品有关的任何企业或者机构组织里起着重要的制度作用"。但是,"这种组织形式依然有严重的制度缺陷和失败的条件"④。

五、结语

　　综上所述,现代大学组织存在着强大的行政权力体系,其合理存在具有坚实哲学基础,这就需要我们在批评大学行政权力、呼吁改革的同时须保持理性思考,既要认识到大学组织性权力过度存在是大学诸多弊端的源头,又要客观评价这种权力体系。但过分强调大学组织作为行政组织的特性,强调大学组织权力结构体系中行政权力的功能,忽视大学组织权力结构体系

　　①　韦伯:摆脱现代社会两难困境[M].沈阳:辽海出版社,1999:240.
　　②　韦伯:摆脱现代社会两难困境[M].沈阳:辽海出版社,1999:240.
　　③　[美]詹姆斯·麦格雷戈·伯恩斯.领袖论[M].北京:中国社会科学出版社,1996:23.
　　④　文森特·奥斯特罗姆.多国公共行政的思想危机[M].毛寿龙,译.上海:上海三联书店,1999:71.

中的学术权力的存在,忽略大学组织不仅仅是行政组织而且是学术组织,最终导致大学组织行政权力过分强大,形成高校官僚权力阶层体系,从而反过来促进大学组织进一步过度政治化,使大学失去了作为教育与学术自治团体的特征,"中国的高等学校一方面成为一个庞大的教育行政系统之下的分支部门,在其最极端的情况下,从课程变动到教员之位变动都要由上级教育行政部门来决定;另一方面它们变为职业训练场所,政治教育和政治活动的中心"①。有批评者说,现代大学好像都是在办"党校"。这就是为什么大学组织缺少活力和创造力,无法成为世界一流大学的原因。分析大学组织行政权力存在的哲学基础,并不是为行政权力过度扩张提供理论辩护,恰恰相反,正是便于我们在试图削弱行政权力进行的变革中,能够抓住主要矛盾,从根本上求解,使改革做到有的放矢而获得成功。比如,在当前高校普遍扩张大建新校区,拼命贷款又无力还款的情况下,尝试大学转制的改革,由公立高等学校转为非公立的、股份制的或者民办的大学,摆脱依附国家财政支持的格局,势必带来大学组织权力结构的重大变革②。在当前大学组织扩张、数万人规模的巨型大学迅速增加的背景下,要限制大学个体规模发展,在大学内部借鉴企业化管理模式,尊重大学作为学术组织的内在规律,为学术生长创造科学合理的学术生态环境。这只是大学组织行政权力生成的哲学基础中的两个方面,如果从大学行政权力哲学基础的各个方面寻求变革的突破口,那么就可以彻底改革大学组织行政权力过分膨胀、学术权力边缘化的现状,为大学学术独立和自治谋取新的理论基础和逻辑支点,进而使中国大学不是更多具有欧、美大学两者的缺点,而是具有两者的优点,也就是获取"欧洲大学的教学和学术的完全自由,教授颇高的地位和决定权力以及校长由教授和其他相关人员选举产生"③。效法美国大学"董事会管理方式,大学行政权力受到董事会及其章程明确而有效的监督,大学基本学术单位内教师拥有平等地位,教授在教学和学术方面的决定性权力,强大的教授组织,较强的筹款能力和社会化的多元的经费来源等"④。

① 韩水法.世上已无蔡元培[J].读书,2005(4):5.
② 朱永新.大学能否转制[J].中国远程教育,2005(1)(下).
③ 韩水法.世上已无蔡元培[J].读书,2005(4):9.
④ 韩水法.世上已无蔡元培[J].读书,2005(4):10.关于这种观点,还可以参考[加]约翰·范德格拉夫等编著的《学术权力——七国高等教育管理体制比较》(王承绪等译,浙江教育出版社2001年版)187—197页.

大学组织学术权力存在的逻辑

　　大学组织作为社会组织系统内部特有的子系统,在其内部权力运行过程中,具有特定的权力结构体系,既学术权力与行政权力并存。二者都有合理存在与发展的哲学基础和客观规律①。分析学术权力生成的逻辑,便于认识学术权力的性质和存在的逻辑支点,正确对待学术权力的客观存在,充分运用学术权力管理大学组织事务,确保尊重大学发展规律,避免出现对学术权力认知的偏差,忽视学术权力的存在,从而导致学术权力的缺失和弱化,使大学组织沦为纯粹的社会政治组织的延伸,不利于大学学术发展和建设一流大学目标的实现。

一、组织与权力:学术权力是大学组织权力结构体系中的重要组成部分

　　越来越多的研究表明,组织成为当今社会的主要组成部分。事实上,我们已经成为一个组织的社会,在我们周围,组织举目即是,我们生于组织之中,死于组织之中,而介于生与死的生活空间也被组织填满,大学即是典型的社会组织。美国著名社会学和管理学专家、纽约州立大学奥尔巴尼分校教授理查德·H.霍尔(Richard H. Hall)认为:"从多种意义上讲,组织是权力的同义语。因为当我们从组织结果的角度进行考虑,组织便是当权者的权力工具。组织也是人们遵循权力规则的权力体系,是与资源配置相关的政治体系。""如果我们把权力配置看成是组织设计的结果,那么,权力分配是使组织有效运作的一种方法。"②由此可见,组织与权力是紧密相关、不可分割、共处于一个机体之内,权力是通过组织形成才得以表现出来,而组织则是通过其内部权力的运行得以诞生。在一个组织之内,必然有权力体系存在。大学组织作为组织的一种形式也不能例外。大学组织权力结构体系到底怎样? 这由大学的社会属性所决定。

　　大学作为一个社会组织,鲜明的科层制或者称之为官僚制是其显著特征。从大学组织结构来看,大学里的行政机构由不同层次的许多部门组成。"部门是指一个组织中,一个管理人员有权执行所规定的活动的一个明确区

---

　　① 宋伟.大学组织行政权力生成的哲学基础[J].清华大学教育研究,2005(4):5-11.

　　② [美]理查德·H.霍尔.组织:结构过程及其结果[M].上海:上海财经大学出版社,2003:12,122.

分的范围、部分或分支机构。"①于是在大学组织内科层制的管理就非常明显。对科层制研究具有重要贡献的马克斯·韦伯对此有过阐述："我们说的科层制乃是一种分级、分部门、分职责的组织管理制度，它理应具有这样的几个结构原则：第一，细致的分工，人事与工作量分科分室，职责分明；第二，层序原则，工作人员按等级划分，规定权责，层层节制，协调活动；第三，非人格化，处理问题按照统一标准，不得掺入个人因素；第四，量才用人，用人根据专门知识和熟练技能，不得随意解雇。个人晋升有一定的标准和途径，报酬应与工作能力相适应。"②

大学组织除具有鲜明的行政性质之外，还具有显著的学术组织特征。大学组织资源的构成，与企业、工厂、政府部门不一样，拥有企业组织不具备的学术资源，对这种资源分配虽然需要通过一定的行政权力，但更重要的是学术权力。

二、学术与科研：大学组织的突出特性是学术性

（一）历史审视：大学组织产生的源头具有学术性

大学是一个学术机构的理念具有悠久历史。普遍认为中国现代大学的源头在欧美现代大学。然而仍有相当多的中国学者认为中国大学除了这一源头之外，还有一个重要的源头，就是中国传统的书院以及封建时代类似今天大学机构的诸如国子监之类的社会组织（陈平原，1990）③。考察其两个源头，不难发现现代中国大学的前身均具有学术生成的社会责任。

西方大学组织的发展经历了一个漫长的历程，早在 12 世纪的意大利和英国就分别产生了著名的波隆那大学和牛津大学。从欧洲中世纪大学开始直到今天，已经历近千年历史，其职能也发生了巨大的变化。"传统大学是神学和古典学科的世袭领地，科学和技术学科难登大雅之堂；大学的主要职能是传授已有的知识，科学研究不是大学工作的一部分"④。19 世纪初，普鲁士政权面临着严重危机，1806 年普鲁士在耶拿战役大败于法国后，国王威廉三世决心用精神力量来补偿物质上的损失，在新人文主义思想指导下，开始对教育进行大刀阔斧的改革。此时毕业于哥廷根大学的洪堡任普鲁士内务部教育厅厅长，在其 16 个月的任期中，作为柏林大学重要的创始人之一，

---

① ［美］罗伯特·G.欧文斯.教育组织形为学［M］.上海：华东师范大学出版社，2001：58.

② 韦伯.摆脱现代社会两难困境［M］.沈阳：辽海出版社，1999：240.

③ 陈平原先生的这种观点，在他所著的《现代大学十讲》《北大精神及其他》等著作里都有明确表述。

④ 贺国庆.外国教育专题研究文集［C］.保定：河北大学出版社，2001：18.

将柏林大学作为他办学新理想付诸实践的场所，取得了成功。洪堡改革大学的精髓有两条，一是坚持学术自由精神，二是坚持教学科研相统一原则。我们通常认为大学具有的科学研究功能，也就是从这时开始确立的。他认为，大学应该是学术、科研、思想自由地。大学应该允许不同学派和思想流派存在，学生有权自由选择自己想学的专业、课程，只要制订选课计划，自己甚至可以决定学习多长时间，也有权从一个大学转学到另外一个大学。教师有权决定自由研究的课题，采取自己认定的教学方法，自由地开设课程。在教学与科研统一的重要思想指导下，洪堡进一步阐述这样的观念：大学的主要职能不仅是传授知识，更应该是追求真理；学术研究应该成为大学第一位的事情，教授必须开展科学研究，并将自己的科学研究方法、研究成果传授给学生；学生不仅要学习最前沿的知识，更主要的是掌握独立获得知识的方法，培养学习的兴趣和探索知识的习惯与爱好。洪堡创办的柏林大学树立了科研的核心地位，拉开了现代大学的序幕。这种大学精神迅速对许多国家的大学产生重要影响（贺国庆，2001）。直至今天，世界各国大学都将科学研究当作自己的主要职能之一。

西班牙20世纪著名的思想家、社会活动家奥尔托加·加塞特曾应马德里大学生联合会邀请做过高等教育改革问题的讲演，并在此讲演的基础上，形成了著名的《大学的使命》一书。他在其中阐述了这样的观念："科学代表着一所大学的尊严和地位——尽管失去尊严的生活也是可能的。尊严是一个机构的灵魂，它增加了机构的生活宽度，并使之免于成为一个机械的机构，这就是为什么说大学还具有'科学的附加功能'的重要所在。"①

美国大学从德国引进科学研究这一功能之后，很快就植根于美国这片土地之上，成为美国高等教育的重要特征，促使美国大学迅速发展。中国大学在20世纪之初的变革与发展中，忽而学习日本，忽而学习德国，最终在20年代被美国大学传统所侵占，几乎完全照搬美国大学模式，大学肩负科学研究的任务随之而来。早在1916年蔡元培受命主掌北京大学之际，就在其就任北京大学校长的演说中开宗明义地讲："大学者，研究高深学问者也。"②随后正是基于这种办学理念，蔡元培对当时腐朽的北京大学进行了大刀阔斧的改革，其中主要内容就是主张学术自由、教授治校和大学自治。20世纪30年代清华大学校长曹云祥制定制度张扬"教授治校"这面旗帜，并成为那时期中国大学"教授治校"的典范。

① ［西］奥尔特加·加塞特.大学的使命［M］.杭州：浙江教育出版社，2001:98.
② 蔡元培.就任北京大学校长之演说［A］.蔡元培教育文集［C］.北京：人民教育出版社，1980:68.

中国大学另外一个传统,可以追溯为中国古代的书院与国子监之类的机构。书院是由民间知识分子举办的,也是封建政府支持的结果。书院诞生于春秋时期,鼎盛于宋朝以后,其典型代表为南宋朝代朱熹重修白鹿洞书院。朱熹作《揭示》曰:"博学之,审问之,慎思之,明辨之,笃行之。""学问思辨四者,所以穷理也。若夫笃行之事,则自修身,以至于处事接物,亦各有要"。而古代书院升堂讲说,质疑问难的方式,不仅是书院的重要的教学活动,也是古代学术研究的理想方式方法,在《语录》《章句》《讲义》里到处闪现着学术思维创新的亮点。历经元明清,书院这种精神一直延续不废。所以,孙培青说:"书院作为一种教育组织形式,其创立初衷,是专志于学术研究,而不事科举。①"

(二)功能考察:大学组织的科学研究功能继续得到强化

结构功能主义作为西方社会学的一个重要理论流派,是由美国社会学家帕森斯(Talcott Parsons,1902—1979)在20世纪40年代提出。结构功能主义认为,社会是具有一定结构或组织化手段的系统,社会的各组成部分以有序的方式相互关联,并对社会整体发挥着必要的功能。社会整体以平衡的状态存在着,任何部分的变化都会影响整体并最终形成新的整体平衡。结构功能主义把高等教育组织看作社会整体组织的一个组成部分,担负着重要的社会功能。而现代大学拥有公认的三大功能:人才培养、科学研究、服务社会。其中最重要的功能就是科学研究。尤其在现代科技高度发达的今天,大学所承担的科学研究任务成为推动社会进步与发展、科技创新不可缺少的重要力量。当今大学的科学研究功能之所以日益强化,是由于以下三点所决定的。首先,是科学研究成为当今社会发展的重要动力和源泉。早期的科学研究行为,是研究人员自发地凭借自己的兴趣而不是靠社会化的资助而开展的学术探索、科技创新,诸如春秋时代的百家争鸣、诸子学说的兴起,文艺复兴时期现代科学技术的萌芽,像蒸汽机的发明、早期人体解剖,甚至包括达尔文的进化论等,都是研究人员自己兴趣所致。然而,伴随科学技术的大发展,社会进入大科学时代,科学技术成为社会进步的主要动力,科学研究行为成为现代社会活动的主要内容。诸如美国的"曼哈顿计划",中国的"两弹一星计划",都需要整合大团队进行联合攻关研究。因此,政府、国家无不将重大科学研究纳入到规范的管理之中,并建立起严格的科学研究制度,投入大量的科学研究经费。于是科学研究成为社会化行为,而不再是科学家自我陶醉的娱乐行为(当然不排除仍然有科学家凭借兴趣和自

---

① 孙培青.中国教育史[M].上海:华东师范大学出版社,2001:262.

我投入开展科学研究的,但这已经不是科学研究活动的主流行为)。作为社会化活动的科学研究活动必然进入大学组织内,并进一步强化了大学的科研功能。其次,大学通过传授知识培养人才功能的发挥,要求大学教授必须积极参与现代科学技术的研究,才能了解、掌握科学技术的最新发展和进步,也才能将最新的科学知识传授给大学生,使大学培养的人才掌握现代科学技术知识技能,拥有创新意识和创新精神。最后,大学自身的发展也需要科学研究做支撑。正如方文教授所说:"值得注意的是,科学研究是高度专业化的,远远超越生活常识,因此,无论是奖励还是惩戒,都应该在知识行动者群体内部进行。"①发展科学是大学学科生长的基础和建设新学科的先声,教学内容的更新,新兴学科的发展,交叉学科的形成,都有赖于科研工作的开展。

　　大学科学研究这一功能的发挥,必须借助由学术权力正常运行做保障。国家、政府与社会针对科学技术研发投资去向的确定,对一项科学技术成果尤其是基础理论成果科学价值的评判,一种学术观点、学术理论的审视,只能借助于学术界公认的法则,完全由学术界长期以来形成的学术共同体公认的评价机制和制度来确定,也就是通过学术权力的正常运行,而不是依靠行政权力,以确保学术自身规律得到尊重。

　　(三)学科规训:大学组织的基层学科组织是学术性的高度体现

　　组织行为学认为,任何一个组织往往具有多重结构。在大学组织系统内,学科这样的专业基层学术组织成为大学组织的基本元素。不同学科的专家对这一问题都有阐述。韩水法先生认为:"从历史的角度讲,学科作为一种制度和结构是作为大学制度的一个组成部分而形成和发展起来的,直到今天,学科及其制度基本上以大学为存在的根据,而从大学结构的角度来考量,学科系统构成了大学的主干。很显然,从现代大学的发生史来看,学科首先是大学这个大厦的基地和框架,大学的其他结构、制度成分是围绕学科的制度化而形成的:首先是一个学科,然后才有一个专业,有一个系,有一个学院,而不是先有一个学院,然后再有一个学科。现代大学专业、系和学院的分化应是学科发展的结果,而不是相反。"②大学是学科和学术研究的载体,学科建设和学术研究是大学的主要任务。还有人认为:"学科就是以学术科目的划分(化学、心理学、历史学等)为依据,在高校建立起来的组织(表现为系、院、中心或者学部、学群、学类等),它具有为推进本学术分支人才培养和研究所需的人、物、目标与活动等组织要素。高等学校的学科的组织方

①　方文.后学的养成、评价和资助[J].中国社会科学,2002(3):29.
②　韩水法.大学制度与学科发展[J].中国社会科学,2002(3):77.

式，使得教授们对学科的归属胜过对院校的归属。"①伯顿·克拉克认为："学科明显是一种连接化学家与化学家、心理学家与心理学家、历史学家与历史学家的专门化组织方式。""高等教育的工作都按学科（discipline）和院校（institution）组成两个基本的纵横交叉的模式"，并且"主宰学者工作生活的力量是学科而不是所在院校"。

学科是科学发展成熟的产物，可以从宏观和微观两个维度来探讨。中世纪的大学里还没有今天意义上的学科的划分。当时学生学习的主要课程是"七艺"。直到18世纪以前，科学活动与科学知识的生产主要还是在大学组织之外进行的，到了18世纪中后叶，大学里出现了研讨班（1737年始于德国大学）、实验室（1780年始于法国高等学校）和课堂教学（1760年始于苏格兰的格拉斯哥大学），而这个时候，自然科学发展迅速，人文社会科学得以兴起，为大学里诞生学科制度奠定了基础和条件。到了19世纪，知识的学科化和专业化得以实现，一种以生产新知识、培养知识创造者为宗旨的永久性制度结构确立起来，这就是学科组织及其制度。从微观上说，一门知识之所以成为一门学科，是通过两种渠道来实现的，一是自身学科的分化，一是与其他学科的交叉综合。比如化学分化出有机、无机、分析、试验等二级学科，而与生物交叉综合形成生物化学，与物理学科交叉而形成物理化学，等等。那么一门知识，到底能不能成为一个学科，或者能不能进入一门现有的学科之内，是由一种公认的标准来衡量，也就是学科规训制度。

费孝通先生认为，一门学科机构包括五个方面②。一是学会，是个群众性组织，不仅包括专业人员，还包括支持这门学科的人。二是专业研究机关，在这门学科中起带头、协调、交流的作用。三是各大学内设置的学系、学院，作为培养专业学科专门人才的场所。四是图书资料中心，为教学科研工作服务的，以收集、储藏、使用为目的的学科书籍、报刊及其他资料。五是专门出版机构，包括专业出版物、学术刊物、丛书、教材和其他学术著作。方文教授认为，规范特定学科科学研究的行为准则体系（或者称之为学科制度精神，the ethos of disciplinary institution）和支撑学科发展与完善的基础结构体系（或者称之为学科制度结构，the infrastructure of disciplinary institution），共同构成了学科制度。其中学科制度结构是支撑学科研究的物质基础，它至少包括四类基本范畴：职业化、专业化的研究者及它们赖以栖身的研究机构和学术交流网络；规范的学科培养计划；学术成果的公开流通和社会评价；稳定的基金资助来源。方文教授并以职业化的研究者、规范的学科培养计

---

① 鲍嵘. 学科制度的源起及走向初探[J]. 高等教育研究,2002(7):103.
② 费孝通. 略谈中国的社会学[J]. 高等教育研究,1993(3).

划、权威出版物、基金资助为标题分别论述①。也有学者认为,大学学科制度包括学科准入制度、学科专业人才培养制度、基金制度(鲍嵘,2002)。也许大学里某一知识领域的生产与创造活动并非能够完全包含在现有学科建制之内,尚难以归属到某一个学科之中,但是学科组织制度作为大学制度的重要组成部分,自然也需要有学术权力来保障其正常运转。无论是学科的生长与发展,学科的准入、规训等一系列制度的确立,其显著特征就是学术权力的正常运行。学科制度成为大学学术权力存在的主要逻辑支点。

三、学术与管理:大学组织学术权力生成的逻辑

通过上述分析,可知大学组织具有典型的学术特性。学术组织特性要求对组织内的专业技术人员进行专业化管理。由于大学组织是由不同的学科组织组成的,专业技术人员的知识学科背景也不尽相同,增加了管理难度。任何一个组织往往寻求一种适合自身需要的管理方式控制它的所有成员,对于学术组织来说,"如果组织设法通过等级制来建立合法性控制,那么专业人员就会对此反感并产生抵触情绪。如果通过一个专业人员对其他专业人员实行控制,那么对这个组织来说,不仅会失去控制,而且也不能确定专业人员是否会向组织所希望的那样工作。对于这种两难困境,通常的解决办法是让专业人员自己管理自己,并让一个专业人员(如科研管理者)负责召集工作。一方面,这样做能使专业人员在没有直接监督的环境下工作,另一方面,能为组织提供一系列的责任保障,使事事有人负责"②。这种观点说明在学术组织内应该是专业人员通过行使学术权力自己管理自己。所谓学术权力,伯顿·克拉克在《高等教育系统——学术组织的跨国研究》一书中,把学术权力划分为学科权力、院校权力和系统权力三大部分。别敦荣先生分析认为,就学理而言,学术权力指管理学术事务的权力。其主体可以是教师民主管理机构或教师,也可以是学校行政管理机构或行政管理人员,还可以是政府及其高等教育管理部门等;其客体,即权力的作用对象,必定是学术事务;其作用方式,可以是行政命令式的,也可以是民主协商式的③。

作为学术组织的大学拥有丰富的学术活动,包括科研课题(项目)的审批、学术成果的评价、资助经费的界定、学术能力的判定、学术职务的晋升、学科专业人才的培养、学科评价制度的确立与运行等,对这些学术活动的管理需要由学术权力来完成。

---

① 方文.社会心理学的演化:一种学科制度视角[J].中国社会科学,2001(6).

② [美]理查德·H.霍尔.组织:结构过程及其结果[M].上海:上海财经大学出版社,2003:130.

③ 别敦荣.学术管理、学术权力等概念释义[J].清华大学教育研究,2002(2).

下面分述之。

（1）学科评价标准

学科评价是学科制度的核心内容,也是大学组织变革与发展的重要学术问题,关系到大学组织战略定位和未来发展方向,牵涉到学校方方面面的工作,包括学位点建设、科学研究活动、重点实验室建设等。学科评价实际上转化为学术评价的问题。对此,方文教授(2002)详述学科基金制度、学科培养制度、学科评价与学科奖惩制度。吴国盛在论述学科制度的内在建设这一问题时,主要论述了学术评价标准问题。"何谓学科制度的内在建设?笔者认为,主要是建立各种各样的学术标准和学术规则,而且这些标准和规则成为学者的共识,并内化为他们追求的目标和行为准则,真正成为一种精神层面上的制度,从而起到规范的作用"①。吴志攀教授则更加详细论述了文科学科制度中评价标准的几个问题,其中包括以自然科学评价标准为遵守的范式、行政管理标准、市场经济标准、学者个性化标准、国际主流标准、本土化标准6个方面②。

（2）科学基金支持

不可否认,国家、政府还有企业对科学技术研究的投入越来越多,研究与开发经费占国内生产总值的百分比越来越高。国家通过设置各类基金,如国家自然科学基金、国家社会科学研究基金、"973"重大基础理论研究计划、"863"应用技术开发计划等,对科学研究进行支持。大学教师主要是通过申请这些基金,获得立项资助后开展研究。国内有多所高校年承担各类基金获得的科研经费超过亿元,成为大学发展的重要经费来源。而美国著名大学的研究与发展经费总额往往占学校各种经费总和的1/3。但是,至于谁可以获得资金资助,其评审程序如何? 这需要由学术权力确定,任何政府官员都不应通过手中的行政权力左右基金的评审。专家的评审活动,无疑是学术权力的具体表现。

（3）科学研究成果评价

对科学技术研究成果的评价是典型的学术问题,也是大学组织面临的令人困惑的问题。然而,国内大学的科研评价都不尽如人意,现行通用的评价标准往往是行政人员制定的一些条条框框,这种机械、僵化、呆板的评价制度,必然对科学研究事业的发展带来危害。学术共同体通用的学术成果的评价,往往是同行评议、影响因子、SCI标准、权威期刊、核心期刊等。

（4）教师职称晋升

① 吴国盛.学科制度的内在建设[J].中国社会科学,2002(3).
② 吴志攀.文科学科制度中评价标准的几个问题[J].中国社会科学,2002(3).

专业技术职称是大学教师晋升的主要渠道,直接关系到所有研究人员的切身利益,也是每年各个大学耗时费力的工作。现行的专业技术职务的晋升制度严重脱离了学术权力的价值取向。现行的体现行政权力价值取向的职称晋升制度,将职称晋升分解为几条之后,一个严肃的学术问题转化为一个令人尴尬的行政管理问题或者量化分析游戏,主要表现在:一是条件的量化指标。比如论文水平的评定,由刊物的级别来决定,而且还要有数量标准。更可笑的是晋升不同级别的职称对学术专著的要求落实到字数的多少;还有项目的级别和研究经费的多少。二是晋升人员不仅仅是教师。大学组织的主要人员是教师,提高教育质量的关键是教师,提升学校办学水平的主要力量在教师。然而科层制下的大学组织内,教师则处于各级管理的最底层,在职称晋升中与大学组织里的行政官员进行竞争则处于劣势。三是评审专家聘任的非科学性。一位教师即便是具备晋升高一级职称所要求的条件,也并不一定就能晋升,还要通过评审专家的投票。而评审专家是由行政官员聘请的,聘不聘一位权威教授作技术职务的评审专家很可能是由一位行政机构的具体办事人员来决定。这样就出现了政府官僚系统内一个办事员,就有可能左右作为权威评审的专家的意愿,并因此决定参评教师最终能否晋升技术职称职务。

（5）教学活动评估

大学里除去学术活动之外,还有重要的教学活动的评价问题。教学内容的确定,教材的遴选,教学方法的改良与创新,教学手段的引进与使用,教师知识储备的考核,教师专业职务的晋升,所有这些,反映出教学活动的学术性。对教学活动的评价,从制度角度审视,也不应该是科层制管理中的行政权力的职责,而应是学术权力与学生群体意志的结合体。在教学活动中,并不是任何人都可以走进大学殿堂的,也并不是随便什么内容都可以进入大学课程体系之内的,都需要通过学术标准的评定,需要有学术权力来保障。

四、学术与自由:大学组织学术权力的本质特征

（一）学术自由是学术权力的价值取向

尊重学术、学术自由、学术自主作为学术权力的价值取向,成为学术权力存在的逻辑支点,也是确保学术创新、不断产出更多的学术原创性成果和学术精品的前提条件。韩水法先生认为,如果大学制度不是充分鼓励创造

性的思想和学术研究，不能完全保证学术自由，大学将难以有所作为①。我们有理由相信，学术自由与学术活动二者之间存在着密不可分的相互依存关系，没有学术自由，就不可能有学术权力的正常运行，当然，没有学术权力运行机制，也难以保障学术自由，学术即无法获得尊严，也难以得到合理生长。学术自由与学术权力二者和谐共生，缺少任何一条，都将导致大学组织完全沦落为行政官僚机构。

（二）教授治校是学术权力的具体体现

大学组织推行教授治校是学术自由、学术自治的外在体现，也是学术权力生成的制度保障。然而在目前几乎没有教授治校存在的现实可能。一是教授群体没有形成自己的组织，历史上的教授会之类的组织在今天中国大学里尚未建立起来，教授群体因为没有自己的组织而无法行使教授应有的权力。二是大学科层制官僚体制严密，难以宽容这个官僚阶层以外其他权力形式和话语空间的存在。三是有一种强化学术权力的错误观念值得商榷。这种观念认为，许多优秀的教授走上行政岗位，充当行政领导者，比如校长，各学院院长，各部（处）部长（处长）等职位，参与学校发展决策，体现了教授治校的宗旨。虽然，具有教授身份的优秀人才走上大学各级领导岗位之后，必然会在其决策与思维中部分体现其教授身份的思维意识，做出许多有利于学术发展的事情。但因其身份改变之后，作为行政部门领导的教授的思维也同时具有了与这一行政部门领导地位职位相吻合、相适应、相要求的领导思维模式。他们已不是完全意义上的教授，他们的角色表面上看是行政官僚与教授二者的结合体，实质上更多地则是以体现行政部门利益为主的行政人员身份角色的强化，他们已不再完全代表教学科研第一线的教授或者教师。美国教育组织行为学研究的权威，罗伯特·欧文斯在他的著作中的观点可以作为我们这一观点的佐证。"尽管被任命为校长的一般是工作卓有成效的教师，但一旦接受任命后，便无暇顾及曾经为他们赢得荣誉的教学活动。从课堂教学到学校领导岗位（如校长）的转变实际上是职业的变更，两者不论在所需的技巧上，还是在用于衡量成功的结果方面，都迥然不同，因此可以说是离开了教学岗位，而跨入了一个全新的完全不同的职业。"理查德·H. 霍尔先生认为："专业人员与组织之间的权力关系表现为，管理者必须在他们的管理职责下对专业人员进行评估。这里所说的专业人员可以是建筑师、律师、医生、教师及科学家等。对于不是本专业的管理者来说，对专业人员的工作进行评估是很困难的。在很多时候，即便处于管理

---

① 韩水法. 谁想要世界一流大学[J]. 读书，2002(3).

位置的评估者与被评估的专业人员具有相同的专业领域,对专业人员进行评估也仍然很困难。例如,一个组织中的某一个科研人员被提拔到了科研管理职位,那么,他就有权对其他的科研人员进行管理。而实际上,由于科研管理人员忙于管理工作,他很难跟上学科发展的步伐;即便对完全从事科研的研究人员来说,由于科技的迅猛发展,他们也难以与学科保持同步发展。"由此可以看出,即便是专家学者出身的管理者,对专业、学科、学术的管理尚有知识欠缺,更何况纯粹的行政管理人员?因此,倡导教授治学是大学组织确保学术权力存在的基础。

那么教授治校的真谛是什么呢?是那些根本没有任何行政职位的一线教师的代表也就是教授参与学校的决策,参与对学校资源的分配,并按照学术规则来评价学术,尊重学术规律、教育规律,另外一个目标则是确保学术自由。

(三)大学自主是学术权力的体制保障

现代大学组织是具有独立法人资格的社会组织。作为独立法人应该对自身行为负担独立的法律责任(丁学良,2004)。如果大学组织在一定范围内缺失独立精神和大学自主的制度保障,从性质上说,就无法成为现代型大学;从管理上讲,也无法保证学术自由,无法保证学术权力的正常运行。越来越多的管理者和专家学者认识到大学自主的重要性。早在20世纪80年代,我国国内几位著名大学校长就联合给中央领导写信,呼吁扩大高等学校办学自主权。在加快建设世界一流大学进程的今天,给予大学充分的办学自主权,实现大学自治自律,规范管理,科学决策,成为大学组织内发挥学术权力必不可少的体制保障。

第六章

大学组织变革与发展

组织变革——大学发展的永恒主题

美国加州大学洛杉矶分校著名学者伯顿·R. 克拉克在他主编的《高等教育新论——多学科的研究》一书中,从组织的观点对高等教育组织的特点、变革方式和协调机制等做了独到的分析,他认为"从组织的角度研究高等教育系统可以成为公正客观地评价该系统的一种方式"①。克拉克研究高等教育的视角,无疑给我们提供了一种既成的范式。他试图从组织的观点考察大学,那么,势必会把大学组织的变革作为重要的研究内容。"变革是社会科学中最难对付的课题。它既可以指简单的重复、同类单位的增加,也可指发生革命和急剧变化。在寻找不同院校的变革的原因时,人们常常陷于复杂的历史事务的困境之中,常常会为特殊的条件和表面上以偶然的,因而无法预料的方式汇合和分离的种种趋势所困惑"②。"我们有必要从高等教育系统的结构和信念是怎样限制和引起变革的问题入手,来研究高等教育的变革。"③为了用组织的观点研究大学组织,笔者于 2004 年申请并获批河南省社会科学研究项目"大学组织系统结构研究"。本章是该项目的一个重要组成部分。

---

① [美]伯顿·R. 克拉克. 高等教育新论——多学科的研究[M]. 杭州:浙江教育出版社,1998:105.

② [美]伯顿·R. 克拉克. 高等教育新论——多学科的研究[M]. 杭州:浙江教育出版社,1998:105.

③ [美]伯顿·R. 克拉克. 高等教育新论——多学科的研究[M]. 杭州:浙江教育出版社,1998:105.

关于大学组织变革的研究,从目前检索到的文献来看,大多数都是关于大学组织如何变革、变革的内容、变革的方式的研究成果,涉及大学组织变革的影响因素的研究文献不多,尤其是外部环境影响因素的文献很少。然而,经过分析,恰恰正是这些外部环境在影响着大学组织能否顺利进行变革。比如,一所大学积极申请进入国家"211 工程"大学行列的变革能否成功,大部分因素取决于国家的政策是否允许。一所大学准备进行基层学术组织变革,或者推行教授委员会是否可行,很大程度依赖外部政策环境。即便是在全国本科学校推行的教育质量改革工程的实施是否达到目的,也取决于高等学校运行的外部环境因素的综合运用。正是基于这些分析,本章着重针对影响大学组织变革的外部环境因素展开论述,以期揭示大学变革受环境左右的客观规律,构建大学组织变革的环境生态学模型。其理论与实践意义在于,经过分析试图构建大学组织变革的环境生态学模型,任何一个大学组织所开展的任何一种变革,都应认真考虑作为一个完整系统的环境因素所起的重要作用,并分析究竟是哪些因素在影响或者左右哪项改革,以此来分析、预测大学变革的未来趋向和成功的可能性,进而推动大学组织实现顺利变革。

一、组织变革与大学组织变革

组织始终处于不断变化的状态。组织诞生、成长、衰落,有时能重新醒来,有时就消失了①。所以,我们可以经常听到这样的消息,一些公司破产了,一些新公司成立了,一些公司得到了非常好的发展。这就是组织变革(organizational change)的具体结果。"从组织发展理论产生之后,就出现了许多关于组织变革的论述,Salomon(1981)认为组织变革是企业或事业单位的组织结构或计划在组织中所处地位的改变;Fried 和 Brown(1974)则认为组织变革是一种促进结构和过程(如人际关系、角色)、人员(如风格、技巧)和技术的变革与发展的方法;Mosher(1967)则认为组织变革是指组织结构有计划地变迁,包括职位的增加,人、事、物资资源的重新安排,现职人员的更迭和预算的增减等"②。尽管对组织变革进行定义的管理学家很多,但是,也许哈格的定义对于我们来说更具有参考价值,"组织形式的改变和转变,以便组织能够在环境中更好地生存"③(Hage,1980)。在哈格的定义中,他更

---

① [美]理查德·H.霍尔.组织:结构、过程及结果[M].上海:上海财经大学出版社,2003:203.
② 张德.管理学是什么[M].北京:北京大学出版社,2006:158.
③ 张德.管理学是什么[M].北京:北京大学出版社,2006:158.

加关注组织变革的环境因素。

在大多数管理学家讨论组织变革的时候,往往同时讨论另外一些概念,诸如组织创新、组织发展、组织改革等。霍尔认为,关于组织创新的讨论范围较窄,因为创新可能只对一小部分组织有影响①。(组织)创新可以是稍稍不同于当前的做法,也可以是涉及重新确定组织取向的激进而剧烈的变革(Pennings,1987)②。罗伯特·G. 欧文斯在他所著的《教育组织行为学》中,在论述组织变革的时候,也涉及了组织发展(OD)的概念:"一个组织,不管是社团性质的还是教育性质的,都要学会去适应环境里正在展开的变革,这种加强组织应有的学习和适应的能力的过程通常就被叫作组织发展(OD)。"③至于"改革"一词,往往使用的频率较高。在本章中,组织创新、组织发展或者组织改革,都属于组织变革的范畴。

大学作为组织的一种形式,也具有不断变革的要求。对此问题,罗伯特·G.欧文斯做出如下论述:

由1983年出版的《国家处于危机之中》而引起的学校改革运动,是美国历史上为改变公立学校思想核心和结构而做出的最巨大而持久的全国一致努力。自此运动开始以来,"国家就一直在寻找改革和改组公立学校的某种魔术般的方法,我们尝试过——现在仍然在尝试——所有的灵丹妙药,期望它能将沉闷的学校(educational leaden schools)变成黄金之地(schools of educational gold)"。多年来,学校改革的这场对话,受到一些大胆全面变革的影响,如重组教育、重创教育、重建2000年教育目标④。

在《国家处于危机之中》这一报告引发的全国性教育改革运动中,把教育政策的重点从关注教育平等转移到追求优异,"国家的注意力已经转向满足较高学术标准的要求:难度较大的课程,严格的考试以及较高的高中毕业标准和大学入学标准"⑤。

事实上,不仅美国的大学教育一直在进行变革的努力和尝试,中国现代

① [美]理查德·H. 霍尔. 组织:结构、过程及结果[M]上海:上海财经大学出版社,2003;216.

② [美]理查德·H. 霍尔. 组织:结构、过程及结果[M]上海:上海财经大学出版社,2003;216.

③ [美]罗伯特·G. 欧文斯. 教育组织行为学[M]. 上海:华东师范大学出版社,2001;263.

④ [美]罗伯特·G. 欧文斯. 教育组织行为学[M]. 上海:华东师范大学出版社,2001;246.

⑤ [美]Fred C. Lunenburg. 教育管理学理论与实践[M]. 北京:中国轻工业出版社,2003;226.

高等教育自从它诞生的那一天起,就一直处于变革之中,这种变革有两个层面:一个层面是整体的高等教育系统发生的全面性变革,一个层面是各个大学内部系统的变革。二者之间实质是互为一体的,前者是后者的外在环境因素之一,后者则是前者变革在某一具体单位的反映。

回顾中国高等教育100余年来的一直不断进行的艰苦探索,可以清晰地发现,大学系统的变革受历史条件、政治、经济乃至社会的影响太重。考察中国大学在任何一个时期的变革都不能回避历史,其实也不能回避任何一个特定时期的外部大环境。

尤其是最近几年来,以大学扩张为标志的高等教育的变革涉及方方面面。从国家层面上来讲,从"九五"期间开始实施的"211工程",到"十五"期间启动的"985工程",随着这种大规模变革运动推行的大学之间的合校、划转、扩招、升格、新校区建设引起的变革,以及2007年开始实施的本科教育质量工程,如火如荼,几乎涉及每一所大学。世纪之交的大学扩招所引起的中国大学变革正如历史上曾出现过的"大跃进"一样。从大学自身层面来讲,以北京大学推行的人事分配制度改革为代表的大学自身的改革也在不断深入,并对所有的高校产生深远影响。最近不断提出并在一些大学进行探索的基层学术组织的创新与变革和在学院一级管理层推行的教授委员会的改革,都是大学变革最为典型的代表。毫无疑问,一所大学要想在激烈的竞争中得到发展,就必须始终保持不断的变革。但如何变革,怎么变革?各个大学则具有不同的选择。

二、大学组织变革的内容

大学组织变革主要包括如下几个方面:大学的组织结构变革、组织技术变革、人力资源变革、组织文化变革、组织发展、减缓压力等。

——大学组织结构变革:对大学组织的指挥链、部门设置、管理跨度、内部的权力划分以及整体结构设置进行变革。比如推行大学基层教学科研组织的变革、精简管理部门等。

——大学组织技术变革:利用计算机技术、信息技术、网络技术对大学的教学方法、教学手段、教学设备进行更新与变革,教育技术化的兴起,电脑化管理等。

——大学人力资源变革:改变大学内部教师员工的比例,提高教师比重,减少行政管理以及教辅人员数量,提高整体教师的学历层次和学缘结构。

——大学组织文化变革:组织文化的研究成为近年来管理学、组织行为学研究的热点,组织文化对于组织的发展与运行起到关键影响作用,建设一

种什么样的组织文化将直接影响到组织的健康发展与可持续竞争。

——大学组织发展(organizational development):通常指的是组织内调整改变人员之间的人际关系、工作关系的方案和方法,建立更有效的人际关系。

——减缓压力:过多的变革带来的对未来的不确定和不断的兼并与重组,使得大学里的教师始终处于高度压力状态,工作过度疲劳。因此,变革不得不围绕减缓压力进行。

三、大学组织结构变革

变革往往要对组织结构进行不断调整,以适应对于提高组织运行效率要求的形势发展的需要,同时,组织结构对于变革的绩效产生直接影响。正如前面多位组织管理学家给组织变革所下的定义,几乎都谈到了组织结构变革是组织变革的重要内容,因此,我们专门以组织结构与变革之间的关系为切入点,通过对大学组织结构变革的分析,来看看大学组织变革的有关内容。

什么是组织结构?斯蒂芬·P.罗宾斯说,所谓组织结构就是组织中正式确定的使工作任务得以分解、组合和协调的框架体系。管理者在发展或变革一个组织的机构时,他们就在开展组织设计工作[1]。

(一)组织结构涉及的几个基本概念

按照管理学家的论述,组织结构涉及如下几个主要概念。

1. 管理跨度

一个管理者能够有效地管理多少个下属就是管理跨度问题。管理跨度和管理效能关系密切。21世纪的大学规模有逐渐加大趋势,管理跨度在一个组织内不是恒定的,假如一级层次跨度为6;二级层次跨度可能大于6,而三级层次跨度大于二级层次,依次类推,层次越高,跨度越大。从管理成本的角度讲,宽跨度明显的是更有效率的。但是,当跨度变得过大,一旦超过了某一点,宽跨度的管理会导致管理效能的降低。事实上,在大学管理中,管理跨度存在一个中间大、两头小的形状。

现实教育中,校长对副校长的管理跨度是5人,副校长对主管单位的管理跨度只有3~4个,处长主管副处长的跨度在3~4人,可是副处长主管科室的管理跨度只有1~2个。这种不合理的管理跨度必然带来大学组织的管理效能低下,带来大学组织运行成本增加。

---

① [美]斯蒂芬·P.罗宾斯. 管理学[M]. 北京:中国人民大学出版社,2004:267.

　　现代大学行政管理组织结构中这种管理跨度的失衡,导致大学陷入行政性官僚机构属性的结构性失衡。党务系统、行政系统共同作用于大学组织内部的权力结构,以矩阵式结构形式存在。大学组织的多种功能存在一种矩阵式结构,比如一个教师既有教学的任务,还有科研的任务,那么,教学主管、科研项目主管都对他进行管理。一个二级学院的单位也是这样,学校既有教务主管部门、教学副校长对这个学院进行管理,还有科研主管部门、科研副校长对这个学院实行管理。这就形成一个网状的复杂的矩阵式管理结构图,见图6-1。但是对于多头管理,往往会存在管理费用提高、管理成本增加的问题,导致多头管理部门之间发生冲突,从而影响整个组织的运行效率。

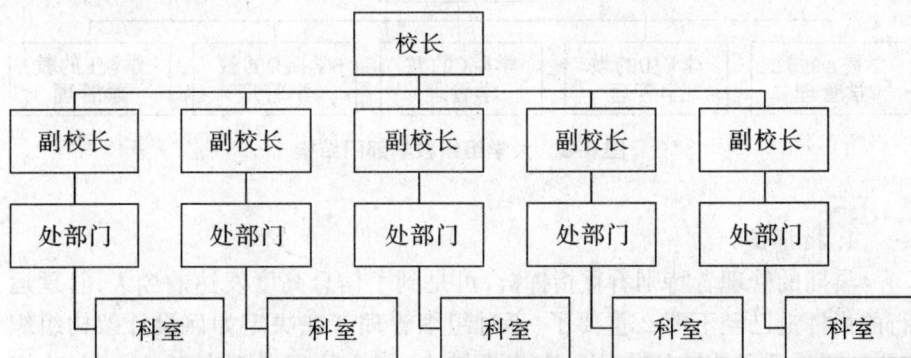

图6-1　大学组织结构内部行政分层管理示意图

2. 工作的专业特性

　　按照罗宾斯的观点,现代企业组织任务的执行是将任务分解为若干个步骤和细节,每一步骤和细节由一个单独的个人来完成,各个员工都仅仅专门从事某一部分的劳动而非整个组织的全部劳动,这样可以大大提高劳动效率。福特公司能在雇用熟练程度相对较低的工人的情况下,以每10秒钟生产1辆汽车的速度进行汽车的装配和生产,这称之为工作专门化(work specialization)[1]。

　　大学的专门化是由大学的专业分工特性来决定的。任何一个教授只能在某一个领域成为教授,也只能在相关领域从事科学研究和教学,即便是跨学科和专业,也只能是相近专业和较少学科,不可能熟悉精深多个学科领域。也正是专门化和专业特性,使得大学可以开设任何一个专业,发展任何一个学科,培养任何一个领域的人才。

---

①　[美]斯蒂芬·P.罗宾斯.管理学[M].北京:中国人民大学出版社,2004:267.

3. 部门化

大学组织设计的部门化非常明显。在今天中国大学组织结构中,从行政管理的角度讲,教学部门、科研部门、研究生部门、学生管理部门、实验室管理部门、后勤服务公司部门等都因为工作性质的不同,将相近的工作领域进行综合管理,形成一个部门,然后各个部门组合起来就成为一个完整的组织管理结构体系。我们以教学管理部门的图示,如图 6-2 所示,可以将教学、科研等部门化(departmentation)体系勾画出来。

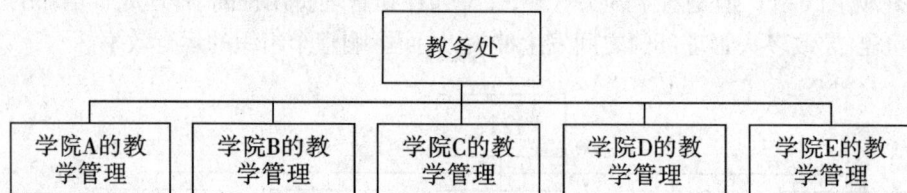

图6-2　大学组织教学部门结构

4. 指挥链

早期的管理者特别看重指挥链,可是到了信息高度发达的今天,管理运行的指挥链已经不那么重要了,不过组织管理者在决定如何设计架构组织时,还要看重指挥链的作用。在指挥链中,每个管理者都有自己的职权、职责,而且要求统一指挥,不能多头指挥,以免多个上级发出冲突的命令,如图6-3 所示。可是在今天的管理中,这种指挥链已经没有多大的价值,校长甚至可以直接与科员联系并下达指令。

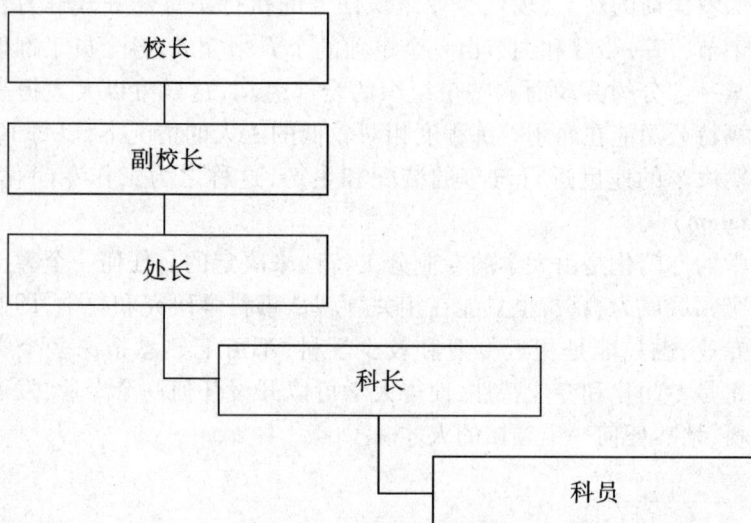

图6-3　大学组织指挥链

5. 集权与分权

在一个大学组织或者其中的一个部门,决策分为两种形式:一种是组织的高层管理者进行决策,下层管理人员只负责执行,这种决策称为高度集权;另一种决策是由高层管理者尽可能让具体的执行者进行决策,这称为分权。

集权与分权是相对的概念,没有绝对的集权,也没有绝对的分权。在组织环境稳定、低层管理者不愿意介入决策或不具备高层管理者那样的决策能力和经验、组织正面临着危机或者失败的危险、决策影响大、单位规模大、整个组织的有效运行依赖于高层管理者的决策时,更容易导致决策的高度集权化(centralization),相反的情况下,则容易导致决策的分权化(decentralization)。

6. 正规化

我们常常谈及正规化(formalization)管理,高度正规化的管理有明确的职位说明,制定了许多的规则条例,对工作过程订立了明确的程序。正规化必然带来规范化。这种管理的优势表现在,管理按照程序进行,杜绝人为因素的干扰,追求效率;缺点是管理者没有自主权。我们在不同的大学内部的不同部门,可以发现有些部门把管理的正规化要求明确强调,并把每个岗位的职责在显眼的地方标示出来,以提醒各自的职责是什么。

(二)大学学科组织结构与变革

1. 大学学科组织结构

大学组织结构中具有其他社会组织结构中没有的一种结构,那就是学科组织结构。"正如一个研究大学的史学者观察到的,学科首先是一个具有正当资格的研究者为中心的研究社群。各个个体为了有利于互相交流和对他们的研究工作设立一定程度的权威标准,组成了这个社群。而且,研究大学的组织结构发展到容许学科规训制度的执业者行使此等权力的程度"[①]。

学科建设起来的标志,主要有五个方面的标准。学科是科学研究发展成熟的产物;并不是所有的研究领域最后都能发展成为新学科。科学研究发展成熟而成为一个独立学科的标志是:它必须有独立的研究内容、成熟的研究方法、规范的学科体制。讲到学科体制或学科制度,其成熟的标志与合理性又体现在二级学科的划分、学术评价指标、一定数量的得到承认的学术成果、特别是经典性学术著作以及学科的历史(学术史)这样一些规范之上。

---

① [美]华勒斯坦等.学科·知识·权利[M].北京:生活·读书·新知三联书店,1999:21.

对于人文社会科学,本土化也是学科成熟的重要标志之一①。

"大学表面上是以学科的分界来组织设立各学系,这会令人'以为一个学科最后不过是属于行政管理的范畴'(Jencks and Riesman,1968),以为某些专家按着这些学科分界集合起来是基于历史的偶然和管理的方便"②。"大学里每一个系都自成一个小群组,在那里学科的安全感经常都会占上风,因为很大一部分实实在在的决策权都操纵在系里"③。学科的"分门划界有多种目的。当建立界限是保护某学科时,边界就标志着所有者的领土,外人不得擅自进入,以便跟其他学科划清界限。可是,如果那个学科尝试开拓新边界的话,同样的边界就会被重新定义。当界线是用来指导学科规训的执业者时,分门划界就决定要包括哪些方法和理论,哪些要排除,哪些可以引进"④。"称一个研究范围为一门学科,即是说它并非只是依赖教条而立,其权威性并非只是源自一人或一派,而是基于普遍接受的方法和真理"⑤。

学科与知识紧密结合,知识的完善产生了学科并走进大学的课堂,学科的成熟促使大学的发展,大学的发展又促使学科不断分化。学科有不断增加和扩展的趋势,交叉学科越来越多。有资料表明,2020年人类普遍使用的科学技术知识,在目前(2005年)90%还没有产生,也是就是说,科学技术只是在未来将呈爆炸式发展。伴随新知识体系的迅速扩张和建立,新的学科不断出现。大学的基本单元就是学科,"虽然随着社会历经巨变和科学的持续分化与发展,大学的组织、结构与功能都发生了很大变化,但是大学按照学科进行人才定向培养的传统至今并未改变,知识学科门类越来越多,学科划分越来越细而已"⑥。截至21世纪初,美国高等学校的学科分类为17个大的学科门类,38个学科群,349个学科。日本大学的学科分类比较繁杂,本科生教育分为420个专业,按照29个学科授予学士学位;硕士研究生教育分为292个专业,授予27个学科的硕士学位和1个学术硕士学位;博士教育分为136个专业,分别授予18个学科的博士学位和1个学术博士学位。我国

① 蔡曙山.科学与学科的关系及我国的学科制度[J].中国社会科学,2002(3):79.

② [美]华勒斯坦等.学科·知识·权利[M].北京:生活·读书·新知三联书店,1999:21.

③ [美]华勒斯坦等.学科·知识·权利[M].北京:生活·读书·新知三联书店,1999:106.

④ [美]华勒斯坦等.学科·知识·权利[M].北京:生活·读书·新知三联书店,1999:22.

⑤ [美]华勒斯坦等.学科·知识·权利[M].北京:生活·读书·新知三联书店,1999:13.

⑥ 罗芸.中国重点大学与学科建设[M].北京:中国社会科学出版社,2005:34.

的本科专业共分为 11 大学科门类,下设 71 个二级学科门类,249 种专业。我国的博士、硕士学位的授予按照 11 大学科门类、88 个一级学科、381 个二级学科进行①。

一所大学最重要的是专业建设,一所大学发展的落脚点就在于学科建设,如国家实施的"211 工程""985 工程",就是把建设的主要精力放在学科方面,重点建设一批优势学科。各个大学对于学科的建设往往与大学决策者的理念有关,有些大学决策者在学科建设上突出强调学科的全面发展,把学校的学科摊子铺得很大,但是没有自己的优势学科;有些学校的决策者不求学科布局的全面占有,而是追求学科的特色和优势,以几个优势学科取胜。著名的美国加州大学校长田长霖就曾专门介绍过办学的经验,即要突出学科的特色。田长霖为了保证有限资源的集中使用,在加州伯克利大学甚至采用"半饥饿法",即对全美学科评比第 5 名以下,且发展潜力极小的学科,每年减 10% 的经费,以让这个学科专业的教授渐渐离去,学生也慢慢减少,最后达到取消这个学科乃至这个学系的目的。对一所大学而言,并不是所有的学科都能成为一流学科,关键是能否使若干甚至是其中一两门学科成为一流。周济也多次强调,大学发展学科要有一个清晰的学科发展战略规划,不断创新工作思路,科学合理定位,突出强化优势学科,首先争取在 3~5 个领域取得突破,逐步形成有特色的优势学科,以此为龙头,经过继续努力,形成一所大学的优势学科群。

然而,无论不同大学对学科建设的发展思路有何不同,有一点是不容置疑的,那就是学科专业的调整几乎始终是大学组织变革不容回避的重要任务。从国家层面来讲,因为国家经济发展的迅速,对各类人才需求不断发生变化,这为大学人才培养不断提出新要求,大学要紧密结合现代化建设对各类人才需求的变化,调整学科布局,优化专业设置,并积极支持新兴学科与交叉学科的发展,支持紧缺人才专业与相关学科的发展,大学内部的专业与学科的调整在所难免。从大学内部来讲,要想不断得到发展,在社会进步中占有重要地位,就必须不断地进行学科专业的调整与变革。

分析至此,我们不难理解,为什么大多数大学往往把学科发展放在整个学校发展的龙头地位。只有学科发展了,学校的规模、办学层次、办学质量就会得到迅速发展;如果学科得不到发展,大学就难以上层次、上台阶、上水平。

2. 大学学科组织结构变革内容

学科不断通过交叉、融合、分化、组合产生新的学科,同时还有些学科则

---

① 罗芸. 中国重点大学与学科建设[M]. 北京:中国社会科学出版社,2005:35.

处于萎缩、消亡状态。学科的增长与消亡，直接由学科带头人、学科队伍、人才培养在社会上的接受能力等多个方面决定。学科的变革引起一所大学内部学科结构的变革，这种变革作为大学组织变革的重要内容，主要体现在如下几个方面。

（1）重点学科建设

所谓重点学科，顾名思义，就是集中有限资源重点建设的学科。按照层级结构可以分为：国家级重点学科——省级重点学科——校级重点学科。

国内有学者这样论述国家重点学科的含义："重点学科是根据国民经济建设和社会发展对培养高级专门人才的需求、科技发展趋势和国家财力的可能，在高等学校择优确定并安排重点建设的学科。重点学科应为总体水平处于国内同类学科前列，并有一定国际影响的博士点。"①国家面向 21 世纪重点建设 100 所左右的高等学校和一批重点学科的"211 工程"，其重要创新和突破点之一就是确立高等学校以重点学科建设为核心的指导思想和学科建设在学校发展中的核心地位。在"九五"期间，"211 工程"建设了 98 所大学，安排了 602 个重点学科建设项目。其中人文社会科学 62 个，大约占10%；经济政法学科 57 个，大约占 10%；基础科学 89 个，占 15%；环境资源学科 42 个，占 7%；基础产业和高新技术学科 255 个，占 42%；医药卫生学科66 个，占 11%；农业学科 31 个，占 5%②。

目前，国家共建设重点学科 960 个，分布严重不均，主要集中在一批重点大学，其中北京大学 81 个，清华大学 67 个，然而，整个河南省高校只有3 个③。

与国家重点学科建设紧密配套的是各个省区都重点建设了一批省级重点学科。然而，由于不同省区的经济状况不同，对重点学科的认识不同，所

---

① 李铁军.大学学科建设与发展论纲[M].北京:中国社会科学出版社,2004:264.
② 周济.创新发展思路制定"211 工程""十五"建设计划[J].中国高等教育,2002(2).
③ 部分大学拥有重点学科的数量排名是:北京大学 81;清华大学 49;中国协和医科大学 18;复旦大学 40;南京大学 28;中国人民大学 25;浙江大学 24;上海交通大学 16;上海第二医科大学 4;武汉大学 20;西安交通大学 20;中山大学 20;中国农业大学 19;中国科学技术大学 19;哈尔滨工业大学 18;南开大学 18;中南大学 17;北京师范大学 16;吉林大学 16;华中科技大学 15;四川大学 15;天津大学 13;厦门大学 13;北京航空航天大学11;北京理工大学 11;东南大学 10;中国石油大学 10;同济大学 10;西北工业大学 10;国防科学技术大学 9;大连理工大学 9;北京科技大学 7;中国矿业大学 7;东北大学 7;中国地质大学 7;电子科技大学 6;华南理工大学 6;兰州大学 6;山东大学 6;中国海洋大学 5;重庆大学 4;西北农林科技大学 4;中央民族大学 2;湖南大学 2;中央财经大学 1.

以投入重点建设的数量和经费差别很大。地方大学建设多少个省级重点学科,是这所大学在省内的影响力和竞争力高低的主要标志。省级重点学科是冲刺国家重点学科的基础。

各个大学也重点建设一批校级重点学科。大学自身把有限的经费等资源集中投入重点建设一批有优势和竞争力的学科,为争取省级重点学科和国家级重点学科奠定基础。

大学内部各个学院为了争取校级重点学科、省级重点学科,会集中财力、人力以及其他基础设施,不断凝练学科方向,汇聚学科队伍,重点建设一两个学科。于是,大学内部的学科建设层次分明,结构清晰,发展思路明确。而一个学科能否成为不同层级的建设对象,也就是这个学科变革发展的过程。

(2)学位点建设

学科与学位点之间有着紧密的关系。学科源于知识的创新与发展,科学研究加速了学科的建制化发展,学科的成熟标志在于培养学科的高层次人才,这样就出现了研究生教育。研究生教育最初出现在引进科学研究功能之后迅速发展壮大起来的美国大学教育。"迄今为止,研究生院是美国大学里最值得称赞的部分,即使从严格的意义说,相当数量的研究生院所做的相当部分工作也是真正具有大学质量的工作。最杰出的研究生院始建于1876年的巴尔的摩的约翰斯霍普金斯大学(哈佛研究生院名义上建于1872年,但确切地发展实际上开始于1877—1878年),它主要是受德国大学的影响建立起来的。它起初只有一个哲学学院,后来很快又成立了一个专业学院,也就是医学院"[1]。"在19世纪的最后20年,当授予哲学博士学位成为一个值得称赞的学术目标时,研究生教育成为一个稳定的制度。1861年,耶鲁大学谢菲尔德理学院授予第一个博士学位,这是美国博士教育的最早迹象;宾夕法尼亚大学于1871年授予第二个博士学位;一年后,哈佛大学授予第三个博士学位"[2]。20世纪80年代末,"美国3 400高等学校的大约800所,招收大约150万名研究生,占美国高等教育学生总数的10%"[3]。

我国大学的研究生教育起步较晚,20世纪80年代开始恢复研究生教

---

① [美]亚伯拉罕·弗莱克斯纳.现代大学论——美英德大学研究[M].杭州:浙江教育出版社,2001:60.

② [美]伯顿克拉克.研究生教育的科学研究基础[M].杭州:浙江教育出版社,2001:261.

③ [美]伯顿克拉克.研究生教育的科学研究基础[M].杭州:浙江教育出版社,2001:277.

育,目前学位建制主要有3个层级:学士学位、硕士学位、博士学位,其中硕士学位、博士学位属于研究生教育层次。学位点建制为:一级学科博士学位点,二级学科博士学位点;一级学科硕士学位点,二级学科硕士学位点,专业硕士学位点。大学按照可授予学位的标准划分为:具有博士学位授予权的高等学校,具有硕士学位授予权的高等学校,具有学士学位授权的高等学校。学位点将大学划分出不同的等级,大学为了上台阶、上层次,就要大力发展学科,通过学科的发展培养高一层次的人才。

(3)重点实验室建设

重点实验室是国家基础理论研究的重要平台,是国家创新体系的重要组成部分,是人才培养、科技创新、社会发展的重要支撑。目前我国实验室设置的层次为:国家实验室、国家重点实验室、教育部重点实验室、省级重点实验室、学校重点实验室。实验室是建立在优势实验学科基础上的学科发展平台,依托实验室可以发展强大的学科群,培养博士层次的高级专门研究人才。

(4)科学研究

自从德国洪堡于19世纪初创立柏林大学,确立科学研究的重要功能之后,科学研究就成为世界各国大学必不可少的重要职能,而且为科技创新和社会进步做出了巨大贡献。美国政府对美国大学的研究与发展经费投入总量惊人,1987年美国当年大学研究发展经费总额为1 208亿美元,其中联邦政府资助732亿元,占61%①。我国大学已经成为科学研究的主力军,国家三大科学技术奖(自然科学奖、技术发明奖和科学技术进步奖)从1989年开始颁发。作为我国基础科学研究和应用基础科学研究(技术发明来源于应用基础科学)的最高奖项,国家自然科学一等奖、技术发明一等奖这些年来多次出现空缺。国家自然科学、技术发明一等奖多次空缺,表明我国基础研究曾不同程度地存在着科技投入不足、实验设备落后、优秀人才流失、学术环境恶化等问题。围绕走中国特色的自主创新道路,努力建设创新型国家这一主题,我国科技创新能力不断提高,科技发展已进入重要跃升期。据统计,在2006年度国家自然科学奖授奖项目29项中,高校获奖15项,占51.7%,其中一等奖2项,二等奖13项;国家技术发明奖授奖项目41项,高校获奖25项,占61%;国家科学技术进步奖授奖项目184项,高校获奖106项,占57.6%,其中一等奖5项,二等奖101项。数据显示,高校在三大奖的获奖比例都超过了50%(以上关于技术发明奖和科学技术进步奖的统计均

① [美]伯顿克拉克.探究的场所——现代大学的科研和研究生教育[M].杭州:浙江教育出版社,2001:157.

不含国防专用项目)。

基础研究的另一成果显示是科研论文发表的数量。从 1998 年至 2005 年,高校教师作为第一作者在国际科学界公认的两个顶级杂志 *Nature* 和 *Science* 上发表的论文共 44 篇,平均每年 5.5 篇。2006 年 1 月至 11 月,高校教师作为第一作者在这两个期刊上发表的论文数量已经达到了 13 篇,高校教师参与发表的论文达到了 28 篇,是历年来最高的。

"十五"期间高校作为第一单位承担"973"计划项目 89 项并担任首席科学家,占立项总数的 57.05%。高校承担"863"各类项目(包括重大项目、重点项目和专题项目)占总项目数的近 40%。2006 年举行的"中国高校十大科技进展"的颁奖是高校在 2006 年取得的标志性成果的集中体现,其中上海交通大学教授邓子新在"井冈霉素的基因识别与组装合成的研究"取得重大突破,*Nature* 系列杂志之一的《自然生物技术》专栏撰文特别报道,这是我国在重大生物技术成果及潜力方面的首次专题报道。

高校科学研究能力是衡量一个国家基础研究和高技术前沿领域原始性创新能力的重要标志,对各国未来能否在日趋激烈的全球科技竞争中占据有利地位具有举足轻重的影响。高校基础科学研究突破和新兴学科交叉成果不断催生出代表未来产业发展方向的高新技术群体,是提高国家竞争力取之不尽、用之不竭的力量源泉。随着我国科技管理体制和科技支持机制的改革,我国的科技创新工作特别是基础研究的重担将更多地落到高校的肩上。

今天,科学研究是大学学科建设的主要内容,是重点学科、学位点、重点实验室建设的基础和保障。研究型大学是以强大的科学研究能力为基础的。突出强调科学研究功能,开展科学研究,不仅是大学自身发展的需要,也是社会发展的需要。也正是科学研究的发展,一些学科迅速壮大起来,一些学科则因为科学研究失去竞争力而逐渐丧失竞争力,最终走向衰亡①。

(5)学科带头人和学术团队

一个学科能否得到快速发展,关键在人才、在队伍。学科队伍主要包括学科带头人和学术团队。由学术权威形成的学科带头人掌管学科的发展命运,处理学科发展重大问题的决策,决定整个学科能否成为优势学科。学科带头人在道德修养方面具有亲和的人格魅力、良好的科研道德、严谨的学风、高尚的为人;在管理方面,具有统领一个学术团队团结奋进的能力,出色的组织和领导一个高效的学术团队敢于面向世界竞争的能力;在科学研究

---

① 唐景莉,杨晨光.高校科技成为我国科技创新基础研究"主力军"[N].中国教育报,2007-02-28.

方面,具有站在本学科领域世界前沿的洞察力和引领能力、创新能力和发展能力,掌握先进的学术思想和科研方法。一个优秀的学科带头人,将会带领一个学科快速发展,这样的例子,在国内外都不鲜见。聪明的办学者,应把主要精力放在吸引、培养、选拔优秀学科带头人上。

(三)大学科层制的官僚组织结构体系与变革

1.韦伯科层制理论及科层制组织结构的特征

现代大学的组织设计深受科层制理论的影响,并且具有强大的生命力,直至今日,无论欧美大学或者是中国的大学组织,仍然有严格的科层层次。科层制理论是在20世纪初,由德国著名社会学家韦伯所创立,但是直到1946年才首次被翻译成英文,之后随即在美国学界获得广泛共鸣,又经过米尔斯、帕雷托、罗斯等社会学家的继续解读和发展,成为20世纪最有影响的组织理论之一。科层组织结构也得以在这种理论下迅速扩展,尤其是二战之后,全世界的整体社会生产力迅猛发展,社会各个层面的分工越来越细,组织结构越来越复杂,因此,科层组织结构成为最有效的组织设计,在政府部门、大学、医院成为占据主导地位的组织形式。

韦伯认为,科层制不是指一种政府类型,而是指一种由训练有素的专业人员依照既定规则持续运作的行政管理体制。尽管科层制发端于普鲁士那样的官僚国家,但是这种行政管理体制越来越盛行于所有的政治体制,不管是君主制还是代议制,甚至是所有承担大规模复杂行政管理任务的组织,如商业企业、工会、政党等。这种解释一般属于组织社会学,它旨在理解现代社会中组织的最为一般的特征和类型[①]。

韦伯科层制理论的理想类型,应具备如下几个特点。

第一,专业化分工。在科层制组织内部,实行规范的专业分工,在每一个特定的岗位都能雇用受过专门训练的专业人才。

第二,等级制分明。在科层制组织内部,具有明显的等级分工,任何一个人都受到上一级组织管理人员的监督和控制,当然也对自己的下属进行管理,形成一个金字塔式的管理组织结构,这也是科层制的主要特征。

第三,制度规则严格。在这样的组织内部具有严格的管理规定和运行规则,组织中的任何一个成员都必须受到这种规则的约束,以保持组织能够正常运行。

第四,拒绝私人情感下的管理。"理想的官员要以严格排除私人感情的

---

① 王春娟.科层制的涵义以及结构特征分析——兼评韦伯的科层制理论[J].学术交流,2006(5):57.

精神处理公务,没有憎恨和热爱,也因此不受感情的影响"①。不讲情面地处理管理中的问题是韦伯描述的科层制的理想境界,也是必不可少的要素之一。因为只有不考虑个人的兴趣和感情,才能在具体的操作层面做到无私无偏。然而可惜的是,恰恰在这一方面,是很多组织无法做到的。

第五,鼓励竞争。对每个岗位都有专业素质的要求,不能随意地解雇某个工作人员,在对人的能力的评价与提升方面,要看个人的业绩、才能和表现,不是靠关系、家族背景之类的因素,营造一种竞争的氛围。

科层制理论和这种理论指导下的组织设计,遭到了很多人的批评,有学者这样论述:"其实,早在 1947 年,当帕森斯译介有关韦伯的科层制理论的论述时,就颇富先见之明地指出,学术组织与其他社会组织不同,即使大学管理一开始就采纳科层制的组织方式,学者们也会产生一种强烈的抵制科层制严格的等级制结构及其权威的情绪,而倾向于采取一种更为平等的、更为人性化的管理模式。"②

甚至有很多学者还试图给出进行的新的变革的理论。进入 20 世纪 60年代,"大学里已经酝酿着反叛情绪,以非人性化和科层制为特征的高等教育系统成为被批判的焦点"③。在这种背景下,一些理论家针对科层制突出的权力意识和等级意识以及非人格化的管理等弊端,开始进行反思与批判。古德曼是美国著名的社会批评家,他在 1962 年出版的《学者的社区》中,表达了这样的观点:"大学生而自由,如今却无处不在枷锁之中。早先的大学与学院是自我管理的学者社区。但是随着高校规模的扩张,尤其是退伍军人的加入,人际交往的减少,繁文缛节在增加,官僚主义的趋势越来越明显。""在科层制管理的大学中,教师和学生充斥市侩习气,趋炎附势。大学成为一家只生产教育产品的机器,远离人的激情与想象,远离人的生长与发展"④。古德曼号召大学回到"学者的社区"。另外一位具有代表性的学院模型的理论奠基人,哥伦比亚大学公共管理学院教授、曾担任过迈阿密大学校长的约翰·米利特在 1962 年出版了《学术共同体》一书,在该书中他认为在大学内部的人际关系中,如果不是壁垒森严的等级观念,而是有学者专家建立在协商一致基础之上的学术共同体,将会减少冲突,克服科层制组织的很多弊端。"学院模型在捍卫学者权利和大学自治上殊为有效,但科层化是现代大学不可避免之势,关键在于,我们如何将学院模型、科层模型以及其他

---

① 韦伯.韦伯作品集——支配社会学[M].桂林:广西师范大学出版社,2004:22.
② 林杰.美国高校组织理论中的学院模型[J].高等教育研究,2006(7):100.
③ 林杰.美国高校组织理论中的学院模型[J].高等教育研究,2006(7):97.
④ 林杰.美国高校组织理论中的学院模型[J].高等教育研究,2006(7):97.

模型糅合在一起去理解大学的运行机制"①。学院模型的理想化色彩，也注定这不是一种现实的大学组织的管理运行模型，尽管科层制有很多缺陷和弊端，但到今天仍是大学组织的主要模式。"组织的科层化已经变得如此的普遍以至于我们很难想象科层制的替代形式"②。美国大学的大学组织理论的不断发展，形成了目前的多种理论并存、多种组织模式并存的局面，科层制仍然没有像有些学者预言的那样在 20 世纪必将灭亡③，反而仍然保持着旺盛的生命力。

现代中国大学组织模式具有明显的科层制特征。经过 20 世纪 50 年代的大规模全国性的院校调整，中国大学接受了苏联大学组织中的科层制模式，当然中国也有上千年的儒家思想下的政治科层制组织结构的传统，所以直至今天，虽然经过多次改革，中国大学里学校—学院—学系（研究所）体系不仅没有发生根本性改变，而且也没有出现美国大学组织设计中那种新的组织理论下的组织结构变革的尝试。改革开放之后曾经在一些大学试行过校长负责制，后来大学推行扩招、合并、升格等改革，对拥有多校区数万人规模的巨型大学进行管理，组织结构越来越复杂，科层制体系得以继续实行。这并不是说这种广泛存在的科层制就是科学的组织设计，恰恰相反，目前在中国大学体系内存在的这种科层制确有向官僚化科层制方向发展的趋势。这应该引起我们的注意。

2. 官僚化大学科层制组织结构的特征

在一些国家大学组织科层制的复杂性加重了其隐藏的弊端。大学组织内存在着学术权力与行政权力严重失衡的现象，而且行政化管理与学术管理的两套科层制官僚化组织结构，进一步强化了行政权力，致使管理机构臃肿，人浮于事，办事效率低下，学术权力被边缘化，行政权力无限扩张，而从大学内部衍生出的一批官僚特权阶层，势必产生对知识的蔑视，对学术权威的冷淡。仔细分析这种大学组织科层制的特性，可以发现它已经不是完整意义上的韦伯的科层制，而是在韦伯科层制外衣包装下的官僚化组织模式。在这种变异的官僚化科层制下，具有如下几个特点，如表 6-1 所示。

① 林杰. 美国高校组织理论中的学院模型[J]. 高等教育研究,2006(7):97.

② [美]彼得·布劳,马歇尔·梅耶. 现代社会中的科层制[M]. 上海:学林出版社,2001:10.

③ 邱泽奇. 在工厂化和网络化的背后——组织理论的发展与困境[R]. 北京大学社会学人类学研究所工作论文,1999:20-21.

表6-1　官僚化科层制与韦伯科层制比较分析

韦伯科层制的特征	变异的官僚化科层制的特征
实现专业化	实行官僚化
实行等级制,建立合法权威	实行等级制,建立强制权威
严格规章制度	僵化的规章制度
反对人性化	以权谋私的处事原则
鼓励有序竞争	不能选贤用人,鼓励无序竞争
获取组织的最大效率	组织效率大大降低

我们可以逐一分析变异的官僚化科层制的特征。

第一,实行官僚化。在这样的组织模型中,管理人员不是由专业化人才、知识权威来充当,而是由一批专职的官僚阶层来充当,对知识的管理、学术的管理,不是出于学科的专业理念、遵循学科的发展规律,而是出于固有的传统政治权力或行政权力的思维,把大学当作一个彻底的行政部门,不是当作一个生产知识的部门,对有限资源的分配权掌握在少数官僚手里,知识权威没有发言权。具体到很多事例中,比如项目的评审、成果奖励的获得等这些学术的问题,都需要行政权力来解决。在一个掌握资源分配权的具体的、小小的行政管理人员面前,即使是著名的教授、学者也不得不谦恭地对待他们,否则就很难拿到紧缺的学术资源。行政权力过分集中,在组织中个体的影响力过于强大,导致组织内部的规则无法正常运行。知识权威是依据自己拥有的专业知识这种至关重要的独特的权力形式,来支配他人的。这种权力是一种感召力,它的合法性在于构筑在学识、能力、人格、气质基础之上的非凡的个人魅力。而官僚化的权威则是在正式的、抽象的法律基础之上形成的权威,这种权威在于依据法律授予的职权的位置的权威,一旦离开这一位置,这种权威将不复存在。

第二,实行严格的等级制,建立强制权威。韦伯的科层制等级制建立在以法理权为基础的等级制上,而变异的官僚化科层制更加强调等级制的权威。大学俨然是一个政府的行政部门,不同的大学要分出不同的行政级别,学校内部管理人员又有界限分明的行政等级。等级制存在于学校的组织结构中,存在于学校—学院—系、学校—部处—科室这样的体系中,一个人一旦拥有等级制中较高一个层次的职位,对于下属的支配权不是依据自己的人格魅力而是更体现为一种官僚化的管理风格,依靠强制手段进行管理。机构臃肿,层次重叠,人浮于事,效率低下,党政不分,政事不分,相互推诿、扯皮,造成大学组织内学术权力边缘化,行政权力过于强大。

很显然,中国大学组织管理是典型的科层制理论下的管理运行模式。不仅仅各层级管理人员是由上一级任命,而且每个管理人员都拥有不同的强大的行政权力,掌握着原本稀缺的资源分配权。中国大学的行政职权被赋予法定的程序,执行某一部门法律效力的人员被称之为某一部门的领导(部长、处长、院长等),他们自以为自己行使权力的合法性就可以伴随着他们决策的永远正确性,而不愿意听取不同的声音。在这种金字塔式的科层管理环境中,教师和学生处于最底层,教师就像工厂里流水线作业的工人,学生就像工厂车间里的产品,管理者就像工厂各个层级的监管人员。然而,对于大学发展来说,真正决定大学发展与水平高低的不是科层之中的各级管理人员的多少,恰恰是科层制处于最底层的教师和学生的素质的高低。具有讽刺意味的是,科层制越强,行政权力越集中,教师和学生越无权,办学效益越低下,学校变革与发展越困难。

第三,僵化的规章制度。韦伯科层制具有严格的规章制度的特征,但是变异的规范化的科层制则具有僵化的规章制度。突出标志是对学术问题的管理所制定的制度完全依靠行政思维模式,用强制性行政手段对学术进行管理。比如教师职务升迁标准的制定,对教授的年度量化考核指标,过分强调量化指标,把学术专著的字数与学术质量挂钩,把教授任职的水平与论文的数量挂钩,从科学的本质上讲,本来就显得荒唐至极,可是竟能堂而皇之地长期施行。在这种评价制度之下,将不会出现知识、学术良性发展的健康机制。这种评价制度与欧美大学相比缺乏科学性。下面的这段文字,也许能够给我们更多关于官僚化科层制度缺陷的认识。

我曾想,陈独秀这位老北大的年轻文科学长,冯友兰这位西南联合大学年轻的文学院院长,要是都在今天的高校中任教,那他们肯定都是最可笑、最不识时务的人,更莫说还能当什么学长、院长的。如果把陈公、冯公的文章都署名为李森,那也不可能是好文章——至少领不到科研津贴,因为他们的文章自由自在,于今天由那些堂堂学府编撰出来的学报上的规范化文章相比,那就差远了。至于在《新青年》上发表的那些文字,则更不值得一提,那些《文学改良刍议》之类的东西,哪像论文!①

我们有必要和美国的学术评价制度作一比较。

2001年在美国大学排名中位居第1名的普林斯顿大学(哈佛位居第2)

---

① 李森.大学精神的失落——读董云川《找回大学精神》[J].教育发展研究,1999(4):49.

不仅有恬静的校园、优美的大楼,更充满着大师和大爱,她只有6,500名学生,不算大,又没有医学院(在中国有一种观点,如果没有医学院的大学不能称之为大学),也不是综合性大学(中国大学的办学者一味追求综合性),但她却培养了两位美国总统,又在100年的时间内,培养出24位诺贝尔奖获得者。正是普林斯顿大学的宽容和大爱,安德鲁·怀尔斯教授才有可能9年不出1篇论文,埋头苦干、精心研究,解决了困扰世界数学界长达360余年的一大难题——费马大定理,最终获得历史上唯一的菲尔兹特别成就奖。普林斯顿大学也能允许患有精神病的天才数学家约翰·那什静心地生活在校园内,并给予其极大的关爱,终于使他在与疾病搏斗30年后获得了诺贝尔经济学奖。这些都充分体现了人类应该具有的美丽心灵,恐怕也是美国普林斯顿大学成为第一大学的真谛。

第四,以权谋私的处事原则。官僚化的大学科层制组织形式,注重情感,注重人情世故,这是一个很重要的社会心理现象在中国大学组织内部的反映。在这样的大学组织内,依靠朋友义气或者情感处理人与人之间的关系,将一个单位建立成类似一个家庭一样的组织形式,单位的负责人就像一个家长,把每一个单位的人员看成家庭成员,这里看似充满人情味,实际上则是对现代组织模式的蔑视,对人情世故的滥用,必然对法则、规章制度的权威性提出挑战。作为大学组织,知识分子云集,而知识分子尤其是有个性的知识分子对这种社会心理有一种本能的排斥,必然难以在这样的模式规则中游刃有余地生存,产生冲突在所难免。传统的政治社会心理与知识分子的崇尚精神独立、人格自由、学术自由的性格发生冲突,知识分子的自立、自由必将化为泡影。学术的自立、自由也只能是一种幻想。

第五,不能选贤任能,鼓励无序竞争。在人员的升迁与提拔中,更多地看重关系、渊源以及帮派、小团体,或者决策者的私人感情和个人好恶。在个人感情面前,一切的制度都可以丢弃一边,所以按人设岗的、按人设位的现象不断。这样将破坏正常的有序竞争,引导知识分子不是把主要精力用在教学和科研上,而是用在拉关系、走后门、找靠山,更多的精力用于维系不正常的人际关系方面。

第六,导致组织效率大大降低。韦伯的科层制本身存在很多弊端,这种弊端前面我们已有论述。官僚化的大学组织科层制结构,不仅没有消除韦伯科层制的弊端,反而将韦伯科层制体制中的很多优点抛弃,那些弊端却能堂而皇之地存在这种结构之中,使得大学组织结构运行中出现许多令人感到无奈却又司空见惯的现象。有学者总结出现代大学科层制中存在如下几个方面的问题。其一,大学目标的笼统宽泛与科层组织目标的明确相矛盾;其二,大学的多元价值观与科层管理的统一要求相矛盾;其三,大学活动过

程和效果的不确定性与科层管理的精确性相矛盾；其四，大学对分权管理的诉求与科层组织集权管理的对立①。科层制结构使得中国大学普遍存在行政权力过于强大、学术权力过于弱小、教师普遍压力过大、行政人员掌握资源的分配权、大学办学效率低下、运行成本高昂的现象，学校就像一家机构臃肿的官僚机构。

3. 我国大学科层制组织结构变革的趋势

借鉴美国大学组织结构变革的经验，也许我们仍然无法从根本上取消科层制，但是可以尽可能消除其弊端，避免出现官僚化科层制组织结构形式，建立多种模型相结合的大学组织结构体系。

（1）扁平网状式组织结构

这是大学组织结构变革的趋势之一。大学组织变革势在必行，大学组织变革在美国的尝试是以学院模型为代表。"其基本观点是，大学作为学者共同体，组织结构呈扁平形而且高度紧密，强调通过非正式的渠道进行组织整合，其理论基础为专业主义思潮并受当时人际关系学派的影响，决策上强调意见分享，集体参与，在领导策略上重视领导者的谦谦君子之风，善于协调不同意见，达成一致"②。现代组织理论的发展也引导大学组织结构发生如下变化。"第一，科层制向扁平化转化。从行为科学组织理论强调参与式管理到利科特提出的工作小组，现代组织理论越来越强调组织与外部环境的相互影响和互动，强调交往的作用和信息的沟通，组织结构倾向于扁平化。第二，刚性化向柔性化转变。现代组织理论一改古典组织理论对组织层级、职能、权力的严格规定，体现出柔性化特征。现代组织理论认为，组织作为开放系统，其界限是柔性的、可渗透的。界限起着组织的过滤作用。第三，普适性向非普适性转化。权变理论认为：一个组织与其他组织的关系以及与其他环境的关系依赖于具体情景，因而没有一成不变的、普遍使用的、最好的管理原则和方法，没有最好的组织结构，只有适宜的组织结构。"③

（2）复合型矩阵式组织结构

这是大学组织结构变革的又一趋势。伯顿·克拉克这样描述大学组织结构的总体矩阵结构："大学教师的成员资格很多，因而他们受到的影响也

① 姚加惠.现代大学的科层管理及其改造[J].高等教育研究，2005（6）：14.
② VICTORJ BALDRIDGE. Alternative Models of Governance in Higher Education[A]. MARVIN WPETERSON. Organization and Governance in Higher Education：An ASHE READER[C].Simon & Schuster Publishing，1984：30-44，14.
③ 欧阳文，陈梦稀.中国大学扁平网状式组织结构与学术管理[J].长沙理工大学学报，2005（3）：126.

来自不同方面。他们常常既归属于一门学科,也归属于这一学科的一个分支学科。……学者们属于一门学科,又属于更广泛的学术专业。他们既归属于一所特定的大学或学院,同时也归属于全国整个高等教育系统。大学教师们被卷入各种各样的矩阵,多种成员资格决定他们的工作,号召他们的忠诚,分配他们的权力。各种矩阵的中心,是学术工作这一最普遍的事实:学者们同属于一门学科、一个研究领域和一个事业单位、一所特定的大学或学院。"①

现代大学具有人才培养、科学研究、社会服务三大主要功能,除此之外,还有很多其他功能。现代大学担负起更多的社会功能,造成大学内部拥有过多的任务,大学的教师已经不是完全意义上的讲学之人,而同时肩负科学研究、服务社会发展等更多任务。那么大学的组织结构设计就不再是简单的科层制设计的一种模式,还有矩阵式模式。因为复杂的管理关系、复杂的管理组织结构,其矩阵结构也必然是多层矩阵的综合。

(四)学院制改革与大学基层学术组织变革

1.学院制改革

目前我国大学普遍实行的是校、院、系三级管理体制。这种管理体制在我国有一个发展的过程。在 1928 年国民政府颁布的《大学组织法》中明确规定:大学可以设置文、理、法、教育、农、工商、医等学院,设立三院以上的方可称为大学。当时高等学校只设院系,不设专业。新中国成立后,从 1952 年开始,我国高等教育向苏联高等教育组织结构学习,进行大规模的院系调整,取消学院这一层级机构的设置,将工、农、师范、政治、财经等系科,或独立,或合并组建新的学院,根据国家需要在系设置专业,至此之后,我国大学普遍实行学校—系两级管理体制。系下面虽然设有教研室,但是教研室并没有什么独立运行的权力。40 多年后,我国大学适应变革的需要,纷纷设立学院一级的管理层次,并在学科建设方面进行一系列的变革,这就是学院制改革②。

从国际比较的视角,学院制的发展呈现以下几个特点。第一,学院制自中世纪以来,一直在不断发展和完善,学院的设置越来越灵活,更趋向于以新的学科关系进行学院组织。一些关于学院设置的陈规陋习不断被打破,学院的种类越来越多。第二,随着近代学科的不断发展,特别是现代学科交叉和渗透的不断发展,传统的大学学院划分越来越难以适应学科的发展和

———————

① [美]伯顿·克拉克.高等教育新论——多学科的研究[M].杭州:浙江教育出版社,1998:113.

② 闵维方.高等教育运行机制研究[M].北京:人民教育出版社,2002:247.

社会的需要。第三,各国大学学院制的设置均尊重自己的历史传统①。

我国学院制改革在很多大学里只不过是将原来的"系"的名称改称为"学院",原来的教研室改称为"系"。管理的实质并没有大的变化。我国学院制改革主要有如下几个问题。第一,设置学院的依据与具体情况的复杂性,导致在实践上的困难。学院制改革涉及各种利益的调整、权力的重新分配、人员和机构的重新组织,无论从理论上或者从实践上都是复杂的变革。目前我国主要是依据学科来划分学院的,但是有的是一级学科、有的是二级学科,并没有统一的规定,比如文学院、历史学院、工商管理学院、经济学院、生命科学学院、化学化工学院、体育学院、教育学院等。不过,具体到一个学校,为什么设置某个学院却没有固定的答案和模式,比如像化学化工学院、物理学院、数学学院、计算机学院等均可以归为理学院。可是一个艺术学院是否应该涵盖音乐、美术等专业?音乐、美术能不能独立设置学院?这些具体问题在一个特定的大学系统内部,很可能并不是很容易解决的问题。当然,学院的设置所依据的还是某一学科发展的实力。第二,如何处理学院与下一层次学系的关系。学院为实体的话,那么学系就是虚的。学系还有没有存在的价值与意义?第三,如何为学院配置管理权限。过去学校实行校系两级管理的时候,因为学校规模不大,又是计划经济体制下的大学管理机制,所以,学校管理的重心在学校层面。可是,今天在市场经济体制下,学校的规模巨大,数万名学生的规模已经很常见。这种巨型大学的管理重心应该在学院一级,可目前大多数大学的管理权力仍然高度集中在学校层面,这显然难以适应社会的发展。

2. 基层学术组织变革

与学院制改革相适应的是近年来推行的基层教学科研组织变革。世界不同国家大学的基层教学科研组织结构,主要有如下几类。

(1)德国的教授—研究所体制

由于德国大学基于这样的一种基本理念:"大学的基本作用是非职业性的,它追求的是纯研究和纯学术。虽然绝大多数学生也确在为今后的职业做准备,但是专业准备传统上被看作大学的第二等事务。讲课和研讨班上通常反映的是教授的研究心得而不是学生的职业需要。归根结底,在德国的大学里,研究被看作是为日后实际生活做准备的最佳途径。"②所以,德国大学有重视科学研究的传统,从1809年德国柏林大学的创建,科学研究就成

---

① 闵维方.高等教育运行机制研究[M].北京:人民教育出版社,2002:273.
② [加]约翰·范德格拉夫.学术权力——七国高等教育管理体制比较研究[M].杭州:浙江教育出版社,1989:21.

为德国大学的精神和灵魂,与之相适应的就是大学的教授—研究所体制。德国大学的研究所与美国大学的"系"起着相同的作用,但是,"德国大学的研究所,通常范围更小,常常代表的是美国人可能称之为分支学科的那种领域。研究所是一个独立的研究和教学单位,拥有全部必要的人员和设备,如实验室、资料室、教室和讨论室。研究所(institute)一词在自然科学领域使用最为普遍,在人文社会科学领域,传统上设研讨班(seminar),在医学学科,类似机构为医学研究所(clinic)"①。德国大学的第二级管理层次是学部,相当于美国的学院。

(2)英美模式

英国和美国大学的基层教学科研组织设计相似。美国大学组织的最低一级标准单位是系②。"系主任通常是由行政部门同系的成员商讨之后任命的,它按照校本部的官员的旨意工作。因此,在讲座制中教授个人统治比较强的那一级别里,在美国的系制中官僚权力和社团权力是紧紧交叉在一起的"③。美国大学的第二级管理层次是学院。

(3)苏联教研室模式

源于19世纪上半叶俄国大学的教研室体制成为苏联大学中主要的基层教学科研单位,主要负责一门或几门同类学科的教学、教学法指导和科学研究工作,学生的教育工作以及科学教育干部的培养及其业务进修工作。教研室有教授、副教授、助教、主任教员、教员以及高级和初级科学研究人员组成④。

我国大学的基层教学科研组织在20世纪50年代的院系调整后,全盘学习苏联的教研室体制,在过去的40多年间成为我国大学发展的基本组织结构形式。学院制改革滞后,原来的教研室称为"系",可是职能和作用仍是教研室体制,这与学院制之间发生冲突,进行变革已经成为一种趋势。所以,进入21世纪之后,我国大学开始对长达近半个世纪的教研室模式进行改革,提出了改原来的教研室为"研究所"的设想,这种改革在兰州大学进行了尝试。兰州大学学习德国大学基层管理运行模式,体现科学研究的重要性,在学院里取消系,设研究所,按照硕士学位点的学科划分,一个硕士学位点设

---

① [加]约翰·范德格拉夫.学术权力——七国高等教育管理体制比较研究[M].杭州:浙江教育出版社,1989:22.

② [加]约翰·范德格拉夫.学术权力——七国高等教育管理体制比较研究[M].杭州:浙江教育出版社,1989:113.

③ [加]约翰·范德格拉夫.学术权力——七国高等教育管理体制比较研究[M].杭州:浙江教育出版社,1989:114.

④ 陈何芳.大学基层学术组织研究[D].华中师范大学硕士学位论文,2002.

立一个研究所,学科带头人作为这个研究所的主要负责人。这种改革虽有向全国推广的可能,但尚须总结经验。

3. 学术权力的变革

大学组织不同于企业组织,它是一个学术组织,对于学生、教师的管理,还不能仅仅凭借行政权力,而应该发挥学术权力的作用。对于学术组织的管理应该发挥学术管理机构的作用,主要是学术委员会的作用。校学术委员会—学院学术委员会—研究所(系)学术委员会,形成一种独立的学术管理权力。不过在大学里,这种以学术权力为代表的管理组织的运行能力值得怀疑,在很多时候往往成为一种摆设,没有充分发挥它的应有效能[①]。如何发挥学术委员会的作用是当前值得研究与思考的问题。

教授委员会的设置一直是目前管理体制改革的薄弱点。我国《高等教育法》明确规定,大学实行党委领导下的校长负责制。但是对于高校内部教学、科研单位的管理体制未作规定,《高等教育法》是这样讲的,高等学校可以"自主确定教学、科学研究、行政职能部门等内部组织机构的设置和人员配备",这给高校探索创建科学合理的两级管理体制提供了制度保证,也为东北师范大学率先推行教授委员会制提供了制度支撑。"2000年5月,东北师范大学开始试行教授委员会集体决策基础上的院长(系主任)负责制,并制定了一整套实施办法和规章制度。教授委员会主要由二级学科的学科带头人组成,其任期为3年,院系党总支书记为教授委员会成员,一般由院系主任担任主任委员。教授委员会一改过去院系事务由几个人决策、缺乏权威性、不担任院系领导的教授无权参与管理的状况,成为决定院系发展规划和教学科研组织形式,决定学科建设、专业发展和教师队伍建设、职称评定、教

---

① 最典型的例子就是2007年3月12日中国人民大学政治学系主任张鸣教授对学院院长公开批评的文章《也许,我将被迫离开人民大学》,披露自己和人大国际关系学院院长的两次冲突,并由此"将不得不被迫离开人民大学"。张鸣称,两次冲突,第一次是在2006年5月的政治学系一位老师的职称评定会上,这位老师发言时,国际关系学院院长两次要打断,被他制止,因此"触怒了院长";第二次是"去年暑假,向某媒体记者证实了人大国际关系学院克扣硕士、博士论文答辩费之事,被戴上'捣乱者'的帽子"。张鸣认为:"诸多问题的根子,还是出在教育体制行政化上。学校评职称就是势力范围的争夺,院长办公会能决定谁当职称评审委员会的委员,而不是由教师投票来决定。"人大政治学系一位老师在记者的电话访问中表示,"张鸣的文章,对高校过分行政化提了个醒,职称评定在高校是个敏感问题,高校有自己的规则,但这个竞争规则应该公平"。张鸣教授言辞激烈地批判中国高校教育体制行政化的倾向,虽然是个案,但反映出一种现象的整体存在。见2007年3月14日新京报,http://news.thebeijingnews.com/0558/2007/03-14/015@248358.htm.

师聘任以及自主支配经费使用的决策机构"①。所以,"东北师范大学改革的可贵之处,并不在于它敢闯禁区,破门而入,而在于它是抱着解决问题的态度,以一种新的思维方式,自下而上找到一条登堂入室的路子。它是站在矛盾之上,不是站在矛盾一边,矛盾就迎刃而解了"②。

东北师范大学的这种改革实行已经多年了,然而并没有其他高校跟进。可见,关于发挥学术权力的探索仍然处在摸索阶段,没有形成既定的经验。联想起大学基层学术组织的变革的探索,二者之间是不是有某种内在的联系,如果没有的话,那么,基层学术组织变革的意义也难体现出来。

① 刘微.教授委员会:管理体制改革的探索[N].中国教育报,2002-3-29.
② 干草.改革要有新思路[A].杨东平.大学之道[C].上海:文汇出版社,2003:156.

影响大学组织变革的环境因素

斯蒂芬·P. 罗宾斯对组织的外部环境(external environment)是这样定义的:"指能够对组织绩效造成潜在影响的外部力量和机构。"[①]他进而提出组织的外部环境分为具体环境和一般环境两大类共 10 个方面:顾客,供应商,竞争者,压力集团,经济条件,政治、法律条件,社会文化条件,人口条件,技术条件,全球条件[②]。而理查德·L. 达夫特认为,组织环境是包括几个组成部分或具有类似因素的外部子环境。每个组织可以分为 10 个组成部分:行业,原材料,人力资源,财务资源,市场,技术,经济环境,政府,社会文化,国际环境等[③]。参考他们的划分方法,至少可以把大学组织变革的外部环境归纳为如下几个部分:①国际环境因素;②国家政治、经济制度和高等教育政策环境因素;③大学组织文化环境因素;④大学历史环境因素;⑤大学所在省区社会环境因素;⑥大学所在城市社区环境因素;⑦大学的生源;⑧大学生就业市场;⑨大学之间的竞争对手;⑩大学内部环境因素等。我们结合中国目前大学的现状,来分析一下大学变革所面临的各种环境因素。

一、国际环境因素与大学组织变革

大学组织变革在全球化背景下进行并受国际环境的影响已经成为不争的事实。伴随网络信息技术的普及,地球变得越来越小,信息的传递越来越快,地球任何一个角落发生的重大突发事件,瞬间就可在全球传播开来。经济一体化、文化的冲突与交融都使得"管理不再受国界的制约,各种规模和类型的组织管理,正面临着管理全球环境的机遇和挑战"[④]。中国大学组织变革也不例外,也必须放在国际发展的大背景下。最为明显的因素就是,在今天中国高等教育的改革中,必须考虑经济全球化的世界背景因素,以及中国加入世界贸易组织所带来的影响。开放的国家教育办学方针、全球范围内的人才激烈竞争,都会对我们的大学产生直接的影响,进而引起中国大学

---

① [美]斯蒂芬·P. 罗宾斯,玛丽库尔特. 管理学[M]. 北京:中国人民大学出版社,2004:70.

② [美]斯蒂芬·P. 罗宾斯,玛丽库尔特. 管理学[M]. 北京:中国人民大学出版社,2004:70-76.

③ [美]理查德·L. 达夫特. 组织理论与设计[M]. 沈阳:东北财经大学出版社,2002:61.

④ [美]斯蒂芬·P. 罗宾斯,玛丽库尔特. 管理学[M]. 北京:中国人民大学出版社,2004:93.

采取应对之策。

(一)国际环境因素下教育发展面临诸多困境

世界各国之间的竞争归根到底是人才的竞争,最终落实到教育之间的竞争。教育是提升国家竞争力的唯一通道和保证,然而中国教育的发展存在许多困境。

1.教育发展面临观念落后的困境

第一,对教育的重要性认识不够,没有把教育放在优先发展的战略地位对待。在相当多的人的意识深处,每当处理本地的发展关系时,往往会认为教育是长远的事业,三五年内不会有大的变化与发展,因此,把教育当成可有可无的事业,能拖就拖,能放就放,口头上说重要而在实际工作中却不重要。党的第十六次代表大会报告明确指出:"教育是发展科学技术和培养人才的基础,在现代化建设中具有先导性全局性作用,必须摆在优先发展的战略地位,必须放在现代化建设的全局性战略性重要位置。"第二,对教育的认识还没有树立起现代教育的科学观念,诸如建立学习社会的观念、树立终身教育的观念、确立重知识和能力而轻文凭的观念、推行有偿教育的观念等,仍然割裂、孤立、片面地看待教育。

2.教育发展面临经费紧张的困境

既然认为教育可有可无,那么对教育的投入就存在严重不足,表现在多方面。第一,无力按照教育规律办学。世界上早已从理论和实践上得出共识,教育的班级以40人左右为最佳,然而由于教师和教室的严重不足,看看今天大多数城市里的中学课堂里,一个班级往往有80个左右的学生,这样势必影响教学效果。在农村的情形更糟糕,有一大部分学生到了中学时期就辍学在家。中国现在依然有1亿人的文盲。第二,由于家庭收入的严重不均衡,相当多的家庭无力供养其子女接受应有的教育,不是过早地在中小学时期辍学就是被迫中断接受高等教育的机会。第三,由于国家投入严重不足,中小学校舍出现许多危房,中小学教师工资长期拖欠。高等教育投入不足迫使高校想尽办法增加学生学费标准,而国家为了稳定和保护低收入家庭的利益又严令禁止高等学校学费上涨,引发新的矛盾。

3.教育发展面临非均衡性困境

教育发展出现严重不均衡,表现在东部沿海发达地区与中西部落后地区的不均衡,城市与农村的不均衡,高收入家庭与低收入家庭的不均衡,教育的扩张与对外留学生教育的滞后的不均衡,高等教育发展与九年义务教育普及的不均衡。这些非均衡性阻碍教育在整体上快速发展。

4.教育发展面临内部生长的困境

教育效率不高,教材老化,教学方法落后,教师知识结构不合理,缺乏对教育事业的热爱,缺乏积极创造性和主动性,缺乏对学生的爱,在教学过程中采取照本宣科式的教学,效果不好。人文主义教育欠缺。应试教育一味追求知识的记忆与复制,重视科学教育,轻视人文教育,人文精神的失落导致我们的教育陷入了非人性化的困境之中。缺失民族精神和人文主义的教育将是无筋骨的软骨症教育,其科学的理性主义也因失去人文主义的寄托而成为无本之木、无源之水,失去应有的科学价值。传统文化教育的断裂使得具有 5 000 年文明传统的中华文明面临种种困惑。过去 100 年我们始终处在反叛传统的变革之中,不仅使我们失去了生长文化的根,而且使得世界范围内的华人世界面临文化的决裂,文化出现分道扬镳的可怕局面。在有些人看来,正是在"五四"时期在中国历史上出现了一大批可以彪炳史册的大师级人物,可是这绝不能成为我们背叛传统的理由,而恰恰证明我们不能丢弃传统,因为这些大师级人物正是因为他们拥有坚实的传统文化的"根"做营养,加上他们博采现代西方科学之长,才成就了大师的业绩。"五四"以后,为什么没有出现那么多的大师级学术人物,就是因为我们缺失了传统文化之"根"。对外教育的滞后。中国高等教育得到了大发展,扩招与高等教育体制的变革,使得高等教育进入了新的全面发展时期。然而招收外国留学生的能力、数量、质量都没有明显发生变化,落后于整体教育的发展水平。

(二)国际环境因素下高等教育国际合作办学

美国的大学变革往往成为我们学习的范例,正如在亚马孙河流域的一只蝴蝶扇动翅膀,就有可能在北美洲引起一场飓风一样,国外大学的成功运行模式与变革对我们的影响,从没有像今天这样明显。中国提出建设一流大学的理论之后,向国外大学学习的热情更趋高涨。美国大学的变革对于我们产生了巨大影响。而同样的道理,美国大学的变革也受国际形势变化的直接影响。二战之后,面对苏联卫星上天给美国朝野带来的巨大危机感,1958 年美国颁布了《国防教育法》,要求大大推进教育制度改革。20 世纪 80 年代,美国学校教育问题很多,质量每况愈下,出现了前所未有的糟糕局面,突出的一点就是,美国学生学习成绩连年下降,数学、科学等主要学科的成绩明显低于其他工业国。高中毕业生升学和就业准备不足,学生辍学率居高不下,到 1988 年仍接近 7%[①]。1983 年,《国家处在危急之中——教育改革势在必行》的报告出台,"这既是给教育部长的报告,也是一封致美国人民的公开信"[②]。随后,美国大学继续加速变革。

世界贸易组织成为当今世界影响最大的国际性组织,加快了经济全球

---

① 史静寰.当代美国教育[M].北京:社会科学文献出版社,2001:12.
② 史静寰.当代美国教育[M].北京:社会科学文献出版社,2001:2.

化进程。中国加入世贸组织之后，高等教育的变革在如下方面不断得到推进。

1. 留学生教育

留学生教育成为今天大学教育的重要组成部分，欧美发达国家的大学把招收留学生教育作为办学经费的重要补充，作为传播意识形态和价值观、培养认同西方民主意识的人才的主要渠道，作为文化扩张的重要桥梁。中国大学也把招收留学生放在重要位置，2006年国家明确做出规定，要为非洲培养大批留学生，同时，东南亚国家、亚非拉其他国家和地区一直是我国留学生教育的主要对象。留学生的管理、课程的开设、语言的培训、学位教育等，必然会引起国内大学的相应变革。

我们在加大招收留学生力度的同时，也积极向国外派遣留学生和访问学者，学习西方先进的管理经验和科学技术知识。2006年以来，中国政府加大了重点大学派出留学生的力度。为适应留学生的教育，我国高等院校也要在教学等方面加快改革步伐。

2. 建立孔子学院

中国政府近年来一直提倡在国外大学建立孔子学院，并取得较大进展。孔子学院的建立，对于中国大学与国外大学的合作，对于我们传播中国文化，加强汉语与中华文化的传播和推广意义深远。一些大学为了获取在海外创办孔子学院的机会，积极推进相关的变革。

3. 国际合作办学项目的审批

伴随中国加入世界贸易组织，高等教育作为服务领域的主要组成部分，有开放办学的承诺和义务，国际合作办学项目纷纷获批立项，今天我们可以看到很多大学都有"2+2"或者"2+3"等多种形式的国际合作办学项目，在国内经过2年学习之后，然后到国外合作大学继续学习2年或3年，可以拿到国外合作大学的毕业证书。这种国际合作项目的事实，必然会对传统的大学招生、管理与发展带来挑战，也会反映在大学的变革与发展上。

（三）国际环境因素下的大学组织管理与变革

尽快构建完备的教育变革与创新体系，努力进行教育变革与创新是当前理论界的重要任务。这包括教育思想变革与创新、教育理念变革与创新、教育制度变革与创新、教育内容变革与创新、教育目标和师生关系变革与创新、教育方法和手段变革与创新等。通过变革与创新提高教育的竞争力和效率，提高教育的发展水平。观念变革与创新是基础，制度变革与创新为先导。观念转变后就是制度的问题。观念不变，制度不可能改变；制度不变，其他内容的转变根本不可能。教育制度变革与创新是教育变革与创新的关键。教育制度包括学校教育制度和教育体制。学校教育制度就是学制。体

制是国家机关、企业、事业单位等的组织制度，教育体制的概念很宽泛，包括招生制度、考试制度、毕业分配制度、教师培训制度、学科建设制度、科学研究制度、学位制度、学校设置制度、学校管理制度等。教育制度变革与创新任重道远。教育领域应该积极在教育制度变革与创新中不断进行新探索，大胆试验，锐意进取，及时总结经验，尽快建立适应我国经济发展的教育新体制。教育目标变革与创新是指培养人才标准和人才评价体系变革与创新。教育要培养什么样的人才？什么样的人算人才？不同的时代有不同的要求，不同社会的政治经济的不同需要对人才的要求也不尽相同。这些问题都需要我们有与时俱进的意识。教育手段是提高教育质量和教育规模的必要条件。教育手段的进步是推动教育进步的重要力量。充分利用现有的教育资源，积极吸收现代最新科学技术成果，走教育信息化之路，建设网络大学、网络学校，不断提高教育普及程度，实现教育大众化目标。教育手段的更新必然带来教育方法的变革与创新。课程体系和教学内容变革与创新是提升教学质量、进行教育变革与创新的落脚点。没有变革与创新的课程观、没有新的教学内容，就不会培养出富有变革与创新精神的创造性人才。我们不仅要充分吸纳现代科学技术新成就，也要充分挖掘深厚的历史文化传统，使我们的教学内容永远富有新意，永远富有生命力，用这样的教学内容培养的学生，才会成为德智体全面发展的创造性人才。尊重教师是教育变革与创新的主要内容，在管理中充分发挥教师的积极性，淡化行政权力，强化学术、业务权利，充分听取教师意见和建议，是提高教学质量和发展教育事业的基本保证。总之，教育变革与创新是一个完整复杂的系统。教育只有在各个方面都有变革与创新，才能真正推动整体教育事业的健康、快速发展。

大学组织变革在全球化视野里进行，受发达国家大学的影响，在大学发展史上是一种规律。德国大学在洪堡确立科学研究的地位之后得到迅速发展，成为其他国家大学变革学习的榜样。美国大学在学习、引进德国大学的成功管理模式之后，发展很快，霍普金斯大学将德国大学科学研究功能移植过来，并且进一步强化这种科学研究的功能，1876 年首创设立研究生院，随后很多美国大学纷纷效仿。到 19 世纪末，美国的大学已经成为世界大学的先进代表。20 世纪初，中国大学的建立往往以欧美大学尤其是美国大学为蓝本。然而，由于国家、民族的文化的差异，以及政治、法律制度的差异和技术水平的差异，并不是全部照搬学习借鉴国外大学的改革，而是要考虑不同时期和背景的多种因素。当大学组织从全球的角度考虑问题时，整个世界都可以成为它们潜在的市场，当然也可以成为它们的竞争对手。斯蒂芬·P. 罗宾斯建议我们，在全球化背景下，我们应该注意到如下几个问题：法律政治环境、经济环境、文化环境①。戈尔特·霍夫斯泰德在论述到文化环境时,给出四个纬度:个人主义和集体主义、权力差距、不确定性规避、生活的数量和质量②。只有从这几个角度考虑全球背景下的大学组织变革,才能取得成功。更具体到一些问题,比如:政治对大学组织的影响,在东西方大学之间是不同的,而且也是造成东西方大学差异的主要原因。学术权力与行政权力的运用,不同国家也有不同的传统和习惯。民族文化的差异,直接影响到大学组织的开放程度和运行模式,影响到大学的课程设置与考试文化,影响到人才培养的思维方式和创造水平,影响到培养人才的价值观和爱国精神的差异。也许,亨廷顿在《文明的冲突与世界政治秩序的重建》这本书里,已经给我们做出了更好的阐释。

二、国家政治经济制度及政策因素与大学组织变革

国家层面的环境因素对大学组织变革的影响是巨大的,可以从如下几个方面体现出来。

(一)国家政治制度与法律对大学组织变革的影响

教育与政治的关系使得大学的任何变革都受到政治制度的影响。20 世纪 50 年代中国大学的院系调整,主要原因就是政治制度的变迁在大学制度上的反映。中国大学与现代欧美大学不同,主要是因为政治制度不同。在中国大学的权力结构中推行党政管理体制,而在欧美一些国家大学中董事会则发挥巨大的管理作用。中国私立大学发展缓慢,发达资本主义国家私立大学则占据半壁江山。"从结构上来看,我们的教育还是以公办教育为主,特别是在大学阶段,公办大学占了 90% 左右,而在日本,仅有 27.3% 的大学生在公办大学就读,在韩国,这一比例也仅为 37.3%"③。法律是政治的集中体现。关于教育发展的法律,成为大学组织变革的规范。美国 1862 年颁布的《莫里尔法》,为美国赠地学院的创办与发展提供了法律保障与经济基础,促进了美国高等教育面向大众,加快了美国高等教育民主化进程,改变了高等教育作为少数特权阶层的垄断地位④。联邦德国于 1976 年 1 月 26 日通过《高等教育总法》,后又经过 1987 年、1993 年两次修订,成为德国高等教

①　[美]斯蒂芬·P.罗宾斯,玛丽·库尔特.管理学[M].北京:中国人民大学出版社,2004:99-103.

②　[美]斯蒂芬·P.罗宾斯,玛丽·库尔特.管理学[M].北京:中国人民大学出版社,2004:107.

③　汤敏.关于扩招的几个问题[J].北京大学教育评论,2006(2):70.

④　贺国庆.外国高等教育史[M].北京:人民教育出版社,2003:287.

育发展变革的指针,为德国高等教育的发展提供了有力的法律保障,确保德国高等教育得到持续健康发展①。我国的《高等教育法》明确规定,大学实行党委领导下的校长负责制。

(二)经济制度与发展对大学组织变革的影响

经济对教育的影响是深远的。国家经济基础决定大学的发展。中国是穷国办大教育,教育欠账很多,高等教育发展得不到经费的有力支撑,直接影响到大学教师薪资水平、经济收入和社会地位,影响大学的全面发展。目前中国大学的办学经费与美国大学相比,差距很大。教师的收入也与美国大学教师的收入有很大差距。在日益激烈的人才竞争中,中国面临严重的人才流失的压力。社会经济实力也直接影响到大学发展的层次和结构,影响到大学的招生。

美国著名社会学家、高等教育理论专家马丁·特罗(Martin Trow)以毛入学率为指标,提出了一个社会高等教育发展的3个层次理论。马丁·特罗是美国加利福尼亚大学的社会学教授,在比较政治学和高等教育方面颇有研究,尤其精通英美高等教育的比较研究。他认为毛入学率在15%以下的高等教育为精英化阶段的高等教育;大于15%小于50%的高等教育为大众化阶段的高等教育;大于50%的高等教育为普及化阶段的高等教育。

高等教育毛入学率就是高等院校在校生人数与规定的年龄组人数(现在一般用18~22岁年龄组人数)的比率。它能够反映一个国家或者地区高等教育发展的水平,也反映出这个国家或者地区经济发展的水平。工业化时代为大众化高等教育的发展提出了需求。有统计表明,如果国民生产总值人均提升1个百分点,高等教育的毛入学率就可以提高0.41个百分点②。人均国民生产总值低于1 000美元,高等教育处于精英阶段,高于1 000美元时就可以由精英阶段向大众化阶段发展,人均国民生产总值在1 000~3 000美元的平均毛入学率是14%,进入大众化阶段的高等教育发展水平。人均国民生产总值在3 000~6 000美元,高等教育进入大众化阶段,平均毛入学率为22%③。

经济实力也决定着政府投向教育的经费力度,决定着大学学费的高低。目前发达国家对教育的投入,占GNP总量的4%以上,而我国却很低。早在

① 贺国庆.外国高等教育史[M].北京:人民教育出版社,2003:648.
② 国际教育发展研究中心.2000年中国教育绿皮书[R].北京:教育科学出版社,2000:87.
③ 国际教育发展研究中心.2000年中国教育绿皮书[R].北京:教育科学出版社,2000:88.

1993 年,《中国教育改革和发展纲要》就规定到 2000 年教育经费投入达到 GNP 4% 的水平。但是,长期以来,中国教育的财政投入占 GNP 的比重一直不高,没有实现 4% 的目标,到 2004 年占到 2.79%[①]。当然,即使实现了 4% 这个目标,教育经费投入在世界各国教育经费占 GNP 比例的排名中也是落后的。1991 年,世界公共教育经费投入平均占 GNP 的比重为 5.1%,其中发达国家为 5.3%,发展中国家为 4.1%,撒哈拉以南非洲国家为 4.6%,印度为 3.5%,最不发达国家为 3.3%。中国教育经费投入占 GNP 的比重为 2.3%[②]。

(三)国家高等教育政策对大学组织变革的影响

"政策,从广义上讲,是政策法规的总和;从狭义上讲,是不包括法律条文在内的行政决定"[③]。本章中我们界定其为狭义的国家高等教育政策。国家政策决定着大学组织变革的走向。回顾中国高等教育的变革,从 20 世纪 50 年代的院校调整到 60 年代的大学停止招生,以及后来的恢复高考,近几年高等教育的急剧变革,都是国家政策引导的结果。"九五"期间,国家开始实施"211 工程",在 21 世纪重点建设 100 所大学。1999 年,江泽民在庆祝北京大学建校 100 周年的讲话中,提出建设世界一流大学的思想,随后,又开始中国大学"985 工程"建设。世纪之交的中国高等教育,合校与扩招两大政策,对中国高等教育跨入 21 世纪之后的变革,产生了深远的影响。

1. 大学合并与发展

1998 年,在国务院机构改革中,一些产业管理部门并入国家经贸委,随之,91 所高等学校的管理体制做了调整,大部分实行部委与省共建,以省为主,一部分划归教育部领导[④]。之后,办学理念也发生变化,追求综合性、大规模成为这一时期高等教育发展的特点。高等教育管理体制就以"共建、调整、合作、合并"八字方针进行改革,尤其是"合并"政策调控下的大学之风盛行,很多被合并的大学,并不一定很积极,但是在国家政策的强力推进下,也不得不进行合校。伴随合并之风,又出现了升格的浪潮。政府的政策成为大学变革与发展的主要原因。

2. 大规模扩招

"自 1999 年以来的大学扩招,掀开了中国高等教育史上崭新的一页。在短短的五六年中,大学招生扩大了将近 3 倍,长期困扰着青年学子上大学

---

① 21 世纪经济报道,2006-03-03.
② http://www.people.com.cn/GB/jiaoyu/1055/3134021.html.
③ 袁振国.教育政策学[M].南京:江苏教育出版社,2001:1.
④ 方慧坚.中国高等教育的改革与发展[R].北京:清华大学出版社,2001:113.

难的问题有了很大缓解。"①"2006 年招收大学生约 600 万, 高等教育在学人数 2 500 万人, 毛入学率提高到 22%②。因为扩招, 进而开始了大学的新校区建设运动, 几乎每一所大学都建设新校区。可是大学没有那么多钱, 只有靠贷款建设新校区。于是, 大学欠账问题突出, 财务风险加大③。吉林大学把贷款发展遇到的严重经济困难向社会公开寻求解决的办法, 可以作为典型的一个案例, 也许意义是深远的。

国家政策并不是一直不变的。不同时期会有截然不同的政策。"在 1989 年制定的'八五'(1991—1995 年) 计划强调要以提高普通高等教育的教学质量为主, 对于招生数量的增长则要求严加控制。'八五'计划的最后一年——1995 年, 全国的高校招生人数是 65 万人, 这比 1988 年的招生数 66.9 万人还要少, 见表 6-2。政府宣称, 控制高校招生数量是为了提高教育质量和缓解由于 1989 年和 1990 年的经济紧缩政策而造成的劳动力需求减少的状况, 但显然这只不过是一种借口。这个问题的背后既有政治的原因也有经济的原因"④。从 1999 年前后提出高等教育扩招, 到 2006 年国家提出适度增加高等教育规模, 把教育质量放在首位的政策转移, 必然在高校内部引起不同的价值追求。由此可以推出, 时代政治文化背景也成为国家政策制定的主要原因, 并进而影响大学组织变革。

表 6-2   恢复高考以来不同时期的招生人数   单位:万人

年份	1977	1980	1988	1995	1998	1999	2001	2002	2003	2005	2006
招生人数	27	28.1	66.9	65	108	160	260	320	382	504	530

一项具体的国家高等教育政策的诞生是由办学理念、教育思想决定的。比如国家提出创办一流大学的教育思想之后, 就出现了影响深远的"985 工

① 汤敏. 关于扩招的几个问题[J]. 北京大学教育评论, 2006(2):62.
② 温家宝. 2007 年政府工作报告.
③ 据中国社会科学院发布的《2006 年:中国社会形势分析与预测》显示, 2005 年以前, 我国公办高校向银行贷款总额达 1,500 亿 ~ 2,000 亿元, 几乎所有的高校都有贷款。有调查认为, 中国公办高校贷款规模高达 2,000 亿 ~ 2,500 亿元。"高校债务实际上远远不止这个数目。"邵鸿说, 除去银行贷款, 许多债务是通过工程建设方垫资和一些单位的投资, 保守估计高校债务为 4,000 亿元。见:http://www.zjol.com.cn/06yk/system/2007/03/09/008232885.shtml.
④ [加]许美德. 中国大学 1895—1995——一个文化冲突的世纪[M]. 北京:教育科学出版社, 2000:194.

程"的政策实施;重视大学科学研究作用的办学思想,体现在组织变革上就是推行基层学术组织变革。大众化和精英化的高等教育理念直接决定着招生规模。

三、大学组织文化因素与大学组织变革

(一)大学组织文化的组成

组织文化是大学变革的主要动力。管理学家认为:"组织文化对许多管理过程产生影响,其中包括动机、领导、决策、沟通和变革。"①所谓组织文化,"就是表现组织特征的信仰、情感、行为、象征等。更具体地说,组织文化被定义为组织中共有的哲学观、意识形态、信仰、情感、假设、期望、态度、规范和价值观。""上述任何一个特征都不能独自代表文化的实质,它们共同反映并赋予组织文化一定的意义"②。组织文化像一座浮在海面上的冰山一样,在海平面上面可以看得见的那部分表象(artifacts)和可以观察到的行为,也就是人们的着装方式和行为方式,以及组织成员共享的象征、故事和仪式。但是,该可见部分实质上反映了海平面以下不能看见的那部分所代表的寓意,主要指组织成员思想中的更深层次的价值观、假定、信仰和思维过程等,这一部分才是真正的文化③。当然,大学组织文化与大学组织一样,是一个复杂的混合体,一个大学组织内可以存在多种文化形态,比如大学内部,教师团体的文化与学生团体的文化是不一样的。不同部门也会有不同的文化体征。从事教学管理的部门与从事科研管理的部门也有不同文化之分。同时,不同学校必然有不同的文化,北京大学的组织文化与清华大学就不一样。这是由于大学不同的历史、不同的历史英雄人物(清华如梅贻琦、蒋南翔,北大如蔡元培)、不同的价值观和理念(如校训、校歌)等所决定的。几乎所有的管理学教科书都认为这个组织特有的故事、特定的典礼和仪式、象征、语言等几个方面共同塑造了组织文化。具体地说,就是学校组织文化的几个环环相扣的方面:"组织的历史;组织的价值观和信仰;解释组织的神话

① [美]Fred C. Lunenburg. 教育管理学理论与实践[M]. 北京:中国轻工业出版社,2003:59.

② [美]Fred C. Lunenburg. 教育管理学理论与实践[M]. 北京:中国轻工业出版社,2003:53.

③ Edgar. H. Schein. Organizational Culture[J]. American Psychologist,1990(2):109-19.

和故事;组织的文化规范;代表组织特征的传统、仪式和典礼;组织的英雄人物。"①当然也包括组织独特的建筑。我们可以针对这几个方面的内容,逐一分析。

1. 大学组织的历史

各个大学都非常重视自身历史的书写,几乎每一所大学,哪怕建校才仅仅一二十年的时间,都会有一部宣传自己的校史,如果历时长一点的话,围绕校史研究的书籍会出现很多种,而且校史会伴随学校发展不断修订,按照中国文化习惯,大概每10年举行一次校庆活动,重新编撰校史成为校庆活动的主要内容之一。正是不同的校史,书写出不同的大学文化。而从校史研究入手演变出的院校研究,已经成为当今国内外高等教育研究的热点。所谓院校研究,是起源于20世纪60年代美国高校的自我研究,进入21世纪以来,伴随我国高等教育的迅猛发展,我国高校借鉴美国大学自我研究的经验,开始了中国特色的院校研究。"院校研究必须考虑本校的历史背景和组织文化特征,从本校所要解决的问题出发,为本校的管理与发展提供直接有效的信息与咨询服务"②。

2. 大学组织的价值观和信仰

不同的组织具有不同的价值观,是以人为本,还是以物为本? 是以质量为先,还是以效益为先? 是以行政权力为主导,还是以学术权力为主导? 在具体的管理中,是以学生为主体,还是以管理利益集团为主体? 所有这些问题即形成了大学的价值观体系,而这种基本理念和价值观体系,又直接决定着上述问题的解决方法和思路。校训、校歌和特有的大学精神构成了大学组织价值观体系和信仰体系。在一个大学组织内,形成特有的价值观体系直接影响到学校发展,不同的价值观就会出现不同的决策理念和发展结果。在一个信奉无所事事、自由散漫、缺乏理想和追求的大学组织文化内,一个严谨自律,愿意在学术上、教学上有所作为的教师,将难以适应这一组织文化,并有可能被边缘化。同理,在一个追求发展与进步的大学组织内,无所用心、饱食终日、碌碌无为的教师,则会被淘汰。

3. 解释组织的神话和故事

"故事是建立在那些经常在组织员工中流传的和介绍给新员工的关于组织的真实事件基础上的叙述。许多故事是关于那些作为文化标准和价值

---

① [美]Fred C. Lunenburg. 教育管理学理论与实践[M]. 北京:中国轻工业出版社,2003:63.

② 刘献君. 院校研究论略[J]. 高等工程教育研究,2006(5):21.

观的模范化、理想化的组织英雄人物的"①。形成大学组织文化的故事,典型的如北京大学在蔡元培主校时极力推行改革的案例,还有首先在北京大学发起的"五四"运动、"一二·九"运动,都成为凝练北大文化的基因。在极其艰苦的抗战时期西南联合大学留下了很多经典故事,并成为中国大学文化、大学精神的宝贵财富。

4. 组织的文化规范

在给组织文化进行描述和下定义的文献中始终存在两个主题:一是规范,二是假定②。组织文化影响行为的一个重要途径是通过社会系统规定和推行的规范或标准,组织内的个体主动遵守这一规范③,当然这种规范不是写下来的规则,但确实表明了绝大多数团队成员对成为一名好成员应如何行事的共同信仰④。大学组织的行为规范是指除去普通的应遵守的规则之外,还有学校系统内约定俗成的许多规范。比如,教师不仅要给学生上课,而且要把课讲好,要对得起学生这种自我约束的行为规范,等等。

5. 代表组织特征的传统、仪式和典礼

大学具有很多这样的仪式和典礼。校庆是最具有代表性的一种仪式。每年都有新生入学典礼,军训动员大会和军训阅兵式,毕业典礼,授予学位的典礼,每年举行运动会,等等。在这样的仪式与典礼中,大学的文化基因深深植入学生的心里,并影响到学生的行为。"大多数成功的管理者都意识到这些典礼和象征性的活动应该是管理过程中的重要内容,通过这些仪式和典礼,组织成员会意识到组织取得的成就"⑤。

6. 组织的英雄人物

每一个组织都有自己的英雄人物,大学组织也不例外。英雄人物演绎着大学的历史,并成为后来者学习的榜样。大学里取得突出成就的校友,包括著名的政治家、军事家、学者、专家等,在国际上著名的大学校史馆里,都有获得世界大奖(如诺贝尔奖)者的塑像和照片。每个大学都有类似这样的

---

① [美]理查德·L.达夫特.组织理论与设计[M].沈阳:东北财经大学出版社,2002:278.

② [美]罗伯特·G.欧文斯.教育组织行为学[M].上海:华东师范大学出版社,2001:147.

③ [美]罗伯特·G.欧文斯.教育组织行为学[M].上海:华东师范大学出版社,2001:147.

④ A. R. Cohen and others, Effective Behavior in Organizations, 3rd ed. (Homewood, IL: Richard D. Irwin, 1984), p. 62.

⑤ [美]Fred C. Lunenburg. 教育管理学理论与实践[M].北京:中国轻工业出版社,2003:55.

英雄人物的图片陈列在校史馆里。长此以往，这些大学里的英雄人物内化为大学的文化精神内核，并引导一届又一届的学生向这些自己的著名校友或者老师学习。

7.组织独特的建筑

任何一所大学都尽可能寻找属于自己特有代表的独特建筑作为学校的象征。北大的未名湖已不再是小小的一汪湖水，这个特殊名字含义下的小湖，已经成为北京大学的象征。当有些人想以此湖命名一个五星级酒店的消息传开之后，立即遭到了北京大学学生的普遍反对和抗议，这不是偶然的。千年的岳麓书院之于湖南大学，千年的铁塔之于河南大学，都已作为文化因素之一融入大学之中。任何一所大学都有自身独具一格的特有标志性建筑，如大门、教学楼、礼堂、报告厅、塑像等。河南大学从南大门到大礼堂之间的中轴线两侧的近代古典式建筑群，成为国家级文物，也成为河南大学的精神象征。

组织文化一旦形成，就有不断维护、固定、传承的机制，比如，新生入校后上的第一堂课就是参观校园，参观校史馆，在学生心中内化为对学校的热爱与自豪，从而接受这所大学的组织文化，并继续巩固、创造、传承这一独特的文化形式。

（二）不同类型的大学组织文化对变革决策的影响

文化究竟在管理过程中起什么作用？我们可以从图6-3中加以分析。假设一所大学组织类似于一家企业组织，大学组织面向社会接受信息、学生、教师等外来资源，经过动机、领导、决策、沟通、变革等若干个管理过程，在文化氛围的影响下，综合运用工作规则、遴选机制、评价体系、奖励机制和控制系统，向社会输出经过培养的人才、创造的科学技术以及富有变革与创新的文化思想等。"一个组织的文化，尤其是强文化，会制约一个管理者涉及所有管理职能的决策选择"[①]。而赫伯特西蒙认为，管理就是决策。那么，我们以决策为例，来探讨分析不同的文化类型下面的管理决策行为。

从斯坦霍夫和欧文斯的学校文化分类中，可以清楚地感受到不同文化对决策的影响。斯坦霍夫和欧文斯将学校组织文化分为家庭式文化、机械式文化、卡巴莱表演文化、恐怖场所的文化四类[②]。而这四类文化模式下的变革决策过程与决策结果是有区别的。

① [美]斯蒂芬·P.罗宾斯，玛丽库尔特.管理学[M].北京：中国人民大学出版社，2004：68.

② [美]Fred C. Lunenburg.教育管理学理论与实践[M].北京：中国轻工业出版社，2003：64.

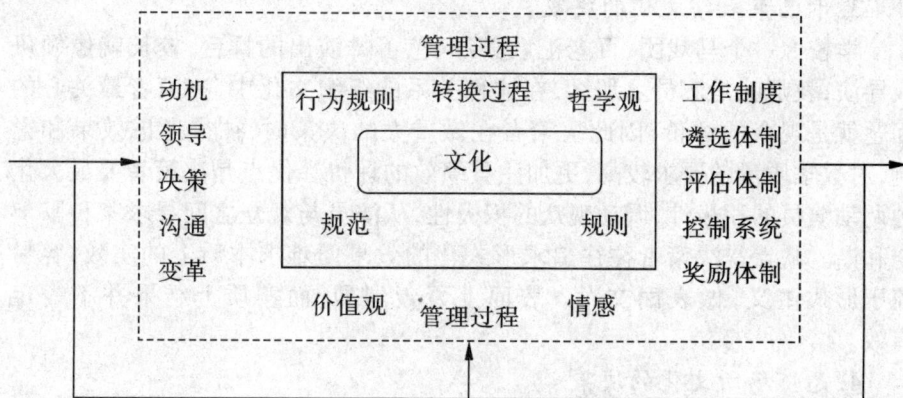

图6-3　组织文化维度下的管理过程①

注:此图参考借鉴 Fred C. Lunenburg 的"组织文化的维度"图。

1. 家庭式文化的决策

在家庭式文化的组织内,管理高层就像一个家长,每个成员就像家庭中的一员。对于组织变革的决策过程就像家长对于家庭的发展一样,有利的地方是把组织作为自己的家来管,可以尽到责任,同时也会关心每一个成员的发展,当然前提是这个成员必须听家长的话。不利的地方就是往往以牺牲组织的利益来换取成员的短期利益,容易产生专制化倾向,缺乏民主。如果大学组织的最终决策者在决策过程中始终是科学与正确的,那么,这所大学因为有强有力的领导将会保证预期目标的顺利实现。而一旦决策失误,同样还是因为强有力的领导,使正确的声音难以通过民主方式表达出来,最终酿成重大损失。

2. 机械式文化的决策

在机械式文化的组织下,一个组织被当作一个完整的机器,不同的成员被作为机器的不同零件。决策者在决策过程中往往考虑的是组织的整体,决策要保证组织的整体运行,而缺少对于组织个体成员的关心,缺乏人文精神和人文关怀,缺乏灵活性,按部就班,效率不高。集体决策往往会因为平衡各方面利益和避免矛盾冲突激化而采取这种机械化的决策,追求秩序公正,却并不考虑结构是否合理;追求平衡,不考虑效率;追求保守,不考虑变革与创新。

---

① ［美］Fred C. Lunenburg. 教育管理学理论与实践［M］.北京:中国轻工业出版社,2003:54.

3. 卡巴莱表演文化的决策

学校像一个马戏团、百老汇歌舞厅、芭蕾舞演出的舞台,校长就像领班或导演,教师就是演员。那么,在这种关系的组织文化中,决策者最关心的问题就是观众的评价,因此决策者在做重大的决策时,往往考虑效果和影响,对教学质量的要求较高,更加注重绩效的评价。优点是决策者要最大化地调动演员的积极性,调动观众的积极性,从演员与观众之间寻求某种默契与和谐。缺点是决策者往往追求形式化的效果而难求本质上的实效,容易流于形式主义,做表面文章。表面上轰轰烈烈,而实质上结果并不一定有效。

4. 恐怖场所文化的决策

这种组织文化是最糟糕的一种文化,组织成员过着孤独的生活,得不到安全保障,没有轻松的心情和愉快的工作环境。决策者具有独裁式的思维方式,掌握着每一个成员的命运,组织内充斥着"永远也不知道下一个倒霉的人是谁"的恐惧氛围。决策者的目的不是促使组织追求最优化绩效,而是确保决策者本人的权力能够达到至高无上的地位;追求自身利益,凡是反对决策者权力的人或者行为,都将受到决策者利用法定权力的惩罚。这种组织文化背景下的决策,也许在一定时间内有效,并达到决策者的目的,但是这种组织的决策形势不会持久下去。要么决策者倒台,要么优秀的员工迅速流失从而导致组织的失败。

(三)大学组织文化与大学组织变革

由此看来,文化对于管理的影响是直接有力的。不同文化的管理实践过程和结果显然不一样。著名管理学家威廉·大内(William Ouchi)提出的Z理论,和X理论与Y理论相比,X理论和Y理论所关注的是不同的管理者的个人领导风格,而Z理论关注的是整个文化①。如图6-4所示,可以看出Z理论在管理学校组织的运行中所涉及的一些基本理念和内涵。我们可以结合当前中国大学教育中的具体问题,对这一理论相关的概念进行分析。

1. 信任与亲密

Z理论认为大学组织内部要建立亲密的相互信任的关系,师生之间,管理者与被管理者之间,老师与老师之间,学生与学生之间,都建立起和谐的关系,这是大学组织管理有效性的关键。怎样才能达到相互信任亲密的和谐境界?只有大学组织目标成为组织内所有成员的共同理想和目标,组织成员个人利益与组织的整体利益一致,组织变革与发展必将使每一个成员

---

① [美]Fred C. Lunenburg. 教育管理学理论与实践[M]北京:中国轻工业出版社,2003:61.

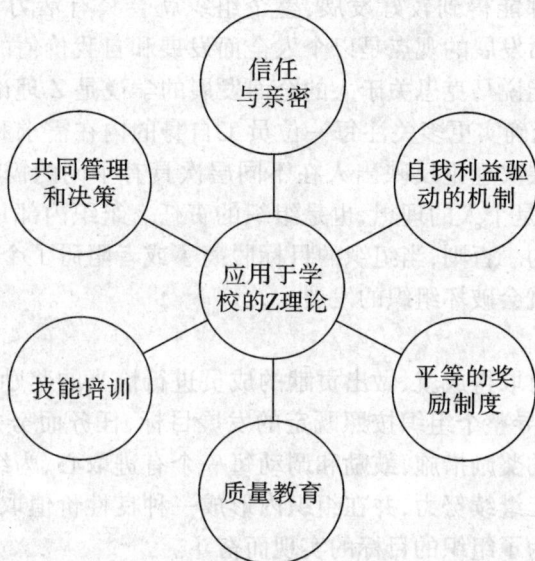

图6-4 应用于学校管理的 Z 理论的主要因素

受益,这样才能达到和谐的境界。

2. 共同管理和决策

大学组织的发展不仅仅是管理者的任务,而是所有成员的任务。在管理过程中,更注重集体参与意识的培养,更注重发挥所有成员的积极性,遇到重大问题的决策,要在整个组织内广泛征求意见,体现集体的意志。大学组织内学术委员会、教职工代表大会参与学校重大发展问题的决策,学校在重大事项的决策过程中,广泛征求大学教师代表、学生代表的意见,成为 Z 理论共同管理决策的主要特征。

3. 培训

对组织成员的培训显然是重要的。通过培训既可以提高组织整体的能力和水平,也可以让成员更加熟悉组织的任务、目标和发展方向,从而提高组织的效能。组织通过整体目标的实现,使组织获得最大化、最优化的发展,从而为组织内个体的发展提供充足的资源和机会,因此,组织以追求整体的最优为目标,实现这一目标要靠组织所有成员的共同努力,要靠所有员工都必须具有为完成组织目标而工作的技术和能力,培训是必要的。同时,培训员工也是满足每一位员工自身发展的必要手段。

4. 个人利益的动机

威廉·大内认为,组织内每一个成员的个体利益是组织中最真实的利益,只有满足每一个成员追求的个体利益,才能最终满足组织的整体利益。

275

让每一个成员都能得到较好发展，整个组织就会具有活力和发展的动力。现代社会中全面发展的观点是以个人全面发展和自我价值的实现为本质特征的。虽然不能说马克思关于人的全面发展的学说是 Z 理论的根本价值取向，但是，Z 理论确实更多关注每一位员工自身的内在需求和发展。马斯洛关于人的需要层次理论反映出人在不同层次具有不同的需求，而实现人的这一自我需求，是个人的理想，也是组织的责任。组织内部是以满足个人需求为存在价值的。否则，当组织的目标脱离了或者阻碍了个体目标时，个体与组织的冲突就会破坏组织的发展。

5. 奖励

组织必须对取得成就、做出贡献的成员进行恰当的奖励，才能调动成员的积极性，并引导整个组织按照既定的发展目标、任务而努力。Z 理论正是通过这种公平的奖励措施，鼓励和调动每一个有进取心、为组织发展做出了突出贡献的员工继续努力，并在组织内形成一种良性价值取向，引导整个组织内所有员工为了组织的目标的实现而奋斗。

6. 质量教育

大学提供给社会的产品主要是通过优质教育来实现的。培养的学生具有变革与创新的能力和素养，为社会提供高新技术成果，以及推动社会进步与发展的先进管理思想和民主意识。

因此，我们必须清楚，"任何一个组织变革的全面计划，都必须包含着改变组织文化的尝试"[①]，也就是说，组织的变革必须有组织文化的变革，或者说，组织文化的变革能引起组织的变革。不同的组织文化对于组织的变革影响是不同的。

四、大学历史环境因素与大学组织变革

（一）大学组织变革与发展不能回避大学的历史

现代中国大学在 100 多年的发展史上，经历了过多的灾难和波折、探索与反复，一直苦苦寻觅科学的发展道路。直至今天，位居中国大学前列的北京大学、清华大学在尚与世界一流大学距离很遥远的现实情况下，北京大学打出了改革的旗帜，试图通过制度的变迁来改变中国大学在国际上落后的现状，然而，北京大学的改革却遭到了来自大学内外包括社会的众多批评。在批评的声浪之中，于是有学者感叹"世上已无蔡元培"。究其原因，关键还是在于大学制度没有建立起来，无法得到制度保障的大学改革，即便再多的

① ［美］Fred C. Lunenburg. 教育管理学理论与实践［M］. 北京：中国轻工业出版社，2003：61.

蔡元培,对于中国大学的现状都将会束手无策。适合大学生长与发展的现代制度理念与结构体系,必然受制于大学自身发展的历史和外部条件。因此,大学的变革不能回避历史的延续和现实的困惑。从大学外部环境也就是从社会的原因寻找解决大学问题的途径可能是上策。

克拉克·克尔先生曾在 20 世纪 50—60 年代出任美国加州大学伯克利分校校长、加州大学总校校长,后来又任美国卡内基高等教育委员会主席。他对美国高等教育做了许多深入研究,这些成果被奉为高等教育研究的经典著作。其中《高等教育不能回避历史——21 世纪的问题》一书,是他众多著作中的一本。他以宏观的视界和历史的线索从欧洲高等教育发展的历史和美国高等教育发展的事例来分析高等教育发展的规律,认为高等教育的发展是知识的普遍化与特殊化的矛盾运动,知识普遍化反映的是学术的根本利益,而特殊化反映的则是民族国家的局部利益,这两者始终存在着冲突,这些冲突演绎出不同形态的高等教育。因此,高等教育的历史,很多是由内部逻辑和外部压力之间的冲突与对抗谱写的,高等教育从来没有完全自立过。无论是欧洲的、美国的,还是其他国家的大学,尽管都追求大学的自立、自治与自为,但这无疑只能是一个幻想而已,既不符合大学发展的历史轨迹,也不符合大学发展的现实环境需求。当代美国著名高等教育哲学专家布鲁贝克在他的《高等教育哲学》(1978,1982)一书中也认为,在 20 世纪,使高等教育存在的哲学基础有两种,一是以认识论为基础,大学以传授知识、分析批判现存知识、探索新的学问为主要职能;二是以政治论为基础,大学为社会政治团体服务。大学之所以探讨深奥知识,是因为这种探讨对国家有用。当高等学校卷入日常生活的时候,必然会遇到如何确立目标、如何掌握行使权力的方式方法来实现这一目标的争论,这就使得大学具有政治特性(胡克,1953)。布鲁贝克(1978)认为,包括柏拉图、亚里士多德、杜威在内的所有伟大的教育哲学家都把教育作为政治的分支看待。现代大学存在的基础主要是政治论,大学作为政治组织的延伸,必然具有明显的政治属性和政治诉求。作为微观政治组织形态的现代大学,即便是在所谓高度民主发达的美国,在近年来也引起了研究者的高度注意和足够重视。"政治论"哲学观的大学,既是大学生长发展的理论基础,也是现代大学服务社会功能的逻辑支点。因此,我们不难理解,大学绝不可能成为独立于社会政治势力、经济基础之外的自治性社会组织,它必须服从于、服务于社会发展的需要,包括社会政治、民主、经济与文化,乃至于巩固政权的需要。然而,大学追求知识、传授、创造知识的功能,也要求大学必须研究高深学问,追求学术自由、学术独立和学术自治,这自然也是大学价值的应有之义,不仅仅是理想主义大学的追求目标。事实上,学术自由、自治、自为是有限度的。尽

管如此,这种有限度的学术自由与自治往往成为大学精神的象征,成为大学追求、向往的理想境界。也因为此,意识形态下的政治要求与学术自由之间的矛盾,几乎无法抹平和消融,构成了大学组织的突出特点。这对矛盾也可看成是大学科学教育与人文精神的冲突和对立。

(二)大学组织变革与发展也不能回避大学面临的现实

大学组织的任何变革与发展既不能回避历史,也不能回避现实,这不仅是大学生长的逻辑,也是大学存在的逻辑。任何脱离大学的历史,脱离社会的历史,一厢情愿地谈大学的未来与发展都是不切实际的;任何脱离大学的现实、大学所处社会的现实,在大学自治的口号下,盲目地追求大学变革也是虚妄的。也就是说,决定大学使命、地位、功能的主要因素是社会的现实与历史。大学当然有其自身的发展规律、自身的价值取向、道德责任和天然的社会功能,这种大学内在的规律与所处外界社会的现实相互共同作用才导致了大学自身的结果,亦即今天的大学是什么样子,将来的大学会是什么样子,也许这应该就是大学各种变革的前提和基础。那么,大学的"现实"是什么呢? 从组织行为学的角度讲,可以从大学组织环境系统来审视"现实"的内涵。理查德·H.霍尔认为,大学组织如同其他组织一样,组织环境因素包括政治环境、法律法规环境、技术环境、人口环境、生态环境、文化环境等。如果脱离这些组织环境来谈组织的变革与创新,显然是空中楼阁,或者是水中花、镜中月,美则美矣,然而不现实。

(三)西南政法大学的变革带给我们的启示

理论往往是枯燥的,也往往因为高度概括而显得生硬和呆板。我们不妨从生动的案例中体会这种理论的价值。《南方周末》刊发的《西南政法大学,风雨五十年》①的长文,从西南政法大学 50 年的风雨历程、坎坷艰难曲折发展史,宏观构建出的这样一个具体案例,是我们再次看到的大学的发展不能回避历史、更不能回避现实的经典理论的佐证。西南政法大学辉煌也罢,失落也罢,决定这辉煌与失落的众多力量中,主要在于外部现实,在于社会历史发展的大势。当大学组织完全取决于社会整体组织的运转规律之后,自身的自主性、客观性都会被遗忘,被丢弃,被忽略。于是,我们看到西南政法大学历史上的两次自发的"护校运动"。一次发生在 1972 年,一次发生在1998 年。两次"护校运动"对于西南政法大学来说,结果是不一样的。在第二次"护校运动"中,虽然保住了"西政"不被并入重庆大学的历史厄运,却未能保住"西政"往日辉煌的社会资源,"重点高校"的名称与待遇没有了,人才

---

① 赵凌.西南政法大学,风雨五十年[N].南方周末,2003-11-27.

发生了强烈的地震,一批优秀的学者在短时间内成批离开"西政"。尽管离开者并不都是高兴着离开的,可能多数人是饱含着对"西政"的深情和眷恋离开的。但是这种人才大规模集体流失还是深深地刺痛了"西政"的神经。今日"西政"的衰落,再次说明一所大学的沉浮是由大学所处的地理位置、所获取的社会资源、得到的社会政策支持等外部条件来决定的,也是由大学的历史与所处的现实环境所决定的。西南政法大学自身无法扭转、改变·自身的命运。这本身就是一种社会规律。

从西南政法大学短短 50 年的历史中,可以折射出中国大学的艰难曲折历程。这又让我们想到了"北大改革"。当北大改革演变成为一个"社会问题"而非北大自身问题之后,其命题本身的意义已远远超出了北大改革个案是否推行实用这一事实。这也许是北大聪明的改革家们的潜在用意。当北大的改革家们强力在校内推行改革而遭遇到了较大反对之后,他们大张旗鼓地通过社会媒体向社会宣传、公布他们的改革内容。然而也许是出乎意料,也许是情理之中,北大改革遭到了社会上更大的批评。尤其是诸如"新左派"著名领军人物甘阳等人的有力反击,以及由此而展开的对"大学理念"之类的"元"问题进行激烈辩论,把北大一个学校的改革之事引领到了整个国家、民族高等教育制度建立的社会性大问题上来,辩论双方尽管各执一词,但对于今天中国大学的变革与发展,实在是天大的幸事。事实上,北大改革是在原有大学制度不变的情况下追求另外一种制度下的运行规则,这种戴着镣铐跳舞的表演,也只能是以轰轰烈烈的改革造势为始,以悄无声息的落幕为止。北大改革方向的错乱、价值取向的迷失,由此引起人们对大学组织变革的深层次思考和质疑,对现代大学制度的向往与追求,对大学与政治、经济、文化之间关系的再次反思,对于大学发展与现代大学制度的建立所起的积极作用则是不可估量的。韩水法先生提出"世上已无蔡元培"(《读书》,2005.4)这一事实来谈北大改革,不能不让我们进一步思考,世上为何已无蔡元培?而今天,现代大学制度仍然不具备大学自立自为的外部环境,甚至连蔡元培似的人物——在那样的大学制度下,以牺牲个人的校长任职来抗议建立大学制度的阻挠者——在现代大学领域也失去了出现的基础和可能。也许,蔡元培个案的积极意义远没有现代大学制度的建立重要。

然而,即便如此,当中国大学仍顽强地追求"世界一流"的目标之时,却不知道这个"目标的前提条件"是否成立。这可以从世界大学的历史反观中寻求到答案。

(四)中国大学百年变革历史的回溯

英法德大学的发展历史,可以追溯到"文艺复兴"以前的中世纪黑暗时期,历经千年风雨的滋养,铸就了今日被世界认同的欧洲大学制度。美国大

学虽然只有 300 多年的历史，然而学习、借鉴、移植、变革与创新欧洲大学的模式，是它们成功的关键。中国现代大学的发展，即便是将古代中国的书院与封建时期的太学作为现代中国大学的历史源头，正如湖南大学号称"千年学府"所宣传的那样，虽然也可以与欧洲大学拥有一样长的历史，然而，说到底，古代封建时期的书院、太学，毕竟与今天从西方传输过来的现代大学制度相去甚远，简直难以相提并论。中国现代大学充其量只有 100 多年的历史。中国现代大学学习西方，自身艰难地发展，历经 100 余年，而期间社会动荡、战争频发，多次改朝换代，其艰辛探索、挫折不断的跋涉过程是其他国家大学无法想象的。20 世纪的中国是历史上风云际会的一个典型时期，救亡图存与探索发展成为 20 世纪前半叶与后半叶的两大主题。从辛亥革命、清廷退位，民国初年军阀混战，北伐胜利，国共失和，日本入侵，三年内战，到最终建立起人民当家做主的社会主义的中华人民共和国，中国的大学在前半叶只能是处于颠沛流离、风雨飘摇之中，也只能以救亡图存、抗战救国为最大目标，那么，大学自身的规律必然消融到国家危难、民族危亡的第一要务之中。在这一时期，蔡元培短暂主政北大并倡导的北大改革与后来抗战时期的西南联大成为可圈可点的大学探索进程中的亮点。西南联大在极其艰难困苦的条件下，顽强地生存与发展，并给后来中国大学留下了弥足珍贵的"西南联大精神"，培养了一代社会精英人才。这些精英人才成为抗战困难时期的民主、科学、教育的耀眼的彗星，这些人和他们身上闪耀的"西南联大精神"对后世产生了深远的影响。然而，这种联大精神何以产生在特殊困难时期、特殊的联合大学之内？正如冯友兰先生所说："联合大学之始终，岂非一代之盛事，旷百世而难遇者哉！"何也？谓之有四："联合大学之使命与抗战相始终。"此其一。"同无妨异，异不害同，五色交辉，相得益彰，八音合奏，终和且平"。此其二。"以其兼容并包之精神，转移社会一时之风气，内树学术自由之规模，外来民族壁垒之称号。违千夫之诺诺，作一士之谔谔"。此其三。"吾人为第四次之南渡，乃能于不十年间，收恢复之全功，庾信不哀江南，杜甫喜收蓟北"。此其四①。这大概就是西南联大的精神内核与实质要领。对大学精神的不懈追求，使得即便是在困难条件下大学的价值也得到了最充分的表达和再现，西南联大成为百年大学探索历程上的一个坐标。

新中国成立后中国大学又历经多次变革与运动的洗礼。新中国成立之初，学苏联高等教育的格局，推行大规模院系调整，导致高校大分割。一批新式大学纷纷成立，原有的私立大学完全改制，奠定了直至今日中国大学的格局，诸如北京、上海、武汉、西安、南京等地高等院校的布局都是那个时候

---

① 李洪涛.精神的雕塑——西南联大纪实[M].昆明：云南人民出版社，2001：353.

确立的。今天看来,50年代中国大学的院系调整,完全是对20世纪上半叶探索大学制度的颠覆与抛弃,在这次大学制度的变革中,国家决策又把科学研究从大学中剥离出去,成立独立的科学研究院体系,彻底抛弃西方大学早已确立并已经在实践中证明是正确与科学的科学研究功能。中国大学就这样在单科性的条块分割中,独立苦行,艰难求索。这种彻底抛弃前50年大学实践的经验,完全采用苏联"新型"大学教育制度,彻底取消私立大学,另起炉灶,重新起步的方式,无论是在当时看来,还是在今天看来,未免有矫枉过正、舍本求末之嫌。也有评论者认为,当时大学院系的调整,也许与政治的巨大变革有关。然而,到了"文化大革命"时期,在追求教育平等口号下,竟然停止大学招生,大学被迫关门停办,中止了对现代大学制度的探索,这种无视历史与现实的需求,对大学规律的蔑视与戕害,受到了历史的惩罚。在50年后的20世纪与21世纪之交,中国高等教育之所以刮起强劲的合并风,无疑是对50年前"院系调整"的自然反叛与"回归"。而今,一刀切的合并与一刀切的拆分,都是无视大学制度与大学自身发展规律的表现,是对大学规律的蔑视。事实上,苏联高等教育模式和大学制度,也独具特色和个性,为苏联的飞速发展做出了突出贡献,仍然有许多值得我们继承的精神价值,在探索与学习欧美高等教育模式的时候,也不应该完全抛弃。

50年来,中国高等教育画了一个圆,转了一个圈,又回到了原点。这种反复是可怕的,都将过去积累的经验抛弃。只要想一想确立大学科研理念的时间差就知道中国大学落后到了什么程度,早在德国洪堡推行大学改革之后,就确立的大学科学研究功能,在20世纪80年代中国的华中工学院(现华中科技大学),朱九思先生还在强力呼吁"大学应该具有科学研究的功能",而这种呼吁直到90年代才在许多中国大学人的心目中得到了回应,逐渐认识到了科学研究对于现代大学发展的重要性。大学科研的理念在中国大学人心目中的确立比起欧洲整整晚了将近两个世纪。所以,我们只能说,中国大学只是在改革开放后才逐步走向正轨,逐渐摆脱大幅度的摇摆与反复,慢慢发展起来的。如果真正地说起现代中国大学的历史,也就是近30年这段相对平稳、健康的发展史。即便是在这样高度发达的不到30年的历史中,国家所采取的"211"工程,"合校"之风,大幅度扩招,趁机圈地大建新校区、大学城,凡此种种的大学组织变革与创新,对于高校本身来说,无异采用的是典型的"拔苗助长"之术。其政策决策的正确与否,也许至今还没有明确答案,然而,对于许多大学来说,靠巨额贷款拓展办学空间,合校、新校区建设而形成的多校区管理,大大提高了办学成本,使本来就十分紧缺的教育资源更加紧缺,同时也为大学带来了潜在的风险。这不能不使人想起国有企业改革也曾走过的贷款、无力还款、向企业职工借贷融资,结果导致国有

企业倒闭和私有化的历程。今天，许多大学为建新校区所承受的巨额贷款的压力，最终是靠国家买单，还是借此机会，如同 20 世纪 90 年代国有大中型企业改革那样，完全将大学推向市场，向社会游资转让大学的经营权，改变长期形成的大学国有身份，形成一批有实力的私立大学？这大概会使决策者们又一次面临决策的困境。归根结底，问题又回到了"大学制度"的根本上来。而朱永新教授倡导的大学转制，鼓励大学私有化，无疑，对于目前陷入经费紧张困局之中的大学来说，是最有可能实现的。中国大学的目标总是迷失方向，中国大学制度建设的道路还很漫长。于是，合校之际，西南政法大学迅速衰落，许多大学在向综合性发展的道路上，很快迷失了自身的定位。

这就是中国大学的历史与现实。在大学始终处于来自于外部的人为造成的拆分动荡之时，在大学改革取向尚难以回答是确立华人大学理念还是西方大学理念这样的基本问题时，我们却在一味地追求模仿，先是欧美，后是苏联，再是欧美大学的体制，也许总体目标是对的，可是近期价值取向则是迷乱的，如此不顾中国大学的历史与现实，片面追求"世界一流"究竟有什么现实意义？再者，当北京大学等高校每年轻易地从国家拿到 18 个亿之后，自以为经费充足，就打起了建设"世界一流大学"的旗号，以美国大学运行机制为目标提出了一系列的"重大改革"举措，却不知这点经费相对于今天美国的大学获得的经费来说，简直就是杯水车薪，更遑论其他捉襟见肘的一般大学了。这种脱离中国大学历史，脱离中国大学现实环境、布满了许多陷阱的改革道路，对北京大学等高校发展到底有没有益处？对中国高等教育的改革，到底益处何在？

中国大学的历史还很短暂，完备科学的现代大学制度尚未建立起来，大学发展仍然处于大幅度的摇摆与徘徊时期，不仅对于自身的规律还没有摸透，难以准确把握，而且对于大学所处的外部环境，也没有厘清其组织间（IOR）的关系以及之间的相互影响，甚至，百年以来，中国大学的目标总是在飘移不定，这个时期以这样的目标为主，而另外一个时期的目标则相去甚远。在这样背景下的大学改革无疑是盲人摸象，或者是不着要害。大学要想真正地发展起来，关键在于要尊重大学的历史、大学的现实，并在此基础上认真思考大学发展的外部环境，以及与这环境相对应的大学发展的社会制度完善程度和建设程度。如果大学的外部制度环境允许的话，那么，大学的变革，并非一定需要蔡元培，也照样能把大学建设成为现代的世界一流大学。

五、大学所在省区社会环境因素与大学组织变革

一所大学所在省区的各种环境，包括地理位置、经济水平、文化状态、人

口、资源等,对这所大学发展产生的影响不容忽视。经济、文化、历史、地理位置,甚至气候等都对大学的发展产生深远影响。针对教育部所属6所师范大学和部分省属师范大学的基本情况进行分析,可以看出来地理位置对大学发展所起的重要作用。

从表6-3至表6-6中,我们可以看出,大学与所处社会环境之间的密切关系。为了更好地说明这个问题,我们从中国大学发展的诸多案例中,选取两个具有典型性的决策案例进行分析和思考,从中可以看出在中国特定的条件下,中国大学组织变革与发展,往往受所在地的政治、经济、文化、历史等各种因素的影响。也就是说,中国大学的发展不能脱离所在省区的各种环境因素。

表6-3 部分师范大学地理位置与2007年综合排名分析

学校名称	归属	类别	城市	位置	文化	气候①	综合排名
北京师范大学	教育部	985 211	北京	政治中心	政治文化	亚湿润暖温带半干旱阔叶林地带	19
华东师范大学	教育部	985 211	上海	经济中心	经济文化	湿润凉亚热带落叶阔叶与常绿阔叶林地带	30
西南大学	教育部	211	重庆	直辖市	蜀文化	湿润凉亚热带落叶阔叶与常绿阔叶林地带	51
东北师范大学	教育部	211	长春	省会城市	东北文化	亚湿润中温带湿草原地带	54
华中师范大学	教育部	211	武汉	省会城市	楚文化	湿润凉亚热带落叶阔叶与常绿阔叶林地带	55
陕西师范大学	教育部	211	西安	省会城市	黄河文化	亚湿润暖温带半干旱阔叶林地带	67
南京师范大学	省属	211	南京	省会城市	吴越文化	湿润凉亚热带落叶阔叶与常绿阔叶林地带	52
华南师范大学	省属		广州	沿海发达	岭南文化	湿润暖亚热带常绿阔叶林地带	59
西北师范大学	省属		兰州	西部落后	西北文化	干旱中温带半荒漠地带	

注:排在百名之外的暂不注明排名结果。

---

① 西北师范学院地理系.中国自然地理图集[M].北京:地图出版社,1984:96.

表 6-4　部分地方综合性大学地理位置与 2007 年综合排名比较分析

学校名称	隶属关系	城市位置		经济文化	综合排名
山西大学	省部共建	省会城市	太原	晋文化	63
河北大学	省部共建	非省会城市	保定	燕赵文化	77
云南大学	211	省会城市	昆明	云南文化	78
江苏大学	省属	非省会城市	镇江	吴越文化	81
河南大学	省属	非省会城市	开封	中原文化	83
贵州大学	211	省会城市	贵阳	黔文化	100
广西大学	省部共建	省会城市	南宁	广西文化	106
宁夏大学	211	省会城市	银川	塞外文化	
青海大学	211	省会城市	西宁	高原文化	

表 6-5　39 所"985"大学地区分布

地区	数量	学校名单
北京市	8	清华大学,北京大学,中国人民大学,北京师范大学,北京理工大学,中国农业大学,中央民族大学,北京航空航天大学
上海市	3	复旦大学,上海交通大学,同济大学
陕西西安市	3	西安交通大学,西北工业大学,西北农林科技大学
湖南长沙市	3	中南大学,国防科技大学,湖南大学
湖北武汉市	3	华中科技大学,武汉大学,中国地质大学
江苏南京市	2	南京大学,东南大学
天津市	2	南开大学,天津大学
广东	2	中山大学,华南理工大学
山东	2	山东大学,中国海洋大学
四川	2	四川大学,电子科技大学
辽宁	2	东北大学,大连理工大学
安徽	1	中国科技大学
浙江	1	浙江大学
黑龙江	1	哈尔滨工业大学
福建	1	厦门大学
吉林	1	吉林大学
重庆市	1	重庆大学
甘肃	1	兰州大学

表 6-6　部分"985"大学 2006 年本科招生计划与所在地分配　（单位：人）

学校	2006 年招生计划	所在地招生指标	
兰州大学	4,715	甘肃	1,250
南京大学	2,563	江苏	1,280
武汉大学	6,270	湖北	3,060
山东大学	5,883	山东	3,592
中山大学	8,250	广东	4,635
同济大学	3,699	上海	1,574
南开大学	2,606	天津	720
西安交大	3,400	陕西	1,015
厦门大学	4,302	福建	1,912

　　案例一：中国科技大学在河南选址的失败。有关资料显示，20 世纪 60 年代，中国科学院系统的中国科技大学决定从北京迁往外地，当时首选在河南开封。然而当时的河南省主要领导认为，一所大学在河南安家，要占用多少土地，吃掉多少粮食啊！所以，坚决不同意在河南办学①。后来中国科技大学选址安徽合肥办学。我们也可以在加拿大著名教育学专家许美德的著述中得到佐证。

　　中国当时的大气候是忧虑忡忡和知识无用，这从中国科技大学的经历中可见一斑。当该所大学于 1970 年准备从首都北京迁到其他地方时，受到了人们的排斥，难以找到立足之地。首先考虑到的迁移地点是河南的省会郑州市，可是该省思想保守的领导人把它的迁入当作一种难题，加以拒绝。如今，在工程教育方面一直很薄弱的该省对当时的这一行为追悔莫及。最后，在万里的帮助下，中国科技大学被迁到了安徽省的省会城市合肥，随后发展成为一所重点科技大学，为提高该省的学术地位起到了很大的作用②。

---

　　①　参见王全书《感悟中原》，中央文献出版社，2006，601 页。"在有些地方，高等教育已成为拉动经济的重要增长点，在经济发展中占举足轻重的地位，这就是那些眼光远大的领导极力争取高校到他们那里兴办的原因之一。这方面，发达地区给我们树立了很好的榜样。相反，我省在这方面有过教训。当年中国科技大学有意迁到河南，当时的河南主要领导以粮食、副食品供应紧张为由拒之门外，结果迁到了安徽，使我们痛失了一次大好的机会。"

　　②　［加］许美德. 中国大学 1895—1995——一个文化冲突的世纪［M］. 北京：教育科学出版社，2000：139.

　　河南省因为失去中国科技大学,直接的损失就是有很多考生失去了就读中国科技大学的机会,包括研究生。自从恢复高考制度以来,中国科技大学每年多给安徽投放的招生指标之和,要比给河南投放的招生指标之和多出多少? 按照人口比来说,安徽比河南高出得更多,也就是说河南省上万人失去了可以接受中国科技大学良好教育的机会,同时也使河南一些高层次优秀人才失去在中国科技大学工作就业的机会,河南经济、社会发展也难以从中国科技大学获得智力、技术支持。

　　河南在20世纪50年代高等教育损失惨重。许美德这样描述河南大学的变革历史。

　　位于河南开封市的河南大学是一个在1952年高校调整中深受其苦的典型例子。这所大学的历史可追溯到1912年,当时她只是一所专门为赴欧洲和美国留学人员学习的预备学校,后来又依靠自身的力量发展成为一所高等学校。到30年代,她已经变成了一所拥有文科学院、理科学院、法律学院、工程学院和农业学院的综合性大学,成为河南省的骄傲。在抗日战争时期,河南大学为了抵抗日军的侵略,把大学迁往了农村,此举更使她声名远扬。终于在1942年,河南大学成了一所国立大学。然而在1952年的高校调整中,这所著名的大学几乎被完全分解了……最后河南大学只剩下了文科学院,主要的任务是培养师资①。

　　河南大学被撤分之后,河南省没有了综合性大学。按照中央的规划,准备把位于青岛的山东大学搬迁到郑州,但是由于受到阻挠和反对,此计划最终没有实现。"本来按照国家的高校调整计划,是要把当时的山东大学迁往河南郑州,以此来组建新的大学。当时很多上海的高校都迁往内陆地区,位于青岛的山东大学也接到了命令,准备迁往郑州,但山东省政府认为他们不能失去这所本省内最好的大学,于是拒绝了这个计划。最后,山东大学迁到了山东省会济南市,而河南省不得不自己建立了省属的综合性大学——郑州大学。"②

　　案例二:2006年中国政法大学按照各省区人口比例分配招生计划引起争论。全国人大代表、中国政法大学校长徐显明明确提出中国政法大学2006年对招生制度实行重大改革,本科分省招生计划首次按人口比例确定。中国政法大学不是北京的政法大学,而是全中国的政法大学。本科招生按

---

　　① [加]许美德. 中国大学1895—1995——一个文化冲突的世纪[M]. 北京:教育科学出版社,2000:210.
　　② [加]许美德. 中国大学1895—1995——一个文化冲突的世纪[M]. 北京:教育科学出版社,2000:209.

人口比例划分到各省是促进教育公平、构建和谐社会的具体措施。对生源质量的追求绝不以牺牲教育公平为代价。这项招生制度改革得到了教育部有关部门的认可。各省招生指标的计算方法:用今年学校计划招生的2 000个指标除以13亿,再乘以省份的人口数,基本上就是下达到各省的指标数;在此基础上,考虑国家开发西部的政策、生源质量、地域因素等,最后确定本科招生分省计划。过去该校在山东、河南、四川等地的招生指标从来没有超过100名,现在招生指标按照各省人口比例分配后,3个人口大省的招生人数都将历史性地突破百人①。这一改革得到了社会的赞同。然而,其他一些重点大学的校长们则对此持保留意见,并没有积极跟进这一有利于体现公平的招生重大变革。这种现象值得我们深思。从表6-7中可以看出,各省区人口的巨大差别。

表6-7 2006 年中国各省区市人口 人口:千万

省区	排序	人口	省区	排序	人口
河南省	1	9,717	陕西省	17	3,705
山东省	2	9,284	福建省	18	3,511
广东省	3	8,889	山西省	19	3,335
四川省	4	8,650	重庆市	20	2,774
江苏省	5	7,432	吉林省	21	2,708
河北省	6	6,869	甘肃省	22	2,619
安徽省	7	6,228	内蒙古	23	2,385
湖南省	8	6,164	新疆区	24	1,963
湖北省	9	6,031	上海市	25	1,778
广西区	10	4,850	北京市	26	1,538
浙江省	11	4,720	天津市	27	1,046
云南省	12	4,415	海南省	28	728
辽宁省	13	4,228	宁夏区	29	602
江西省	14	4,217	青海省	30	591
贵州省	15	3,904	西藏区	31	274
黑龙江	16	3,816			

注:统计数据不含港、澳、台地区。

① 摘自人民网:http://edu.people.com.cn/GB/4205201.html.

六、大学所在城市社区环境因素与大学组织变革

大学所在城市为大学发展提供的外部环境，对大学的发展与变革也产生巨大影响。所在城市的政治、经济地位决定着当地大学发展的前途和命运，当地大学通过提供人才、技术、信息等资源，对所在城市的发展产生积极影响，主要表现在如下几个方面。首先，为当地高级知识分子提供创业平台。无论是"985"大学，或者是部属重点大学，当地人占据绝大部分的教职与管理岗位。这是一个社会学命题，然而对这一现象进行研究的文献还不多见。其次，大学为当地提供大量就业岗位。一所 4 万人规模的大学，这些学生的饮食、住宿、日常生活消费会为当地提供不少于 10 000 人的就业岗位。再次，为当地提供较多的高等教育资源和接受高等教育的机会。本科生招收计划面向当地较多地投放，以及其他学历教育、非学历教育培训的机会，当地人占有绝对优势。最后，为当地提供大量的科学技术、信息、先进的思想文化和生活理念。

中国大学所处的地理位置不同，直接影响到大学的发展。改革开放 30 多年来，中国经济发生了天翻地覆的变化，但是经济发展不均衡。沿海经济发达地区，经济实力强大，对所属高等教育资源的支持力度很大。相反，处于内陆中西部尤其是西部经济欠发达地区的高等学校，往往因为当地经济的薄弱，得不到有力支撑，发展缓慢或处于落后停滞状态。地理位置，经济实力，社会文化，城市文化，当地人口资源，都会成为影响大学发展的不可或缺的因素。位于省会城市的大学发展与处于非省会城市大学的发展是不一样的，不同地理位置的大学，面临变革的任务和方向也是不一样的。

大学所在城市提供的外部环境对大学变革产生的影响，可以从如下几个方面得到反映。首先，城市的政治地位决定大学的发展水平。河南大学、河北大学的命运相近，当河南省和河北省的省会分别从开封、保定迁移到郑州、石家庄之后，河南大学、河北大学的命运就发生了重大变化。"九五"期间，因为学校所在城市政治地位的衰落，这两所很不错的大学都没能成为"211"建设大学。因为大学处于非省会城市，与全省的政治中心不在同一个城市，所以很多依靠政府支持的资源的获取，比如科研项目、科研经费、重点学科、招生计划等，就比较困难。其次，所在城市的经济实力影响到大学的发展。中部不发达地区某大学在建设新校区的选址问题上，大学与当地政府之间博弈。大学希望在原校区周边征地建设新校区，这样在家属区住宅楼、办公楼、图书馆以及交通等方面都可以节约大量资金。然而所在城市市政府为响应中央政府号召，从 80 年代建设开发区，由于地处内陆，资金引进困难，开发区建设一直没有大的起色，所以极力争取大学新校区建设选址在

开发区,可是开发区距离大学老校区有 10 千米的距离。在大学与城市之间的博弈中,省委出面支持城市的意见,投资 10 个多亿的新校区建成之后,大学发展面临很多尴尬,教职工家属区、图书馆、办公楼需要重复建设,而每年用于两个校区之间的交通费用高达数百万元,即便如此,教职工生在两个校区之间的交通仍然存在很多困难。办学成本大大增加,办学效率反而降低很多。新校区选址的非科学性反而削弱了学校的竞争力。再次,城市经济实力影响大学人才队伍建设。由于城市所能提供的就业岗位较少,而且理想的就业岗位更少,这样为大学引进高层次人才安排家属问题带来困难,只能将引进的人才家属安排到学校内部,长此以往,高层次人才家属问题成为制约、阻碍学校发展的重要因素。大学教职工子女在当地就业困难,导致人才流失严重,人才引进困难。最后,城市可以给大学提供的社会公共资源较少,非省会中小城市,人才聚集相对于省会城市而言要少得多,大学难以与其他可以聚集高层次人才的单位实现优秀人才资源共享,因为这样的单位太少。

七、生源环境因素与大学组织变革

我国高招分三类:第一类是省属高招计划,由省教育厅编制后上报教育部批准。第二类是教育部直属高校和部分部属高招计划,这类大学招生自主权相对较大。第三类是各省之间按照对等原则制订的招生计划。社会上争议最多的是教育部直属和部分部属高招计划,它虽相对于省属高校计划数少,但多是重点大学计划。因历史原因,全国"211 工程"等重点大学大多分布在北京、上海、武汉、西安、南京、广州等少数经济高度发达地区城市,而一些人口大省因缺乏足够多的重点大学,使得每年升学竞争特别激烈[①]。

影响大学生源的因素有如下几点。其一,不同类别层级的大学的生源是不一样的。部属大学和重点大学面向全国招生,当地生源所占比例虽然相对较高,但是总体上是外地生源占绝大多数。地方综合性大学主要面向当地分配招生计划,为了扩大外省生源比例,采取与外省对等交换招生数额的办法,与外省的同类大学交换招生数,这样,外省生源所占比例较少。其二,不同省区的生源差别很大。由于各个省区人口、基础教育与高中阶段教育水平差别很大,为大学招生提供的生源数量和质量就会有很大差别。比如,河南作为人口第一大省,基础教育、高中阶段教育的水平又比较高,当地省属大学比较少,所以,历年来高考人数远远高于其他省份,而录取人数尤其是重点大学在河南招生人数与河南高考考生总人数之比,远低于其他省

---

① 摘自人民网:http://edu.people.com.cn/GB/4205201.html.

区，录取分数线也就大大高出北京、上海等地，有些年份竟能高出 100 多分。其三，从历史的角度考察，大学生源在不同历史时期会出现波动。范谊在 2007 年全国人大会上提出废止高考制度的建议时，给记者举出了几个数据：根据我国人口统计，2009 年满 18 周岁的青年为 2 008 万人，而 2008 年满 18 周岁的青年为 2 621 万人，减少 600 多万人。这种青年人减少的趋势将一直持续到 2017 年，届时满 18 周岁的青年只有 1 149 万人，比 2008 年减少 56%①。只需要保持现在的招生规模，我国的高等教育毛入学率都会大大提高①。那么，从一个线性角度考虑问题，整体生源在不同的历史时期是不一样的。

招生计划的下达直接受国家招生政策影响，反而与当年的生源数量、大学的办学水平和办学能力之间的关系不是那么紧密。从社会的角度考虑，高等教育仍然是稀缺资源，社会对接受高等教育的强烈需求，使得大学成为关注的焦点。从大学的角度考虑，获取较多的招生指标可以获取高额的学费，用于弥补办学经费的不足。然而，招生计划的下达还是计划经济运行模式，由政府主管部门调控，受大学的基础设施、教师数量和办学水平、办学条件、培养质量限制。从国家的角度考虑，决定当年招收多少学生，要从大学可以接受的学生数量、就业市场、教育质量、考生数量甚至政治稳定、社会稳定的角度等综合因素进行分析后才能决定。20 世纪 90 年代初期国家对大学招生的严加控制和 1999 年开始的大规模的扩招运动，都是国家政治和经济发展的总体战略部署在高等教育领域的具体反映。"从 1985 年到 1990 年，正规高等教育系统放慢了扩大招生的步伐，在校大学生人数从 1985 年的 170 万人仅上升到了 1990 年的 204 万人。"②"中央政府担心，如果继续扩大高校招生数量的话，毕业的学生若不能在大城市里找到一份满意的工作，而同时他们又不愿意接受国家分配的一般性工作，这样这些人最终就有可能发展成为政治上的不稳定因素。"③

大学生源对于大学组织的变革在如下几个方面产生影响。其一，大学组织由过去的公费转变为自费的变革，高额的学费与贫困大学生群体的出现，导致大学组织的变革必须考虑大学生的承受能力。大学生大部分来自

---

① 摘自中国网：http://www.china.com.cn/2007lianghui/2007 – 03/06/content_7908970.htm.

② ［加］许美德. 中国大学 1895—1995——一个文化冲突的世纪［M］. 北京：教育科学出版社，2000：156.

③ ［加］许美德. 中国大学 1895—1995——一个文化冲突的世纪［M］. 北京：教育科学出版社，2000：194.

经济条件困难的农村、城市下岗工人家庭,困窘的家庭经济条件、不完善的困难资助体系,导致贫困生群体问题日益突出,这种现象对大学组织幻想进一步增加收费标准的变革,带来障碍性影响。也正是出于对学生群体的考虑,中国政府在2007年决定对部属师范大学学生实行免除学费的决策,并有可能推广到所有师范院校的大学生[1]。其二,无论扩招或者压缩招生规模,都会引起大学的变革。扩招政策带来大学规模迅速扩大,大学纷纷建设新校区,学校面临多校区、巨型大学管理的新课题。其三,大学规模的扩大使得教育质量成为社会关注的焦点,如何提升教育质量,成为扩招后大学改革的重点。

八、就业市场与大学组织变革

大学毕业生作为大学组织的主要产品之一,能否顺利就业、顺利找到工作,直接影响大学组织的变革与发展。许美德对这一问题有高度认识,她这样评述大学毕业生就业政策:

在原来高校招生和分配体制下,中南地区的国家直属院校每年按照学生的高考分数从全国各地招生,学生毕业后,每年都有大量的优秀学生从本地区分配回到西南、西北和东北地区工作。在这些地区中,即使是经济不发达的地方每年也能得到一定数量的大学毕业生。但改革以后,随着国家对大学毕业生分配制度控制的放松,那些经济落后地区要想通过原来的分配方式得到大量的大学毕业生已经不太可能了,所以,国家要使全国各地区和各部门都能得到一定数量的专业技术人员,唯一的方法就是采取禁止跨地区或跨省流动的政策。这种情况下,在20世纪80年代末期,尽管有一定数量的学生在得到了原来省份的允许下,或由于学习成绩格外突出而被特别

---

① 温家宝总理在2007年3月5日在第十届全国人民代表大会第五次会议上所做的《政府工作报告》中,明确提出:为了促进教育发展和教育公平,我们将采取两项重大措施:一是从今年新学年开始,在普通本科高校、高等职业学校和中等职业学校建立健全国家奖学金、助学金制度,为此中央财政支出将由上年18亿元增加到95亿元,明年将安排200亿元,地方财政也要相应增加支出;同时,进一步落实国家助学贷款政策,使困难家庭的学生能够上得起大学、接受职业教育。这是继全部免除农村义务教育阶段学杂费之后,促进教育公平的又一件大事。二是在教育部直属师范大学实行师范生免费教育,建立相应的制度。这个具有示范性的举措,就是要进一步形成尊师重教的浓厚氛围,让教育成为全社会最受尊重的事业;就是要培养大批优秀的教师;就是要提倡教育家办学,鼓励更多的优秀青年终身做教育工作者。

291

批准跨省分配了工作，但绝大部分学生在毕业时都必须返回原来的省份工作①。

各省区尤其是落后不发达地区为了防止大学毕业生流失外省区，都制定了明确的政策，如果毕业生要到外省区工作，须向本省区教育主管部门缴纳数额巨大的一笔培养费。后来国家政策进一步放宽，国家直属高校的学生在毕业选择工作单位时就有了相当大的自由，他们对要去的省份和要选择的职业有了一定的自主权，各省之间国家直属大学的学生流向成为一个社会问题。广东由于经济发达，成为人才的净流入省，而河南则成为人才净流出省。

河南省由于经济欠发达，所以不仅不能从外省吸引大学毕业生来本省工作，反而每年要流失大量的学生。在每年向全国各地的大学输送的1万~1.2万名本省最优秀的高中毕业生中，只有半数的学生在毕业时能够回到河南省工作。其中，在每年到国家直属大学输送的800名河南籍学生中，只有不到200人毕业时返回家乡，其余的全部流向了经济发达省份②。

1999年，影响中央政府做出扩招重大决策的亚洲开发银行汤敏博士在《教育启动消费呼之欲出》一文中，这样谈大学教育与社会就业的关系：

扩大高校招生在未来4年中可给下岗职工腾出500万~600万个工作机会，同时，未来几年将是我国经济改革攻坚战的关键时期，工人、干部下岗的压力将更为严峻。而高考落榜者又会直接与下岗工人争夺有限的工作岗位。因此，把这些人送进大学读书，等于是给下岗职工腾出工作机会。4年后，相信亚洲已重新腾飞，下岗职工的问题也解决得差不多了，再回过头来解决这批大学毕业生的就业问题，应该容易得多。最近，听说韩国就准备把毕业生送去当几年兵，来缓解当前的就业压力。与之相比，把他们送进大学的主意应当比送进兵营里更为技高一筹③。

然而，到2006年，大学生就业就成为社会的难点和焦点问题。"据《中国青年报》报道，2006年11月17日，在中国科学院研究生院召开的科学与人文论坛上，国家劳动和社会保障部部长田成平表示，2006年高校毕业生比去年增加了75万人，总量达到413万人。按照70%的初次就业率核算，2006年高校毕业生约有124万人无法实现当期就业"④。

① [加]许美德. 中国大学1895—1995———个文化冲突的世纪[M]. 北京：教育科学出版社，2000：213.

② [加]许美德. 中国大学1895—1995———个文化冲突的世纪[M]. 北京：教育科学出版社，2000：190.

③ 汤敏. 教育启动消费呼之欲出[N]. 经济学消息报，1999-02-09.

④ 邬大光. 2006年中国高等教育盘点[J]. 高等教育研究，2007(2)：5.

"大学毕业生就业困难既是一种铁的事实,也是高等教育乃至社会必须跨越的最难的一道坎"①。按照邬大光先生的论述,大学生就业难为学校改革提出了新的变革课题。学校至少在如下几个方面需要进行变革:一是思想观念亟待转变;二是教育资源短缺现象需要尽快改善;三是管理方法需要变革,尤其是在人才培养目标、课程的选择与组织以及教育质量控制与评价的方式都需要做出变革;四是高校的学科专业结构需要调整,教学内容、学科专业设置等与社会的发展需求脱节的现象需要改变;五是就业管理不到位的现象需要改变②。

政府采取的措施是放缓高等教育扩张规模,2006 年国家规定高等教育招生规模增长幅度不得超过 5%,这比从 1998 年到 2005 年年均招生人数增长 17.86% 的幅度,大大递减③。就业市场在左右着大学组织的变革。无论是缩减招生计划,还是进行内部管理的变革,都给大学组织提出应对的挑战。

大学生就业困难的原因是多方面的,减缓扩招速度只是一种简单的治理表象的措施,并不能从根本上解决就业难的社会问题,只不过是将大学生就业困难的问题转化为社会问题。邬大光先生对此问题进行了详细论述:

从根本上说,高等教育的发展是在促进就业,是在帮助年轻人实现就业,而不是在制造社会就业问题和就业矛盾。事实证明也是如此。以 2004 年每万人中拥有大学生数为例,加拿大为 580 人,美国为 520 人,韩国为 571 人,而我国只有 120 人;按毛入学率计,1997 年欧美发达国家为 61.1%,其中美国、加拿大高达 80.7%,我国按 2004 年的统计数据,刚刚达到 19%,远远低于与我国同处亚洲的韩国(71.69%)和泰国(31.92%)。这些数据表明,我国当前的大学生绝对数量不是太多,而是太少,高等教育规模扩张并非就业难的直接原因④。

由此看来,市场的变动会直接引起大学组织在招生方面进行变革,甚至也会引起大学组织内部关于专业调整的变革、管理的变革、课程设置的变革等。我们可以从图 6-5 的模型图中得到解释。

---

①　邬大光. 2006 年中国高等教育盘点 [J]. 高等教育研究,2007(2):5.
②　邬大光. 2006 年中国高等教育盘点 [J]. 高等教育研究,2007(2):5.
③　邬大光. 2006 年中国高等教育盘点 [J]. 高等教育研究,2007(2):2.
④　邬大光. 2006 年中国高等教育盘点 [J]. 高等教育研究,2007(2):5.

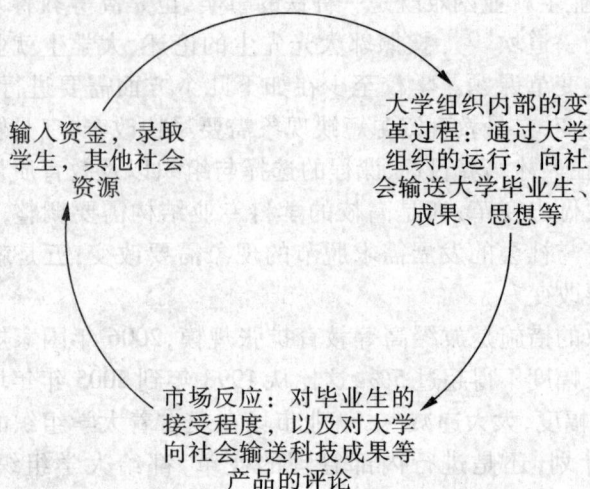

图 6-5　就业市场对大学组织变革的影响模型图

九、大学组织之间的竞争与大学组织变革

"任何组织的管理者都不能忽视自己的竞争者,否则,他们会付出惨重的代价"①。大学之间的竞争在今天表现得如此激烈是有一定社会原因的。大学组织作为社会政治、经济的集中反映,受到社会政治与经济的制约,原本社会资源的紧缺使得大学之间为了争取资源、政策的支持,不得不展开竞争。具体表现在如下几个方面。

(一)寻求政策支持的竞争

国家高等教育政策引起大学之间的竞争,比如一省一校的原则设立"211 工程"大学,那么,在同一个省区内部,为了争取这一政策的支持,就有很明显产生竞争的例子。在山西省,有太原理工大学与山西大学之间的竞争,在河北省有河北大学与河北工业大学之间的竞争,在河南省有河南大学与郑州大学之间的竞争。同时,一些原本没有"211 工程"大学的省区,比如贵州、宁夏、海南等省区,就对这一政策产生批评。而作为人口第一大省的河南省,无论是从经济总量、地理位置、高考考生数量、文化传统各个方面看,国家制定的一省一校原则对于河南省来说,都是非常不公平的。"211 工程"的设立引起大学之间的竞争,"985 工程"的设立也引起高校之间的竞争。"985 工程"最初提出"2+7"的模式,引起其他大学的反对,后来又不断

---

① [美]斯蒂芬·P.罗宾斯.管理学[M].北京:中国人民大学出版社,2004:72.

扩展到34所大学,第二期又增加5所。不过,尽管都是"985"大学,可不同的大学从国家财政得到的政策支持、经济支持是不一样的。

（二）寻求资金的竞争

实质上我国政府对高等教育的投入与西方发达国家相比是非常低的。国家投入有限经费支持大学的发展,主要有两个渠道,一是国家财政对"985工程"大学、"211工程"大学、部分省部共建地方综合性大学的支持,其他的省属大学、地方性大学则主要由省财政支持。为了争取更多资金的支持,大学之间会产生攀比。省属地方性大学要想得到国家的支持,就会积极争取进入"211工程"大学行列,或者想办法进入省部共建大学的行列。

（三）资源的竞争

大学为了得到更多社会资源的支持,就会积极争取获得更多的硕士学位点、博士学位点、国家重点学科、国家重点实验室等,虽然这些学位点还不能直接从国家得到更多的经费支持,但是可以得到社会资金的支持。通过招收硕士研究生、博士研究生,更多的是通过招收在职硕士研究生,争取更多的社会资金流入学校。国家对重点学科和国家重点实验室投入的建设经费是非常巨大的。

（四）生源的竞争

大学招生之间也会产生激烈的竞争,学校出于两个目的积极展开招生的竞争。一是为了获取更多的办学经费,学校要招收很多高价学费学生,这样就需要从国家获得更多的招生指标,并寻求可以获得政策保障的高学费收入,大学组织对兴办二级学院、国际合作办学项目乐此不疲就在于此。二是为了争取更多的优秀生源,培养更多优秀的学生,这些学生经过几年的教育,走向社会之后,干事创业,取得较好的社会地位,进而扩大学校在社会上的影响,从校友那里获取学校发展的各种支持。

大学要想在激烈的竞争中获取优势地位,就必须采取各种应对之策,提高大学的办学效率,提高大学的核心竞争力,进而引发大学组织内部的剧烈变革。

图6-6 两所大学A与B之间的竞争关系图

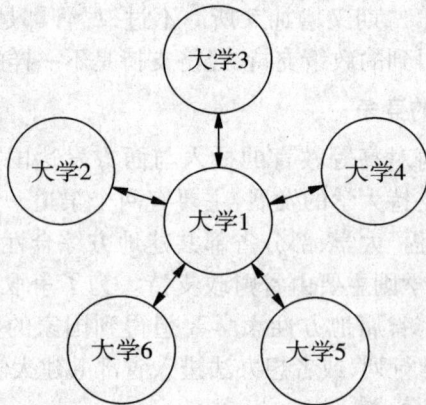

图 6-7　一所大学与多所大学之间的竞争关系图

从图 6-6 至图 6-8 可以看出，一所大学的变革与发展，既会受到其他大学变革的影响，也往往会对其他大学的变革产生影响。

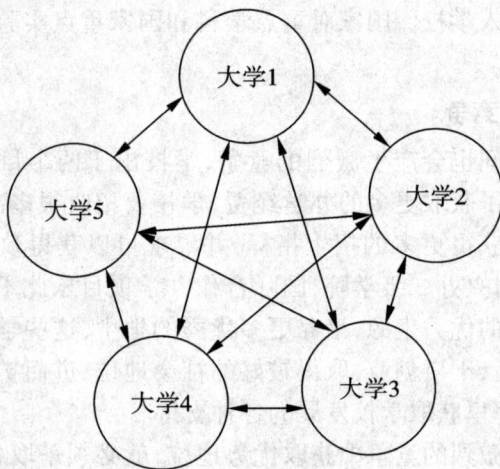

图 6-8　大学之间的竞争关系图

十、内部环境因素与大学组织变革

推动大学组织变革，既有来自组织内部的压力，也有来自组织外部的压力。组织内部环境对大学组织变革产生很大影响。组织确立新的发展目标、制订新的发展战略规划，要求大学组织进行新的变革。另外，大学教师对收入的关注引起大学对人事分配制度进行改革。在日益激烈的竞争中，高校要想生存或者发展，就会不断应对社会的需求，加速进行内部不同利益团体之间的调整,最大化地发挥群体职工的潜力,积极推进变革,大学管理者为了取得管理的政绩,也会积极推进变革。

当北大的管理者发现,"在现行的教师人事管理体制下,大学变成了'家族组织'。不废除大学的'近亲繁殖',不行使教师岗位的分级淘汰,不引进外部竞争机制,就不可能有真正的学术自由,不可能从根本上改变大学的行政本位,不可能建立真正的大学文化"时①,于是他们就积极推行北京大学的人事分配制度改革,然而意想不到的是,这一改革不仅遭到来自内部的激烈批评和争论,而且蔓延到整个社会,并引发社会对整个大学制度的反思和论争。对此,北大的改革者不得不做出回应②。

2006年国内17所大学开始研究生招生培养制度的变革,在浙江大学却引发了来自内部批评的声音。

浙江大学历史系教授包伟民发出声明,要求报考他的学生"另投名师",向社会表明其"拒招"的态度。

在这份名为《告考生》的声明中,包伟民表示:"鄙校新法:自2007年起,招收硕、博士研究生,研究生与指导教师均须向校方交钱,前者称'学费',后者称'助研经费'。'助研经费'数额,按招收研究生人数多寡翻倍递增。本人近年偶承青年学子谬爱,或有投考,然因不合时宜,无力缴纳此钱,复以为此申请'扶植'(按'规定'每年最多'扶植'一名),迹近干乞,君子所不为。故告考生:新法之下,难与二三才俊灯下读史,以共教学相长之乐;烦请另投名师,以免误了前程。"该声明的落款为"浙江大学历史系教师包伟民谨启",公布日期为"2007年2月28日"。

包伟民的这一声明公开后,立刻引起各方关注。有人认为很荒谬,学生读书导师也要交钱;有人则认为很合理,可以让导师招学生量力而行,而不至于过多过滥;有人则担忧,导师出了钱以后,会不会导致师生之间出现雇佣关系合法化的倾向? 而且,这笔钱会不会最终转嫁到学生头上,而在学生

---

① 张维迎.大学的逻辑[M].北京:北京大学出版社,2004:1.

② 北大的改革者的代表张维迎为应对来自校内外、社会上各方面的批评,不得不先后撰写多篇文章进行解释和为自己的改革辩护,后来由北京大学出版社结集出版时,定名为《大学的逻辑》。在自序中,张维迎写道:在过去的几个月里,伴随北大改革方案的提出,我自觉不自觉地卷入了一场波及海内外的有关大学改革问题的争论中,对我的批评比我自己的观点还要流行。在这个过程中,我尽量保持低调,多听听别人的高论。但有些话还是不得不说,因为我不愿意让没有逻辑的观点流行,同时作为学者,我认为自己有责任澄清一些理论上的混乱。见张维迎《大学的逻辑》,北京大学出版社2004年3月出版。

缴纳培养费的同时,增添更多的负担①?

大学组织始终处于变革之中。当然,如同研究组织变革的著名理论家赫尔伯特·考夫曼(Kaufman,1971)所认为的:"组织变革并不都一定是好的或者坏的,积极的或者保守的,有益的或者有害的。"②因此,赫尔伯特·考夫曼继续论述说:"组织总是面临抑制其变革的强大力量,这种力量极大地限制了组织对新情况做出反应的能力,有时也会产生严重的后果。"③来自组织内部阻挠变革的因素,按照赫尔伯特·考夫曼的观点,主要有如下几点:"从稳定中获得的集体利益"(对现有模式的熟悉),组织内的团体出于利他或利己的动机而深思熟虑地反对变革,组织的心理盲点限制了它进行变革的能力④。

大学组织变革的实质是改变内部权力的结构,重新确立不同团体、阶层的利益关系,这必然涉及不同群体的利益之争,使一些既有利益者失去现有的权益和经济地位、社会地位,有限的资源是无法满足所有员工的需求的,然而正是资源的缺乏促使改革者推行变革,但同时还是因为资源的缺乏为大学组织的变革带来很大困难甚至不得不中止变革。变革也会让教师感到自己的知识结构不够合理,知识过时,技能过时,比如,财务主管部门要使用新的管理软件和系统,就需要新的技术做支撑,原来的管理人员就有可能因为缺乏更先进的管理技能而被淘汰。改革对于所有人来说,都是一个未知的新挑战,从心理学的角度讲,人对未知的东西总是充满恐惧和担心。凡此种种因素都使得反对变革的声音必然存在。

不同的组织特性也对变革产生影响。组织具有天然的保守性,不思进取的管理者往往担心遭到利益受损者的反对和批评,而不愿意推行变革的措施,使组织处于稳定状态。但是,这样显然不利于组织的发展,长此以往甚至有可能使组织走向死亡,企业的破产行为就是最好的例证,为了组织始终处于进取状态,就必须不断推行改革,调整各方面的利益。

一所新升格的本科师范学院面临教育部组织的本科教学评估的外部压力,不得不采取很多新的措施,调整内部教师之间的利益关系。不这样做,这所学院就无法通过教育部的评估,甚至就可能失去办学的资格。分配制

---

① 中国青年报.2007-03-23.

② [美]理查德·H.霍尔.组织:结构、过程及结果[M].上海:上海财经大学出版社,2003:205.

③ [美]理查德·H.霍尔.组织:结构、过程及结果[M].上海:上海财经大学出版社,2003:205.

④ [美]理查德·H.霍尔.组织:结构、过程及结果[M].上海:上海财经大学出版社,2003:205.

度的革命性变革引发了很大的反对声,可为了吸引人才,不得不硬性规定博士学位获得者除去正常的工资之外,每个月还有 5 000 元的津贴,全年高达 6 万元。这对于长时间在这所大学里工作的、没有博士学位的教师来说是一种不公平,遭到很大的反对与抵制是可以理解的,但改革者为了吸引博士来校工作却坚定地顶住压力强力推进这一改革。当然为了平衡大多数教师的心态,也要对所有的教师的待遇进行提高,尽可能地减少反对的声音。

不确定组织环境因素下大学组织变革的应对策略

一、大学组织环境的不确定性特征

我们用较多的篇幅来分析影响大学组织变革的 10 种环境因素，那么，这些环境因素有哪些特点呢？它们是以什么样的方式来影响组织的变革？认真分析归纳起来，这些环境因素有如下几个特点。

（一）组织环境不确定性矩阵图

所谓环境不确定性，表现在环境是不断变化地始终处于动态之中而且具有复杂性两个方面。表 6-8 给出了组织环境的不确定性矩阵，可以清楚地将组织环境划分为 4 个单元。单元 1 是简单的稳定环境系统；单元 2 是简单的动态环境系统；单元 3 是复杂的稳定环境系统；单元 4 是复杂的动态环境系统。

表 6-8　组织环境不确定性矩阵①

复杂程度	变化程度	
	稳　定	动　态
简单	单元 1 稳定的和可预测的环境 环境要素少 要素有某些相似并基本保持不变 对要素的复杂知识的要求低	单元 2 动态的和不可预测的环境 环境要素少 要素有某些相似但处于连续的变化过程中 对要素的复杂知识的要求低
复杂	单元 3 稳定的和可预测的环境 环境要素多 要素间彼此不相似但单个要素基本保持不变 对要素的复杂知识的要求高	单元 4 动态的和不可预测的环境 环境要素多 要素间彼此不相似并且处于连续变化之中 对要素的复杂知识的要求高

注：此表为斯蒂芬·P.罗宾斯所著的《管理学》关于环境对管理者的影响的原表。

---

① ［美］斯蒂芬·P.罗宾斯.管理学[M].北京：中国人民大学出版社，2004：76.

（二）大学组织环境始终处于动态和变化之中

大学组织环境各种要素不是一成不变的，各种环境因素都处在不断变化中，动态的环境促使大学组织不断进行变革，当然也给大学组织的变革带来困难。尤其是国家高等教育政策、生源、就业市场、大学组织之间竞争以及大学组织内部环境因素等都处于动态之中。至于大学的历史环境因素、大学组织文化因素、社会环境与社区环境等相对处于稳定状态，但也不是恒定状态。正是这种不断变化的环境因素，使大学的改革者们难以预测变革会遇到什么样的阻碍。

（三）大学组织环境因素具有复杂性

现代大学越来越大，多元化巨型大学是高等教育大众化的特征，组织环境也随着大学组织的扩大而变得复杂起来。我们从第二部分的分析中也可以看到大学组织环境因素的复杂性，国际背景的高等教育变革与发展都会对我们的大学变革带来影响，国家层面、省区政治、经济基础、社区的文化环境等，或共同作用于大学组织的变革，见表6-9，或分别作用于大学组织的变革，如图6-10所示。

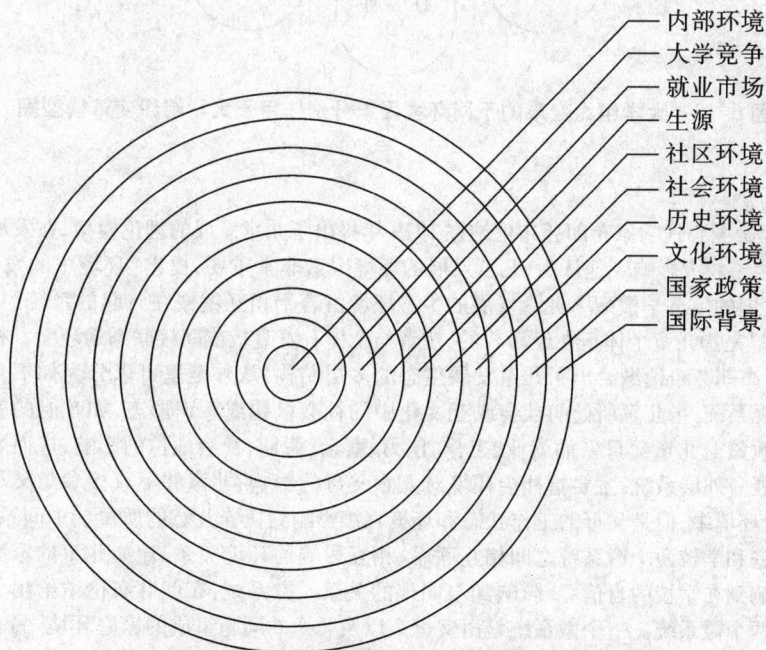

内部环境
大学竞争
就业市场
生源
社区环境
社会环境
历史环境
文化环境
国家政策
国际背景

图6-9 大学组织变革的环境因素共同作用模型图

图6-9告诉我们，对大学组织变革产生影响的十大环境因素可以在一

个平面上，共同作用于大学组织的变革，这一图示和布朗芬布伦纳儿童发展
生态学模型①有相似之处，如图6-10所示。我们也可以将其进一步划分为
三个层次，如图6-11所示。

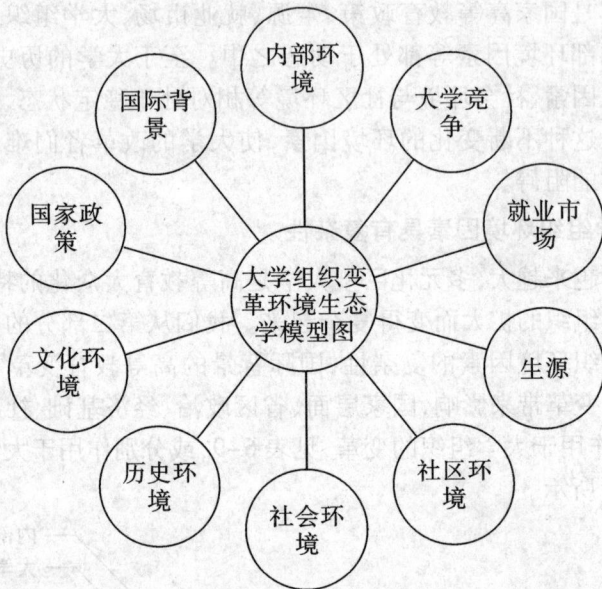

图6-10　大学组织变革的不同环境因素分别作用于大学组织变革模型图

---

① 美国心理学家布朗芬布伦纳在1979年提出了儿童发展的理论模型，在发展心理学界产生了较大影响。他认为，儿童发展的环境因素非常重要，提出"环境中的发展"或者说"发展的生态学模型"，儿童发展的生态环境由若干相互镶嵌在一起的系统组成，所谓"生态"是指儿童个体正在经历着的，或者与个体有着直接或间接联系的环境。在这个模型里，布朗芬布伦纳给出了儿童发展生态的多层结构，从外至里可以分为如下几个层次。宏观系统：指儿童所处的社会或亚文化中的社会机构或意识形态，如政府的就业工作条件政策对儿童父母亲的就业、工作、压力、薪金、假期、社会地位的影响，进而影响儿童的发展。外层系统：主要指社会环境对儿童父母的影响，儿童并不直接参与父母的工作、生活环境中，但是父母的工作状态和环境直接影响到抚养儿童的质量。中间系统：儿童在家庭和学校两个微系统之间相互联系、相互影响的环境关系，比如儿童的家庭生存质量影响到在学校的自信心、影响到与同伴的关系。微系统：布朗芬布伦纳给出了儿童发展的两个微系统。一个微系统是由父母亲以及儿童的同胞组成的家庭环境，另一个微系统是由教师和同学组成的学校微系统。布朗芬布伦纳强调，分析观察儿童的发展，不仅要看微系统，这是过去心理学家比较重视的研究视阈，但其实是整个环境生态系统都在影响着儿童的发展，还应在各个系统的相互联系中来考察儿童的发展，环境的因素更加重要。关于布朗芬布伦纳的儿童发展的生态学模型，主要参考了张文新著的《儿童社会性发展》一书中的有关内容，特此说明。

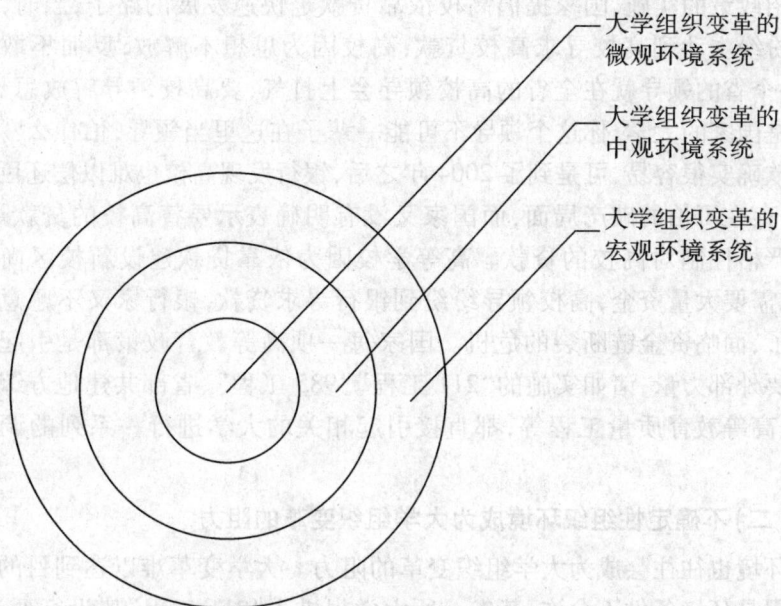

大学组织变革的
微观环境系统

大学组织变革的
中观环境系统

大学组织变革的
宏观环境系统

图6-11　大学组织变革环境因素的三个层次

宏观层次:国际背景因素、国家政治、经济、历史环境几个方面,属于影响大学组织变革的宏观层次。

中观层次:社会环境、社区环境、生源、就业市场作为大学组织变革的中观层次。

微观层次:大学文化因素、大学之间的竞争和大学内部环境,作为大学组织变革的微观层次。

二、不确定性组织环境对大学组织变革的影响

(一)不确定性组织环境对大学组织变革的积极影响

环境影响大学组织变革,可以分为两个方面。一个方面是对变革的积极影响,作为大学组织变革的动力,推进大学组织的变革。加入世贸组织之后,全球经济一体化的浪潮席卷而来,中国大学的国际化程度加快,纷纷与国外大学开展多种形式的国际合作办学,几乎每一所本科高校都有国际合作项目,当然这是利益驱动的结果,国际合作办学项目往往能给办学者带来显著的经济效益,事实上国外大学获取的利润要远远高于国内高校,因此国外大学纷纷利用这一机会,积极到中国大陆寻求高等教育合作的机会,比如澳大利亚的维多利亚大学在中国大陆的合作伙伴将近20所高校。国家确立在海外创办孔子学院的决策之后,必然给国内大学带来新的发展机会。伴

随扩招政策的实施，国家提倡高校依靠贷款走快速发展的路子，当时，银行家们纷纷主动到高校寻求高校贷款，高校因为思想不解放，反而不敢多贷款，一个省的领导就在全省的高校领导会上打气，要高校领导解放思想，说大学是国家的大学，你这个领导不可能一辈子在这里当领导，怕什么？那时候贷款确实很容易，可是到了 2004 年之后，银行发现高校也难以偿还巨额的贷款，存在可怕的破产局面，而国家又没有明确表示要替高校的贷款买单，所以严格控制对高校的贷款。高等学校因为依靠贷款建设新校区尚未完成，急需要大量资金，高校领导纷纷到银行寻求贷款，银行家又不愿意贷给高校了，面临资金链断裂的危机。国家每一项高等教育政策都是引起变革的主要外部力量，诸如实施的"211 工程""985 工程"、省部共建地方综合性大学、高等教育质量工程等，都直接引起相关的大学进行一系列的调整和变革。

（二）不确定性组织环境成为大学组织变革的阻力

环境也往往会成为大学组织变革的阻力。大学变革难以达到目的的主要原因是环境条件不允许，某省一所大学想进入"211 工程"建设行列，但是国家的政策规定一个省只能有一所大学进入，所以，政策成为这所大学进入"211"门槛的最大障碍。另一所大学一直努力想成为博士学位授权单位，这种变革能否实现，受这所大学的科学研究水平、科技创新能力、学科建设基础的限制，还受国家相关政策和当地省区政府的支持力度的限制。高等学校无时无刻不在发生变革，涉及方方面面，教学改革、学分制的实行、课程改革、管理体制改革、基层教学科研组织变革、学院制的调整、人事分配制度的变革、后勤社会化的改革等，管理者会发现任何一项变革不是这方面出现问题，就是另外的方面出现阻力。北京大学的人事分配制度的变革的阻力来自社会，也来自学校内部。东北师范大学在推行学院制教授委员会变革时，担心遭受到多方面的阻挠，变革者先后征求省委和教育部党组的同意与支持，广泛征求校内各方面的意见后逐渐推行，但是并未看到其他大学跟进的相关报道，证明这种变革的社会阻力仍然很大。一所大学面对办学经费紧张的困境，想通过提高学费标准来缓解办学紧张的压力，然而这种变革必然受到国家政策、学生与家长、社会的抵制。

归纳起来环境对变革产生的阻力表现在如下三个层次。

（1）外部组织环境：包括国际背景，国家政治、经济、科学技术水平和高等教育政策，所在省区的经济、文化实力和高等教育发展战略，社区环境等大学组织以外的环境的总和。资源的匮乏成为变革的主要阻力。

（2）内部组织环境："组织行为学认为，组织就其本质来说是保守的，它们积极抵制改革。斯蒂芬·P.罗宾斯认为，抵制改革的内部组织阻力主要有六个原因,它们是结构惯性、有限的改革点、群体惯性对专业知识的威胁、对专业知识的威胁、对已有权利的关系的威胁、对已有资源分配的威胁"①。最为突出的反对者和阻力是现有权力和利益的惯性,任何变革都是对权力与利益关系的调整,一些既得利益者因为有可能要失去现有的利益,必然成为变革的反对者和阻力。对学科专业知识的调整,造成一些专业、学科人才关系之间的调整,因为担心失去现有利益从而引起这些人的强烈反对导致改革难以进行。

(3)组织成员个体的阻力:组织内一些人为什么要阻止变革?一个人可能出于三种原因抵制变革:不确定性、担心个人的损失以及顾虑变革不符合组织的整体利益②。心理学认为,组织个体内心对安全的向往和渴望,表现在对未知世界和未来生活的一种恐惧,因为是未知的,所以存在着难以预测的风险和危机,一旦组织成员个体认识到潜在的危机存在,就会积极反对变革。

(三)不确定性大学组织环境为组织变革带来压力

1. 大学组织面临发展的压力

比较部分中国大学发展的历史,你可以发现经过一段时间之后,原来水平相当的大学现在出现了很大差距,或者原来处于落后水平的大学现在反而走到了前面。因为环境不断为大学的发展施加压力,要么在激烈的竞争中取得进步,要么就要落伍,所以,大学组织会不断地寻求突围的变革,以摆脱被边缘化的命运。毫无疑问,大学处于发展和变革的压力之中。比如在国家资源的分配中,各个大学之间存在着激烈的竞争,至今还有相当一部分大学在积极争取进入"211工程"大学行列,因为国家赋予"211工程"大学很多有形的和无形的资源,有形的资源包括办学经费和学科建设费的支持、教师申请项目、学校申报学位点等方面都有具体的倾斜政策。无形的资源表现在招生、大学毕业生就业、社会声誉等。像上海这样的大城市在接受大学毕业生时就明确规定,"211"大学与非"211"大学毕业生的待遇是不一样的。在国家重点学科、国家重点实验室、博士学位点、国家级重大科研项目申请等方面,大学都面临严重的压力。而这种压力必然通过大学自身的变革传递给大学组织内的每一个成员。

2. 大学组织成员面临的压力

现代社会高校教师和管理者乃至学生都在承受过度的压力。一个人只要有追求,压力就会随之而来,当然,如果一个人认为能不能保住现有职位

① 闵维方.高等教育运行机制研究[M].北京:人民教育出版社,2003:265.
② [美]斯蒂芬·P.罗宾斯.管理学[M].北京:中国人民大学出版社,2004:360.

或者得到升迁并不是那么重要的事情，那么，这个人在各种考核乃至考评中就不会感到有大的压力。而事实上，几乎很少存在这样的人，每一个人都会为自己制订今后发展的计划和努力的目标，教师要通过技术职称的评聘不断得到提升，进而提高自己的社会待遇和社会地位，管理者在为自己设定下一个管理岗位的发展目标，更多人甚至面临在激烈的竞争中能否保持现有岗位的压力。学生则面临就业的压力、考研的压力、学习的压力、因学费高涨而引起的生活的压力等。压力并非都是坏事，没有压力就没有发展的动力，无论是一个人或者是一个组织都是如此。但是过度的压力则会带来巨大的伤害。

因为变革带来对未来的不确定性，而且未来对于个体来说又是非常重要的，所以，变革成为压力的主要根源，"毫不奇怪，变革是一个主要的压力来源"①。但是现有的不合理的考评制度和管理办法，也成为压力的根源。对教师和科研人员的年度考核是违背知识生产规律的非科学性考核，教师职务的升迁依靠论文、专著、项目的量化指标则缺乏人文关怀。也正是压力的普遍存在，不断出现英年早逝、过劳死的恶性案例，知识分子的平均寿命要比其他行业从业人员的平均寿命短5～10年，也比20年前的平均寿命短。

压力主要表现在如下几个方面②。

生理上的压力：表现在新陈代谢的变化，心率加快、呼吸急促、血压上升、头痛、心脏病发作等。

心理上的压力：对工作的不满意、紧张、焦虑、烦躁、厌倦、拖延等。

行为上的压力：生产率变化、缺勤、离职流动以及饮食习惯改变、过度吸烟和酗酒、坐卧不安、语速加快、睡眠障碍等。

严重者就会出现生命危险，突发心脏病、脑出血等造成无法弥补的重大损失。轻度反应则是长期处于亚健康状态，精力不集中，效率不高，然后导致过早衰老、死亡。

三、不确定性组织环境下大学组织变革的原则和策略

罗伯特·G.欧文斯在他的《教育组织行为学》这部颇具影响力的教育理论名著里，向我们介绍了罗伯特·钦（Robert Chin）提出的3种对计划和变革有用的战略方针：经验——合理的策略；权力——强制的策略；规范——再

---

① ［美］斯蒂芬·P.罗宾斯.管理学［M］.北京：中国人民大学出版社,2004：365.
② ［美］斯蒂芬·P.罗宾斯.管理学［M］.北京：中国人民大学出版社,2004：365.

教育的策略①。对此 3 种策略,欧文斯做出了如下描述:经验——合理的变革策略旨在迅速普及新思想和新做法而采用的有计划、有管理的策略,代替了传统上那种无计划地向学校传播新思想的过程②。"权力——强制的变革策略与经验与合理的变革策略存在着很大的差别,它愿意使用或扬言使用制裁手段迫使采用者屈服。这些制裁通常有政治上的、经济上的和道德上的。根据权力——强制的观点,所有的合理性、理智、人际关系在影响变革的能力上,都不及直接运用权力的效果好"③。规范——再教育策略的基础是强调理解组织及其成员,完全不同于前两种策略,因为前两种策略基本上属于古典或者科层组织理论,往往把组织看作脱离人的创造物。在另一方面,规范——再教育策略的变革设想,组织的相互作用——影响系统(态度、信仰、价值观,简称为文化)的规范,可以通过组织中人们的合作活动有意识地转变为更加有效的规范④。

我们借鉴以上 3 种策略,结合大学组织环境的特征和各种因素对大学组织变革的情况,提出如下 3 种变革的原则和相应的变革策略。

(一) 系统原则下的综合考量组织环境策略

1. 系统观与系统原则

所谓系统观就是以系统理论为基础的对待事物的观念。20 世纪 20 年代,奥地利学者贝塔朗菲在研究理论生物学时,提出了系统理论的思想。从 30 年代末起,贝塔朗菲就开始从有机体生物学转向建立具有普遍意义和世界观意义的一般系统理论。1945 年他发表了《关于一般系统论》这篇著名的著作,可以看作一般系统论的奠基之作。一般系统论是研究系统中整体和部分、结构和功能、系统和环境等之间的相互联系、相互作用问题,涉及机体系统、开放系统和动态系统的理论。贝塔朗菲认为,系统是相互联系、相互作用着的诸元素的集或统一体。同时,系统也是"处于一定的相互关系中并与环境发生关系的各组成部分的总体(或集)"。我国著名科学家钱学森认为,什么叫系统,系统就是由许多部分组成的整体,所以系统的概念就是要强调整体,强调整体是由相互关联、相互制约的各个部分所组成的,或者说,

① [美]罗伯特·G.欧文斯.教育组织行为学[M].上海:华东师范大学出版社,2001:251.

② [美]罗伯特·G.欧文斯.教育组织行为学[M].上海:华东师范大学出版社,2001:251.

③ [美]罗伯特·G.欧文斯.教育组织行为学[M].上海:华东师范大学出版社,2001:256.

④ [美]罗伯特·G.欧文斯.教育组织行为学[M].上海:华东师范大学出版社,2001:260.

系统是由相互作用和相互依赖的若干组成部分合成的具有特定功能的有机整体，而且这个系统本身又是它所从属的一个更大系统的组成部分。还有的学者认为，系统是由相互制约的诸要素通过相互联系组成的具有一定层次和结构，并与环境发生关系的有机整体。尽管学者们提出的系统定义具体说法有这样那样的差异，但不难看出，其中有三项是普遍的、本质的东西：其一是系统的整体性；其二是系统由这些相互作用和相互依存的要素所组成；其三是系统受环境的影响和干扰，和环境相互发生作用。学者们提出的系统定义虽然语句不同，并有各种附加条件，但没有一个关于系统的定义不包括这三项。从实际情形来看也是这样，任何系统都必须具备这三者，缺一不可。

所谓系统原则，主要指如下三点。

其一，整体性是系统最突出、最基本的特征之一。系统指的是"整体"，即"有组织的统一体"，系统之所以为系统就是因为系统是作为一个有机整体而不是各部分的简单相加而存在的，是否具有整体性，即"有组织的统一体"是区分系统与非系统的判据。系统内部的组织性是系统具有整体性的原因。

其二，组织性（或相关性）是系统另一个基本特征。系统论中组织性主要指各部分间的相关性，系统论强调组成系统的各部分之间的相互关系和相互作用。

其三，强调系统与环境不可分割的关系。系统科学不再遵循系统的孤立原则，"把现象隔离于狭窄的封闭或孤立状态中，而开始考察它们之间的相互作用并考察越来越大的自然界对象"。系统科学不仅考虑同一层次间各部分的相互作用，而且考虑不同层次间的相互作用。系统的功能，即系统与环境的相互联系和作用。系统不仅具有整体性的"组织"，即整体结构，而且具有整体性的行为和功能。

2. 组织环境的综合分析策略

按照系统论的观点，环境既可以促进组织的发展，也可以阻碍组织的发展，在一定条件下，甚至可以对组织的存在和发展起着决定的作用。环境也是组织发展的必要条件，任何组织都同其周围环境相互联系、相互作用着，都不可能孤立地存在和发展。一所大学，如果封闭起来，不和其他大学、其他社会子系统发生关联，那么，要不多久就会关门倒闭。所以，要综合分析大学组织变革的所有环境因素，哪些因素将成为变革的阻力，哪些因素将成为变革的动力，规避阻力，巧借动力，促进变革。在推进变革的过程中，也要考虑综合配套改革，考虑系统改革。比如一所大学推行管理体制改革，实行管理重心下移，将经费的 60% 下拨到学院，伴随变革的推行，一些新的问题逐渐显露出来,继续后勤服务系统比如车队、住宿、餐饮相关部门管理运行机制进行变革,否则,单纯的经费下拨的改革将很难运行。

(二)效益原则下的变革阻力化解策略

1.效益原则

变革的目的是促使组织获得发展,并给组织内的大多数员工增加现实的和预期的收益。同时,变革也是为组织最大化地争取更多资源为目标,当然,在相当多的情况下,也是变革者为自身"经济人"的利益这一目标而推行变革。大学组织的资源包括校园、设备、师资、市场需求、政府的相关政策等。变革或是死亡?是组织管理学的一个重要命题,要么变革不断取得发展,要么组织趋于死亡。回顾中国大学组织诞生与发展的案例,可以发现有趣的现象。很多学校是由低级学校一步步发展演变而成为大学的,在中国大学历史上,合并、升格等成为组织发展的主要方式。另外一些学校则是直接组建,然后慢慢发展成为著名大学。发展是由变革而来,变革促进发展。在不断的变革过程中,尽管一些人的利益会受到损害,但是更多的人则是在变革中获得收益,因此,大学才得以不断进步与发展。

但是,从社会行为学来说,任何个体总是希望自己不断获得利益的最优化,反对或者无视别人的利益的获得,甚至以牺牲别人的利益为代价,因此,变革往往会遭到一些人的反对。面对反对的声音,变革者必须坚持组织的效益优先原则,化解各种阻力,推进变革。

2.变革阻力化解策略

为了减少来自内部的阻力,管理学家给出了很多方案。

可以针对反对变革的不同强度,确定变革是采取渐进式或是激进式。"渐进式变革代表着保持组织一般的平衡和通常仅影响组织一部分的一系列持续的改进。与之相反,激进式变革打破了组织的原有框架,通常会因为整个组织的转变而创造一个新的平衡"①。如果一种变革反对的力量很强大,就可以采取渐进式的变革策略。但是如果一个组织面临崩溃,无论反对强烈与否,都需要采取激进式变革。这往往需要变革者充满智慧,针对不同的组织环境形势采取不同的策略。有的管理学家认为,在化解变革的阻力的时候,变革者经过让员工参与、加强沟通与交流、获得上级的支持、对员工进行奖励、有计划地实施变革等几项措施之后,仍难以消解阻力的话,主张"强制性变革"。

不同的管理教科书给出不同的对应策略,我们综合分析归纳起来,应注

---

① [美]理查德·L.达夫特.组织理论与设计[M].沈阳:东北财经大学出版社,2002:217.

意以下几点。

在变革进行的前期准备阶段，要做到：

第一，让教职工生参与变革，起码要让大学组织的中层以上管理人员和学校内的优秀精英分子明白，变革是他们必须做的事情。

第二，变革要征得上级主管部门的鼎力支持。比如，东北师范大学从2001年开始的学院实行教授委员会的变革，即是在征得教育部、省政府的支持下展开的。

第三，加强组织内人员的沟通。使组织成员理解、认同组织的变革。

第四，领导者愿意下放变革的领导权。

在变革的过程中，应该注意如下几个问题。

第一，让每一个员工明白，变革将会减轻他们的工作负担而不是增加他们的工作负担。

第二，让每一位教师明白，变革是为了组织的长远发展。

第三，让变革过程中出现的问题公开化、透明化。

第四，与教师建立良好的关系，让教师支持、理解变革是一个过程而不是一个结果[①]。

（三）人本原则下的减缓压力策略

1. 人本原则

一切组织都是由人构成的，按照马斯洛关于人的需要层次理论，人都有一定的情感和物质需要。但是组织一旦形成，就是个体以一定的方式组成并完成特定工作和目的的集合体，包括特定的组织任务、组织目标、组织结构、组织规则、组织程序等可识别的特征。所以，科学管理和人本管理成为现代组织管理的两种基本模式。科学管理的理论和方法由美国人泰罗在20世纪20年代创立，它以组织的任务为中心，关注有效的组织结构、周密的工作计划、严格的规章制度、明确的职责分工以及采取金钱刺激和纪律强制。而人本管理恰恰与科学管理相对应，是社会、科学技术与经济发展变革的结果。首先，当代西方社会从工业化向信息化转变，在信息社会中，重要的资源是信息、知识和创造力，而这些资源的唯一来源就是人。其次，随着社会的发展，物质生活水平大大提高，人对精神生活的追求增强，劳动不仅仅作为谋生的手段，而是越来越多地被看作实现个人价值的重要方式，对过分的强制性科学管理产生本能的拒斥。最后，西方国家劳动力供应不足，管理者不得不重视劳动者的智力开发，满足劳动者的多种需求，以激发劳动者的工

---

① ［美］Fred C. Lunenburg. 教育管理学理论与实践［M］. 北京：中国轻工业出版社，2003：192.

作热情、提高劳动生产率①。人本管理原则的兴起就是树立以人为中心的管理思想,重视人的社会、心理因素在管理中的作用,重视人的全面发展,满足职工的多种需求,建立良好的人际关系,激发群体士气,培养组织凝聚力和向心力,减缓人的压力,增加人文关怀,提高组织变革的适应能力。

2. 减缓压力策略

确立人本管理的原则,树立以人为中心的管理思想,在变革与发展中就要关注民生,关心职工的利益,减轻职工工作、生活的压力,调动职工参与变革的积极性,为实现顺利变革创造良好的外部环境。

管理者可以通过控制某些组织因素而减少与组织有关的压力,但对于与个人因素相关的压力,管理者只能有限度地提供些帮助②。从组织的因素考虑,管理者可以在如下几个方面的工作减缓压力。第一,制定科学的目标管理机制。目标管理以绩效的量化为特征,把工作职责、工作任务、计划等分解为各个指标,对于管理者来说,便于掌控和操作,但是对于考核对象来说,则是非人性的管理手段的表现。像教授晋升这样的学术问题,归结为量化的方法之后,那么多的量化指标凸显管理手段的机械和死板,难以真正体现人本的思想,而且成为教师压力的主要来源。所以,制定科学的目标管理制度与办法,显得尤为重要。第二,让更多的教师参与变革的决策,有利于减轻变革带给教师对未来的恐惧感,使其真正理解变革的意图,从而获得更多的支持,减少教师由于变革带来的压力。第三,让教师对自身的未来定位更加准确和务实。如果教师对自己的未来定位不准,造成对未来更多、更高的期望,那么因为这种期望的不现实会产生很多不必要的苦恼,也会在工作生活中带来很大的压力。

从员工个人的因素考虑,减轻压力的策略在于如下几点:第一,组织更多的公益性的集体活动是减轻教师压力的有效办法;第二,加强沟通交流,让教师把自己的意见充分地表达出来,并有传递这种意见的有效渠道,从而可以帮助教师减缓压力;第三,举办各种各样的健身活动、心理咨询活动等,帮助教师渡过心理的困惑期和障碍期。

总之,作为大学发展的永恒主题——大学组织变革和大学组织环境之间的关系密切,受环境影响和左右。大学组织环境至少包括国际环境因素,国家政治制度、经济制度和经济水平、高等教育政策环境因素,大学自身发展的历史背景因素,大学的文化环境因素,大学所在省区社会环境因素,大

---

① 余兴安. 当代西方管理发展趋势与中国的管理改革[J]. 中国行政管理,1997 (6):28.

② [美]斯蒂芬·P. 罗宾斯. 管理学[M]. 北京:中国人民大学出版社,2004:365.

学所在城市的社区环境因素,大学的生源,大学生就业市场,大学之间的竞争,大学内部环境因素 10 个方面。而这些大学组织环境因素具有不确定性特征,这种不确定性对大学组织结构等的变革带来很大阻力,也对大学组织和组织内成员产生压力。为此,我们提出了应对组织环境不确定性的大学组织变革的 3 个原则和 3 种策略,即系统原则下的综合考量组织环境策略、效益原则下的变革阻力化解策略、人本原则下的减缓压力策略。同时提醒大学组织的变革者务必注意,在推进任何一项大学组织的变革进程中或者变革之前,都要认真考虑大学所处的各种环境因素可能对变革带来的影响和阻力,以期能更好地推进变革向预期的方向发展。

第七章

大学组织与社会文化

建设文化是现代大学的重要功能

一、现代大学是社会文化发展繁荣的重要组成部分

文化是一个包容社会生活方方面面知识、信息、传统、价值观、习俗、行为、宗教、语言等内容的宽泛的概念。广义上讲,文化应当是人类社会实践活动的总和,以知识体系,价值观念、生存方式为其主要表现方式,总括人类社会在与自然界相处中获取的一切文明成果。狭义上讲,文化主要是指与经济、政治、教育相区别的思维意识和认知观念形态,总括人类精神生产活动的所有成果。我们在此以广义的文化形态为表述对象。尽管不同的研究人员曾经为它下过许许多多的定义。克房伯和克勒克洪在他们对该词的潜心研究中,就曾列举过前人为它下的 141 种不同的表述方法①。综合多种定义,巴格比(Philip Bagby,1987)认为:"文化包含了思想模式,情感模式和行为模式。"②"文化就是一个特殊种类的行为规则。"③也许,这些表达都含混不清,难以作为确切的定义,"或许最好的程序是重新考察那些通常被我们称为文化的一类物体和文件,""首先被列入其中的是人类活动的重要部分:宗教、政治、经济、艺术、科学、技术、教育、语言、习俗等。任何当代的对于特定民族的文化描述都会包含其中的一部分,如果不是它的全部的话"④。对文化概念的界定不是本文的意旨,但是对于"文化"概念的甄别,则有利于我

---

① [美]菲利普·巴格比.文化,历史的投影[M].上海:上海人民出版社,1987:91.

② [美]菲利普·巴格比.文化,历史的投影[M].上海:上海人民出版社,1987:95.

③ [美]菲利普·巴格比.文化,历史的投影[M].上海:上海人民出版社,1987:105.

④ [美]菲利普·巴格比.文化,历史的投影[M].上海:上海人民出版社,1987:92.

们了解文化的内涵。德国新康德主义的历史哲学理论学派弗赖堡学派的代表人物李凯尔特认为："我们只需要把我们的文化概念加以扩大，把文化的萌芽阶段和没落阶段以及文化所促进的或者阻碍的事件都包括在内，那我们就看出文化包括了宗教、法学、史学、哲学、政治经济学等科学的一切对象"①。尽管到了今天，文化的概念可能还没有一个统一的文字表述形式，但是其内涵则被学界人普遍接受的是，文化作为人类独有的生存方式，包含了种族、宗教、民族价值观、传统、风俗习惯、社会形态、行为特征等。它与自然、历史、科学技术、政治权力斗争等关系密切，并随时代的发展而发展。

20世纪后半叶以来，科学技术突飞猛进，迅速扩张，信息技术走进了人们现实生活之中，以此为代表的高新技术正在彻底改变人们传统的生产方式、生活方式，世界经济一体化进程加快，国际政治、经济格局正发生深刻变革，文化也在这样的背景下冲突加剧，交叉融合互相激荡。文化的力量已经深深熔铸在民族的生命力、创造力和凝聚力之中。

教育是社会文化的重要组成部分。从历史的角度讲，有什么样的文化就会产生什么样的教育，一定的文化基础，必然会在相对应的教育中得到全面反映。这里的教育不仅指广泛的社会教育，也包括狭义的学校教育。儒家文化必然要求对应的儒家教育和实践，也要求具有儒家思想的教育内容。中国古代的国子监、太学以及传统的书院等教育机构，既是中国传统文化的必然产物，也是中国传统文化的具体代表。到了近代，中国大学借鉴西方大学模式，秉承传统教育思想，得以在中国兴起与发展，之所以不是西方大学的翻版，就是因为特殊的中国历史文化背景的特殊表现。从现实的表征来看，今天中国的大学现象，是现代中国文化在高等教育领域里的具体反映。从内容实质上分析，现代大学的行为、规范、价值判断，均构成了中国现代文化的丰富与繁荣景象。而大学里所有知识学科，无不是文化的重要组成部分。不可想象，假如没有今天大学教育的存在，那么今日"文化"绝不会是目前这种状态。进一步讲，文化所标榜的生活、行为模式规范，无一不是通过教育活动来实现的，而且大学教育是这种教育的极其重要的教化场所和渠道。因此，江泽民同志指出："一流大学应该成为继承传播民族优秀文化的重要场所和交流借鉴世界进步文化的重要窗口，成为新知识、新思想、新理论的重要摇篮，努力创造和传播新知识、新理论、新思想，不断促进社会主义文化的发展。"②

---

① ［德］什·李凯尔特.文件科学和自然科学［M］.北京：商务印书馆，1986：22.
② 江泽民.在庆祝清华大学建校九十周年大会上的讲话.毛泽东、邓小平、江泽民.论教育［C］.北京：中央文献出版社，2002：294.

　　大学精神是现代大学办学实践的理论升华,具有丰富的内容和重要意义,每一所大学都在追求自己独立的大学精神内涵,并且以不同的校训语言概述来反映其办学理念、办学特色、学术追求、价值标准、管理机制、育人模式等。培育大学精神是大学实践过程的总和,也是大学文化价值的体现。由于历史形成的大学精神,至少包括四个主要方向的内容,其一,大学价值观;其二,对国家、教育事业、学术事业的学校的情感态度;其三,校风、教风、学风等与思想情感密切的行为表现;其四,对学校发展所起到的激励师生员工奋发向上的精神动力,而不同的大学均有自己的传统,也有自己的大学精神,大学精神本身就是社会文化的最主要形式①。

　　在目前的实践与研究视野中,大学校园文化建设是一个热点课题,这个课题是大学建设文化功能的微观论题,大学校园文化对于大学的发展有着重要的推动作用。大学校园文化也是整个社会文化的一分子。

　　因此,在我们谈到加强文化建设的重要问题时,均把大力发展教育事业当作文化建设的重要工作。党的十六大报告中关于文化建设的六条内容告诉我们,发展教育和科学事业是促进文化建设发展的重要手段和渠道。从理论上再次强调了教育是文化建设的组成部分。教育的繁荣与发展,本身就是文化事业的繁荣与发展的具体内容之一。

二、现代大学肩负着建设文化的重要任务

(一)现代大学担负着传承文化的作用

　　文化具有传承性,任何一种文化都是不同民族在历史长河中冲洗的结果。"不同的生活方式造就着不同的文化样式。而所谓生活方式,即指一定时期、一定条件下人们进行物质生活(经济、科技、技术)、精神生活(宗教、艺术、哲学等)、社会政治生活(道德、法律、政治等)的一定方式(包括风俗习惯)"②。文化既具有时代特征,又具有历史文化遗产的影子。之所以能在今天任何一个民族文化中寻找到历史的影子,正是这一特征的具体表现。在中国传统文化中,今天中国人的价值观,把社会利益放在家庭利益之上,把家庭利益放在个人利益之上,以及敬老尊贤,都是几千年儒家特有文化传承的结果。这种文化传承性是靠教育来实现的。而大学教育则通过对各种人类知识的传授,将人类文化的精髓一代代传递下来。大学拥有一个时代最优秀的知识分子,拥有丰富的作为文化载体的图书资料,拥有教育的最先进的手段,并将社会上聪明才智最好的人吸收过来作为传递授业的对象,理所

---

① 冷余生.大学精神的困惑[J].高等教育研究,2004(1):1-5.
② 商戈会.文化与传统[A].文化与传统[C].上海:中级人民出版社,1987:84.

当然地能把价值体系上认为最优秀的文化知识传授给学生，又由这些受过良好教育的人在社会上的活动，比如参与政治变革、社会管理、文化传播等更广泛地将这种文化形态播之四方，形成整个社会认同的价值观念，行为模式。今天的大学以学科为单元几乎涵盖了所有人类的知识体系，凡是有人类知识存在的领域，都能在大学找到教学、研究的地位。大学传授知识的过程，就是传播文化的过程。这种传播包含着对传统文化用现代视角的评价、批判、继承及推广几个环节。

(二)现代大学担负着创新文化的作用

如果仅仅认为现代大学文化功能只是传承文化这一作用，那就失去了现代大学的存在意义。现代大学还担负着创新文化的作用。这种作用通过两方面来实现。首先，是由大学科学研究功能的实现，完成创造知识进而创新文化的任务。科学研究是大家公认的现代大学的主要功能之一，正是通过科学研究，现代大学创造着知识，推进科学与技术不断进步，使近代以来人类知识增长的速度呈几何式跳跃发展，并被人们称之为知识爆炸时代。而新的科学技术知识不仅改变着人们的生活方式，也必然通过这些新技术知识的运用改变着社会文化形态，丰富与发展着文化。今天几乎所有新的知识创新都与现代大学紧密相关，也可以说大学教育改变了人类世界的生活，使人类社会由工业时代进入后工业时代，并向知识型社会转型。事实上，正是基于大学具有创新文化的重要作用，才使得大学在当今社会进步变革中具有重要的社会地位，由中世纪时期的社会边缘化状态，经过19世纪初德国洪堡的改革，增进科学研究的主要功能，逐渐进入社会政治的视野，并到了今天成为社会政治、经济、文化的中心。在大学自身发展中，研究型大学成为大学发展的理想目标，成为现代大学的标志和旗帜，大学所培养的人才也不仅仅是知识的复制者，还是知识的创造者。其次，现代大学创新文化是通过追求先进文化发展方向来实现的，先进文化的普及过程，就是削弱落后文化、抵制腐朽没落文化的有力手段，也是在整个社会上创新文化的思想体现。教学型大学虽然不具有研究型大学那样知识创新的任务，但是在传承先进文化过程中，对于社会来说则是实现着文化创新的重要作用。

(三)现代大学担负着引领先进文化发展的重任

文化不仅在内容方面包容广泛、具有不断变化的动态特性，而且具有不同的形态，不同的表现方式。有先进文化、落后文化之别，也有东方文化、西方文化之异。同时在世界范围内，人们对文化范畴的理解基本上一分为五：

即主导文化、高雅文化、大众文化、民间文化、宗教文化①。而有些学者赞同中国文化的审美之文化，就是主导文化、高雅文化、大众文化②。当然文化是多元共生、良莠共存，很难划分出一个详细的分类。任何一个时代都有其社会的主旋律，唱响主旋律是建设时代先进文化的前提。大学引领先进文化发展，把握前进方向，是通过如下努力完成的。首先，大学的先进性决定了大学创新文化的先进性。现代大学因为具有最优秀的知识分子群体，相对自由的学术风气，思想活跃、不受拘束与约束的青年大学生群体，最易接受先进的思想文化，也能激情澎湃地投身到文化建设中，因此现代大学具有文化创新的先进性。"五四"运动，就是首先在北京大学师生中掀起继而在全国形成风起云涌之势的一场旨在变革、革命的新文化运动，这是最好的例证。其次，大学又是新思想、新理论的摇篮，纵观西方各种思想流派与思潮的兴起与发展，无不以大学机构为孕育之地，重要的理论家也大都在大学里供职。例如，在耶鲁大学兴起的著名的解构主义耶鲁学派；德里达供职于巴黎高等师范学校；新历史主义重要理论家海登·怀特是美国圣克鲁兹加州大学思想史教授。马克思主义在中国的传播最早就是从北京大学开始。而邓小平理论、"三个代表"思想的传播，都主要是通过大学课堂来完成的。理论创新是文化创新的源头。大学里这些新思想、新理论的诞生，必然引导社会先进文化的发展。再次，大学知识分子最富有民族自信心和民族良知，是"文化人"的典型代表，最能通过自己的研究、学术、教学活动，实现"以正确的舆论引导人，以高尚的精神塑造人，以优秀的作品鼓舞人"。最后，大学又是抵制、批判腐朽文化、落后文化的最佳场所，通过批判与抵制，达到发展先进文化、支持健康有益文化的目的。

三、建设文化功能是大学发展的必然结果

普遍认为，现代大学具有培养人才、科学研究、服务社会三大功能。而如今我们认为大学除此三大功能之外，还应具有建设文化的功能。纵观大学演变史，可知现代大学四大功能的形成是有其历史演变轨迹的，是不断发展适应时代需要而逐渐丰富的过程，也可谓大学发展历经了四个时期。

第一个时期，大学仅仅是一个教化机构，以培养人才为自己纯粹的责任。考察大学的历史，我们仍沿袭大学研究的普遍路径，以诞生于中世纪欧洲大学及其流变史为考察对象，而没有以与欧洲相对应时期的中国古代的国子监、太学、书院作为大学的源头为考察对象。事实上我们认为中国古代

---

① 隋岩.当代中国文化形态划分和嬗变[J].北京大学学报,2002(4).
② 隋岩.当代中国文化形态划分和嬗变[J].北京大学学报,2002(4).

的这些机构也应是今天中国大学的源头之一,以往研究中国大学史者多将欧洲中世纪大学作为中国大学的主要源头,认为古代中国的太学不具备今天大学的性质而不予考虑。欧洲大学历史悠久,从波伦亚大学、巴黎大学、牛津大学产生起,到今天已有千年历史,早期由于或受教会控制,或受封建世俗封建主控制,大学发展虽普及到欧洲几乎所有国家,但大学本身长期以单一的培养人才为终极目的。所以到了17、18世纪之时,整个欧洲大学均陷入危机之中。"无论是在政治、社会中,还是在近代科学的发展上,大学均处于边沿地位,没有重要的贡献"①。这时大学急剧萎缩,18世纪末,德国大学生总数不到7 000人,降至两个世纪以来最低水平,在18、19世纪之交的20年里,德国大学有近一半关门。然而在17、18世纪,正是社会急剧变革期,英国工业革命兴起,法国启蒙运动和大革命,近代科学体系已经建构起来,力学、天文学、化学、地质学科、生物分类学都获得了飞速发展。很显然,大学在近代科技革命中处于边缘地位,受到了冷落。培养人才这一单一功能已不适应社会发展对大学的需求。大学的变革势在必行。

第二个时期,大学具有培养人才和科学研究双重功能。科学研究任务被首先吸纳到大学组织中,是从19世纪初德国人洪堡创办柏林大学并就任柏林大学校长开始的。面对德国大学遭遇的危机,加上当时普鲁士政府被法国拿破仑帝国打败,一半以上的国土被割去,普鲁士德国全面陷入危机之中,政治与军事的惨败,唤醒了文化、教育的变革,作为人文主义学者的代表,洪堡临危受命,创建柏林大学并出任校长,全面推进大学的改革,其核心思想是大学应该在传统培养人才功能之外,勇敢地承担起科学研究的重任,成为学术的中心。科学研究居于毫不动摇的核心地位的思想迅速被德国大学广泛接受,并随之影响到美国的大学以及其他欧洲大学的发展。由于大学均普遍接受了这一思想,完成了向现代大学迈进的重要一步,因此培养人才、科学研究两种功能牢牢地确立在大学办学者的理念之中,并使德国大学获得了巨大成功,成为各国大学办学者学习的楷模,从1820—1920年间,仅美国留学德国的大学生就有9 000人②。

第三个时期,服务社会功能在大学组织里的确立时期。美国大学成功崛起于19世纪末到20世纪初,其成功的关键在于从德国大学老师那里学到了真谛,并结合美国大学的实际进行变革,开创了一个新纪元。如果说洪堡

---

① 陈洪捷.德国古典大学观及其对中国大学的影响[M].北京:北京大学出版社,2002:14.

② 陈洪捷.德国古典大学观及其对中国大学的影响[M].北京:北京大学出版社,2002:3.

是在国破民族危亡之际被迫开始的大学变革,那么富有务实精神的美国人认为,大学除培养人才、科学研究之外,还应有服务社会的功能,于是威斯康星大学主动变革,极力宣扬大学的服务社会功能的重要性和内涵。大学应该以自己的知识创新、科学研究成果、培养的人才为社会经济发展,为工业、农业、卫生等行业的进步服务。历史实践证明,正如科学功能的确立为德国大学带来了巨大成功一样,美国大学确立的服务社会的理念,也很快使美国大学真正地超过了世界上任何一个国家的大学,并成为全球大学发展的一面旗帜,为社会进步做出了无与伦比的巨大贡献,使美国在科技、教育、经济、文化等领域处于世界遥遥领先地位。

第四个时期,建设文化功能的确立时期。随着大学的建立,历经千年发展演变,大学功能不断增强。传统三大功能的产生都是大学发展的特殊历史时期的产物。当洪堡提出大学也要承担起科学研究重任之时,欧洲大陆上的文艺复兴运动、法国的启蒙运动和法国大革命、英国的产业革命等已经产生了辉煌的成就;而美国之所以提出大学还应有服务社会的理念,是整个社会经济的迅猛发展,农业、工业、商业乃至公共卫生事业等急需得到大学智力支持的强烈要求的结果。到了21世纪初的今天,中国大学也面临着突围式的改革,而与此同时中国经济、政治、文化经过20多年改革取得巨大成就之后,又处于一个新的历史发展机遇期。文化建设对社会发展的重要作用,从来没有像现在这样突出。社会发展对大学的期望很高,而大学内部也在寻求改革突进的突破口。19世纪初期洪堡确立科学研究功能并付诸实践的大学改革,20世纪初期美国大学领域里出现大学应该承担起服务社会的功能的探讨,并在美国大学中确立下来;21世纪初中国大学的变革,如何才能顺应时代的要求,与时俱进,实施改革与发展,成为当今社会普遍关注的理论问题。而确立建设文化的功能是最好的解决方案。

尽管可能都不会否认大学有建设文化这一功能的客观存在,但是把这一功能提到与传统的三大功能同等重要的地位看待的思想和认识几乎还没有流行起来,更不用说产生与这一认知水平相对应的大学实践。也就是说,今天大学还没有被赋予建设文化的这一历史重任,而且也没有确立起建设文化的这一功能。过去大学发挥文化建设功能,是一种自觉的附带之物,而不是刻意的追求。以往研究大学具有文化建设功能的理论探讨,虽然为我们今天强化这一功能提供了理论基础,但仍没有将这一功能与以往三大功能相提并论。当然之所以如此,是因为社会政治、经济发展的外部环境条件还不成熟,而且文化之于社会的作用尚未有今天之重。但是,我们认为,确立这一功能并使大学的变革进入新的历史阶段的时机已经成熟了。

大学建设文化之所以成为可能

一、中国文化面临着从未有过的严峻挑战

文化在不同社会、不同时期对社会的影响是不一样的，伴随着全球化浪潮汹涌澎湃、经济一体化呼声高涨、科学技术的高速发展、信息社会迎面而来，文化在社会系统中的地位也发生了深刻变化，在日益激烈的国际竞争中，文化实力成为评价一个国家综合竞争力的关键因素，不仅是最基本最重要的国力，也是其他国力资源产生的源泉、动力和基础。文化从来没有像现在这样具有如此重要地位。

正如江泽民同志在 2001 年中国文联第七次代表大会、中国作协第六次全国代表大会上的讲话所说的那样，"当今世界激烈的综合国力竞争，不仅包括经济实力、科技实力、国防实力等方面的竞争，也包括文化方面的竞争。世界多极化、经济全球化的深入发展，引起世界各种思想文化，历史的和现实的，外来的和本土的，进步的和落后的，积极的和颓废的，展开了相互激荡，有吸纳又有排斥，有融合又有斗争，有渗透又有抵御"。"保持和发展本民族文化优良传统，大力弘扬民族精神，积极吸取世界其他民族的优秀文化成果，实现文化的与时俱进，是关系广大发展中国家前途和命运的重大问题"。

亨廷顿认为，随着冷战结束，世界范围内文化的冲突将成为政治、国家之间冲突的主要原因，并导致军事上的战争。亨廷顿系统阐述了冷战结束之后，世界政治格局、军事冲突皆由冷战时期的意识形态的对立转移为文明的差异，按照亨廷顿的理论，当今世界存在着中华文明、日本文明、印度文明、伊斯兰文明、西方文明、拉丁美洲文明，可能还存在着非洲文明。这些大文明之间会发生严重的冲突，而单一大文明之内也会产生严重的冲突，比如伊斯兰文明之间的战争、冲突与对抗，给欧美国家可乘之机导致两伊战争接连不断，之后是在海湾战争、伊拉克战争中，美国均以海湾伊斯兰国家为盟友而对伊拉克进行打击与占领。中华文明之内也蕴孕着大陆与台湾潜在剧烈冲突的危机。尽管以中国大陆为核心的中华文明可以包括我国台湾乃至东南亚华人为主的几个国家和地区，但由于"同是中国人"的文化认同并不是很强烈，所以中国人之间的潜在冲突也确实存在。而这种冲突除去削弱中华文明的力量之外，没有什么益处，但对于其他世界文明来说就意义非同寻常了。正是其他文化国家的支持乃至直接参与其中，导致文化认同较弱的民族、国家内部的战争、矛盾与冲突。南斯拉夫战争源于民族文化的差异,伊拉克战争源于美国西方文明的直接干涉。无疑,亨廷顿的理论在"九一一事件"之后,受到了越来越广泛的重视。文化霸权国家,以强大的经济实力、军事实力为后盾,以经济一体化为幌子,强行推行霸权文化,实现文化渗透和文化侵略。弱势文化民族面临着文化断裂、迷失精神家园的沉重危机。文化多元的呼声越来越高,弱势文化民族试图通过文化的多元模式,来保存自身民族之精神和灵魂,防范沦入民族危亡的困境。

自从春秋战国之后形成的以儒家、道家为代表的百家争鸣文化系统,到了汉代独尊儒术之后,主流思想文化体系里,儒道加上从印度传来的佛教文化并存,几千年来绵延不倦,形成了独特的中国文化景观,并具有极强的包容性和亲和力。在历史上,中国文化曾经经受了不同文化的侵扰、影响,却能包容一切。其间,历经战乱破坏,异族文化、军事入侵,先后有北魏、金、蒙古、满清等少数民族入主中原,他们最初带来的野蛮、落后文化对传统中国先进文化的破坏是极其惨重的,但最终无不以认同中国原有文化而自动放弃或者消融自己落后的文化为结局。中国在如此严重的文化冲击之下,没有像美索不达米亚文明、埃及文明、克里特文明、古典文明、拜占庭文明、中美洲文明、安第斯文明那样消亡,反而又为中国文化注入了新的活力。这不能不成为世界民族文化史上的奇迹。

然而到了今天,中国文化却面临着严峻挑战。自从1840年鸦片战争以来西方文化的强势入侵,直到现在,西方文明的入侵态势一直不减,面对西方先进文化的挑战,"五四"时期的反传统与全盘西化,"文革"时期的再反传统,使得中国传统文化遭到了严重的割裂断层。失去了传统之根的中国现代文化面临着尴尬处境,全盘西化的诱惑及其中必然的陷阱,使我们一直处于争论与徘徊之中。到了21世纪初,经济全球化趋势更加明显,今日西方先进文化对中国文化的挑战具有以下几个不同的特点。第一,不再是坚船利炮武力开路,血腥侵略之后的西方文化入侵。中国历史上面对这样的文化挑战不止一次地渡过劫难,化险为夷。然而今天西方国家则是以文化渗透方式来影响、改变本土文化。第二,中国文化迷失传统后的应对全球化之策和之力,都有畏难情绪,是重新拾起几千年的传统或者全盘西化? 传统文化基因到底是什么? 仍未有明确答案。第三,西方先进文化秉承其强大的经济实力为后盾,加上其文化自身的先进性,兵临城下。而中国不再像历史上以先进文化、失败的军事面对落后的文化、胜利的军事,而是面对文化、经济、军事都极其强大的国际竞争对手。那么在经济、文化、军事都面临严重挑战,不但是文化选择的困难,而且民族存在的危机也不容忽视。第四,百年前的"五四"运动之后,尤其是20世纪后半叶以来,我们面对西方层出不穷的各种各样的思潮,眼花缭乱,目不暇接。可是在中国思想领域里,却只

有穷于应付的被动接受这些理论、思潮的皮毛，没有形成中国自己的学派、文化流派和理论思潮，在理论思想领域难以与西方各种理论思潮对抗。第五，由于历史的原因，加上国际上一些政治军事势力从中作梗，中国台海危机加重，统一面临越来越复杂的困难。而且台湾与大陆之间的文化也正在面临分裂的危险。在国内，主导文化和正统文化之外，还存在着不同的民族文化差异，如以藏族文化为代表的西藏地区文化、多民族共处的新疆地区文化。文化的不同使统一的国家思想认知复杂化，容易给外来政治势力以渗透机会。第六，文化不仅反映在生活习惯、精神意志之中，还直接导致文化贸易的经济冲突。而中国文化贸易逆差，丧失的不仅是巨额的经济利益，还同时失去了巨大的文化阵地，中国文化在世界范围内影响力缩小，外来西方文化影响加剧，国家的文化安全和政治安全受到严重冲击。日本文化产业产值在 1993 年就已经超过汽车产业，目前成为仅次于制造业的第二大产业，占 GDP 的 18%。在德国，贝塔斯曼出版集团同西门子、宝马、奔驰一样有名。美国文化产业产值 2001 年达 1 万亿美元，相当于我国 2002 年 GDP 总量，其中音像影视产业出口额已超过飞机制造业成为第一大出口产业。而我国在 2001 年文化产业产值仅占 GDP 的 0.4%，与国际上文化高度发达产业形成严重反差。新闻出版业 2002 年出口额不到 1 亿元人民币，占全行业销售收入的1/1 500，与全国 1 万亿美元 GDP、6 000 多亿美元进出口总额格局严重不对称，在至少拥有几千亿美元的世界出版物外贸市场上可以说几乎没有什么影响。在版权贸易上，1997—2002 年我国引进图书版权 40 980 项，而输出只有 3 967 项，10∶1 的反差极大，不仅使国际上对中国了解甚少，而且也使我们损失巨额经济利益。不要说与世界文化大国相比，就是与西班牙相比，其差距也是很大的，西班牙每年外销图书 6 亿欧元，相当于国内图书总量的 22.6%。再看我国并不繁荣的文化市场，其思想艺术水准之低劣，让人作呕，电视里除去欧美文化大片之外，满目皇帝、贵妃、格格，歇斯底里地叫喊，拙劣的武打戏，冗长的言情戏，凡此种种，主流文化在文化市场上竟然找不到自己的坐标方位，庸俗的没有思想品位的文化作品，让社会思想领域混乱，人们失去传统的马克思主义信仰，失去传统道德信仰，也从另外一个侧面反映出文化建设面临的严重挑战。

总之，中国文化在断层的痛苦之中，又面临着西方文化霸权的侵略与扩张的挑战，潜伏着巨大的危机。

二、大学确立建设文化功能是时代的需要

面临文化建设的严峻挑战，加强文化建设成为当今社会的重要课题。党的十六大报告把文化创新与制度创新、科技创新放在同等重要的地位和

高度,要求大力加强文化建设,并提出了具体要求。

现代大学作为精英人才聚集地,科技创新的源泉,人才培养的重要阵地,理应承担起文化建设重任。

第一,是落实"三个代表"要求的具体体现。"三个代表"是新时期理论创新的重要成果,是社会主义现代化建设的根本指南,也是马克思主义的创新与发展。始终代表先进文化的发展方向,是"三个代表"思想的重要组成部分。现代大学践行"三个代表",应该在文化建设中做出应有贡献,成为先进文化建设的重要基地,以此更好地为社会主义现代化建设服务,为人民服务。

第二,是落实教育创新要求的具体实践。"坚持教育创新,深化教育改革"是党对教育提出的具体要求。教育创新的关键是制度创新,思想创新。确立大学具有建设文化的功能的认识,尽管在过去的研究中,曾经有不同的学者论述过这一命题,而且也有更多的人认为大学具有建设文化的功能,但这只是在一般意义上的宽泛的认知大学功能的研究中被提及,真正把文化建设功能当成大学的重要核心功能的认识,尚未在大学办学理念、办学实践中确立起来,在相关的理论探讨、制度建立等方面都属于空白。

第三,是培养具有民族精神的富有创新意识和创新能力的德智体全面发展的社会主义建设者和接班人的需要。日本在明治维新之后,面对西方强势文化的侵略,提出了培养人才的应对之策,并称之为"和魂洋才",也就是具有大和民族精神之魂,拥有现代科学技术知识的人才标准,并取得了成功,使日本传统民族文化精神与现代科学技术在人才素质方面紧密结合起来,这一经验值得我们在确立现代大学人才培养目标时借鉴。"民族精神是一个民族赖以生存和发展的精神支撑。一个民族,没有振奋的精神和高尚的品格,不可能自立于世界民族之林。""面对世界范围内各种思想文化的相互激荡,必须把弘扬和培育民族精神,作为文化建设极为重要的任务,纳入国民教育全过程,纳入到精神文明建设全过程,使全体人民始终保持昂扬向上的精神状态"[1]。培养人才是大学的根本任务,但是培养什么样的人则在不同国家、不同民族、不同时期有不同的要求。除去科学技术之外,现代人才拥有的精神品格则是一个人的灵魂,拥有什么样的文化底蕴就会拥有什么样的民族情结,并由此产生什么样的爱国主义精神。五千年中华民族历史形成的以爱国主义为核心的团结统一、爱好和平、勤劳勇敢、自强不息的伟大中华民族精神,作为中华民族文化的核心组成部分,理应贯穿在现代大学的整个教育过程之中,并通过课程设置改革等将中华民族文化精髓渗透

---

①　"三个代表"重要思想学习纲要[M].北京:学习出版社,2003:6,67.

其中。

第四，确立建设文化功能，是现代大学改革的需要。中国大学进入新世纪发生了天翻地覆的变化，而且正在不断继续深化改革。现代中国大学改革主要表现在如下几个方面。首先，是规模扩大。始于 1998 年的扩招，经过几年发展使中国在校大学生人数在 2003 年达到了 1 900 万人，2004 年突破 2 000万人而成为全球高等教育第一大国。在校大学生人数大幅度增加，毛入学率达到17％，中国已经进入到了大众化教育阶段。经过合并、划转等改革，使得大学规模扩张，数万人的大学已屡见不鲜。其次，确立了创建世界一流大学的发展目标。创建世界一流大学的奋斗目标，加速了中国大学内部管理体制的改革，并在积极探索建立新的大学制度。在校内推行的人事教师聘任制改革，正逐步深化。中国大学的变革、由浅入深、由表及里，正在激烈进行。这种改革也使中国大学面临着发展的良好机遇期。在这种整个社会高等教育的变革中，大学改革的基本问题仍然需要回答的是培养什么样的人的问题，在中华大文化圈之内，首要的是培养"中国人"，并以"我是中国人"的认同来整合全球华人资源。师法欧美尤其学习美国大学，成为当今中国大学改革的基本价值取向。但完全移植美国大学模式，从理论上显然有其缺陷。在学习美国大学的运作管理模式和大学制度之时，甚至也把美国的大学课程简单移植过来，这种做法值得探讨其科学性、合理性。如何处理好与中国实际相结合的问题，将中华民族文化的精髓扎根中国大学之中，是当前中国大学发展的基本理论问题。确立建设文化的大学功能可以使中国大学的变革取得根本性成功，并以此使中国大学由学习欧美而发展成为未来民办的高等教育强国，并成为未来世界各国大学学习的榜样。

三、建设文化功能是历史的选择

现代中国大学确立建设文化功能，是由中国特定的文化历史所决定的。在亨廷顿的世界文明划分中，唯有中国文化历史最为久远，文化最为灿烂，中间从来没有间断过。从远古时代灿烂辉煌的起源，公元前 11 世纪—前 8 世纪，中华文明已遥遥领先于世界其他文明，这种状况一直持续到 1840 年的鸦片战争。15 世纪初，德国洪堡建设柏林大学时，中国满清政府在 1800 年的制造业总量占世界总量的 33.3％，欧洲占 28.1％，美国占 0.18％，日本占 3.5％；1830 年中国占 29.8％，欧洲占 34.2％，美国占 2.4％，日本占 2.8％[①]。鸦片战争之后中国彻底陷入困境。在数千年辉煌历史中，中国产生了以四大发明为代表的先进科学技术。中华文明之所以有如此辉煌历史而

---

① 司维. 回眸：共和国的 50 年[M]. 上海：上海人民出版社，1999：558.

不衰败的原因很多。中华文化是人类历史上最优秀的文化,能够抵御和战胜"蛮族"入侵,具有化腐朽为神奇、化野蛮为文明、化落后为先进的极强大的包容力,避免了古埃及、巴比伦、希腊、罗马文化覆亡的命运。中华文明以儒家文化为正统,而对其他宗教则采取了兼容蓄纳并存的态度,将宗教的有利之处大加采撷,对弊端加以抛弃,无论道教、佛教,乃至基督教,在中华儒家文明面前都失去了尊显地位,成为依附的次要地位,也就避免了宗教严格排外而造成的窒息效应,可以并存并容。中国文化的重要载体汉字,以其象形、指示、会意、假借、形声、转注之"六书"为主要特点,具有悠久、丰富、博采、蓄炼、艺术的特质,给人以联想、启迪和想象,使中华文化始终处于有生机与活力的状态。可以说,直到今天,还没有任何一种文化能像中华文明这样永远处于不败之地。尽管鸦片战争以来,中华文明处于被侵略的地位,也遇到了前所未有的困难,但如当年满清入关、蒙古入主中原、北魏占领黄河流域一样,是中华文明史上的插曲,也是中华文明进程中的历史间隔期上的波浪,百年之后中国的迅速崛起,已经证明中华民族文明在渡过了又一次劫难之后,又重新处于一个新的强势发展时期。正是中华民族文化特定的发展周期和历史走向,使得中国 21 世纪之初的大学,而不是其他国家的大学,能够拥有率先张扬建设文化大旗的资格和资本。也可以说,现代中国大学肩负起建设文化的历史使命,是中国特有的几千年文明史积淀的结果,是独具中国文化特定历史的必然选择。

四、建设文化功能是现代经济高速发展的产物

教育、文化与经济关系密切,经济是教育、文化发展的基础,教育、文化对经济发展又具有促进作用。经济的发展要求文化、教育与之相适应。当今世界,文化与经济相互交融,文化之中有经济,经济之中有文化。经济高速发展是文化发展的前提,世界上先进文化无一不是和先进的经济紧密相连的。从来没有落后的经济基础可以支持先进的文化表现形态,中国五千年的文明史之所以那么灿烂辉煌,就是因为 5 000 年来中国一直处于世界经济的领先地位,经济强势发展。今天西方文化为什么具有强劲的扩张性质,也还是因为西方拥有强大的经济实力。先进的经济决定着先进的文化,改革开放以后,中国国民经济持续高速发展,24 年间平均以 9% 以上的速度增长,最高增速超过 15%,高于世界平均增长速度 3 倍以上,这在全世界是从未有过的,这些数字也许是孤立的,但经济高速发展,社会财富增加,是不争的事实。中国强劲的经济发展,一方面对于文化发展提出了新的需求,另一方面为文化发展提供了坚实的基础。

现代大学确立建设文化功能的本质特征

一、现代大学四大功能之间的关系

（一）大学功能是不断扩展的一个发展过程

大学的任务不断增多，使命越来越重要，功能的内涵也随之增加，从人才培养到建设文化四大功能确立，是随着时间的推移、社会的发展逐步建立起来的，具有如下几个特点。

第一，新功能的确立是以原有功能为基础的发展，是对原有功能的进一步强化，而不是对原有功能的扬弃。当大学被赋予科学研究的社会历史使命之后，培养人才的功能并没有被抛弃，相反被赋予了新的内涵。服务社会功能的确立亦是如此，是对培养人才、科学研究功能的强化；建设文化功能的确立，仍然是以前三大功能为基础的新发展，同时对前三大功能重新赋予新的内涵。

第二，每一个新功能的确立，都会把大学带上一个崭新的发展阶段，促使大学获得新的无限生机和活力。洪堡的大学改革，使大学产生了科学研究的新功能，不仅拯救了濒于灭亡的德国大学，使德国大学迅速发展起来，而且还很快成为全世界其他国家大学发展学习的楷模。美国大学经过威斯康星大学的变革，服务社会功能被大大强化，使得整个威斯康星州都从大学发展中得到了巨大收益，与此同时，威斯康星大学也从社会上获得了巨大回报，真正成为社会上处于重要位置的机构。服务社会功能同样使美国大学迅速成为社会政治、文化、经济建设的重要机构，加上科学研究功能在服务社会的呼声中继续得到强化，美国大学成为世界其他国家大学学习的榜样，在世界高等教育发展史上又开创了大学的新阶段。

同样，我们相信，伴随着建设文化功能在中国大学的确立，在推进这一功能实施过程中，必然是继续对前三大功能进行强化，对它们提出新的要求，赋予它们新的内容，从而使大学发展获得新的社会许可，并给中国大学带来新的发展的契机和动力，使中国大学经过这一功能强化的办学实践，而成为世界大学发展的领头羊，彻底改变中国大学落后的局面。

第三，大学新功能不断确立的过程，具有一定的周期性。洪堡大学改革是从 1809 年柏林大学的建立开始的。美国威斯康星大学的面向全州服务理念的提出，始于 20 世纪初的 1904 年。如果我们今天倡导并确立大学具有建设文化功能，那么三大功能确立的时间周期正好各是 100 年时间。尽管我们还不能说大学非需要经过 100 年的变革周期，但是目前中国大学的变革与发展,在全球视野下,则是极具活力和竞争力的。这种强大的变革潮流,为何不能在正确理论下产生一个强大的高等教育强国呢? 如此,在 21 世纪之初中国大学变革中,如果以文化建设为其新的重要功能,并以此作为大学变革的理论指导,那么,将中国大学带向一个强大的高等教育大国,应该是历史的必然。

第四,大学功能内涵不断拓展的过程,也是大学在社会中位置不断加重,不断由边缘走向中心的过程。从逻辑上讲,大学机构承载的社会使命越多,它在社会中的位置越重要。从实践上来讲,也正是由于大学不断地被赋予新的重要使命,而由 17—18 世纪社会边缘地位直至今天成为社会的中心。

(二)现代大学四大功能之间的关系

第一,任何一项新功能都是以原有功能为基础的,是在现有功能基础之上诞生的应对社会需求的新的历史使命的具体反映。没有培养人才这一功能就不会有科学研究的出现,也正是基于培养人才、科学研究,大学才会在服务社会中做出实实在在的贡献。同样,在培养人才、科学研究、服务社会的基础之上,产生了建设文化功能。

第二,伴随新功能的出现,原有功能的作用被继续得到加强,同时又被赋予新的内涵。也就是说,不仅仅是大学对社会的作用在被赋予越来越多的任务,同时每一个具体任务也被赋予越来越多的内涵,今日培养人才的要求,于 200 年前大学培养人才的要求发生了巨大变化;今日的科学研究也不同于洪堡时期提出的科学研究。作为概念体系来说,无论是内涵或者外延,都在不断被赋予新的要求。

第三,四大功能之间不是割裂的,而是紧密交织在一起的。任何将一种功能单独割裂看待的认识都是不科学的,实质上是在抹杀这一功能。只有将这四大功能看作一个不可分割的整体,才能真正地认识大学,了解大学,也才能真正发挥四大功能的作用。

(三)建设文化功能与其他功能之间的关系

第一,建设文化功能的发挥是更好地使大学服务于社会。大学服务社会体现在不同的方面,既有经济的、科技的、人才的内容,也有文化方面的内涵。而张扬建设文化功能,则使大学服务社会的内涵被扩展到文化建设领域,并在理论上有许多新的界定,使文化建设具有实实在在的内容。

第二,建设文化功能是以科学研究为载体,科学研究的文化建设性质进一步得到突出。大学建设文化作用的发挥,是以科学研究发明技术、创造知识、理论创新等几个方面的成果为基础的。没有高校承载着的科学研究的重任,就没有文化创新、文化的传承,也没有引领文化发展的重任。文化建设的任务也使科学研究功能更加重要。

二、现代大学的建设文化功能的特征

那么,现代大学建设文化功能具有什么样的本质特征,具有哪些深刻的思想内涵?

(一)建设文化功能具有明显的民族性

民族性是文化的核心概念和本质特征,在当前世界文化的剧烈冲突之中,民族性更具有极强的现实针对性。面对美国为代表的文化霸权的侵略与扩张,民族文化主权是捍卫弱势民族文化生存权的有力武器。"不同民族、不同国家在文化全球化进程中的力量对比的差异,尤其是发达国家与不发达国家文化力的悬殊差别,使发达国家能借助其强势文化推行文化霸权,进而与民族文化的发展在'全球场'发生冲突"①。在这种冲突下,导致民族文化大旗的张扬,寻求民族文化的突围,改变文化发展中的不平等、不公正态势,保持文化交往中的平衡。没有民族性,就没有了文化存在的根基和发展的源头。现代中国大学建设民族文化,是指建设中华民族文化,这是几千年来历史发展形成的以黄河文明、长江文明为轴心的,以汉语言为载体,以儒、道、释三家为精髓的波及周边、涵盖多民族自身文化而形成的大中华圈文化。在亨廷顿的理论体系中,被称之为中华文明,有着明显区别于欧美文明、伊斯兰文明、印度文明的特征。"导致我们把中国看作一个独立的特殊实体的,不仅仅是中国人构成了,或者说直到最近仍构成了一个统一社会这个事实,而且还在于这个文化的独特性质,即某种文化性质和文化集结有规则地一起出现的事实。我们经常用他的文化,而不是他所加入的社会来辨别一个中国人。他的服饰、言谈、习俗和如此等等之物,较之他究竟居住在新加坡、旧金山、中国台湾还是中国内地来说更重要。"②由此看来,民族性是文化的特质所在。建设文化首先是民族的文化。毛泽东同志早在新民主主义革命中就提出了建设民族的科学的大众的文化的要求。"在世界多民族、多元文化林立的历史上,一个民族要想存在和发展,从来必须有自己的文化根基、文化形象,才能自立于世界民族之林。同样,一种文化要想存在和发展,也从来就必须有自己的民族根基、民族形象,才能自立于世界文化之林。"③

① 鲍宗豪.论民族文化主权[N].深圳特区报,2002-10-14.

② [美]菲利普·巴格比.文化:历史的投影[M].上海:上海人民出版社,1987:115.

③ 李德顺.民族、科学、大众的文化[J].理论探讨,2001(3).

（二）建设文化功能具有鲜明的时代特征

中华民族文化历经几千年的发展，其内容博大精深，其源头源远流长，其时空广袤久远，到今天仍然具有强大的生命力，这是顺应时代发展潮流能够应变多种挑战的结果。然而人类历史上多种曾经辉煌灿烂的文化却衰落消亡，如玛雅文化、印第安文化、古埃及文化、古印度文化、两河流域古文明等，其消亡的原因固然多种多样，但是不能应对突变时代的挑战，缺乏与时俱进的品质，则是不可否认的原因之一。任何一个民族文化在不同时代都有其不同的表现形式和时代主题，也有不同的任务、困难、挑战，因此任何一种文化在不同历史时期都具有鲜明的时代特征。今天中华民族文化的主题就是为社会主义现代化建设服务，在近20年内的发展机遇期中，奋力推进经济的进步，全面建设小康社会。文化建设应该紧紧围绕这一主题展开创新工作。

考察中国文化史的时代特征，突出表现在两个方面。一方面，以统治阶级思想为主导的"大一统"观念。春秋战国时代本是百家争鸣时期，然而却被孔子称为"礼乐崩坏"时期，他一生致力于"克己复礼"的宣传推广活动。儒家思想确立之后，从汉代董仲舒"罢黜百家，独尊儒术"开始，在后来长达两千年的中华历史进程中，确立了儒家思想为正统思想，并以儒家文化为中国文化的典型代表。从此以后，几乎历朝历代都以儒家思想为统治阶级基本的意识主体，如魏晋玄学、隋唐老庄、宋明理学，元朝中后期也确立了儒家文化的主导地位，清朝入关后迅速将儒家文化立为治国之本。另一方面，表现在文化的主要载体——文学艺术作品的外在形式上。春秋战国时以民间"国风"形式为主体的诗歌的存在；汉代乐府和汉赋、魏晋风骨、唐诗宋词、元曲、明清小说，不同时代的文学艺术外在形式的流变反映了文化具有强烈的时代性。与之对应的服饰文化的流变，更有鲜明的时代特点。近代以来，又出现了戊戌之后的"中学为体，西学为用"的洋务运动，维新与革命，以"打倒孔家店欢迎德先生、赛先生"为主题的"五四"新文化运动，民国时期的救亡图存，新中国成立后开创的社会主义建设事业中以反帝、反封、继续批判孔孟之道的文化运动，改革开放后的以学习西方文化为主题的运动。总之，不同历史时期也因为不同的政治、经济任务和形势要求而出现不同的文化建设主题。

（三）建设文化功能具有强烈的开放意识

当今文化建设应对的最大挑战就是文化全球化的冲击，以美国为代表的西方文化霸权的侵蚀和渗透，可谓无孔不入；互联网的兴起，在改变传统文化生存状态的同时，也使各种各样的所谓文化都能够获得潜伏的土壤，并可以因事随之而勃兴。文化的变动尽管因为其守旧和惰性而落后于经济的发展、政治的变革，但是其变动的缓冲势力则是很大的，在短时期内有其缓慢之说，但从长远来看，绝不是封闭的、僵化的、一成不变的，而具有吐故纳新、包容万象的特质，今日中国文化正是在儒道之本上吸附了佛教、西学等外来文化的因素而产生的新的文化实体。面对 21 世纪文化的严峻挑战，经济一体化、文化全球化趋势加剧，使得中华民族文化建设更需要具有强烈的开放品质。东西方文化的冲突表现在两个方面：一是面对外来强势文化而产生的拒斥态度，对中华民族文化的主权维护；二是在激烈的冲突与交融中积极扩张、宣传、推广、普及中华民族优秀文化，让中华民族的价值观、历史观、道德观、哲学观发扬光大、传播四海。文化的认同也就是民族的认同。不管你属于什么人种，只要你接受了中华民族文化，那么你就成了中国人。中国历史上汉民族文化形成过程就是多民族之间杂糅相处、通婚、相互学习的结果，匈奴、羌、党项族人，最终都包容在大汉民族之中，也曾有部分犹太人在北宋时期来到中国居住，千年之后虽有血缘的差异，但已是中国人了。中国历史文化外传的历史，可以从先秦时代的黄河文明开始，随着炎黄子孙的繁衍生息和人口的外迁，进而达长江流域、岭南，甚至更遥远的越南、缅甸，北至黑龙江流域，西至天山脚下，东至朝鲜、日本，东南至东南亚各国。亨廷顿等人所恐惧的是 2 050 年之后美国人口中的欧洲白人所占比例将下降到一半以下，而以亚裔人口为主的外来少数民族将成为大民族，那么中国文明的触角将通过人口迁移战胜美国文明。尽管这有些危言耸听，但从中可以看到，我们中华民族文化仍然具备强大的外在发展潜能。中华民族人口占全球人口的 1/4，世界华人圈内的中华民族文化的认同和维系，将永远是人类文明中不可低估的强大文明集团。文化开放的双向性，强烈的开放意识，坚实的中华民族文化根基，将使中华民族文化能够战胜来自于外部和内部的挑战，永远屹立于世界民族文化之林。

（四）建设文化功能具有天然的创新精神

文化创新是建设文化功能的本质特征。科学技术的发展，使文化的载体不断更新，并成为推动文化创新的基础。人类从结绳记事到口头语言的产生、文字的出现、后来书写工具的大面积推广、活字印刷术的完备、纸张的进一步提高，再到铅字印刷、电脑排印技术的普及，这样一部技术史也同时是文化传播史、文化创新史。人类哲学思想，理论指导思想的创新，则是文化创新的先导。儒家文化是从孔孟的儒学，到荀子的儒学、董仲舒的儒学，再到朱熹的理学、明代李贽的理学，处于不断的发展之中。近代以来的理论创新也是这样，晚清的改良派、维新派、革新派，无不是从学理上探讨社会变革的理论支点和逻辑，而从"五四"新文化运动之后，中国共产党人从接受马克思主义到传播马克思主义，也是一个理论创新过程，教条的马克思主义之所以在中国遭到失败,而与中国革命结合的马克思主义的代表——毛泽东思想和邓小平理论、"三个代表"思想——之所以能够战胜一切形形色色的各种各样的理论,就在于其不断创新的本质特征。文化的不断创新,使得文化永远处于勃勃生机之中。

现代大学如何发挥建设文化功能

建设文化功能的本质特征限定了现代大学应该建设一个什么样的文化。那么现代大学如何发挥这一功能、建设这样一种文化？经过上面的分析，我们已经能够理出这样一个清晰的脉络。

一、建设具有华人理念的大学

当洪堡开创现代大学改革的序幕，并为德国大学奠定了科学研究新的大学功能之时，他的出发点首先是为了德国国家与日耳曼民族的复兴，这是毋庸置疑的。美国学习德国大学的经验和模式，也绝不是全盘照抄，而是将德国大学倡导从事科学研究的精髓拿过来对美国大学进行改造，并获得了成功。美国大学提出服务社会功能之时，更是体现了大学的世俗性，"美国的大学狂热地求新、求适应社会之变、求赶上时代，大学已经彻底地参与到社会中去"①。为地方政府、经济发展服务的理念，曾经遭到一些主张大学完全独立于政府、政治之外的思想家的批判，但是因为这种空想严重脱离了美国的实际而无法阻止服务功能的确立。今天大学的变革与发展，在建设文化的大旗下，理应首先确立建设具有华人理念的大学。所谓华人大学理念，是一个相对于欧洲、美国以及印度等其文化区域的具有强烈民族文化色彩的概念，实质正是一个"文化学"的大学理念。内容的界定当然尚需要进行学说上的更精妙的论证，但其主旨应该是鲜明的，既不是美国的大学，也不是欧洲的或者其他国家大学的全盘照搬，而是具有五千年中华民族文化精髓实质的大学理念下的现代大学。民族性仍然是其第一特征。

对这个概念的论述，在北京大学对教师改革方案公布于世后，突然多了起来，但其作为论战一方存在，并未能深得对方的认可，尤其是并未在改革之中接受这种理念，更不用说在全社会范围内接受这样的观念体系。这固然与倡导者对华人理念的阐述和理论体系建构尚不完备有关，但是主流大学改革者在意识深处对华人理念的缺失，并可能由此而产生的抵触情绪，也是这种理念无法付诸实践行动的关键。当然对这一理念体系的建构任务很重，路还很远，不是本章有限篇幅所能论及的。简而言之应该具有如下内容：大学是中国的大学，为中国人民、中华民族服务是宗旨，弘扬中华民族精神、传承中华民族文化、培育中国现代人才是其目的。

如果进一步分析现代大学改革者热衷于照搬美国大学模式的理论缺

---

① 金耀基.大学之理念[M].北京：生活·读书·新知三联书店,2001:8.

陷,正在于他们没有确立建设文化的大学功能,而仅仅落脚于培养人才、科学研究、社会服务三种功能的体现,尤其是单纯追求科学研究这一功能高度发挥所导致的结果。假如确立了建设文化这一功能,那么必然会从理论上建构华人大学理念,从实践上探索华人理念大学的运行模式。北京大学人事分配制度改革方案的论战一方,虽倡导华人大学理念,其引导方向固然正确,但因为缺乏确立建设文化的大学功能理论作为其立论前提,其论及华人大学理念往往使人感到因缺乏理论支撑而有底气不足之憾。

对于大学评估体系里也缺乏对于建设文化功能的考量指标,难以从文化的角度审视国家、民族安全,为大学提出要求和任务,也导致了现代大学制度建设明显理论不足。

二、培养具有民族精神的现代化建设人才

现代大学培养人才体现在两个方面:一是大学教师队伍作为社会精英人才,在大学舞台上得到训练并为社会做出贡献;二是所培养的数以亿计的各类大学毕业生。而两类人才的精神和灵魂都在于具有中华民族精神,强烈的爱国主义信念,以及"我是一个中国人"的文化认同。

大学之大在于大师之大。大学云集社会精英知识分子,从中国大学的源流中可寻找到蔡元培先生早期推行的北大改革,对于教师的兼容并包的思想多加赞赏,认为这是学术自由的体现,学术兴盛的保证。正如陈独秀评价说:"蔡先生自己常常倾向于新的进步的运动,然而他在任北大校长时,对于守旧的陈汉章、黄侃,甚至主张清帝复辟的辜鸿铭,参与洪宪运动的刘师培,都因为他们学问可为人师而和胡适、钱玄同、陈独秀容纳在一起;这样容纳异己的雅量,尊重学术思想自由的卓见,在习于专制好同恶异的东方人中实属罕见。"[①]在学术上这些人都是精英,在思想界,各自都在各自领域里独领风骚,所差异者在价值标准和哲学认知以及思想观念,各持学术皆是社会的学术而非一己之学术的认知,且这些人没有一个不是热爱中华民族的,他们所不同的痛恨对象只不过是社会政治集团利益。守旧虽反新但不反中华民族,新的文化运动的旗手们所反对的也只是封建的政体,但仍是倾爱中华民族的,这一共同的民族支点使他们这些不同思想观念的学者们能够在一所大学里互相论争,从而促使大学学术繁荣与思想自由。他们思想的差异也正是中国文化的多样性、远古百家争鸣在新世纪的翻版。正如亨廷顿转述博兹曼的话:"世界历史正确地证明了下述论点:政治制度是文明表面转瞬即逝的权宜手段,每一个在语言上和道德上统一的社会的命运,都最终依

---

① 陈平原、郑勇.追忆蔡元培[M].北京:中国广播电视出版社,1997:387-388.

赖于某些基本的建构思想的幸存，历代人围绕着它们结合在一起，因此，它们标志着社会的延续性。"①

现代中国大学精英知识分子云集，虽然受不同的思潮流派影响，共存于大学之内，后现代主义、自由主义、新马克思主义、新左派、结构主义、解释学派、存在主义、新历史主义、后殖民主义等自由激荡，但仍然有一个前提，那就是中华民族精神的潜意识认同。

培养大学生具有什么样的思想道德素养、什么样的人生价值判断标准、民族情感，关系到现代大学为谁服务的问题。在当前文化霸权挟持世界强权在全球扩张的形势下，培养的人具有什么样的文化认同，是衡量大学为什么样的文化服务的问题，其本质则是考量大学为什么样的民族、国家服务的根本问题。现代中国大学只能培养具有中华民族精神，拥有中华民族情感、认同中华民族文化、具有国际视野的、掌握现代科学技术知识、富有创新精神和创造能力的民族精英人才。

为此目的服务，那么在贯穿大学生培养过程的各个环节之中，都应该体现出对中华民族文化的继承、创新与发展。在新课程改革运动中，必须贯彻文化建设功能，突出中华民族文化的介绍、学习、继承和创造，突出加强爱国主义、民族主义、科学主义教育。

培养人才是大学永恒的主题，是现代大学的核心功能之一，这一功能与建设文化功能之间存在着密切关系。建设文化功能是通过培养人才功能来实现的，在培养人才过程中将建设文化功能发挥出来，并使人才培养的理念、观念、实践和结果更加丰富。培养人才功能随着大学的发展不断被赋予新的内涵和意义，由纯粹的知识的传递到科学研究功能发挥，积极创造知识，再发展到文化建设功能的发现，加强了文化的传输。

现代大学招收留学生的规模越来越大，对国外留学生的教育，既是办学经济收入的一部分，更主要的是传播、宣扬中华优秀民族文化，使之走向世界并进而影响世界的重要手段、渠道、桥梁。因此，一要积极想方设法扩大招收留学生规模；二要以文化传播为主要目的开展留学生教育；三要积极推广汉语，宣传优秀中华民族文化，拓宽中华民族文化的国际竞争力和影响力。

三、在科学研究中发挥建设文化功能

科学研究自从洪堡改革被确立为大学的核心功能之后，大学从事科学

---

① ［美］塞缪尔·亨廷顿. 文明的冲突与世界秩序的重建［M］. 北京：新华出版社，2002（1）：27.

研究便成为天然使命,自 2000 年后,大学的科学研究对于科技进步与社会发展做出的贡献之大,可以通过以下数字显示出来。

我国高等学校基础研究获得较大进展,建有侧重基础研究的国家重点实验室 103 个,占全国总数近 2/3;承担国家自然科学基金面上项目 2/3 以上,承担国家"863""973"计划项目 2/5 左右;发表的科学论文,被 SCI 收录的,占全国 70% 左右;获国家自然科学奖、发明奖奖项,高等学校分别占全国的 1/2、1/3 以上,而且总趋势呈现逐步增长势头。高等学校为国家基础科学发展做出了巨大贡献①。

大学开展科学研究,也为高校带来了显著经济效益。仅以美国哥伦比亚大学为例,1997 年预计从可商品化的知识中获得 1 亿美元,比仅仅几年前的 1994 年的 5 000 万美元翻了一番②。在美国高校办学经费中,科技知识产品带来的收益占其办学经费的近 1/3。

科学研究直接带来的知识生产创新,是文化发展创新的基础,从一定意义上讲,也是文化建设的重要组成部分。大学里面教学工作受到学科限制,每一学科知识结构体系是有限制的,所开设科目是有限的,而学生选修课程更是有限的,从教学领域来讲所涉及的知识体系尽管庞大而且复杂,但仍有许多文化热点、文化研究领域是教学所无法涉及的,属于教学空白区域。作为科学研究来说,几乎没有什么领域、事物可以游离于科学研究的视野之外。因此大学组织结构体系之内,成立了涉及方方面面领域的各种各样的研究机构,有正式的,也有非正式的;有长期的,也有临时的。大学里的研究人员、教师凭研究好恶、兴趣组织起来的研究所(室)、研究小组,甚至课题组等,成为文化研究、继承、传播的理想基地和载体。

哲学社会科学是大学科研的重要组成部分,和自然科学一起,如车之两轮、鸟之双翼,共同推进科学这个完整的体系向前发展。近代科学出现以后,建立起了严格的科学体系,并在大学形成学科建制,加速了科学规范性发展,由基础科学的创新与发展,引导科技革命的到来、新技术革命的产生,由此而带来了巨大的社会经济效益。正是基于这样的现实基础,才有科学技术是第一生产力理论的诞生。在"第一生产力"理论引导下,科学技术的重要性被人们所接受,加速科技发展成为社会关注的焦点,与此同时,哲学社会科学领域则出现了萎缩、沉闷的现象,而且也受到了冷落,哲学社会科

---

①　张酉水. 充分发挥高等学校基础环境主力军作用[J]. 中国高等教育,2004(13,14):25.

②　[美]亨利·埃兹科维茨. 大学与全球知识经济[M]. 南昌:江西教育出版社,1999:232.

学与自然科学发生了不对等的格局。这种局面不利于理论创新，不利于民族精神弘扬，不利于思想道德建设，不利于民族文化建构。在加速现代化建设过程中，在建设小康社会的伟大目标引领下，哲学社会科学研究必须得到广泛高度重视。

正是基于此，江泽民同志反复告诉我们要高度重视哲学、社会科学研究，2001年8月，江泽民同志在北戴河会见部分国防科技和哲学社会科学专家时，用"四个同样重要"论述了哲学社会科学的极端重要性。2002年4月江泽民同志视察中国人民大学时，又提出了"五个高度重视"和"五点希望"，除了要求始终重视哲学社会科学在治党治国中的巨大作用外，还提出了更具体的要求和更殷切的希望。同年7月16日的社科院讲话中，江泽民同志又提出了"五点要求"和"两个不可替代"的重要思想，高度评价哲学社会科学的重要性。

造成哲学社会科学研究处于失落境地的一个主要原因，也恰恰在于大学没有将建设文化这一重任作为自己的核心功能之一来对待。当人们在认识上把科学研究当作只不过是科学技术范畴之时，发挥科学研究功能就仅仅落实到了科学技术研究的范畴，忽视了哲学社会科学的重要作用。然而事实上，只有繁荣的哲学社会科学才有繁荣的文化。

哲学社会科学之于文化建设的重要作用之一是支持理论创新。而理论创新是文化创新的核心和前提①。加强哲学社会科学研究，积极引导社会科学工作者就社会进步与发展的重大问题进行理论攻关和创新，是推进文化创新的源泉。从实践是检验真理标准的大讨论，到科学技术是第一生产力的理论提出，直到改革开放进程中理论创新的不断深入，邓小平理论的形成，"三个代表"思想的提出和完善，凡此等等都是理论创新的具体体现，而基础在于社会科学的繁荣与发展，这些理论创新对于国家、民族进步与复兴、文化的繁荣与发展，具有无可替代的作用。

四、发挥高校智力优势，推进文化产业的繁荣与发展

文化作为产业出现是随着科学技术高度发达、知识越来越重要的社会变革之后出现的新兴产业结构，是21世纪经济进步的新源泉，新潮流。有资料表明，许多发达国家文化产业逐步成为经济支柱行业。英国文化产业年均产值600亿英镑；日本一年的文化产业销售额是11万亿日元，相当于该国钢铁业的两倍；美国文化产业占本国GDP的1/5，从1998年起文化产业产值就已超过了航天航空业及农业。然而我国文化产业非常薄弱，与经济形势

---

① 孙家正.关于文化创新[N].光明日报，2003-9-3.

发展极不协调。大力发展文化产业是我国今后一个时期的重要任务,是在市场经济条件下繁荣社会主义文化、满足人民群众精神文化需求的重要途径。高校在文化产业建设中具有重要作用。

第一,高校拥有强大的智力资源,是文化产业的人力资源库。在大学里应提倡大学教师和科研人员在教学、科学研究的同时,积极开展文化艺术的创作、文化事业的普及工作,以此来带动文化产业的兴起与繁荣。比如电影创作、电视剧创作,可以带来巨额的经济收入,美国每年仅出口电影大片的收入,就是我们难以想象的。然而作为中国来说,出口影视作品并能带来巨额利润的例子并不多见。究其原因是其作品的艺术性、感染力并不强,难以赢得其他国家的青睐。发挥学校潜力资源在文化建设中的作用,是推出文化产业精品,提高竞争力的有效手段。

第二,加强文化产业创造人才的培养力度,根据文化产业发展需求,积极培养文化产业中的制作人才、经营人才、营销人才,增设新的本科专业,为人才培养提供条件。在一些大学已经开设了文化产业本科专业,北京大学、上海交通大学成立了文化产业研究基地,开始培养相关研究生人才。

第三,加强文化产业个案研究,为文化产业繁荣与发展提供理论指导和经验借鉴。

第四,加强大学出版业建设。目前我国高校有出版社的有100多家,并且各种各样的出版物不计其数,这些出版行业隐藏着巨大的产业价值,改革管理体制,提高经营手段,使之创造更大的利润,形成文化产业规模参与国际竞争。

第五,开拓国际化视野,将高校文化产业做到国外,并通过与国外的合作交流,使我国文化产业在国际上更具有竞争力。

第八章

大学发展目标："一流大学"的内涵及意义

"创建一流大学"理论产生的社会背景

新旧世纪之交，我党第三代领导人江泽民同志反复提出，为了实现现代化，我国要有若干所具有世界先进水平的一流大学，并对世界一流大学进行了详尽的论述。江泽民同志在庆祝北京大学建校一百周年大会上的讲话中说，这样的大学，应该是培养和造就高素质的创造性人才的摇篮，应该是认识未知世界、探求客观真理，为人类解决面临的重大课题提供科学依据的前沿，应该是知识创新，推动科学技术成果向现实生产力转化的重要力量，应该是民族优秀文化与世界先进文明成果交流借鉴的桥梁。到了2001年，江泽民同志在庆祝清华大学建校九十周年大会上的讲话中，又明确指出"到本世纪中叶，我们要基本实现社会主义现代化，实现中华民族的伟大复兴。离开科学教育事业的发展，离开全民族科学文化水平的提高，这一光荣而艰巨的任务是不可能完成的。大学应成为'科教兴国'的强大生力军，要继续提高高等教育的质量，加快高等教育事业的发展，努力在全国建设若干所具有世界先进水平的一流大学"。

江泽民同志继续对世界一流大学应具备的"四个应该"的标准进行更加详细和深入的阐述。他认为一流大学应该坚持正确的办学思想，注重形成优秀的办学传统，形成鲜明的办学风格，发展优势学科，努力建设一支高素质、高水平的教师队伍，为国家和民族的兴旺发达做出贡献。一流大学应该站在国际学术前沿，紧密结合先进生产力的发展要求，依托多学科的交叉优势，努力进行理论创新、制度创新、科技创新，特别要抓好科技的源头创新，并推动科技成果加速转化为现实生产力。一流大学应该成为继承传播民族优秀文化的重要场所和交流借鉴世界进步文化的重要窗口，成为新知识、新思想、新理论的重要摇篮，努力创造和传播新知识、新理论、新思想，不断促进社会主义文化的发展。一流大学应该成为培养人才的重要基地，不断为祖国、为人民培养出具有正确的世界观、人生观、价值观,具有创造精神和实践能力的全面发展的人才。江泽民同志在世界一流大学应具备的四个重要标志的基础上,又进而指出了现代大学培养的人才目标:成为理想远大、热爱祖国的人,成为追求真理、勇于创新的人,成为德才兼备、全面发展的人,成为视野开阔、胸怀宽广的人,成为知行统一、脚踏实地的人。江泽民同志完整地提出了创建一流大学的理论和新时期大学培养人才的目标,这成为我党新时期重要的教育思想,也是江泽民同志丰富的理论创新体系的一个重要组成部分。

　　我国现代高等教育的确立,如果以北京大学前身京师大学堂的设置算起的话,才100年多一点,如果说从"五四"以后算起的话,还不到百年历史。在这短短的历史中,又以新中国的成立为截然的分界线,分成两个大的时期。新中国成立后我党积极探索高校办学的路子,又可分为三个时期。新中国成立的前17年是高等教育事业整体发展时期,接受和学习苏联模式,实行院系调整,以培养工业专门人才和师资为重点,建立专门学院。这算是第一个时期。"文化大革命"时期,整个教育事业在教育革命理论指导下,实行开门办学,取消招生制度,实行推荐制,高等教育发展受到了严重破坏。但这一时期以毛泽东的"五七"指示、"七·二一"指示为指导,创办了一些以培养技术工人、技术农民为主的类似今天新高职的所谓大学。这是第二个时期。改革开放后到今天,高等教育发展进入了黄金时期,尤其是20世纪90年代实行的"211工程"和高校合并,成为这一时期高教体制改革的两大焦点。改革开放之初,邓小平同志力主恢复大学招生制度,大学教育进入正轨,基本上行的是精英化高等教育的路子,经过将近20年的运行,这种机制受到了越来越多的批判,于是院校合并、划转、共建,成为新一轮高教管理体制改革的重要内容,随后到了世纪之交,以始料不及的扩招,使高等教育精英化特色淡化,大众化趋势明显。正是在这样高教体制急剧改革的时期,我国的经济体制改革、政治体制改革也在新的理论创新推动下,向纵深发展。以加入WTO为重要标志,中国面对国际经济一体化、全球化的趋势采取积极主动的应对措施。江泽民同志紧密结合中国发展面临的国际、国内实际情况,高瞻远瞩、高屋建瓴适时指出中国高等教育发展的出路,提出了创建世界一流大学的理论。

创建一流大学理论的时代特征

一、国际性

21 世纪绚丽多彩的生活，展现在每一个人面前。伴随着国际互联网及先进的通信技术的普及和迅猛发展，人类进行信息自由传播的速度频率大大提高，信息技术全球化、世界经济一体化，已成为不可抗拒的时代潮流。西方发达国家充分利用先进科学技术手段，到处传播、推销、宣传、贩卖他们的价值观、文化观、道德观，对发展中国家和不发达国家进行文化扩张、侵略，蚕食落后文化。落后文化面临着有史以来最严酷的打压、威胁，陷入困境之中。在这样的背景下，任何一种文明制度生存的应对措施，只能是开放并在开放中与西方先进文化直接对话，谋求发展和生存。中国 30 多年来改革开放的发展历程，加入 WTO 的重大举措，都是对未来国际化的冲击采取的积极应对措施。

加入 WTO 使中国高等教育制度面临着前所未有的挑战，西方大学对中国潜在的巨大的教育资源垂涎已久，外国大学及其教育理念必将迎面而来，在中国抢滩登陆，与中国大学展开激烈的竞争。传统的高等教育如果不以积极的态度来应对西方先进的教育制度的挑战、冲击、竞争，勇敢地加入到国际化的大潮中，故步自封，闭门造车，必将面临被淘汰的厄运。江泽民同志及时要求我们建设几所世界一流大学，始终保证我们能拥有与发达国家平等对话的资格，在世界高等教育竞争中占领自己的阵地。所以江泽民同志说"应该站在国际学术的最前沿"。而建设世界一流大学本身，就是要把我们的大学放在国际化背景下去考察对比，把我们的大学放在国际化之中。这是过去没有过的气魄和胆识。要与世界一流大学相比较，那就要求我们从办学理念、办学规模、办学方法、办学内容、管理运行模式、培养人才质量等各个重要评价指标方面，普遍接受和采用国际通用标准。不然的话，如果我们自己用另外一套标准，不与国际一流大学标准接轨，那么建设世界一流大学无疑是空谈。

国际化要求我们今天意义上的高等教育必须更加解放思想，敢于和勇于创新，打破传统的陈旧、落后、保守、封闭的观念。这是关键的核心实质内容，也必将是对教育产生深远影响的思想。这就要求我们的教育主管部门，大学管理者和教育专家，要加快制度改革步伐，加大体制创新力度，进一步解放思想，更新观念，大胆探索，积极试验，尽快使我国上千所大学中产生若干所可以在国际大学舞台上占据重要地位的国际一流大学。认真按照江泽民同志要求的那样,大家要继续解放思想,深化改革,面向现代化,面向世界,面向未来,在教育和科研战线上努力形成人才培养、知识创新的生机勃勃的新局面。包括教材的选用、先进教学手段的利用、教育理念、管理手段和方法等都要与国际接轨。

国际化不仅是我们的办学理念国际化、管理模式国际化,培养人才质量也要达到国际一流,而且还要求我们能吸收更多的海外学生到中国的大学留学,学习我们的先进文化,学习我们的价值观、世界观、文化观。大学应担负起传播古老悠久灿烂中华民族文化的重任。

创办一流大学,从来就不是从办学规模、学生人数等具体指标中体现的,而是在于它创新性的办学理念、思维和精神。江泽民同志讲,一流大学要成为新知识、新思想、新理论的重要摇篮,努力创造和传播新知识、新理论、新思想,不断促进社会主义文化的发展","努力进行理论创新、制度创新、科技创新。

二、民族性

越是民族的,越是国际的。这话蕴藏着丰富的辩证思想,没有民族性,何谈国际性。如果我们在世界文化的交流中丧失中华民族的特性,那么就没有国际性可言,也没有我们在国际舞台上平等对话的资格。所以江泽民同志要求一流大学成为继承传播民族优秀文化的重要场所和交流借鉴世界进步文化的重要窗口。

教育在民族文化的传播、发扬、继承中起着重要作用。高等教育尤其如此。我们创办的世界一流大学,不是美国或者西方任何一所大学的复制或者照搬。尤其是在教学内容上,要有突出的民族性特点。如果不讲民族性,那么在中国办世界一流大学,照美国 MIT 或者哈佛、英国的牛津或者剑桥的样子去做就行了。这会是什么样子呢? 只不过是他们在中国办的一个分校罢了,成为他们占领中国高等教育市场的桥梁和纽带。这是很危险的。

那么,怎么保证我国高等教育发展的民族性呢? 首先,要有我们自己突出的特色。一个学校应有自己的特色,一个国家也应有自己的特色,完全照搬别国的模式的路子,没有或者缺乏自己的特色是没有生命力的,也不可能建成世界一流大学。其次,要传承中国传统民族文化。国际化不仅要求我们以开放的胸怀吸收接纳西方先进的文化,更重要的是使中国优秀传统文化和价值观走向国际,影响人类 21 世纪发展的进程。大学教育无疑是最好的桥梁、通道和窗口。而能与国际一流大学平等对话的中国一流大学,将是使中国文化走向世界的重要基地和辐射源。最后,要培养具有爱国情操,民族精神和热爱中华民族,热爱中国历史、中国文化的新一代人才。

三、创新性

江泽民同志作为我党第三代领导集体的核心，提出创办一流大学的理论，是理论创新的具体体现，在我党历史上是一个开创。毛泽东同志提出开门办学，邓小平同志提出办重点大学，其着眼点都是立足国内、面向国内讲的。邓小平同志提出了教育要面向世界的方针，但是具体到高等教育如何面向世界，江泽民同志更明确地回答了这一问题，就是要在中国建设几所世界一流大学。这是我党对高等教育发展认识深化的结晶，也是理论创新的体现。

四、普遍性

江泽民同志虽然只是在北京大学、清华大学两所重点大学校庆的讲话中提出了要在中国国内建设几所世界一流大学的理想，但不仅仅是针对几所重点大学，而是对全国所有的高校，如何在新形势下办好学校，具有普遍指导意义。江泽民同志对一流大学"四个应该"的精辟论述，是"三个代表"重要思想在高等教育领域的具体体现，普通高校都应该坚持正确的办学方向，应该成为继承传统民族优秀文化的重要场所和交流借鉴世界进步文化的重要窗口，应该成为培养人才的重要基地，应该紧密结合先进生产力发展的要求，努力进行理论创新、制度创新、科技创新，尽可能站在国际学术的前沿，同时加速科技成果的推广转化，促进积极发展。

创建一流大学理论的丰富内涵

一、确立了新的高等教育发展观

发展是硬道理。党和国家把高等教育的发展提升到与综合国力的发展、科学技术的进步同等重要的地位来对待。我们已进入了新世纪,国际经济一体化深入发展,知识经济迎面而来,科技进步日新月异,综合国力竞争更加残酷,在这样的背景下,高等教育发展更加重要。江泽民同志反复提出要在国内建成若干所世界一流大学,为重点大学发展提出了明确的奋斗目标。我国有千所大学,有基础建成世界一流大学的高校毕竟是少数,对于大多数高校来说如何定位,如何确立自己的发展目标,也可以从江泽民同志创建一流大学的思想中找到答案。发展是分层次的。齐头并进,没有重点,没有突出,都去建世界一流大学,既不符合我国高校实际,也不符合教育发展规律,也是我们现有国力、财力所不允许的。所以江泽民同志要求,要优化配置教育资源,要充分利用现有教育资源,提高办学效率。各个高校发展目标要切合实际,不能脱离自身状况。普通地方大学,既不可盲目追求所谓世界一流,也不能妄自菲薄,丧失信心。"大学应该成为科教兴国的强大生力军",为所有高校发展提出了奋斗方向,各个高校要结合自身优势,形成特色,办出风格,提高教育质量,在科教兴国战略实施中,找准位置,恰当定位,科学发展,做出贡献。

高等教育事业的发展,不可能整齐划一,普及与提高历来是我们办学的重要思想。经过合并划转之后,在世纪之交,我们迎来了教育大发展,扩招在短短几年内,使我国高等教育精英化特色大减,大众化趋势明显。人才培养面向现代化,但大多数大学生就业将面向企业、农村,而且也不再是终身制职业,在这样背景下,江泽民同志提出建几所世界一流大学,那就是确保一些高校能够面向世界,面向未来,敢于领世界之先,以此为龙头,带动并影响我国整个高等教育事业的发展。

以"四个应该"为核心的建设世界一流大学的理论,不仅仅告诉我们一流大学应该是一个什么样子,而且还告诉我们怎么才能建成这样的一流大学。

(1)要有开放的品质

克拉克说过:"大学是最具保守的地方。"而中国经过几十年的发展,这一特性尤其明显,有人说教育部门是中国最保守的部门。江泽民同志提出我们建设世界一流大学,要求我们要改变保守、落后、封闭的办学思路,必须

有开放意识和开放品质。

（2）要有制度创新的勇气

高等教育体制改革必须实行制度创新，管理体制、教学体制改革如果不从制度创新入手，就不会最终取得成功，也不会产生一流的师资、一流的科研、一流的管理。制度创新是源泉，抱残守缺、思想僵化是办不好现代大学的，更不用说建设世界一流大学。

（3）高校应拥有充分的办学自主权

行政主管部门对高等院校管得过死，限制太多，高校办学缺乏活力，难以快速跳跃式发展。大学有大学的规律，应允许高等教育按照客观规律自由发展。高校只有在招生、专业设置、学费收入、课程改革、学科发展等方面拥有充分的自主权，才能在市场经济体制下，合理科学配置教育资源，灵活应对市场挑战，快速发展知识，提升自身水平，跨入世界先进一流。

（4）充足的经费保证

作为家庭，上大学是花费很高的投入，作为国家，充足的经费保证也是办好大学的前提条件。利用国家投资、银行贷款、私人捐助、吸引企业资金、社会集团捐款等方式多渠道、全方位筹措充足的资金，是提高大学教育质量、办学水平的保证。

二、确立了新的人才培养观

高校的主要功能就是培养高级专门人才。毛泽东同志提出我们事业的接班人，必须又红又专，思想上的红和业务上的专有机地结合起来，就是德智体全面发展的"三好"学生的标准。邓小平同志根据时代发展的需要，又提出了我们培养的人应有理想、有道德、有文化、有纪律的"四有人才"的标准，江泽民同志思索当前我国教育新形势下培养人才的标准是什么这个时代问题，在北大百年校庆提出了四点希望，到了清华大学建校九十周年时又进一步发展和完善了新的人才观理论，对当代大学生的五点希望明确要求大学生要从五个方面努力培养、塑造自己的灵魂，成为新时期有用人才。主要思想内容如下：

（一）个性与共性的统一

追求个性，减少共性，培养具有创造意识的创新人才，是当前我国高等教育事业改革的一个奋斗目标。无论是教学方法、管理体制、教材与课程等的改革都应落脚到这一点。然而，个性化发展，绝不是一味追求个人主义。个性化只有和树立为祖国、为人民而奋斗的理想结合起来才能得到真正的体现。江泽民同志明确指出，牢固树立为祖国和人民而奋斗的理想，并坚韧不拔地为实现这种理想而奋斗，不仅不会限制优秀人才的个性和才能发展，而且恰恰相反,只有在这种火热的奋斗中,优秀人才的聪明才智才能更加充分地发挥出来,他们的生命价值才能更加完美地展现出来。

追求个性,就是要勇于创新,不墨守成规、循规蹈矩,敢于想前人之未想,做前人之未做。没有创新就没有发展。同时也要敢于坚持自己的观点,认准了的真理,绝不动摇,矢志不渝地追求真理。不做见风使舵的机会主义者。追求真理,捍卫真理,不为蝇头小利而丧失正义。马克思主义、毛泽东思想和邓小平理论依然是我们事业的指导原则,永远闪耀着真理的光辉。

(二)专业技术知识与思想道德品质的统一

高等教育培养出来的现代创新人才,必须有过硬的专业知识。没有专业知识,就难以适应现代化高科技建设。所以江泽民同志要求高等学校要努力为优秀人才的脱颖而出创造条件,尤其是要下功夫造就一批真正能站在世界科学技术前沿的学术带头人和尖子人才,以带动和促进民族科技水平与创新能力的提高。在出人才的问题上,要鼓励和支持冒尖,鼓励和支持领头者,鼓励和支持一马当先。必须有为祖国、为人民献身服务的精神。国家、人民的命运高于自己的利益,这一点要明确,什么时候都不能丢。热爱祖国,是一个人最起码的道德底线,如果一个人连自己的祖国都不热爱,这个人对于自己的国家来说,又有什么用呢?热爱自己的人民,只有把自己的命运同全体人民的命运紧密联系在一起,与人民同命运,共患难,人生才能闪光,价值才能体现。

正反两方面的经验和教训都告诉我们,既不能单纯突出思想政治道德素质而忽视业务素质,也不能突出业务素质而忽视思想政治道德素质。只有将两者紧密结合起来,才能成为一个能为国家、人民所用的有用之才。同时还要求我们的教育,使受教育者既要接受科学技术知识,也要接受人文精神的熏陶。只有充满人文关怀,才能使人们的技术更具理性,更有激情,从而更好地为人类健康发展、社会进步服务。

(三)开放意识与继承民族文化传统的统一

21世纪的人才,面临着国际化、全球一体化的挑战,具有开放的品格,开放的精神,尤为重要。首先,要有开放意识,不能封闭保守。开放就是要面向世界,面向未来,面向现代化,要有与世界各国文化科学技术交流的勇气,也要敢于吸纳世界先进的文化和管理技术、科学知识,不能拒外和排斥。其次,要有开放的能力。具体就要有过硬的外语知识、管理知识、现代技术知识等先进手段,没有这些交往的工具,要想平等无间地与世界各国文化交流,是根本不可能的。最后,开放性与传统文化继承应有机结合起来。

要善于学习历史,继承和发扬中华民族优秀传统文化。对待中国历史,不能妄自菲薄,不能有民族虚无主义,不能说到西方的现代就想到我们的历

史一无是处。割裂中华优秀传统文明的教育将是失败的教育，要让受教育者，无论是人文社会科学专业的学生，或者是理工、自然科学专业的学生，都要了解中国的历史，学习中国传统灿烂的文化，只有这样才能培养出既有良知，又有人文关怀，还有爱国情感的健全的人。试想现代的大学生、研究生、博士生，无论你是学什么专业的，如果没有读过中国的唐诗、宋词、元曲，不知道中国历史改变的轨迹，就永远不能为继承和发扬中华民族优秀传统文化贡献力量。

（四）理论与实践的统一

现代高等教育培养的大学生，不应是闭门造车、自以为是、躲在象牙塔里实现自我价值梦想的人，应积极投身到现代化改革开放的伟大实践活动中。实践是最好的老师，在实践中既可检验我们学到的知识，也可以丰富、完善我们的知识，知与行是辩证统一的，知源于行又可以指导行。书本知识是死的，实践知识是活的，如果只停留在书本知识上，只能是一知半解，囫囵吞枣，眼高手低。知行统一还要求我们，不仅要重视实验室里学到的知识，还更要重视把实验室里学到的知识，运用到社会实践中去，在实践中将自己拥有的理论知识，推广应用。理论只有在实践的运用中才能闪光，才能发挥它们巨大的作用。离开了实践的理论知识，都是毫无意义的。不仅要掌握丰富扎实的理论知识，还要有实践的能力和技术。唯有如此，我们学到的知识才是真正的知识，才是有意义的知识。

创建一流大学理论的意义①

一、马克思主义教育思想的丰富和发展

马克思主义具有与时俱进的品质。在 21 世纪之初,江泽民同志关于高等教育发展的若干论述,是马克思主义教育思想在新时期发展的结晶,创建世界一流大学理论则是江泽民同志思考新时期中国高等教育发展问题得出的科学结论,是指导我国高等教育事业的纲领性文件。

新中国成立后,我党三代领导集体核心,毛泽东、邓小平、江泽民都紧密结合时代特征,思索并回答了不同时期我国高等教育发展的重大问题,并且不遗余力地探索中国高等教育发展的道路。尽管有些时候,走了一些弯路,出了一些问题,但总的却是一个不断发展、进步、完善的过程。

一定的教育思想和一定的教育实践紧密结合。理论源于实践,而又指导实践。与新中国成立后高教事业发展三个时期相对应的高教教育理论思想,也明显地分为三个阶段。而三个阶段又突出地体现在党中央核心领导人的教育理论体系中,就是毛泽东高教思想,邓小平高教思想,江泽民高教思想。三代领导人探索如何办大学的路径,其实是一个紧密关联、密切相关的社会实践、理论创新过程。

由于中国经济发展急需大量人才,而中国高等教育规模较小,大学数量不多,人民群众渴求接受高等教育的愿望强烈,形成了两对矛盾。供需紧张,导致高等教育人才的选拔陷入了应试教育的泥潭,高招制度活力丧失,改革迫在眉睫。淡化精英教育,体现大众化、贫民化的呼声越来越强烈,对现有的教育制度的批判越来越激烈。中国高等教育必须改革。

正是在这样的形势下,江泽民同志借鉴我党历史上正反两方面的历史经验和教训,力求克服高等教育发展中"左"的和右的干扰,伴随高等院校合并、划转、共建的改革的深入,科学地、及时地提出了要在国内建设几所世界一流大学的理论。这是我党 50 多年探索高等教育发展道路在新时期的结晶,也大大丰富和完善了马克思主义教育理论体系。

二、指明了我国高等教育的发展方向

高等院校如何发展? 如何定位? 怎么改革? 我们要培养什么样的人才? 这些关乎祖国命运前途的重大问题,不仅是教育界也是全国人民关心

---

① 本篇作于 2003 年,部分内容刊发在《黑龙江高校研究》。

的大问题，也是我国改革进程中急需回答的问题。不弄清这些问题，教育改革就会迷失方向，或者丧失发展的机遇。江泽民同志作为第三代党的核心领导人，敏锐地意识到这些问题的重要性，适时地在北大百年校庆、清华九十周年校庆大会上，提出并完善了创建世界一流大学的理论，不仅为重点高校，也为所有的高校，指明了发展的方向和道路。同时还认真阐述了新时期大学生应该具有的品质，制定了新时期人才标准。

后　记

　　这本书就要和读者见面了,颇多感慨和欣慰。我常常有为什么要做科研的困惑,在这种困惑中,整理撰写这部书稿,经历了很长的时间,可谓十年磨一剑。书稿先以部分文章公开发表,后来从 2011 年 4 月开始整理初稿,2012 年 2 月修改,2013 年 3 月再次修改,2013 年 6 月整理,2013 年 10 月再次修改、整理,申报河南省教育厅"河南省高等学校哲学社会科学优秀著作资助项目"并获批。于是这部书稿有了着落。

　　本书第一章、第三章中间两节,第四章前两节,第七章为宋伟、韩梦洁合著。第四章中的第三节"研究生思想政治组织模式"是我在国家教育行政学院第 31 期高校中青年干部培训班学习时,组成的课题组共同完成的研究报告,课题组成员是费英勤、祝文燕、喻芒清、吕冬诗、宋伟。在这里感谢费英勤教授(现任浙江大学宁波文理学院党委书记)、祝文燕教授(现任北京青年政治学院党委副书记)、喻芒清教授(现任中国地质大学党委研究生工作部部长)、吕冬诗副研究员(现任哈尔滨工程大学学工部部长)。之所以把这篇研究报告也纳入到本书中,是因为这篇研究报告针对我国研究生思想政治教育的管理运行模式进行了系统的探讨,对很多大学的实际管理工作具有借鉴意义。韩梦洁曾在攻读硕士学位研究生时,与我开展多项合作研究,发表多篇成果。我们联合做出的研究报告,得到了时任省委书记的重要批示。她后来考上大连理工大学教育管理专业的博士研究生,师从张德祥教授攻读博士学位,在张老师的支持下,获得国家留学基金委资助,作为联合培养博士,赴美国威斯康星大学学习两年,取得了很大成绩和进步。感谢她在学术研究方面的合作。

　　感谢河南省教育厅社科处的王亚洲处长和刘禹佳老师,在省教育厅支持下,本书获得"河南省高等学校哲学社会科学优秀著作资助项目"。感谢郑州大学出版社的王锋社长,他是我多年的朋友。我刚参加工作时,也正是在他的指导、影响下,步入了科研管理研究的道路,并不断取得一些进步。在本书的出版中,又得到了王社长的大力支持和关照。感谢郑州大学出版

社的何晓红主任以及其他人员。正是他们的艰苦劳动，才使得这本书得以
早日出版。

感谢为本书出版做出贡献的所有的朋友。

感谢我的许多师友。

感谢我的家人。

相信本书还存在很多问题，有些问题的探讨还有待深入。在此向尊敬
的读者深表歉意，恳请批评指正。

宋　伟

2013 年 12 月 16 日